权威·前沿·原创

皮书系列为

“十二五”“十三五”国家重点图书出版规划项目

中国东北地区发展报告（2018）

ANNUAL REPORT ON NORTHEAST CHINA (2018)

主　编／朱　宇
副主编／吴海宝　梁启东　郭连强　王爱新

社会科学文献出版社
SOCIAL SCIENCES ACADEMIC PRESS (CHINA)

图书在版编目（CIP）数据

中国东北地区发展报告. 2018 / 朱宇主编. -- 北京：社会科学文献出版社，2019. 2
（东北蓝皮书）
ISBN 978-7-5201-4250-2

Ⅰ. ①中… Ⅱ. ①朱… Ⅲ. ①区域经济发展-研究报告-东北地区-2018 ②社会发展-研究报告-东北地区-2018 Ⅳ. ①F127. 3

中国版本图书馆 CIP 数据核字（2019）第 024080 号

东北蓝皮书
中国东北地区发展报告（2018）

主　　编 / 朱　宇
副 主 编 / 吴海宝　梁启东　郭连强　王爱新

出 版 人 / 谢寿光
项目统筹 / 任文武
责任编辑 / 王玉霞　李艳芳　刘如东

出　　版 / 社会科学文献出版社 · 城市和绿色发展分社（010）59367143
地址：北京市北三环中路甲 29 号院华龙大厦　邮编：100029
网址：www. ssap. com. cn
发　　行 / 市场营销中心（010）59367081　59367083
印　　装 / 三河市龙林印务有限公司

规　　格 / 开　本：787mm × 1092mm　1/16
印　张：29　字　数：438 千字
版　　次 / 2019 年 2 月第 1 版　2019 年 2 月第 1 次印刷
书　　号 / ISBN 978-7-5201-4250-2
定　　价 / 98. 00 元

皮书序列号 / PSN B-2006-067-1/1

本书如有印装质量问题，请与读者服务中心（010-59367028）联系

《中国东北地区发展报告（2018）》
编　委　会

主要编撰者简介

朱　宇　黑龙江省社会科学院原院长，研究员，博士研究生导师，黑龙江省文化名家、黑龙江省级领军人才梯队政治学理论学术带头人、黑龙江省级重点学科政治学学科带头人，兼任中国新兴经济体研究会副会长、中国俄罗斯东欧中亚学会副会长、中国政治学会常务理事、黑龙江省政治学会会长、黑龙江省政协提案委员会委员。论文《19世纪中叶至20世纪中叶中国乡制的历史变迁》获黑龙江省第十三届优秀科研成果一等奖，重要对策建议《我省产业发展与气候、地缘和资源关系研究》《关于促进我省更好更快发展精神动力研究》《卢布贬值对俄罗斯政局的影响、走势研判及对我国的启示建议》《推进"一带一路"建设与深化中俄经济贸易合作对策建议》《创新东北振兴政策支撑体系的对策建议》等获得省领导重要批示。在创新智库产品和智库平台工作中聚焦发力，为东北全面振兴提供了理论先导，为黑龙江省创新发展提供了智力支持。

吴海宝　黑龙江省社会科学院副院长、黑龙江振兴发展研究院院长，高级经济师。1995年参与联合国开发计划署援华项目大庆区域经济调整规划研究，是主报告撰写人之一。2000年担任《大庆现代化研究报告》副主编，是主报告主要执笔人。2005年、2006年连续两年主编《大庆科学发展实践与探索》。近年来，一些项目课题研究曾获省优秀调研成果一等奖，并多次接受省报等主要媒体采访。在《黑龙江日报》发表文章《选准黑粤对口合作切入点》《新时代我省如何破解新矛盾》，在《黑龙江社会科学》发表论文《坚持双轮驱动：农业供给侧结构性改革应再发力》《马克思主义中国化的两次历史性飞跃》。

梁启东　辽宁社会科学院副院长，经济学研究员，人文地理学博士。曾获全国优秀科普专家、国务院特殊贡献专家称号，黑龙江省“五一劳动奖章”获得者，黑龙江省劳动模范，沈阳市“十大杰出青年”。主要研究成果有：《中国城区发展战略研究》《辽宁民营经济发展报告》《加入WTO与辽宁经济》《沈抚同城化战略研究》《沈阳经济区综合配套改革研究》《沈阳经济区城市发展研究》《对话金融危机》等专著。

郭连强　吉林省社会科学院副院长，研究员，经济学博士，《经济纵横》杂志社社长、主编，吉林省学位委员会第四届学科评议组成员，吉林省社会科学重点领域（吉林省省情）研究基地负责人，吉林财经大学、吉林农业大学、长春理工大学客座教授，吉林农村金融研究中心特约研究员。长期从事金融学、产业经济学研究，主持科研项目研究近20项，出版著作10部，发表学术论文近50篇，多篇文章被《新华文摘》《中国社会科学文摘》等权威期刊转载，研究成果获吉林省哲学社会科学优秀成果一等奖4项。

王爱新　黑龙江省社会科学院经济研究所所长，研究员，兼任黑龙江省数量经济学会副会长、黑龙江省边疆经济学会副会长、黑龙江省新兴经济体研究会副会长兼秘书长等。主要研究方向包括区域经济学、财政金融学、生态环境经济学。近年来主持和参与国际、国家级、省级社科项目21项，出版专著两部、编著10余部，发表论文、研究报告30余篇，其中有多篇研究报告被决策部门采纳，有9项成果获奖。

摘 要

改革开放四十年，东北地区在社会主义市场经济中的转型发展取得了重要成就，地区生产总值总体保持稳定增长，产业结构不断优化，城乡居民收入不断提高，社会发展持续进步。尤其是国家实施东北老工业基地振兴战略以来，东北老工业基地的振兴发展取得了重要的阶段性成效。近年来，东北地区经济发展处于下行状态，增速缓慢，有效投资需求严重不足，供给侧结构性改革和新旧动能转换任务艰巨，财政收支困难，经济社会领域风险不断积聚，不同地区、行业、企业分化特征明显。2016 年中央实施新一轮东北全面振兴战略以来，东北地区通过不懈努力，实现了恢复性增长，逐步走出困境。2017 年以来，我国宏观经济运行稳中有变，面临一些新问题、新挑战，外部环境发生明显变化，在党中央、国务院的坚强领导下，东北地区深入学习贯彻习近平新时代中国特色社会主义思想，坚持稳中求进工作总基调，持之以恒落实创新、协调、绿色、开放、共享的新发展理念，保持经济社会大局稳定，深入推进供给侧结构性改革，打好“三大攻坚战”，加快建设现代化经济体系，努力破解发展难题，积极应对风险挑战，呈现经济筑底企稳、结构稳中求进、效益逐步提升和民生不断改善的发展态势，政策红利不断释放，有利因素不断积累。要直面振兴东北老工业基地的艰巨性、复杂性、长期性，以新发展理念为引领，坚决打好转方式调结构攻坚战、精准脱贫攻坚战、防范化解重大风险攻坚战，抓住机遇着力解决体制机制问题，不断强化发展基础，提升发展质量，优化发展环境，保障发展持续。

东北三省既是典型的老工业基地，又是重要的粮食主产区，为保障国家粮食安全与农产品有效供给，迫切需要破解城乡产业融合发展问题。目前，东北三省城乡产业的联系日趋紧密，但仍存在农业基础薄弱，工业带动能力不强，现代服务业发展缓慢，城乡产业有效互动不足等问题。为此，东北三省应通过统筹工业与农业、城乡工业以及服务业的发展，实现城乡产业的相互促进和良性循环，进而推动城乡融合发展。

东北三省服务业继续保持较快稳定增长，成为经济增长的动力。从发展趋势上看，东北三省服务业结构升级明显，传统服务业占比降低，现代服务业占比升高，较好地实现了服务业的转型升级和新旧动能转换。金融业是东北三省均具备发展潜力的行业，吉林省的其他服务业、黑龙江省的住宿和餐饮业的发展潜力较大。但是，服务业企业盈利能力弱，现代服务体系不能满足生产、生活需求等问题仍然制约着东北三省服务业的发展，应从大力发展新兴服务业、优化升级传统服务业、培育大型服务企业等方面，着力提升东北三省服务业的发展潜力。

东北地区战略性新兴产业发展态势良好，政策供给不断优化，新兴产业增速平稳，产业结构持续优化，产业投资持续升温，产业推动力不断加大。虽然东北地区战略性新兴产业整体发展较好，但仍存在技术创新能力不强，创新平台和载体建设不完善及高端创新人才缺乏等系列问题。因此，东北地区要从加大政策扶持、优化产业环境，加大技术创新、提升产业层次，搭建产业平台、构筑产业载体，构建人才队伍、加强智力支撑等多方面入手，推动东北地区战略性新兴产业发展。

2017 年，东北三省对外贸易规模整体呈上升趋势，其中进出口总额 1391.2 亿美元，比上年增长 13%；进出口总额占全国的比重为 3.34%，较 2016 年增加了 0.03 个百分点。其中出口总额 548.8 亿美元，增长 4.9%；进口总额 842.4 亿美元，增长 21.8%。2017 年全国外贸的进出口、进口和出口总值分别增长 14.2%、10.8% 和 18.7%。其中东北三省外贸发展进口的增长情况要好于同期全国的发展情况，进口增速高于全国整体水平 11 个百分点。

新时代标志着东北地区已步入推动老工业基地全面振兴的新时期，标志着东北地区已步入改革开放全面推进的新时期，标志着东北地区已步入人民生活质量全面提升的新时期，标志着东北地区已步入推动社会全面进步的新时期。从目前的形势和面临的问题来看，东北地区全面振兴发展的前景广阔，但挑战与机遇并存，仍任重道远。

关键词： 东北地区　东北老工业基地振兴　供给侧结构性改革

Abstract

In the past 40 years of reform and opening-up, the transformation and development of Northeast China in the socialist market economy have made important achievements. Overall, the GDP of Northeast China has maintained stable growth, the industrial structure has been continuously optimized, the income of urban and rural residents has been continuously improved, and the social development has been continuously improved. Especially since the implementation of the strategy of revitalizing the old industrial base in Northeast China, the revitalization and development of the old industrial base in Northeast China has achieved important stage results. In recent years, the economic development of Northeast China has been in a downward state, with slow growth, serious shortage of effective investment demand, arduous task of supply-side structural reform and transformation of new and old momentum, difficulties in fiscal revenue and expenditure, accumulation of risks in economic and social fields, and obvious differentiation characteristics of different regions, industries and enterprises. Since the central government implemented a new round of comprehensive rejuvenation strategy for Northeast China in 2016, Northeast China has achieved restorative growth through unremitting efforts, gradually stepped out of the predicament, and its economy has stabilized and rebounded. Since 2017, China's macroeconomic operation has changed steadily, facing some new problems and challenges, and the external environment has changed significantly. Under the strong leadership of the CPC Central Committee and the State Council, Northeast China has deeply studied and implemented Xi Jinping's socialist thought with Chinese characteristics in the new era, adhered to the general tone of steady progress and persevered in it. New development concepts of innovation, coordination, green, openness and sharing, maintaining the overall economic and social stability, deepening the structural reform on the supply side, laying down the "Three Strong Struggles", speeding up the construction of a modern economic system, striving to solve development problems, actively coping with risk challenges, and presenting a stable economy and a stable structure. Progressive development and progressive improvement of people's livelihood. At present, Northeast China's economy is in the process of stabilizing and rebounding. Policy dividends are released and favorable factors are accumulating. We must face up to the difficulties, complexity and long-term nature of revitalizing the old industrial base in Northeast China, take the new development concept as the guide, resolutely improve the way to adjust the structure, fight against poverty accurately, prevent and resolve major risks, seize the opportunity to focus on solving the problems of the system and mechanism, constantly strengthen the foundation of development and improve the quality of development. We should optimize the development environment and ensure sustained development.

The three northeastern provinces are not only typical old industrial bases, but also important grain producing areas. In order to ensure national food security and effective supply of agricultural products, it is urgent to solve the problem of urban-rural industrial integration and development. At present, the relationship between urban and rural industries in the three northeastern provinces is getting closer and closer, but there are still some problems, such as weak agricultural foundation, weak industrial driving capacity, slow development of modern service industry, and insufficient effective interaction between urban and rural industries. Therefore, the three northeastern provinces should coordinate the development of industry and agriculture, urban and rural industry and service industry to realize the mutual promotion and virtuous circle of urban and rural industries, and then promote the integration of urban and rural development.

The three provinces in Northeast China continue to maintain stable growth and become the driving force of economic growth. From the perspective of development trend, the service industry structure of the three northeastern provinces has been upgraded obviously, the proportion of traditional service industry has been reduced, and the proportion of modern service industry has been increased, which has better realized the transformation and upgrading of service industry and energy conversion. Financial industry is a potential industry in all three provinces. Other service industries in Jilin Province, accommodation and catering industries in Heilongjiang Province have great potential for development. However, the weak profitability of service enterprises and the inability of modern service system to meet production and living needs still restrict the development of service industry in the three northeastern provinces. We should vigorously develop new services, optimize and upgrade traditional services, and cultivate large-scale service enterprises to enhance the development potential of service industry in the three northeastern provinces.

The strategic emerging industries in Northeast China are developing well, the policy supply is constantly optimized, the growth rate of emerging industries is stable, the industrial structure is continuously optimized, the industrial investment is continuously warming up, and the industrial impetus is constantly increasing. Although the overall development of strategic emerging industries in Northeast China is good, there are still a series of problems, such as weak technological innovation ability, imperfect innovation platform and carrier construction, and lack of high-end innovative talents. Therefore, the northeast region should start with increasing policy support, optimizing industrial environment, increasing technological innovation, upgrading industrial levels, building industrial platforms, building industrial carriers, building talent teams, strengthening intellectual support and other aspects to promote the development of strategic emerging industries in the Northeast region.

In 2017, the overall scale of foreign trade in the three northeastern provinces showed an upward trend, of which the total import and export volume was 137.33 billion US dollars, an increase of 13% over the previous year; the total import and export volume accounted for 3.34% of the country, an increase of 0.03 percentage points over 2016. Among them, total exports amounted to 54.88 billion US dollars, an increase of 4.9%; total imports amounted to 84.24 billion US dollars, an increase of 21.8%. In 2017, total volume of foreign trade, import and export value of China's foreign trade increased by 14.2%, 10.8% and 18.7% respectively. Among them, the growth of foreign trade development imports in the three northeastern provinces is better than that of the whole country in the same period, and the growth rate of imports is 11 percentage points higher than that of the whole country.

The new era marks that the northeast region has entered a new period of promoting the comprehensive revitalization of the old industrial bases, that the northeast region has entered a new period of promoting reform and opening up, that the northeast region has entered a new period of improving the quality of people's lives in an all-round way, and that the northeast region has entered a new period of promoting social progress in an all-round way. From the current situation and problems, the prospects for the overall revitalization and development of Northeast China are broad, but challenges and opportunities coexist, and there is still a long way to go.

Keywords: Northeast China; Revitalize the Old Industrial Base of Northeast China; The Structural Reform of Supply-side

目　录

Ⅰ　总报告

Ⅱ　创新发展篇

Ⅲ　协调发展篇

Ⅳ　绿色发展篇

Ⅴ　开放发展篇

Ⅵ 共享发展篇

Ⅶ 附录

皮书数据库阅读使用指南

CONTENTS

I General Report

II Innovative Development Reports

Ⅲ Coordinated Development Reports

Ⅳ Green Development Reports

Ⅴ Open Development Reports

Ⅵ Shared Development Reports

Ⅶ Appendix

总 报 告

General Report

B.1

2018年东北地区经济社会发展形势分析与预测

朱 宇 吴海宝 孙浩进*

摘 要： 经过四十年的改革开放历程，特别是2003年国家实施东北老工业基地振兴战略以来，东北地区的经济社会发展取得了重要历史性成就，经济发展水平不断提高，各项社会事业得到长足发展，人民生活水平不断改善。但2013年以来，由于长期形成的深层次矛盾及周期性需求变化的影响，东北地区经济下行压力较大。2016年，中央实施新一轮东北全面振兴战略，东北地区通过努力，取得一定的成果，经济社会发展正逐步走出困境。在2017年，东北地区的经济总量筑底企稳、

---

* 朱宇，黑龙江省社会科学院原院长，研究员，博士研究生导师；吴海宝，黑龙江省社会科学院副院长、黑龙江振兴发展研究院院长，高级经济师；孙浩进，黑龙江省社会科学院研究员，硕士生导师，主要从事空间发展经济学、中国特色社会主义政治经济学方法论研究。

有所回升，增长的有利因素不断积累，但经济社会发展水平与发达地区相比还有较大差距，仍存在结构性矛盾突出，地区市场规模不足，缺乏带动力强的增长极，地区发展环境不优，外贸处于价值链低端等制约因素。因此，东北地区需要进一步以创新、协调、绿色、开放、共享的新发展理念为引领，促进新旧动能转换实现创新驱动发展，发挥增长极辐射带动作用实现协调发展，进一步深化体制机制改革释放发展活力，促进外贸向价值链高端延伸，夯实经济社会发展的内生基础，建设现代化经济体系，进一步推动全面振兴发展。

关键词： 东北地区　老工业基地　产业结构调整　城市群发展

一　东北地区经济社会发展的形势分析

改革开放四十年，东北地区在社会主义市场经济中的转型发展方面取得了重要成就，地区生产总值总体保持稳定增长，产业结构不断优化，城乡居民收入不断提高，社会发展持续进步。尤其是国家实施东北老工业基地振兴战略以来，东北老工业基地的振兴发展取得了重要的阶段性成效。但由于资源性、结构性、体制性矛盾仍未从根本上消除，加上周期性因素和国际国内需求变化的影响，这一阶段东北地区的经济总量占全国的比重呈不断下降的趋势，与发达地区的发展差距明显，地区生产总值所占份额已经从 1978 年的 14.69% 下降到 2017 年的 6.20%。

近年来，东北地区经济发展处于下行状态，增速缓慢，有效投资需求严重不足，供给侧结构性改革和新旧动能转换任务艰巨，财政收支困难，经济社会领域风险不断积聚，不同地区、行业、企业分化特征明显，辽宁省的经济甚至出现负增长。2016 年中央实施新一轮东北全面振兴战略以来，东北地区通过不懈努力实现了恢复性增长，逐步走出困境。2017 年以来，我国宏观经济运行稳中有变，面临一些新问题、新挑战，外部环境发生明显变化，在党中央、国务院的坚强领导下，东北地区深入学习贯彻习近平新时代中国特色社会主义思想，坚持稳中求进工作总基调，持之以恒落实创新、协调、绿色、开放、共享的新发展理念，保持经济社会大局稳定，深入推进供给侧结构性改革，打好“三大攻坚战”，加快建设现代化经济体系，努力破解发展难题，积极应对风险挑战，呈现经济筑底企稳、结构稳中求进、效益逐步提升和民生不断改善的发展态势，政策红利不断释放，有利因素不断积累。

（一）经济发展实现筑底企稳回升

从整体来看，2017 年东北三省一区的地区生产总值为 60433 亿元，同比增长 4. 8% 。从 2013 ~2017 年东北地区三省一区的经济总量变化情况来看，受国内外经济形势和市场波动影响，东北经济经历了波动中的发展。2013 ~2015 年呈现缓慢上升趋势，2015 ~2016 年骤然下降，呈现直线下滑趋势，至 2017 年实现整体上经济总量筑底企稳、有所回升，但与以往相比仍然处于较低水平（见图 1）。在东北三省一区中，辽宁省地区生产总值达到 23942 亿元，为东北地区最高；其次是黑龙江省，为 16199. 9 亿元；吉林省居第三位，为 15288. 94 亿元。蒙东地区生产总值为 5002. 33 亿元（见图 2）。

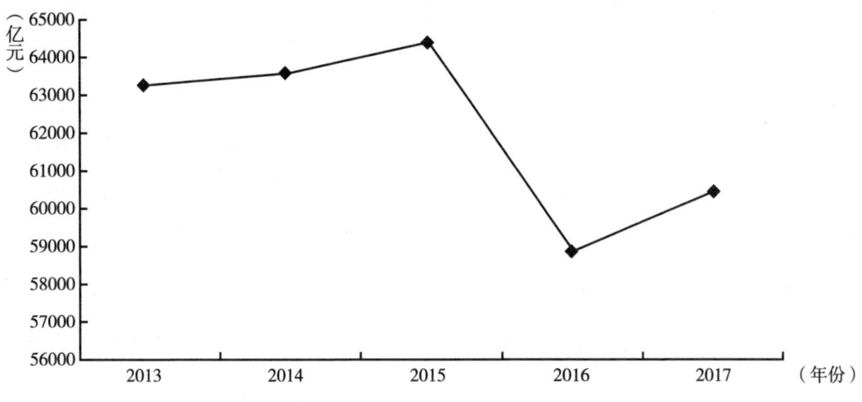

图 1　2013 ~2017 年东北地区生产总值变化趋势

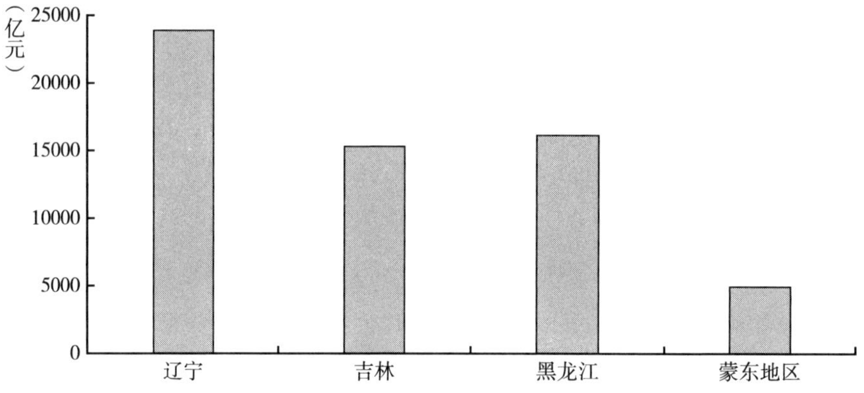

图 2　2017 年东北地区三省一区的地区生产总值情况

从投资情况来看，2017 年，东北地区固定资产投资（不含农户）总额为 35376.5 亿元，占全国比重为 5.5%。其中，辽宁省固定资产投资（不含农户）为 6444.7 亿元，比上年增长 0.1%；吉林省固定资产投资（不含农户）为 13130.90 亿元，比上年增长 1.4%；黑龙江省固定资产投资（不含农户）为 11079.7 亿元，比上年增长 6.2%；蒙东地区固定资产投资（不含农户）完成 4721.19 亿元，同比下降 8.4%。东北地区固定资产投资占全国比重很低，且投资增速总体上较为缓慢，但在破除无效投资的同时，投资结构不断优化，增加了有效供给。

从消费情况来看，2017 年，东北地区社会消费品零售总额为 33226 亿元，占全国比重为 9.1%。其中，辽宁省社会消费品零售总额为 13807.2 亿元，比上年增长 2.9%；吉林省社会消费品零售总额为 7855.75 亿元，比上年增长 7.5%；黑龙江省社会消费品零售总额为 9099.2 亿元，比上年增长 8.3%；蒙东地区社会消费品零售总额为 2463.89 亿元，比上年增长 7.5%。东北地区的社会消费品零售总额占全国比重不高，总体保持较快增长的态势。

从进出口情况来看，2017 年，东北地区（不包括蒙东地区）进出口总额为 9166.6 亿元，占全国比重为 3.3%。其中，辽宁省进出口总额为 6737.4 亿元，比上年增长 17.9%；吉林省进出口总额为 1254.15 亿元，比上年增长 3.0%；黑龙江省进出口总额为 1175 亿元，比上年增长 14.5%。

东北地区进出口总额占全国比重很低，总体上尚保持良好的增长态势。

从与全国对比来看，2017 年，东北地区的主要经济指标增速与全国平均水平相比差距明显，辽宁省、吉林省、黑龙江省以及蒙东地区的地区生产总值增速、固定资产投资增速、社会消费品零售额增速、工业增加值增速等主要经济指标均低于全国平均水平（见表 1），还需要加快形成新发展动能，建设现代化经济体系，推动全面振兴发展。

表 1　2017 年东北地区与全国主要经济指标增速比较

单位：%

指标	地区				
	辽宁省	吉林省	黑龙江省	蒙东地区	全国水平
地区生产总值增速	4.2	5.3	6.4	2.0	6.9
社会消费品零售额增速	2.9	7.5	8.3	7.5	10.2
工业增加值增速	4.4	5.5	2.7	2.1	6.9
固定资产投资增速	0.1	1.4	6.2	-8.4	7.2
财政收入增速	8.6	-4.1	11.1	-23.4	7.4

资料来源：2017 年全国及各省份国民经济和社会发展统计公报。

（二）产业结构经过调整不断优化

2017 年，东北地区第一产业增加值为 7612.11 亿元，第二产业增加值为 22468.59 亿元，第三产业增加值为 30352.16 亿元，第一产业比重仅为 12.6%，第二产业比重为 37.2%，第三产业比重达 50.2%，呈现出一定的产业结构高度化发展趋势。从各地区来看，2017 年，辽宁省三次产业结构比例为 9.1∶39.3∶51.6，吉林省三次产业结构比例为 9.3∶45.9∶44.8，黑龙江省三次产业结构比例为 18.3∶26.5∶55.2，蒙东地区三次产业结构比例为 20.6∶35.3∶44.1，第二产业得到恢复性增长，第三产业比重不断提升，产业结构调整已经取得一定成效，结构优化稳中有进、不断向好，产业结构呈现趋于高度化发展的态势，增长的有利因素不断积累，东北地区经济发展的内生动力不断增强。

从第二产业来看，2017 年东北三省一区中，吉林省的规模以上工业增加值增速最快，达到 5.5%，辽宁省与黑龙江省分别增长了 4.4% 和 2.7%，同比增长较好，蒙东地区增长了2.1%（见图3）。由于近年来东北地区资源型工业及重化工业下滑幅度较大，因此工业增加值增速更能体现出工业的恢复性增长。从这一指标来看，吉林省的工业经济发展较快，辽宁省、黑龙江省的工业经济恢复增长情况较好，蒙东地区则保持平稳。总体上看，东北地区第二产业得到恢复性增长。

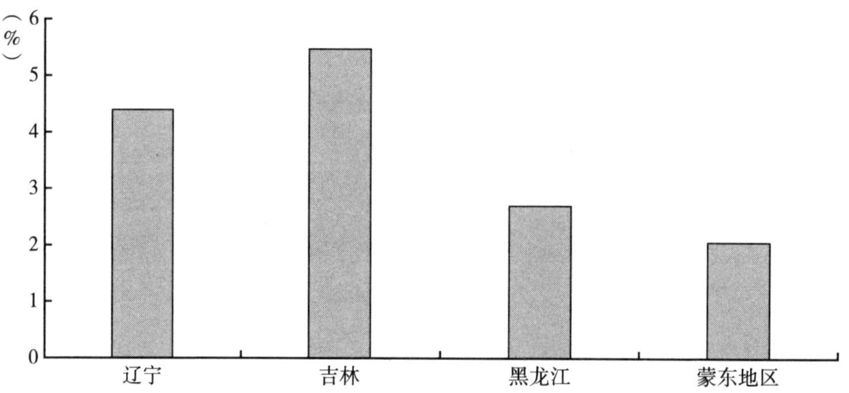

图3　2017年东北地区三省一区规模以上工业增加值增速情况

从第三产业来看，2017年黑龙江省第三产业增加值增长8.7%，吉林省第三产业增加值增长7.5%，辽宁省第三产业增加值增长5.0%，蒙东地区第三产业增加值增长5.4%，第三产业增速均超过第一产业和第二产业，比重不断增加，均超过或接近“半壁江山”（见表2）。东北地区第三产业得到快速增长，已成为重要的主导产业部门，产业结构高度化发展的特征已经显现，结构优化效应得以释放。

表2　2017年东北三省一区第三产业发展情况

单位：亿元，%

省区	第三产业增加值	同比增长	占地区生产总值比重
吉林省	6846.88	7.5	44.8
黑龙江省	8941.4	8.7	55.2
辽宁省	12362.1	5.0	51.6
蒙东地区	2201.78	5.4	44.0

资料来源：2017年东北地区国民经济和社会发展统计公报。

（三）各经济板块发展稳中趋好

从东北地区的板块构成来看，辽宁省的地区生产总值呈现衰退型波动的特征，但已出现企稳向好的态势；吉林省、黑龙江省的地区生产总值保持稳定增长态势，但增速呈现趋于下降的态势。

2017 年，黑龙江省实现地区生产总值 16199. 9 亿元，比上年增长 6. 4%（见图4）。其中，第一产业增加值2968. 8 亿元，增长5. 4%；第二产业增加值 4289. 7 亿元，增长 2. 9%；第三产业增加值 8941. 4 亿元，增长 8. 7%。黑龙江省工业在经历了低速徘徊后，企稳回升势头较好，增加值增速由不到1% 回升到 2. 7%，主要得益于能源工业比重进一步下降，产业结构逐步趋向合理化。黑龙江省地区生产总值增速为近五年来最高，经济发展呈现稳步向好的态势。

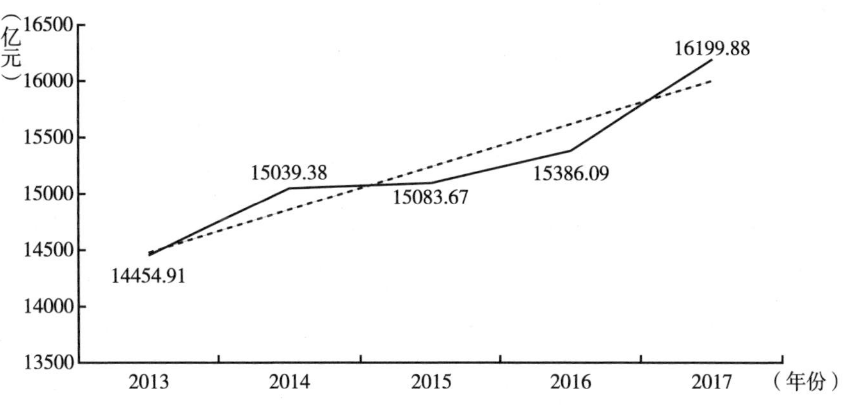

图 4　2013～2017 年黑龙江省地区生产总值变化趋势

2017 年，吉林省实现地区生产总值 15288. 94 亿元，比上年增长 5. 3%（见图 5）。其中，第一产业增加值 1429. 21 亿元，增长 3. 3%；第二产业增加值 7012. 85 亿元，增长 3. 9%；第三产业增加值 6846. 88 亿元，增长 7. 5%。吉林省工业发展形势较好，工业增加值增速为 5. 5%，保持较高增长速度，在东北地区最高，体现了其以地区工业发展的比较优势带动东北地区工业的恢复性增长，经济发展呈现企稳回升的态势。

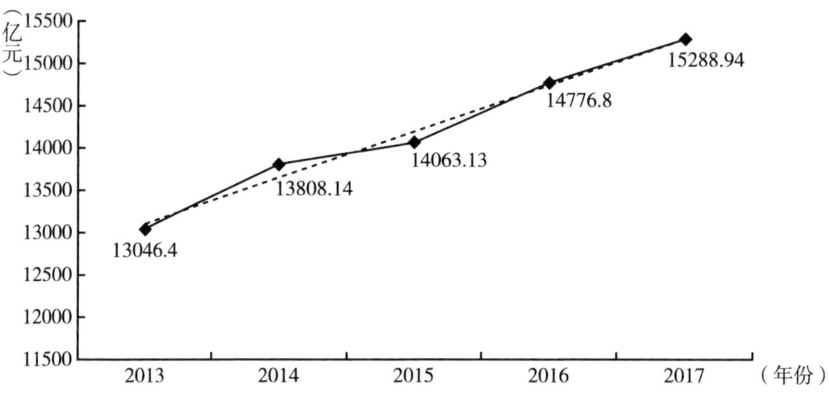

图5　2013～2017年吉林省地区生产总值变化趋势

2017年，辽宁省实现地区生产总值23942亿元，比上年增长4.2%（见图6）。其中，第一产业增加值2182.1亿元，增长3.6%；第二产业增加值9397.8亿元，增长3.2%；第三产业增加值12362.1亿元，增长5.0%。2016年辽宁省地区生产总值呈负增长，主要原因在于其传统主导产业的衰退，辽宁省产值规模排名前五的制造业分别为黑色金属冶炼和压延加工业、石油化工、炼焦和核燃料加工业、通用设备制造业和非金属矿物制品业，这些产业相对来说属于落后低级产能，发展处于衰退阶段，严重影响经济增长。经过GDP“挤水分”、去落后产能、产业结构调整，辽宁省经济已逐渐走出负增长的衰退局面，经济发展逐渐向好。

2017年，蒙东地区的地区生产总值达到5002.33亿元，同比增长2.0%，占内蒙古自治区地区生产总值的比重为30.9%，增速低于全自治区2个百分点。分三次产业看，第一产业增加值完成1032.31亿元，同比增长4.2%；第二产业增加值完成1768.24亿元，同比下降3.3%；第三产业增加值完成2201.78亿元，同比增长5.4%。第一产业增加值增速快于全自治区0.5个百分点，第二、三产业增加值增速分别低于全自治区4.8和0.7个百分点。

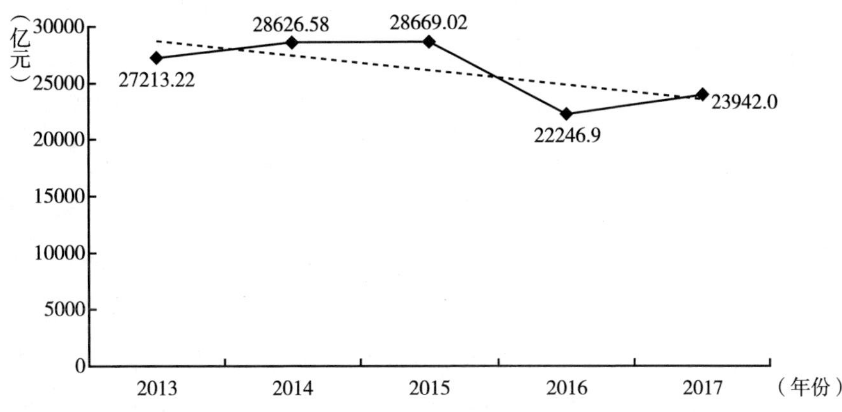

图6　2013～2017年辽宁省地区生产总值变化趋势

从2017年各地区的人均地区生产总值情况来看，吉林省最高，为56102元，辽宁省为54745元，黑龙江省为42699元，蒙东地区为39647元（见图7）。

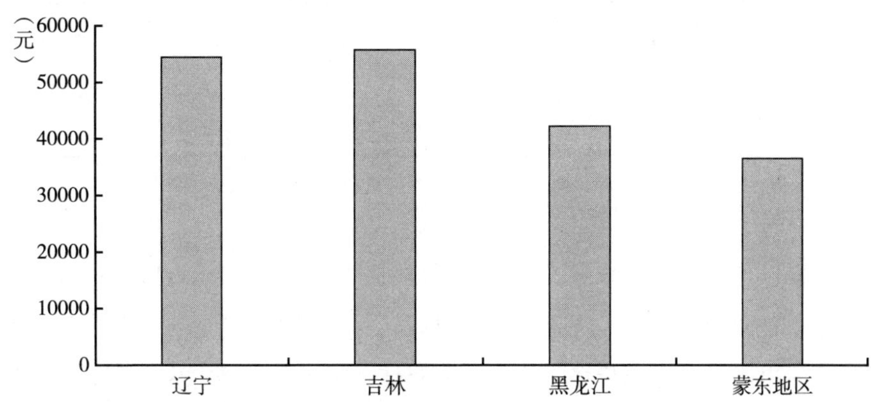

图7　2017年东北地区三省一区人均地区生产总值情况

（四）全面振兴发展形势平稳趋好

从2003年国家开始实施东北老工业基地振兴战略，到新一轮东北振兴战略的实施，全面振兴发展都是东北地区经济发展的长期战略目标。东北老工业基地全面振兴进程评价是通过反映东北经济社会运行特征的指标并运用数据进行整合评估，形成综合指数衡量东北老工业基地振兴进程，对东北地区全面振兴进程与特征进行评价。从振兴发展指数来看，辽宁省呈现波浪式上升状态，黑龙江省 2016 年的上升幅度明显，但随后增长速度下降，2017 年出现小幅下跌趋势；吉林省 2013 ~ 2016 年平稳上升，2017 年停滞不前。根据 2013 ~ 2017 年的评价结果，东北地区振兴发展的整体能力仍向上提升，辽宁省相对于黑龙江、吉林两省而言尤为显著，但其整体的增长速度有待进一步提升（见表 3）。同时，东北地区内部的省际分化明显，但差距日渐缩小。从振兴发展指数分析来看，2013 ~ 2017 年，东北地区振兴发展呈现出“稳中有进”的态势，但与全国相比仍处于落后状态，需要加大全面振兴力度。总体上看，东北地区实现全面振兴发展的形势平稳趋好，但仍存在振兴发展动力不足等问题，实现目标还任重而道远。

表 3　东北老工业基地振兴发展指数

地区	2013 年	2014 年	2015 年	2016 年	2017 年
辽宁省	51.7	53.7	53	54.3	56.2
吉林省	41.6	41.4	42.9	46.1	46.2
黑龙江省	40.7	44	44.2	45.2	44.7

资料来源：《东北老工业基地全面振兴进程评估报告》，经济管理出版社，2018。

根据以上分析综合来看，与 2013 年相比，2017 年东北地区整体经济逐渐筑底企稳回升，主要经济指标都明显好转，特别是下滑趋势得到了明显遏制，呈现出明显的增长趋势。这与国家整体经济形势回暖、大宗商品价格回升等密切相关，全球经济加快复苏也是重要外部条件。东北老工业基地的结构调整取得一定进展，新动能开始形成，经济发展实现筑底企稳回升，实现全面振兴发展的经济形势平稳趋好。

（五）社会发展形势不断向好

2017 年，东北地区以习近平总书记重要讲话精神为引领，深入贯彻党中央对东北全面振兴发展的重大决策部署，基于我国社会主要矛盾转化的新形势，坚持稳中求进工作总基调，深入贯彻落实新发展理念，深化社会发展中的体制机制改革，激发社会内生活力，人民生活水平不断提高，社会事业不断发展进步。

1. 居民收入水平不断提高

（1）从总体增长态势来看，东北地区居民人均可支配收入水平一直处于稳步上升状态，但始终低于全国居民人均可支配收入水平，吉林省、黑龙江省及蒙东地区的居民人均可支配收入水平一直在全国水平之下，辽宁则总体高于全国水平。2017 年蒙东地区居民人均可支配收入达到 21279 元，增长了 8.7%。

（2）从各地区的比较来看，东北地区的城镇居民人均可支配收入差距较小，省际分化程度不高，地区之间的收入分配总体趋于平衡。其中辽宁省的人均可支配收入相对较高，吉林省与黑龙江省相对较低，二者几乎持平没有较大差距和分化趋势，蒙东地区最低（见图 8）。

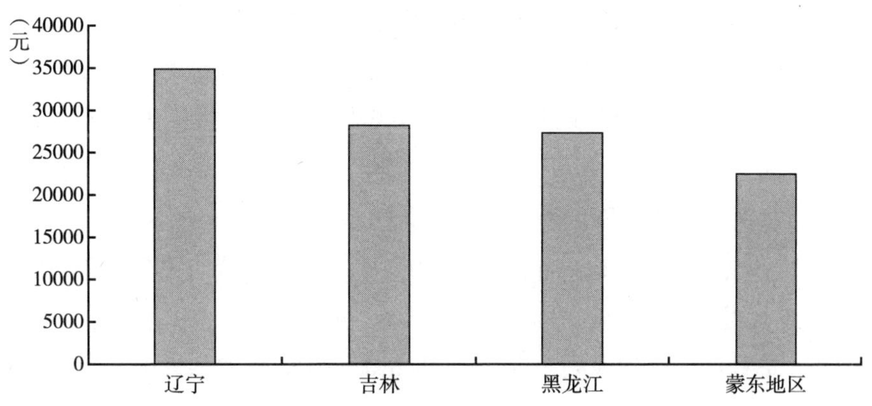

图 8　2017 年东北地区三省一区城镇居民人均可支配收入情况

2. 社会事业不断发展进步

（1）教育医疗文化事业不断进步。辽宁省启动公立医院综合改革，医疗保险异地就医实现直接结算。普惠性学前教育覆盖率达到 68%，实施 15 年免费特殊教育，有 4 所高校启动了世界一流大学和一流学科建设。加快基本公共文化服务体系方面的建设。吉林省 60 个县（市、区）全部通过国家义务教育基本均衡发展验收。东北师范大学、延边大学入选世界一流学科建设高校，吉林大学入选世界一流大学建设高校。黑龙江省投入 74.7 亿元改善贫困地区义务教育薄弱学校基本办学条件，完成 1579 所农村中小学校“小火炉”改造。蒙东地区所有旗县实现了教育“两基”达标和高中阶段“两免”教育，义务教育阶段实现“两免一补”城乡全覆盖。全面推进公立医院综合改革，破除以药养医体制；持续开展“健康龙江”行动，为乡镇卫生院招聘充实 3000 多名大专以上医学专业毕业生，建成医联体 368 个。县乡村文化服务设施明显改善，完成 510 个村广播电视“村村通”工程。

（2）社会安全稳定形势进一步稳固。2017 年，吉林省下大力气维护社会和谐稳定，安全生产主要指标创历史最高水平。着力开展化解信访积案攻坚工作，信访总量下降 18.9%。“平安吉林”加快建设，社会治安大局和边境地区持续稳定，双拥共建取得新成效。辽宁省实现“双下降”，即 2017 年生产安全事故死亡人数比上年下降 14.7%，道路运输事故死亡人数比上年下降 22.0%。黑龙江省生产安全事故起数、死亡人数比上一个五年分别下降 37%、34%，八类严重刑事案件发案总数比上一个五年下降 48%，社会治安形势持续稳定。

3. 社会民生工作持续改善

（1）社会就业形势进一步好转。2017 年辽宁省坚持向民生倾斜，财政支出用于民生比重达到 77%；新增就业 44.8 万人，城镇登记失业率 3.82%；高校毕业生省内就业率达到 80.6%。2017 年吉林省下大力气保障和改善民生，并兑现承诺的 28 件民生实事；城镇新增就业 53.2 万人，完成年度计划的 106.4%。2017 年黑龙江省财政用于民生支出 3996.1 亿元，比 2012 年增加 1422.3 亿元；建成保障性安居工程 124.9 万套，其中采煤沉陷区棚改 14.2 万套；改造农村泥草（危）房 79.5 万户，500 多万城乡居民住房条件得到改善。

（2）社会保障水平不断提升。2017 年，辽宁省退休人员养老金增长

5.5%，城乡居民低保标准分别提高6.7%和10%，城乡居民医保补助标准提高到人均450元。吉林省城乡低保标准分别增长8.8%、9.4%；吉林省共筹集省级困难群众基本生活救助资金58.29亿元，城市低保月保障标准和月人均补助水平分别达到484元和400元，同比增长8.8%和5.5%；农村低保年保障标准和年人均补助水平分别达到3734元和1836元，分别同比增长9.4%和7.0%，有效保障了全省129.8万城乡低保对象的基本生活。2017年，黑龙江省企业退休人员基本养老金、城乡居民基础养老金、失业保险金、城市低保、农村低保标准分别比2012年提高60%、46%、67%、79%、120%；城乡居民基本医疗保险整合基本完成，政府补贴标准是2012年的1.9倍。2017年蒙东地区为每个低保家庭大学生每年发放1万元就学补助，为每个零就业家庭至少解决1人就业工作；进一步加快推进覆盖城乡居民的社会保障体系建设，完善基本养老、基本医疗等社会保险制度。

（3）精准扶贫工作成绩显著。2017年，辽宁省25.3万人实现脱贫、566个贫困村销号，康平、新宾、清原、桓仁4个省级贫困县摘帽；棚户区改造新开工超过10万套。2017年，吉林省664个贫困村实现退出，共16.3万人脱贫；改造各类棚户区11.9万套，惠及33万人，81.2万农村居民饮水安全保障能力得到巩固提升。2017年，黑龙江省农村贫困人口减少82万人，重点引水工程完工或即将贯通，农村饮水安全工程投入61.5亿元，700多万农民受益。

总体上看，东北地区积极采取各项有效措施，社会治理能力现代化水平不断提高，就业更加充分，社会保障体系更加健全，基本公共服务水平大幅提升；进一步加大改善民生的力度，人民生活水平明显提高，人民群众能够真正享受到经济发展带来的实惠，人民群众获得感、幸福感、安全感进一步增强，为决胜全面建成小康社会奠定了坚实的基础。

二　制约东北地区经济社会发展的主要因素

东北地区是我国重要的老工业基地，尽管当前经济发展形势企稳回升，但基础尚不牢固，深层次体制机制障碍和结构性矛盾仍在制约全面振兴发展，应在今后一个发展阶段中处理和解决好这些问题。

（一）结构性矛盾突出

东北地区以传统产业比重大、新兴产业比重小为主要表现的产业结构性矛盾，以国有经济占主导地位、非公经济发展不足为主要表现的产权结构性矛盾，制约着东北经济发展的动能转换、活力释放和效益提升，主要表现在以下几个方面。

1. 产业结构性矛盾制约经济发展的动能转换

东北地区经济以传统产业为主的产业结构未得到根本改变，产业结构偏向于资源型企业以及重化工业，支柱产业在产业链上的位置靠前，“原”字号、“初”字号产品居多，产业类别偏“重”，产业链条靠“前”。新兴产业发展不足，具有广阔市场前景和增长潜力的高新技术产业总值规模小、比重低，新旧动能转换缓慢。2017 年，东北地区高技术产业和新兴产业虽然增速较快，但所占比重较小，短期内难以弥补传统产业增速放慢或下降造成的缺口。总体上看，东北地区制造业以重化工业为主，且重化工业比重还有相对扩大的趋势。2017 年，辽宁省装备、石化、冶金三个行业增加值占工业增加值的 73.0%，比 2016 年年底提高 5.6 个百分点，而规模以上高技术产业增加值比重仅为 8.0%。重化工业是辽宁经济的主力军，不调整不行，调整对辽宁经济的稳定又有很大的冲击。2017 年，吉林省汽车产业、食品产业和石化产业占全省工业增加值的比重分别在 27%、17% 和 11%，六大高耗能行业增加值比上年增长 4.6%，占规模以上工业增加值的比重为 22.9%，而高技术制造业增加值仅增长 0.2%，占规模以上工业增加值的比重仅为 6.0%。吉林省工业对汽车、食品和石化等传统行业依赖程度过高，而汽车和石化产业自身又是周期性非常强的行业，容易受外部因素影响，削弱整体经济的抗风险能力。外部需求环境的变化，使得黑龙江省“老字号”“原字号”产业发展受阻，而“新字号”产业长期受到传统产业挤压，拉动经济增长的能力仍然较弱，最终导致地区整体经济增长缓慢。东北地区的战略性新兴产业还无法支撑整个工业的发展，对传统产业的路径依赖，影响整体经济的稳定性和可持续增长能力。在2000~2016年，东北地区高新技术产业数量仅仅增加了75%，而东部、中部、西部地区分别增加了183%、256%和168%，差距十分明显，直接影响东北地区经济的新旧动能转换。

2. 产权结构性矛盾制约经济发展的活力释放

从产权结构看，东北地区的国有经济在社会总资本中比重过高，分布战线过长，布局不合理；东北地区国有企业数量在全国最多，制造业大多是以大型国有企业为核心的集群化发展，大型国企和配套民企构成了特殊的产业生态。2016年，辽宁省国有及国有控股工业销售产值占规模以上工业产值的比重为45.5%，高于全国平均水平（33.9%）11.6个百分点；由于国有及国有控股企业占比较高，在一定程度上挤占了民营企业发展需要的要素资源，阻碍了民营经济的发展。2017年中国民营企业500强中，辽宁省有7家上榜，远低于浙江省的134家、江苏省的94家、广东省的50家以及山东省的48家。民营经济落后还表现在装备制造业的综合配套能力不强。辽宁装备制造业虽然拥有一批有实力的大型主机制造企业，但零部件、元器件产业薄弱，缺乏成套能力，服务业不发达，未形成以主机制造厂为核心、上中下游协同配套的强大产业链。2017年，吉林省规模以上民营工业企业增加值仅比上年增长2.6%；实现利润630.18亿元，仅增长3.0%。2017年，东北地区民营企业投资尽管降幅有所收窄，但仍比上年下降7.4%。国有经济与民营经济之间的产权结构矛盾制约经济发展的活力释放。

（二）地区市场规模不足

东北地区的人口流出，以及城乡居民收入处于全国较低水平，导致市场规模缩减，缺乏对经济增长的整体带动作用，经济长期发展的内生动力不足。

1. 东北地区人口呈净流出趋势导致人口规模缩减

国家卫计委发布的2016年《中国流动人口发展报告》显示，东北三省已经呈现出人口规模缩减的净流出趋势。在改革开放之初的1982年，东北三省的生育率就偏低，辽、吉、黑三省当时的生育率分别是1.773、1.842和2.062，低于全国2.584的平均水平。2010年的第六次人口普查的结果显示，东北三省的生育率已经跌破1.0，仅为0.75。2015年的人口调查结果显示，东北三省已经成为仅次于北京、上海的全国生育率最低的省份。第五次全国人口普查的数据显示，东北三省人口总量为1.07亿人，占全国总人口的比重为8.42%。而第六次全国人口普查时，这一数据为1.10亿人，占比却下降到只有8.22%。对比两次全国人口普查的数据，从中可以看出，东北三省人口占全国人口的比重在持续下降，在短短10年内东北三省人口净流出200多万，平均每年人口外流二十多万，而且流出规模还在不断扩大。此外，东北地区的人力资本也处于流失的状态。许多东北本地的高学历人才和青年劳动力不愿意留在东北，而是前往南方就业机会多、经济发展快、思想活跃开放的地区发展，大量高学历、能力强、有成长空间的年轻人，从东北流向了经济相对发达的沿海地区和一线城市。本地人才留不住、外地人才引不来成为目前东北地区发展所面临的突出问题。

2. 东北地区的城乡居民人均收入水平较低导致市场购买力不足

2017年，辽宁省城镇居民人均可支配收入为27835元，吉林省为21368元，黑龙江省为21205元，东部的浙江、广东、江苏三省的城镇居民人均可支配收入分别为40245元、33033元、35024元，与这些发达省份相比东北地区存在着很大的差距。2017年，我国居民人均可支配收入为25974元，对比之下，吉林和黑龙江两省的人均可支配收入要明显低于全国平均水平，平均要比全国平均水平低19%，辽宁省虽然总体数值高于全国水平但是存在收入水平分布不均衡的特点，主要是因为大连和沈阳等辽中南地区城市的高收入水平拉高了辽宁的整体水平，而相比之下辽宁其他地区收入水平要低很多，明显低于全国平均水平。

（三）缺乏带动力强的增长极

在经济空间结构方面，东北地区的城市群发展相对落后，经济增长缺乏带动力强的增长极。东北地区城市群中城市人口分布较为集中，主要分布在数目较多的中等城市，小城市数目虽也较多，但规模小。目前东北地区的重要城市群，有以大连、沈阳为中心的辽中南城市群，以长春、哈尔滨为中心的哈长城市群。与国内其他重要城市群相比，东北地区城市群的城市结构并非呈现“金字塔”的理想形状，在经济规模、产业竞争力、辐射带动力等方面都存在较大差距。沈阳、长春、哈尔滨作为东北地区重要的省会中心城市，城市竞争力不强，城市辐射范围明显不足，没有形成成熟的城市体系规模结构，导致缺乏形成带动力强、辐射面广的城市群的基础。2017 年经济增速低于全国水平的副省级城市中，有大连、哈尔滨、沈阳，均位于东北地区。东北地区城市群内的城市与城市之间缺乏良好的经济合作，存在无序竞争，城市发展还没有充分利用各地的优势。除城市群整体发展滞后之外，东北地区城市之间发展差异分化也较严重。辽宁省的副省级城市（大连市和沈阳市）与地级市有明显分化现象，辽西北地区（锦州—阜新—朝阳—盘锦—大连）与辽东南地区的发展差距有扩大趋势；黑龙江省的分化集中出现在哈尔滨市与其他地级市之间，而其差距在呈现日渐缩小态势，黑龙江南部（哈—大—齐—牡）与中部和北部地级市之间差距明显；吉林省的差异分化主要集中表现在长春市和吉林市与其他地级市之间的差距日渐加大。

1. 辽中南城市群发展缓慢

辽中南城市群以沈阳、大连为枢纽，其中包括抚顺、本溪、丹东、鞍山、辽阳、营口、盘锦等城市，城市群密度大，可以发挥沈阳、大连的经济、科技优势带动周边城市发展，形成以长大、沈丹、沈山、沈吉和沈承五条交通干道为发展轴线以及包括大连、丹东、营口、盘锦、锦州、葫芦岛六个城市在内的“沿海经济带”，如能形成实力强的城市群，将带动辽宁省地区经济的快速发展。然而近年来，沈阳、大连作为辽中南城市群的经济“双核”，经济增速下滑，导致辽中南城市群整体发展缓慢。2017 年沈阳的地区生产总值为5865 亿元，增速仅为 3.7%，大连的地区生产总值为 7363 亿元，增速为 7.1%，均低于国内其他重要城市，增长动力不足。

2. 哈长城市群实力不强

哈长城市群是以哈尔滨、长春为中心，以大庆、齐齐哈尔、绥化、牡丹江、吉林、四平、辽源、松原、延边为主要城市的城市群，根据国家哈长城市群发展战略，城市群发展目标定位于增强城市经济实力，完善城镇体系，协调城乡区域发展，打造出绿色发展的生态型城市群。然而，从哈尔滨、长春近两年的发展状况来看，这两个重要中心城市也增速下滑，发展缓慢，不足以辐射周边、带动其他城市发展。2017 年长春的地区生产总值为 6613 亿元，同比增长 8.1%，在省会城市中排名靠后，仅好于南宁、昆明等少数省会城市。长春市的汽车工业具有发展基础和优势，拥有一汽等大型企业，却长期未能形成配套的产业链，没有依托汽车产业优势提高城市的辐射力、带动力。2017 年哈尔滨的地区生产总值为 6609 亿元，经济增速为 6.7%，在省会城市中排名偏后，比长春还要低。哈尔滨作为对俄合作的中心城市，也未能充分发挥自身的区位优势、产业优势来带动周边城市的经济发展。哈尔滨、长春作为哈长城市群的经济“双核”，经济发展增速下滑，产业竞争力不强，亟待提升城市群的自身实力和辐射力、带动力。

（四）部分地区营商环境不优

制约东北老工业基地振兴发展的重要因素是营商环境不优，影响企业尤其是高技术企业在东北投资经营的发展环境，制约着东北地区的新旧发展动能转换。

1. 政府对市场还存在过度干预

受长期计划经济体制的影响，政府在经济发展中配置资源以行政命令为主要手段，体制问题最突出的表现就是“大政府、小市场”，使得市场难以发挥有效配置资源的作用。尽管近年来，东北地区各级政府在转变职能、简政放权方面取得了很大成效，在转变发展方式、改善发展环境上发挥了积极作用，但仍存在政府对市场的过度干预问题。部分政府职能部门的权力清单数量少但过度干预市场的问题仍旧存在，一些部门的权力虽然表面被减掉实际上却被隐性保护起来，部分政府部门还存在“机构换牌子，人员变位子，结果老样子”的问题，还有些政府职能部门尚存在权力“越位”“错位”现象，影响市场在资源配置中决定性作用的发挥。

2. 政商关系有待进一步改善

政商关系落后对营商环境造成了负面的影响。目前东北地区仍有部分政府官员不重视民营企业、中小微企业的发展，忽略了与民营企业、中小微企业建立良好的政商关系。主要表现为：一些官员为了避免和民营企业家有“不清”关系不愿意和民营企业家接触，导致了政企“不亲”；不信任中小微企业力量，突出地表现为政府对中小微企业的重视不够，对其在政策、资金上的支持还较薄弱。政商关系得不到进一步改善，将制约东北地区的新旧动能转换。

3. 政府的法治意识还有待提高

受传统思维定式的影响，东北地区的部分政府官员法治意识还不强，仍然存在“权大于法”的不正确观念，“官本位”观念还有待进一步破除，对市场经济与法治之间关系的理解还不到位，规则意识弱，契约精神不强，其根本原因在于对市场和政府的关系把握不准。东北地区以往的一些影响发展环境的突出问题都是由一些地方政府缺少法治意识造成的。政府的法治意识不强，在一定程度上会伤害企业的积极性，使企业利益受损，给营商环境带来负面影响。

（五）对外开放层次不高

总体来看，东北地区出口产品以复杂产品制造与初级产品加工并重、最终产品少中间产品多为主要特点。由于人力、技术、资本等因素，东北地区的贸易层次处在一个不平衡状态，导致其出口产品一直处在价值链低端。

1. 出口技术产品处于价值链低端

东北地区出口的技术类产品多数为劳动密集型产品，主要通过简单的组装将国外进口的产品零部件、半成品加工成制成品出口，产业链条较短，产品附加值不高。东北地区大部分加工贸易企业属于中小型企业，企业实力弱、群体小，缺乏自主研发的核心技术，处于国际产业链的中低端加工位置，因此在国际高新技术产业链中，产业竞争力不强，经济辐射作用不大，成为制约东北地区开放发展的瓶颈，亟须进行产业结构调整和技术升级改造。以辽宁为例，辽宁省的外贸出口产品结构单一，主要是初级产品和附加值不高的机电产品和高新技术产品。2017 年辽宁出口总额 3041. 7 亿元，其中机电产品出口 1215. 0 亿元，占比达 40% 。

2. 出口食品的附加值低

东北地区食品加工企业以中小企业居多，布局分散，出口食品精深加工不足，产业链短，近一半优质原料仍以“原字号”或初加工产品出售，市场竞争优势不明显，产业整体规模和效益还不高。以黑龙江省为例，黑龙江虽然是我国的农业大省，但是出口精深加工比例低，仅为 15% ，而美国、日本一些发达国家的精深加工程度达到了 90% 。发达国家通过精深加工已经能将稻米加工成超过 350 种产品，其加工的增值率达到 1∶5。相比之下，黑龙江省许多出口企业对稻谷的加工仅停留在去壳、清洁等初级阶段，即使有些能对稻谷精深加工，也只能将其加工成十多种谷类产品，加工增值率只有 1∶1. 3。发达国家对玉米的加工产品已经达到 2000 多种，精深加工比例高达 90% 以上。相比之下，我国的玉米大省吉林的玉米出口加工产品只有不到 200 种，精深加工的出口玉米产品不到 40 种。总体上看，吉林省玉米的粗加工产品是精深加工产品的 5 倍左右，玉米加工总量仅占玉米总产量的 10% 左右，影响出口农产品附加值的提高。

三　东北地区经济社会发展形势预测

近年来，世界经济复苏乏力，国际金融市场跌宕起伏，贸易保护主义明显抬头。我国经济发展中结构性问题和深层次矛盾凸显，与美国的贸易争端形势复杂，经济下行压力持续加大，东北地区经济社会发展面临外部环境的严峻挑战。党的十九大开启了决胜全面建成小康社会、全面建设社会主义现代化国家的新征程，提出要深化改革加快东北等老工业基地振兴，中央经济工作会议也提出要加快东北等老工业基地振兴，优化营商环境，加大国有企业改革力度，发展民营经济等重要举措，为东北地区全面振兴发展提供了稳定的基石。近年来国家一系列振兴东北经济政策措施，对东北全面振兴进行了顶层设计，打出一套政策“组合拳”。这些政策的效应必然会增强东北地区的发展信心，调动各方面积极性，扩大有效投资，推进创新转型，培育发展动力，闯出一条新形势下老工业基地全面振兴的新路。

2018 年 9 月 25 ~28 日，习近平总书记在东北三省考察，主持召开深入推进东北振兴座谈会，对于东北地区振兴发展做出重要部署。在东北地区振兴“滚石上山，爬坡过坎”的重要发展阶段，在国际贸易保护主义和“逆全球化”抬头的世界经济形势下，习近平总书记为东北振兴指明了前进方向，彰显着党中央扎实推进既定部署，集中精力办好自己事的深谋远虑和战略定力。这次考察从区域发展和国家现代化全局来看，实现东北振兴具有十分重要的意义。未来的发展阶段中，东北地区将根据习近平总书记考察东北三省的重要指示，大力发展实体经济，推动国企改革，保障国家粮食安全，深化供给侧结构性改革，推动资源要素向实体经济集聚、政策措施向实体经济倾斜、工作力量向实体经济加强，营造脚踏实地、勤劳创业、实业致富的发展环境和社会氛围，以上举措将为东北地区的实体经济振兴提供重要的发展机遇。通过贯彻习近平总书记的重要讲话精神，加快发展先进制造业，推动互联网、大数据、人工智能同实体经济深度融合，将为东北地区传统产业升级、新兴产业崛起提供重要的发展机遇；着力发展开放型经济，提高现代化经济体系的国际竞争力，更好利用全球资源和市场，继续积极推进“一带一路”框架下的国际交流合作，将为东北地区面向东北亚的开放发展提供重要政策机遇。

新时代标志着东北地区已步入推动老工业基地全面振兴的新时期，标志着东北地区已步入改革开放全面推进的新时期，标志着东北地区已步入人民生活质量全面提升的新时期，标志着东北地区已步入推动社会全面进步的新时期。从目前的形势和面临的问题来看，东北地区全面振兴发展的前景广阔，但挑战与机遇并存，仍任重道远。综合来看，国家实施新一轮东北全面振兴战略以来，东北老工业基地振兴发展取得阶段性成果，经济增长正逐步走出困境。由于体制性、结构性、资源性等矛盾的严重制约，东北老工业基地振兴发展仍然处于“滚石上山，爬坡过坎”的关键时期，但近年来通过深入贯彻落实习近平新时代中国特色社会主义思想，不断推进改革、促进振兴发展，经济发展潜力得到释放，东北地区全面振兴发展已呈现经济筑底企稳、结构不断优化、增速逐步提升的态势，但考虑到中美国际贸易争端的不确定性和不利影响，国内推进供给侧结构性改革中去落后产能带来的短期影响等因素，预计 2018 年东北地区的地区生产总值增速将稳中有升，在 4.9% 左右。

四　东北地区经济社会发展的对策建议

当前东北地区正处于转变发展方式、优化经济结构、转换增长动力的攻关期，全面建成小康社会进入决胜阶段，要直面振兴东北老工业基地的艰巨性、复杂性、长期性，以新发展理念为引领，坚决打好转方式调结构攻坚战、精准脱贫攻坚战、防范化解重大风险攻坚战，抓住机遇着力解决体制机制问题，不断强化发展基础，提升发展质量，优化发展环境，保障发展持续。

（一）创新发展：推动东北地区新旧动能转换

东北地区要实现创新驱动，应进一步加快战略性新兴产业发展，扶持高新技术企业做大做强，并以新技术改造提升传统产业，实现产业转型升级，激发经济发展内生活力，推动发展的新旧动能转换。

1. 大力发展战略性新兴产业

抢抓国内外装备制造业转型升级机遇，坚持做大总量与优化结构并重来发展高端装备制造业，采取升级技术、合资合作等方式做大增量、盘活存量、提升质量。以“制造 + 服务”的模式整合产业链上下游资源，推动高端装备产业走出去。重点发展民用航空、汽车、新能源装备、智能装备制造、动力机械装备、增材制造、海洋装备、新型农机等。发展新一代信息技术产业，以沈阳经济区、长吉图开发开放先导区、哈尔滨新区为依托，重点推进物联网、云计算、大数据、移动互联网等与现代制造业结合，培育发展电子商务、工业互联网等新兴业态。发展生物产业，加快发展生物医药、生物农业、生物制造等产业，推动生物产业向高端化、规模化、国际化发展，培育区域特色生物产业集群。发展新材料产业，重点发展石墨及石墨烯、高性能金属材料、高性能纤维及复合材料、半导体照明材料、化工新材料等新材料，打造国内一流、国际知名新材料产业基地。发展现代服务业，促进生产性服务业向专业化和价值链高端转变，生活性服务业向精细化和高品质转变，提高金融、科技服务、旅游、文化等现代服务业增加值占服务业增加值比重。

2. 以新技术改造提升传统产业

要立足东北地区有优势、独特的资源延伸价值链，引入新技术挖掘潜在经济价值，避开资源开发经济价值不足的短板。以新技术改造提升石化、煤化工、石墨深加工、林下产品深加工、农副产品精深加工等产业，通过延伸价值链推动石油、矿产、林木、农产品等资源的精深加工，从旧的存量中挖掘新的增量。在传统产业优化升级的过程中，东北地区应积极争取国家老工业基地转型的政策支持，加强对传统产业转型升级的扶持力度，明确重点支持的产业领域，逐步落实东北振兴“十三五”规划的支持政策措施，逐渐显现政策支持的效力，提高产品附加值，促进东北地区传统产业转型升级。

（二）协调发展：培育增长极发挥辐射带动作用

东北地区要以发展城市群作为空间增长极的重点，优化总体布局，把城市群作为城镇体系发展的主体形态，加快推进大中小城市和小城镇合理分工、功能互补、互动发展，进而实现协调发展。

1. 以中心城市发展扩大城市群辐射范围

沈阳、长春、哈尔滨这三个大城市在各自的城市群中占据重要地位，应以与其各自联系紧密的中心城市大连、吉林、齐齐哈尔为节点，以现代化主体交通运输和信息通信为核心，加强城市设施网络建设，增强各城市之间的信息联系，通过以交通线和通信线为网络构建各省的城市圈，形成共同发展的空间结构，真正成为各省的龙头城市。依托铁路公路等现代交通网络推动人口向城市聚集，促进中心城市圈形成，并以此来辐射带动周边地区。要充分发挥“政府引导”和“市场调节”的双轮驱动作用，依托各城市群天然的地理位置，加快内部结构调整，扩大城市群辐射面，使城市群内各中心城市充分利用其产业或地理优势。城市群内各城市也要加强信息、人才、技术和资金的沟通与传递作用，构筑分工明确、多元互补、相互协作的城市体系，实现城市错位发展，增强城市核心竞争力。城市群内部也要加强联系，以实现优势互补，提升城市群的合作发展层次，扩大城市群的带动辐射范围。

2. 加快城市群周边的资源型城市转型发展

要以《全国资源型城市可持续发展规划》为行动指南，加大力度发展资源型城市的替代产业，并且以现有产业为依托，加快发展精深加工业，延长产业链、提高附加值，使新兴产业发展壮大，从而实现资源型城市转型发展。依托东北地区重点城市群周边的资源型城市目前的人口规模和经济规模，建设主体功能区，进一步挖掘其产业潜力，加快转型发展。

3. 加强城市群内部重点产业园区建设

要加强产业园区的规划，充分发挥其示范带动作用。要加强对工业园、产业园、物流园等各类园区的规划设计，以使其在改善区域投资环境、引进外资、促进产业结构调整和发展经济等方面发挥积极的辐射、示范和带动作用。要积极鼓励引导发展高新技术产业，促进产业园区创新发展，使得产业园区的主导产业由传统产业逐步转向高新技术产业。在加强产业园区建设的同时，还要充分发挥其示范带动作用，聚集创新资源，培育新兴产业，辐射周边区域，推动城市群发展。

（三）改革发展：进一步释放体制机制内在活力

在推动东北地区经济转型发展过程中，进一步深化改革，加快推进国企改革，优化营商环境是重要方面。中央在全面深化改革的挑战面前，选择加快推进国企改革、优化营商环境作为东北振兴发展的突破口之一，是针对东北地区经济社会发展制约瓶颈的精准发力。加快推进国企改革，大力发展民营经济，打造良好的营商环境，就是解放生产力、提升竞争力，促进经济主体释放活力。

1. 进一步推动国有企业改革

以积极稳妥发展混合所有制经济推进国企改革，支持东北地区的国有企业先行开展混合所有制改革试点。针对东北地区不同类型国有企业的特点，以增强国有经济活力、竞争力和抗风险能力为目标，灵活采取引入战略投资者、推进企业改制上市、允许员工持股、吸引股权投资基金入股等方式推动混合所有制改革。鼓励地方企业和民营资本积极参与东北地区的域内中央企业及其子公司产权制度改革，推动协同融合发展。支持东北地区的地方国有企业全面开展混合所有制改革。鼓励地方国有企业积极引入各类投资者，形成股权结构多元、股东行为规范、内部约束有效、运行高效灵活的经营机制。

2. 大力发展民营经济

以创新体制机制放宽民间投资准入，拓宽民营经济发展空间。东北地区应以市场准入负面清单为基础，进一步放宽民间投资准入，大力促进民营经济发展。应允许民营企业进入未明确限制和禁止的领域，推动民营企业和社会资本参与东北地区的铁路、公路、航空等基础设施建设运营，完善民营经济参与教育、文化、医疗、卫生、养老等社会事业发展的体制机制。支持民营企业参与国有企业重组或改制，引导民营企业和国有企业共同建立配套协作机制。选择一批预期有收益的优质项目实施政府和社会资本 PPP 模式。鼓励政策性金融机构、开发性金融机构支持民营企业发展。

3. 进一步优化地区营商环境

（1）开展优化投资营商环境专项行动。东北地区应建设以“亲”“清”为主要特征的新型政商关系，及时解决民营企业发展中遇到的实际困难。健全归属清晰、权责明确、保护严格、流转顺畅的现代产权制度，依法保护民营企业合法权益。支持地方政府建立小微企业保险扶持机制，加快建立小额贷款保证保险激励惩戒制度，着力改善东北地区的营商环境。

（2）强化政府部门服务意识。应以优化服务提高企业便利度，使企业的发展经营更加自由，更加多样化。东北地区各级政府、各相关部门应不断推进“一站式办公”、简政放权等相关政策措施，在已获得的成效基础上继续加大改革力度，让群众少跑腿，为企业提供良好的创业创新环境和氛围。

（3）建立良好的信息沟通机制。营造良好的营商环境需要建立政府联系企业的通常渠道，保障东北地区各级政府与企业、企业与企业之间的信息通畅，从而促进经济高效运行。东北地区的各级政府应着力构建多样的政商交流服务平台，使消息的流通渠道更加通畅，实现互相支持、互相渗透、优势互补、利益共享的良好企业发展环境。

（4）促进市场经济法治化。在优化营商环境的过程中，东北地区政府要充分借鉴发达地区的做法，做到法定职责必须为、法无授权不可为。要将管理提升到法律法规方面，健全法制体系建设以杜绝破坏营商环境等情况的发生。以健全的法制体系营造良好的营商环境，推动东北地区市场经济有序发展。综合来看，为东北地区的全面振兴发展营造优越的营商环境，就是要走出一条依托政府自我革命优化发展环境、重点领域改革突破带动、体制机制同市场完全对接、充满内在活力的新路子，为市场主体添活力，为人民群众增便利。

（四）开放发展：促进外贸向价值链高端延伸

在当前中美贸易争端升级的情况下，东北地区应抓住“一带一路”建设和“构建中俄蒙经济走廊”战略的有利契机，进一步推进面向俄罗斯、日本、韩国等国家的开放发展，促进对外贸易向价值链高端延伸，提高本地区对外贸易的竞争力，以外贸优化升级推动东北地区进一步开放发展。

1. 转变对外贸易产业的发展方式

东北地区的对外贸易需要转变发展方式，优化进出口结构，改变以往进出口产品类型单一、产品质量不稳定的情况。在具有竞争力、有潜力的外贸领域，吸引国内外企业到东北地区发展外贸加工，发挥产业集聚效应，形成跨境产业链，丰富进出口产品种类，转变产品类型结构，提高出口产品的附加值，由以往贸易产品单一低端的状况转变为扩展多种类、高质量的贸易产品。通过高端、多样的产品类型结构使对外贸易辐射国际高端市场，提高东北地区的外贸竞争力。

2. 巩固外贸的成熟市场，同时加强新市场的开拓力度

东北地区的对外贸易直接面向俄罗斯、朝鲜、韩国等多个国家，且拥有相对成熟的合作模式、贸易类型，在对外贸易产业向价值链高端延伸的过程中，要加强成熟市场的巩固，在继续发挥比较优势的基础上，在市场份额高的国家适当投入新型产品，扩展高端市场。而面向新兴市场时，则更要注重市场的开拓战略以及合作模式的选择，构建双赢的对外贸易机制，不断扩展外贸的国际市场规模。

（五）共享发展：夯实经济社会发展的内生基础

1. 培育消费群体与壮大消费规模

东北地区要以营造良好的就业环境、营商环境，真正实现市场化，遏制人口外流，稳定地区消费规模。促进东北地区有能力在城镇稳定就业和生活的常住人口有序实现市民化，强化宜居环境建设，扩大对东北地区大中城市外围乡镇人口的服务和吸纳半径，引导农业转移人口就地就近实现市民化，形成城市稳定的消费群体。要破除体制机制的根本症结，突破思想禁锢的藩篱，完善人才引进政策，使人才进得来、留得住，加大吸引优秀人才优惠政策力度，尤其要吸引年轻创新人才，同时要完善人才发展环境，鼓励人才创新创业，促进经济发展；优化市场竞争环境，使人才能够在公平正义的环境中工作生活。

2. 持续增加城乡居民收入

要把增加收入作为民生之源，实施城乡居民收入增收行动，建立企业职工工资正常增长机制。逐步提高东北地区的最低工资标准，保障最低收入者及其家庭成员的基本生活。坚决打好精准脱贫攻坚战，以深入贯彻落实乡村振兴战略促进精准扶贫、精准脱贫，提高农民职业技能和创收能力，加大农民转移就业力度，提高农民工资性收入。完善农业补贴制度，提高农村社会保障水平，增加农民转移性收入。鼓励多种形式流转农村土地承包经营权，提高土地经营规模效益，拓宽农民财产性收入增长渠道，夯实东北地区经济的内生增长基础。

创新发展篇

Innovative Development Reports

B.2

东北三省产业结构优化问题研究*

宋静波　王海英　王　拓**

摘　要： 产业结构的演进与经济的发展存在相关性，不同的经济增长速度和发展的阶段水平要求特定的产业结构与之相适应。产业结构调整与优化是现代经济社会研究的永恒主题，是经济发展的客观需要。东北三省作为老工业基地，是国家能源、资源无私供给方，曾经为中国经济的高速发展作出了巨大贡献，但同时也走入了“东北现象”的怪圈。本文针对东北三省产业发展在新时代发展背景下面临的困境和振兴发展中存在的问题，深入分析东北三省产业发展的长短板，为东北三

* 本文为黑龙江省哲学社会科学规划项目“基于生态伦理视域的我国传统产业绿色发展路径创新研究”（项目编号：17JLD182）的阶段性研究成果。

** 宋静波，黑龙江省社会科学院应用经济研究所助理研究员，研究方向为工业经济、区域经济；王海英，黑龙江省社会科学院应用经济研究所副研究员，研究方向为工业经济、区域经济；王拓，黑龙江省社会科学院研究实习员，研究方向为区域经济、工业经济、政府管理。

省创新发展的新路提供理论支撑和对策建议，即整合东北三省资源，合理选择产业发展路径；“破”“立”“降”多重发力，助推产业结构优化；激发市场活力，构建多元融资体制；健全管理协调机制，优化产业发展环境；强化人才管理机制，提升劳动者素质。

关键词： 东北三省　产业结构　老工业基地

一　改革开放以来东北三省产业结构历史演进

（一）改革开放后东北三省产业结构被动调整时期（1979～2002年）

党的十一届三中全会为中华民族带来了翻天覆地的变化，全方位开放格局开始逐步形成，中国的经济体制开始由计划经济体制转变为市场经济体制。作为共和国长子的东北，其计划经济体制的沉疴逐步显现，成为经济体制转轨过程中全国留存问题最多的重灾区。这一方面是由于国家战略布局的调整，此时期内，经济特区和沿海地区开放城市的经济建设力度最大，而后西部大开发战略国家又将目光投向西北；另一方面，国际市场上，高新技术不断涌现，劳动密集型产业开始向技术密集型产业转型，东北三省的产业发展受到国内外两方面的影响，为适应国内外经济形势，东北三省被动进行产业结构调整。在此期间东北三省的产业构成见表1。

从表1可以看出，在此期间，第一产业与第二产业比重逐步下降，第三产业发展迅猛。特别是辽宁，第三产业占比由1979年的15.5%上升至2002年的41.4%，三省均值也翻了一番多。第二产业占比虽逐年下降，但在三次产业中比重仍然最大，工业仍是产业发展的重中之重。轻工业比重继续下

表 1　1979～2002 年东北三省三次产业构成

单位：%

产业类别	省　份	1979	1985	1990	1995	2000	2002
第一产业	辽　宁	16.6	14.1	15.9	14.0	10.8	10.8
	吉　林	27.8	27.8	29.4	26.9	20.4	19.0
	黑龙江	23.7	21.7	22.4	18.6	12.2	13.0
	三省平均	22.7	21.2	22.6	19.8	14.5	14.3
第二产业	辽　宁	66.7	63.3	50.9	49.8	50.2	47.8
	吉　林	54.0	48.5	42.8	42.1	39.4	40.2
	黑龙江	60.8	57.8	50.7	52.7	55.0	50.7
	三省平均	60.5	56.5	48.1	48.2	48.2	46.2
第三产业	辽　宁	15.5	22.3	33.2	36.2	39.0	41.4
	吉　林	18.2	23.7	27.8	31.7	40.2	40.8
	黑龙江	15.5	20.5	26.9	28.7	32.9	36.3
	三省平均	16.4	22.2	29.3	32.2	37.4	39.5

资料来源：根据辽宁、吉林、黑龙江历年统计年鉴整理。

降，重工业比重仍然偏大，2002 年，辽宁轻重工业比为 19.9∶80.1，吉林为 20.7∶79.3，黑龙江为 21.3∶78.7，产业仍集中于石化、机械、森工、煤炭、食品等传统产业，重工业比重仍畸高。此时期，三省开始有探索地重点培育本区域优势产业，力求改变“大而全、小而全”的发展模式。

（二）东北振兴战略实施后东北三省产业结构优化调整时期（2003～2012年）

2002 年，辽宁、黑龙江、吉林 GDP 分列全国第 7、13、18 位，广东、江苏、浙江等地明显高于辽宁，并远远超越黑龙江与吉林。东北三省 GDP 总量由 1978 年占全国的 13.5% 下降至 2002 年的 11.33%，东北三省虽然也在不断调整产业结构，但是经济发展已经远远落后，作为曾经的领头羊，其经济发展远远滞后于东部地区。2002 年党的十六大提出支持东北老工业基地加快调整改造。2003 年 10 月《中共中央国务院关于实施东北地区等老工业基地振兴发展战略的若干意见》（中发〔2003〕11 号）适时出台，东北振兴战略的大幕由此揭开，这是继东部沿海开放、西部大开发战略之后，国务院的又一战略决策，东北三省产业结构也随之进入战略调整时期。这一时期东北三省的产业构成见表2。

表2　2003～2012年东北三省三次产业构成

单位：%

产业类别	省　份	2003	2005	2007	2008	2010	2012
第一产业	辽　宁	10.3	11.0	10.3	9.5	8.9	8.7
	吉　林	18.3	17.3	14.8	8.1	12.1	11.8
	黑龙江	12.4	12.4	13.0	13.1	12.7	15.4
	三省平均	13.7	13.6	12.7	10.2	11.2	12.0
第二产业	辽　宁	48.3	49.4	53.1	52.3	54.0	53.8
	吉　林	41.3	43.7	46.8	50.1	52.0	53.4
	黑龙江	51.4	53.9	52.3	52.5	49.8	47.2
	三省平均	47.0	49.0	50.7	51.6	51.9	51.5
第三产业	辽　宁	41.4	39.6	36.6	38.1	37.1	37.5
	吉　林	40.4	39.0	38.4	41.8	35.9	34.8
	黑龙江	36.2	33.7	34.7	34.4	37.5	37.4
	三省平均	39.3	37.4	36.6	38.1	36.8	36.6

资料来源：根据辽宁、吉林、黑龙江历年统计年鉴及各省国民经济和社会发展统计公报整理。

2007年《东北地区振兴规划》颁布，《辽宁老工业基地振兴规划》《振兴吉林老工业基地规划纲要》《黑龙江省老工业基地振兴总体规划》相继出台。2009年9月国务院发布《关于进一步实施东北地区等老工业基地振兴战略的若干意见》（国发〔2009〕33号）。

可以看到，东北振兴战略实施后，三省积极调整产业结构，经济得以快速发展，GDP与人均GDP年均增长均保持两位数的增长速度，并跑赢全国平均水平。产业结构得以进一步优化，传统优势产业与战略性新兴产业齐头并进，服务业占比不断提升。横向来看，2012年，三产构成东北三省平均为12.0∶51.5∶36.6，同期全国为10.1∶44.3∶44.6，总体来看，东北三省第二产业比重仍然偏大，第三产业比重明显低于全国水平，现代产业体系亟待完善。

（三）经济进入新常态后东北三省产业结构调整迎来全新机遇时期（2013年至今）

2013 年以来，东北三省的 GDP 增速大幅下滑，东北三省经济出现断崖式下跌，辽宁 2016 年甚至出现负增长，曾是中国经济发展重要支撑的东北三省，随着经济进入“新常态”、经济增速换挡带来的转型阵痛，发展亦陷入僵局。2014 年 8 月国务院适时发布《关于近期支持东北振兴若干重大问题政策举措的意见》（国发〔2014〕28 号），推动东北三省经济企稳向好。2016 年 4 月 26 日，《中共中央国务院关于全面振兴东北地区等老工业基地的若干意见》发布，新一轮东北振兴全面启动。8 月，《推进东北地区等老工业基地振兴三年滚动实施方案（2016 ~ 2018）年》印发，12 月 19 日，《东北振兴“十三五”规划》印发。

2014 年以来，面对经济下行压力，东北经济遇到了诸多困难。东北三省经济增速在全国居后，这是东北振兴战略实施十几年来没有过的现象。2014 年，黑龙江、辽宁、吉林 GDP 增速分别为 5.6%、5.8% 和 6.5%，分别位列全国倒数第二、第三、第四位。2015 年，辽宁、黑龙江、吉林 GDP 增速分别为 3%、5.7%、6.5%，辽宁排在全国末位。2016 年，东北三省经济初现回暖迹象。尽管辽宁未完成全年增长目标，但吉林和黑龙江 GDP 增速分别较上年回升 0.6 和 0.4 个百分点。东北三省已经成为我国四大经济板块中经济增速最慢的板块，如果不能采取有效措施积极应对，不能扭转其疲软态势，一旦经济增长全面失速，许多行业将受到更严重的冲击，许多企业的经营压力将进一步加大。与此同时，金融系统的不良贷款也会增加，经济运行的系统性风险或将进一步加大。更重要的是，与改善民生息息相关的就业和居民收入将受到更严重影响，社会运行的不稳定因素将增加。可以说，这也是中央陆续出台多份政策文件的指向所在。

这一时期东北三省的产业构成见表 3。从产业结构来看，三次产业结构中，第二产业比重逐步下降，第一产业基本持平，第三产业发展迅猛，由从前的“二、一、三”结构逐渐向“三、二、一”结构转变。在东北三省以资源型为主导的老工业基地的发展中，资源的枯竭给东北三省的经济发展带来了隐患，第三产业的大力发展给予东北三省以更大的发展空间。

表 3　2013～2017 年东北三省三次产业构成

单位：%

产业类别	省　份	2013	2014	2015	2016	2017
第一产业	辽　宁	8.6	8.0	8.3	9.9	9.1
	吉　林	11.6	11.0	11.2	10.1	9.3
	黑龙江	17.5	17.7	17.5	17.4	18.3
	三省平均	12.6	12.2	12.3	12.5	12.2
第二产业	辽　宁	52.7	50.2	46.6	38.6	39.3
	吉　林	52.8	52.8	51.4	48.0	45.9
	黑龙江	41.1	37.2	31.8	23.9	26.2
	三省平均	48.9	46.7	43.3	36.8	37.1
第三产业	辽　宁	38.7	41.8	45.1	51.5	51.6
	吉　林	35.6	36.2	37.4	41.9	44.8
	黑龙江	41.4	45.1	50.7	58.7	55.2
	三省平均	38.6	41.0	44.4	50.7	50.5

资料来源：根据辽宁、吉林、黑龙江历年统计年鉴及各省国民经济和社会发展统计公报整理。

二　东北三省产业结构存在的问题

（一）区域产业结构趋同问题突出

产业结构趋同一般是经济发展过程中区域间产业结构所呈现出的某种共同倾向，指具有不同资源禀赋的各区域形成相同或大体相同的产业结构格局。产业结构相似系数通常被用来作为分析各地区间产业结构同化问题的显著指标。相似系数是联合国工发组织国际工业研究中心提出的度量方法，通常介于 0 和 1 之间，相似系数等于 1，说明两个区域的产业结构完全相同；相似系数等于 0，说明两个区域的产业结构完全不同。其计算公式为：

$$\rho = \sum_{k=1}^{3}(x_{ik} \cdot x_{jk}) / \sqrt{(\sum_{k=1}^{3} x_{ik}^2 \cdot \sum_{k=1}^{3} x_{jk}^2)}$$

其中，ρ 表示产业结构相似系数，x_{ik} 为 i 地区第 k 产业的产业构成，x_{jk} 为 j 地区第 k 产业的产业构成。根据 2013～2017 年东北三省产业构成情况计算的三省间产业结构的相似系数详见表 4。

表 4　东北三省产业结构相似系数（2013～2017 年）

	辽宁	吉林	黑龙江
辽　宁	1	0.990020	0.966341
吉　林	0.990020	1	0.934816
黑龙江	0.966341	0.934816	1

注：由 UNDO 提出的产业结构相似系数测算方法计算得出。

如表 4 所示，东北三省的产业结构相似度仍然大于 0.93，可见，该地区产业结构相似度仍然很高，产业结构的共性很强，基本上是以重化型、政策导向型工业为主导产业，呈现出以重化工业为主的结构特征，资源型城市也大多是依托重化工业的建立而创设。改革开放以后，尤其是东北振兴战略实施以来，由于产业结构的惯性效应和继续坚持“赶超”的发展思路，东北三省在经济技术相对落后的基础上不惜花费巨额投入，追求发展高附加值的加工工业，造成了大量低效的重复建设，未能发挥省际区域特色，产业同构问题凸显。

（二）规模以上工业增速排名相对滞后

东北三省传统产业升级步伐缓慢，近几年规模以上工业增加值增速及排名一直低于全国平均水平，并在此水平上徘徊（见表 5），新兴产业培育较为缓慢，特别是绿色经济及智慧经济方面发展滞后。据统计，2017 年，江苏省全年高新技术产业产值总量占规模以上工业总产值比重达 42.7%，战略性新兴产业产值占规模以上工业总产值比重达 31.0%；2017 年，浙江省高新技术产业增加值占规模以上工业增加值的 42.3%。与之相比，东北三省的高新技术产业及战略性新兴产业所占比重仍然较低，远远低于这些省份，尚未成为东北三省工业经济的重要支撑。

表 5　2015～2017 年东北三省规模以上工业增加值增速及排名

类别	年份	辽宁	吉林	黑龙江	全国
规模以上工业增加值增速(%)	2015	-4.8	5.3	0.5	6.1
	2016	-15.2	6.3	2.0	6.0
	2017	4.4	5.5	2.7	6.6
排名	2015	31	22	28	
	2016	31	21	28	
	2017	25	24	28	

资料来源：2015～2017 年辽宁、吉林、黑龙江省国民经济和社会发展统计公报。

2015～2017 年，全国规模以上工业增加值增速均高于 6%，东北三省之中仅有吉林省 2016 年规上工业增加值增速高于全国 0.3 个百分点。从全国来看，3 年里，每年均有 21 个及以上省份规模以上工业增加值增速高于全国平均水平，且每年的前十位中，绝大多数位于中西部地区。2017 年，前十名中有 9 个省份属于中西部地区（见表 6）。从工业经济内部来看，新兴产业逐步成长为中西部各省份工业稳定向好的关键，尤其是贵州省与重庆市。东北三省亦应该紧紧抓住信息时代革命风潮，分别重点打造高端电子信息制造业及培养新兴产业，带动整个地区的工业结构有序调整，提升优化产业结构。

表 6　2015～2017 年规模以上工业增加值增速排名前十位的省份

排名	1	2	3	4	5	6	7	8	9	10
2015	西藏	重庆	贵州	天津	江西	福建	内蒙古	安徽	河南	湖北
2016	西藏	重庆	贵州	江西	安徽	天津	河南	湖北	四川	江苏
2017	西藏	云南	重庆	贵州	江西	安徽	宁夏	四川	浙江	陕西

资料来源：2015～2017 年各省份国民经济和社会发展统计公报。

（三）生产性服务业发展相对滞后

生产性服务业主要位于产业链两端和价值链高端，具有较强的专业性、融合性和创新性，是区域竞争的制高点和经济发展的新引擎。近年来，东北三省服务业平稳较快发展，对东北地区经济恢复性增长形成有力支撑。但是总体而言，东北三省生产性服务业发展滞后于全国平均水平。2016 年黑龙江省第三产业对 GDP 的贡献率为 57.9%，与全国第三产业对 GDP 贡献率 63.27%，以及广东 61.3%、浙江 62% 相比较而言，差距不大且已经成为区域经济稳定增长的主要力量。尽管第三产业连续几年在增速方面领跑东北三省经济中的各产业，但是从整体上看，第三产业发展质量不高，内生动力不足，还存在一些深层次的矛盾与问题（见表 7）。

表 7　2013～2016 年东北三省第三产业分行业增加值构成

单位：%

年份	省　份	交通运输仓储和邮政业	批发和零售业	住宿和餐饮业	金融业	房地产业	其他
2013	辽　宁	12.6	21.7	4.8	11.3	10.7	38.9
	吉　林	10.6	21.5	5.7	8.5	9.2	44.5
	黑龙江	9.7	23.0	6.3	9.8	8.9	42.2
2014	辽　宁	12.4	22.1	4.7	12.3	9.5	39.0
	吉　林	10.4	21.2	5.7	9.3	8.7	44.7
	黑龙江	9.9	22.9	6.3	10.2	8.4	42.3
2015	辽　宁	12.8	22.3	4.7	14.0	8.8	37.4
	吉　林	9.7	20.5	6.0	10.4	8.0	45.4
	黑龙江	9.2	22.0	6.2	11.0	7.8	43.8
2016	辽　宁	10.9	24.6	4.0	16.0	9.1	35.5
	吉　林	8.9	19.2	5.9	10.5	7.6	47.9
	黑龙江	9.1	21.6	6.3	10.8	7.4	44.7

资料来源：2015～2017 年东北三省国民经济和社会发展统计公报。

东北三省第三产业分行业增加值比重最大的是批发和零售业，2013 年辽宁为 21.7%，吉林为 21.5%，黑龙江为 23%；2016 年辽宁为 24.6%，吉林为 19.2%，黑龙江为 21.6%，当年全国批发和零售业增加值占第三产业的比重为 21.2%。但是从供给侧结构角度看，与制造业产能过剩问题相反，东北三省生产性服务业供给不足问题则较为突出。尤其是住宿和餐饮业，

2016 年辽宁住宿和餐饮业增加值占第三产业比重仅为 4.0%，较 2013 年不升反降，吉林与黑龙江住宿和餐饮的增加值占第三产业的比重与广东、浙江差距较大。生产性服务业发展相对滞后，尤其是高端生产性服务供给不足，发展水平不高，很多尚处于中低层次、粗放式的发展阶段，无法满足工农业生产发展和居民消费升级的需要。

（四）对传统重化工业依赖度仍然较高

作为老工业基地，东北三省工业一直在强化重工业型产业结构，近年来高新技术产业虽有所发展，但比重仍不高。综合来看，东北三省工业结构调整是以适应性、被动性为主的调整，没有实现内生化发展，重工业比例偏大、轻工业比例过低、轻重比例失调，对传统重化工业依赖度较高。从内部结构来看，在东北三省产业结构中，资源性工业或资源性加工业和制造业仍高度集中，工业产值多数来自原材料生产，其中煤炭、石油、木材及以此为原料的加工业占据较大比重，附加值较少的规模以上产业占有较多的资源和资金，是导致东北三省高新技术产业和轻工业发展缓慢的重要原因，在资源逐渐枯竭的背景下，工业产业结构发展缺乏内生动力，面临转型瓶颈。2016 年黑龙江规模以上工业增加值结构中，重工业产值 2020.4 亿元，占比高达 67.5%。吉林省规模以上工业增加值中，轻重工业比仍然高达 67.94∶32.06。

三　东北三省产业结构优化思路对策

（一）整合东北三省资源，合理选择产业发展路径

东北三省作为我国重要的老工业基地，三省皆为资源大省、农业大省和生态大省，当前发展面临的生态环境好，经济总量小，人均水平低，社会经济欠发达地位等仍未改变，与全国范围先进地区相比还有较大差距。逐步解决产业结构趋同问题，东北三省产业发展应在把握区域具体情况的基础上，

结合省情区域特点，利用地缘优势，发展特色产业。

一是要围绕《国务院关于深入推进实施新一轮东北振兴战略加快推动东北地区经济企稳向好若干重要举措的意见》（国发〔2016〕62号）、《中国制造2025》等国家产业政策和投资导向发展特色项目。切实谋划一批促进东北三省经济发展、生态建设、节能减排、社会保障及民生改善方面的区域产业，将重点项目纳入各级规划的整体布局中。

二是要挖掘并利用现有资源发展区域特色产业，统筹规划、解决条块分割的体制性障碍。对现有未开发的、未进行深度加工的矿产资源进行普查与梳理，切实掌握资源利用动态，推动矿产资源深度开发。注重发展高科技产业，淘汰落后的高耗能、高污染的产业。

三是要充分利用丰富的农、林、矿产资源，绿色有机等特色优势，发展绿色产业。针对国际市场开发高端绿色食品产业，建立标准化体系，严把质量关，使东北三省农业产业优势由全国走向世界。要依托资源优势，充分释放旅游产业潜力，使旅游产业成为东北三省区域经济发展的新的增长点，发展一批旅游商品开发等方面的特色产业。

（二）"破""立""降"多重发力，助推产业结构优化

随着供给侧结构性改革逐步深化，东北三省全域范围内市场决定要素配置的机制正在逐渐形成，供需结构逐步趋于协调平衡。东北三省产业结构优化升级的关键在于要大力破除无效供给，破立结合、有破有立，围绕振兴实体经济、推动产业创新发展经济。要着力去杠杆、去产能、降成本、培育新动能，把处置"僵尸企业"作为重要抓手，有序出清"僵尸企业"，推动化解过剩产能。当前，三省仍然处于结构调整和新旧动能转换的"阵痛期"，要把提高供给体系质量作为主攻方向，从总量性去产能转向结构性去产能、系统性优产能，努力实现行业高质量发展。要紧紧抓住新一轮产业变革的契机，聚焦制造业智能化等重点领域，积极推动制造业高质量发展。推动石化产业优化布局，推动智能汽车产业、品牌、服务业等产业发展。

（三）激发市场活力，构建多元融资体制

一是借助“一带一路”建设的平台，在基础设施建设方面争取国家投入，吸引国内外企业前来投资兴业，促进各个产业稳增长。二是充分利用各个博览会、深入开放合作等对接活动形成的项目线索对接跟进、助力扶持，推进产业发展，尽早形成新的经济增长点。三是发挥各省优势，谋划现代农业发展、资源深加工、生态化、对外全方位合作等领域项目。四是扩大民间投资。着力破解项目融资难题，构建多元融资体制，大力支持、优先满足符合国家重点产业调整和振兴规划要求的新技术、新工艺、新设备、新材料项目融资需求。同时要大力争取金融机构贷款，创造良好的金融生态环境。大力争取中央投资，积极引导社会投资，用活用好用足省产业结构调整专项资金，充分调动地方政府、企业和社会力量投资产业项目的积极性和能动性。

（四）健全管理协调机制，优化产业发展环境

健全管理协调机制，优化投资环境是产业结构升级的关键，只有栽好梧桐树，才能引得金凤来。

一是要深化行政体制改革，加快政府职能转变。理顺政府与社会、市场之间的关系，切实把政府经济管理职能转变到主要为市场主体服务和创造良好发展环境上来。把政府不该管的事转给企业、市场、社会组织和中介机构。努力建设有限型政府，强化宏观调控职能，弱化政府微观管理职能，分化社会管理职能；建设责任型政府，积极履行行政职责，以较小的成本实现对产业发展环境的有效治理；建设高效型政府，不断提高产业培育工作效率；建设服务型政府，转变角色意识，突出为市场主体服务理念，提升服务质量，最终实现地方政府经济职能转变，更大程度地发挥市场主体在资源配置中的基础性作用。

二是要优化服务环境，强化督导服务，营造产业建设的良好环境。搞好下一步产业配套、产品定位、银企对接、企业合作等服务。完善会办机制，强化部门联动，集中解决产业发展前期工作中的共性问题和关键性问题。建

立快速审批通道，加强对产业运行的督导检查，完善领导包保重大产业项目制度，建立完善考核奖惩机制，把产业项目开工率、竣工率、投产率、固定资产交付使用率、投资回报率、前期工作成功率、税收贡献水平等作为考核各级领导的重要内容，进行考评。

（五）强化人才管理机制，提升劳动者素质

人力资本理论表明，劳动力（或者说人才）自身凝聚的知识和技能所表现出的能力，是促进社会进步和经济增长的主要因素。东北三省人才流失极大地限制了产业结构水平的优化提升，因此在产业结构优化调整中必须获得优质有效的人力资本。

首先，积极引进人才。根据不同产业形态所需人才类型，到国内及国际人才市场去挖掘人才。引进人才绝对是解决“人才不足”的好方法。为了要吸引人才，必须制定一系列倾斜于人才的相关政策，不仅能吸引人才，还要能留住人才，并充分挖掘人才的价值。

其次，积极推进人才资源共享机制。不仅可以人才信息共享，还能达到人才研究成果共享、人才智慧共享等。要加强教育培训，无论是人才引进，抑或是人才共享，实际上均非我所属。最重要的是，利用引进的人才，借助人才资源共享的优势，加强对企业员工的教育培训，使一批人才能从普通劳动者之间脱颖而出，实现引进人才、人才共享资源的增值。

最后，建立人才储备库。将适应各个产业发展实际的紧缺急需人才，分类列入储备库。当然，人才引进只是解一时之急，人才资源共享也只能作为人才使用的辅助形式，为了经济与产业的长远发展，真正重要的是要制定长远的人才培养计划，保证充足的人才培养基金，对未来产业规划发展需要什么样的人才要有超前意识，定向培养、委托培养，这样才能从本质上解决“人才不足”的问题。

B.3

东北三省深化国有企业改革对策研究*

王大业　王　刚**

摘　要：　深化国有企业改革是东北三省国民经济社会高质、高效发展和东北老工业基地振兴发展的主要发力点。国有企业是东北振兴的龙头，东北三省国有企业改革不仅与国有企业自身情况有关，还与体制机制、历史问题、发展路径、社会价值等因素有关。本文针对本轮深化东北三省国有企业改革的主要矛盾和重要问题展开重点研究，对东北三省国有企业如何进一步加强和改进党的领导，做好符合东北三省省情的国企改革顶层设计，建立完善现代企业制度，分类推进东北三省国有企业改革，完善国有资产监督管理体制，培养国际化大型国有企业，积极发展混合所有制改革，创造国有企业改革良好发展环境等问题，提出了具有针对性的政策建议。

关键词：　东北三省　国有企业　深化改革

东北三省的国有企业改革经过四十年的发展取得了喜人的成果，初步形成了与社会主义市场经济体制相适应的国有企业布局结构。东北三省各级政

---

* 本文是黑龙江省哲学社会科学规划项目“基于生态伦理视域的我国传统产业绿色发展路径创新研究”（项目编号：17JLD182）阶段性研究成果。

** 王大业，黑龙江省社会科学院应用经济研究所助理研究员，主要研究方向为工业经济学；王刚，黑龙江省社会科学院应用经济研究所所长，研究员，硕士生导师，省级领军人才梯队（工业经济学）带头人，主要从事宏观经济与产业经济研究。

府增强了对国有企业改革的责任意识和忧患意识，解放思想、积极探索、开拓创新、实事求是，切实担负起对国有企业改革的领导责任，落实中央关于东北三省国有企业改革的各项工作要求，加快推进各项国有企业改革，稳步取得实效，确保东北三省国有企业改革得到进一步深化。

一　东北三省国有企业改革举措及成效

十八大以来，党中央、国务院于2015年颁布《深化国有企业改革的指导意见》，2017年印发《加快推进东北地区国有企业改革专项工作方案》，这两份重要文件的出台明确了东北三省国有企业改革的顶层设计和深化改革基本框架，这使得东北三省国企改革有了方向性和可操作性。东北三省国资监管部门坚持以问题为导向、市场为主导、企业为主体，结合所属国有企业的实际情况进行功能定位，制定相应的改革方案，一些国有企业改革的难点重点问题在根本上得到解决，并积累了一些可复制、可借鉴的国企改革成功经验，从驻省央企、省属企业、市地企业三个层面推动东北三省的国有企业改革不断向纵深发展。

（一）东北三省深化国有企业改革举措

近年来，根据党中央、国务院关于国有企业改革的“1 + N”文件精神，结合东北三省国有企业实际发展情况，东北三省出台了多项关于深化国企改革的配套文件，建立完善了深化国有企业改革的政策体系和制度框架，东北三省国有企业改革发展方向明确、重点突出、思路清晰。东北三省国资监管部门结合每户国有企业实际情况，从转变思想观念、转换体制机制、吸纳专业人才、强化企业管理、党建廉政反腐、科研成果创新等方面梳理自身问题，积累形成一批具有针对性、可操作性的国有企业改革实施方案。

1. 混合所有制改革稳步推进

黑龙江省国资委在2016、2017年两年内完成了23户国有企业混合所有制改革。2017 年，哈尔滨确定了首批 60 户国有企业混合所有制改革名单，辽宁省印发了《全省国有控股混合所有制企业开展员工持股试点工作方案》，并按照国家要求将辽渔集团、铁法能源等省属国企和大连、营口等部分市地国企共 20 户确定为混合所有制改革试点。

2. 国有企业现代企业制度不断完善

2017 年，黑龙江省印发了《关于进一步完善国有企业法人治理结构的通知》并在建设集团开展试点，黑龙江省国资委出资企业基本上完成了公司章程修改，进一步强化了公司章程在国有企业治理中的基础性作用（其中 9 户国有企业完成公司制的改革）；辽宁省在电机集团和能源集团先后开展董事会建设试点，进一步强化董事会建设。

3. 国有企业三项制度（劳动、人事、分配）改革进一步深化

东北三省以垄断性公益国有企业、一级重点国有企业、老牌国企为重点，自上而下推行三项制度改革。2017 年，黑龙江省国资委出资企业（共 14 户）在岗职工 131921 人，同比减少 15802 人，降幅 10.7%，在岗职工工资支出总额 768105 万元，同比减少 28606 万元，降幅 3.6%；辽宁省在省属国有企业开展了深化劳动用工和收入分配制度改革，并印发了《关于深化省属企业劳动用工和收入分配制度改革的实施意见》。

4. 逐步完善国有企业信息披露制度

依法依规推动东北三省国有企业信息披露工作，向社会真实、准确、及时、完整地公布国有企业公司治理、深化改革、社会责任、经营状况、重大事项决策、薪酬制度等方面的信息，通过信息披露制度加强外界监督作用，以外界的监督来促进东北三省国有企业内部的深化改革，增强企业改革的主动性，为东北三省国有企业的改革和发展营造良好的发展环境。吉林省国资委 2013～2017 年在其门户网站刊登国企信息总计 1380 条，其中 2017 年刊登国企信息 370 条，上报国务院国资办公厅、省委、省政府国企信息 58 条（其中 16 条被采用）；黑龙江省国资委 2017 年刊登国企信息 580 条，其中国资要闻 69 条、企业动态 124 条、企业党建 38 条、规范性文件 5 条。

5. 国有资本监管体系改革逐步深化

东北三省各级国资监管机构以管资本为主加强对国有资产的监管，监管的质量和效率得到提高。黑龙江省出台了《黑龙江省国资委以管资本为主推进职能转变的实施方案》，精简下放国资监管事项，解决了监管错位、越位、缺位的短板，进一步提升了国有企业的内在活力和发展动力，推动以管企业为主向管资本为主的转变；2017 年出台了《黑龙江省国有企业违规经营投资责任追究暂行办法》，明确了应该追究的范围和企业领导干部违规经营的终身追究制度，通过多种形式分层次、分批次落实整改措施，整改率达到 87% 以上。2017 年辽宁省国资委认真贯彻落实国务院印发的《以管资本为主推进职能转变方案》，加大力度推进政府层面的改革，进一步按照科学原则和经济规律管理国有资产，让国有企业成为按照市场规律经营的经济主体，让不同功能的国有资本更好地发挥各自的作用。辽宁省国资监管部门实行向省政府报告年度监督检查制度，对所属国有企业涉及的重大事项、重大风险、违法违纪行为实行“一事一报告”，并于 2017 年 5 月首次向省人大常委会报告了全省国有资产管理情况。

6. 国有企业党建工作不断加强

东北三省各级国资监管部门始终把坚持党的领导放在首位，黑龙江省国资委制定出台了《2017 年度党建工作指导意见》，起草了省属国有企业党建责任制实施办法，细化党建工作考核办法，全面开展三级党组织书记抓基层党建述职评议活动，把党建工作的总体要求写入公司章程，把党组织研究讨论作为管理层决策企业发展经营重大问题的前置条件。辽宁省华晨集团和沈煤集团作为全国国有企业基层党支部书记集中轮训试点，2017 年初召开 2016 年度省属国有企业党委书记、纪委书记述职评议会议，发挥国有企业党组织的领导、政治双重作用。2017 年辽宁省国资监管部门多次召开省属企业和省国资委机关党风廉政建设工作会、座谈会，加强对党员干部的警示教育作用。

7. 推进“三供一业”分离移交

黑龙江省除大庆油田外，全省基本完成驻省央企“三供一业”分离移交工作，每年减轻央企负担10亿元以上，龙煤集团“三供一业”移交，每年减轻企业负担3.6亿元，黑龙江省国资委正在配合国务院国资委在大庆油田开展大型独立工矿区剥离办社会职能综合改革试点；辽宁省制定了《全省国有企业职工家属区“三供一业”分离移交工作方案》并积极组织相关部门实施，计划将于2018年年底基本完成分离移交工作；吉林省在全省范围推动国有企业“三供一业”分离移交，实行分户设表、按户收费，交给专业化机构实行社会化管理，于2018年年底前完成。“三供一业”分离移交，减轻了国有企业的经济负担，节约了成本，让东北三省的国有企业以轻装上阵参与市场竞争。

（二）东北三省深化国有企业改革成效

东北三省国企改革的红利逐渐释放，主要体现在以下方面：2017年黑龙江全省地方国有企业实现营业收入1077亿元，同比增长8.9%，上缴税费83.3亿元，同比增长8.3%，利润总额45.2亿元，同比增长547%，其中省国资委出资国有企业（共14户）营业收入累计614.6亿元，同比增长16.3%，实现利润总额34亿元，同比减亏增利47亿元，缴纳税费46.8亿元，同比增长39.3%。2017年前8个月，纳入辽宁省财务快报统计口径的181户省属及各市重点企业，资产总额17048.4亿元，同比增长2.4%，负债总额10509.8亿元，同比增长2%，所有者权益总额6538.6亿元，同比增长2.9%；辽宁省国有企业主要经济指标连续八个月实现正增长，实现营业收入2567亿元，同比增长13.8%，实现利润总额94.5亿元，同比增利80.1亿元，上缴税费250.4亿元，同比增长19%，其中辽宁省国资委直接监管25户，资产总额7772.5亿元，同比增长4.9%，负债总额4602.6亿元，同比增长5.4%，所有者权益总额3169.9亿元，同比增长4.2%，实现营业收入1660.4亿元，同比增长21.6%，实现利润总额92.9亿元，同比增利53.4亿元，上缴税费197.3亿元，同比增长23.9%。2017年辽宁省省属国有企业资产负债率按可比口径比年初下降5个百分点，8月末实现下降0.7个百分点。

二　东北三省国企改革存在的相关问题

（一）国有企业功能定位不清晰

国有企业是市场主体，也是推动经济社会进步发展的生力军，东北三省很多国有企业既要履行经济职能，又要履行社会职能，有的时候社会职能还要多于经济职能，许多大型国有企业还要承担政府的一些功能（如赈灾、应急救援、对口帮扶）。功能定位的不准确，导致国有企业在深化改革的时候会产生误区或者迷茫，一个社会职能占比较大的国有企业，与完全商业化的国有企业相比较，二者在管理模式、价值取向、企业文化、社会价值、发展方向上都会有本质上的不同。

（二）国有企业历史遗留问题仍然较为突出

东北三省国有企业都是大型企业，对“僵尸企业”“空壳企业”“三无企业”改革成本高，资金缺口大，面临的风险和压力都很大。下岗职工数量较多安置难，国有资产监管不到位处置困难，国有企业负债率高债务处置难，企业长期拖欠职工工资数额大，统筹外费用较高企业无力承担，这些国有企业历史遗留问题亟待解决，也是深化东北三省国有企业改革所面临的现实阻力，而国有企业本身和地方政府由于缺乏相应的配套政策和资金支持，无力承担高昂的改革成本。要想提升本轮东北三省深化国企改革的效率和质量，快速有效解决国有企业历史遗留问题是前提。

（三）国有企业布局有待完善，发展新兴产业优势明显不足

东北三省国有企业布局调整多数是依靠“增量”调整而并非“存量”调整，“存量”规模较大，退出和转型速度较为缓慢，“存量”调整所面临的阻力和成本也较大。国有企业很少能从已有成熟完善的支柱产业退出去发展具有一定风险、回报率较高的新兴产业和现代服务业，东北三省国有企业

领导层在调整产业布局方面的动力和意愿明显不足。在国有资产保值增值和防止国有资产流失的大背景下，东北三省国有企业改革对风险的容忍度较低，国有企业产业转型压力较大，转型成本较高，失去在政策、资金、能源、装备方面的原有优势，缺乏科研积累，技术来源单一，缺少创新人才，对新兴产业会有本能的抵触情绪，企业很难承受发展新兴产业带来的潜在风险和改革成本。

（四）现代企业制度不完善，企业经营管理水平有待进一步提高

东北三省国有企业的市场化水平不高，体制机制不完善，公司制、混合所有制改革阻力较大，进展相对缓慢，国有企业国有股“一股独大”问题依然存在。过去东北三省国有企业提升市场竞争力主要靠规模扩张，这得益于我国过去的规模化、速度化经济发展模式，单纯注重企业规模扩张是东北三省国有企业在企业管理、科技创新、产品升级、国际化发展水平等方面与国际大型企业还存在一定差距的根本原因。

三　深化东北三省国企改革对策建议

（一）进一步强化党对东北三省国有企业的领导

要进一步强化党的领导，要深入贯彻学习习近平新时代中国特色社会主义思想理论，把加强和改进党对国有企业的领导作为东北三省深化国企改革的政治方向，发挥东北三省国有企业在加强党的建设方面的独特优势。准确把握国有企业“逐浪”“逐利”的特性，把东北三省国有企业保值增值作为党建工作的根本出发点，把党建工作纳入公司章程。党对东北三省国有企业的领导要体现在企业领导班子建设、人才队伍建设、企业经营管理、科技成果创新四个维度，加强对国有企业党员干部的党性教育，提高党员干部综合素质和专业能力，正确理解对社会主义市场经济和国有企业发展规律的认知。发挥国有企业党组织的领导核心和政治核心作用，就要坚持党的建设与

企业改革同步谋划、同步进行，将党的建设和国有企业自身建设紧密结合起来。贯彻落实基层党建工作责任制，发挥基层党组织战斗堡垒作用，完善党员干部考核评价机制，围绕东北三省国有企业的生产经营管理开展基层党建工作，定期召开党建工作会议，组织各级党员干部深入学习，开展党员主题活动日，从制度上解决东北三省国有企业党建弱化、淡化、虚化的问题。强化国有企业党建工作，是深化东北三省国有企业改革，做大做强做优东北三省国有企业的重要政治保障。

（二）做好符合东北三省省情的国企改革顶层设计

经济新常态下，东北三省国有企业的内在矛盾和外部环境已经发生了本质性的变化，我们需要通过本轮深化改革解决一些过去没有解决甚至没有认识到的问题和矛盾，要实现改革的目标就要有系统的配套措施。过去东北三省国企改革的首要问题是“脱困”和“分流”，强调转变机制，强化市场竞争和追求利润。现在要想进一步发挥国有企业对东北三省国民经济发展的主导作用，就必须调整国企改革的基本路径，更加注重国有企业的科学发展和与非国有企业的共同发展。要从东北三省国民经济整体发展的长远角度出发准确对国有企业功能作用和经济机制进行定位，系统设计国有企业改革方案，不设置“时间表”，实行“一企一策”的原则，选择行之有效的指导思想、政策管理工具，抓住关键问题，明确责任分工，细化措施推进，保证改革的各项任务顺利完成。东北三省国企改革的顶层设计包括企业改革的目标、基本架构、方法选择，要使方案具有可操作性，顶层设计的方案要具有科学性、前瞻性、实践性、方向性、针对性。

（三）建立完善现代企业制度

东北三省国有企业目前改革的主要任务是建立完善的现代企业制度，围绕资本和股权制度、治理制度、经营组织制度、法律制度四大方面来完善东北三省的现代企业制度，以完善现代企业制度为中心推进东北三省国有企业改革，从本质上优化东北三省国有企业的微观制度基础。加快公司制改革步伐，加强规范董事会建设，对董事会的授权要充分，取消国家出资机构同时任命董事长和总经理的体制。从思想上理清政府和国有企业的关系，所有权和经营权分离，从根本上解决政府对国有企业生产经营行为干预越界、不合理的现象。三项制度改革是提升东北三省国有企业竞争力的基石，是深化国企改革的内生动力，继续加大力度推进企业三项制度改革，逐步完善和落实国有企业三项制度改革的总体规划和设计，建立更加适应社会主义市场经济体制的企业三项制度，改善东北三省国有企业的薪酬制度，优化岗位设置，正确评估各个岗位价值，设定科学合理的薪酬分配制度，完善国企员工的绩效考核制度。

（四）完善国有资产监督管理体制

东北三省国资监管部门进一步推进监管职能转变，以“管企业为主”向“管资本为主”转变，强化国有企业的内部监督、外部监督和社会监督，把以前的零散式、碎片式监督转变为系统性、长效性监督。逐步提高企业风险控制能力和经营管理水平，提高国有企业市场竞争力。“管资本为主”作为国资监管工作的主线，防止国有资产流失，健全问责机制，严格兑现责任追究，健全责任倒查机制，对失职人员要视不同情形给予相应处分，构成犯罪的要追究刑事责任。完善东北三省国有企业监督体系，要从国资监管部门层面明确监事会、审计、纪检等相关部门的监督职责，科学设置监督清单，明确国资监管部门的权责范围，为推动企业法人治理结构规范运行提供制度保障；从国有企业层面要确立企业审计部门向董事会汇报的工作制度，增强企业内部监事会对管理人员的监督，认真落实各项监督管理规定，保证国有企业健康有序运转。东北三省的国资监管部门要进一步完善本省国有企业信息公开制度，创新监管体系规则，建立国有企业信息公开平台，及时、准确披露国有企业人事、财务、重大事项决策、薪酬等重要信息，接受来自社会各方面的监督，切实保证社会公众对国有企业、国有资产经营运行情况进行监督，有效降低国有企业运行风险，让东北三省的国有企业在阳光下运行。加强反腐败工作和廉政建设是国有企业改革成功的政治前提，打破国有企业反腐工作的封闭性，加大常态化的反腐力度，完善企业信息公开制度，建立利益相关人诉讼机制，完善举报人保护机制，使贪污腐败案件在基层得到彻底查办和上报。要加大执纪问责力度，强化对国有企业运行的制约和监督，逐步构建不能腐、不敢腐的长效机制。

（五）积极推进混合所有制改革

积极发展混合所有制是东北三省深化国有企业改革工作的重中之重，东北三省国资监管部门和国有企业要充分认识“积极发展混合所有制”的重要意义，通过国有企业资产的“资本化”，利用资本的流动性，优化东北三省国有资产的布局，提升东北三省国民经济整体效率和效益。继续从驻省央企、省属企业、市地企业三个层面推进混合所有制改革，鼓励有条件的国有企业开展混合所有制改革，选择一些国有企业进行改革试点，按照“成熟一户、实施一户”的原则实施，逐步形成一批具有可复制性的混合所有制改革经验。充分发挥市场机制的作用并结合每户国有企业的实际情况认真研究如何发展混合所有制的问题，做到有法可依、有章可循，坚持因地施策、因业施策、因企施策的原则。建立混合所有制改革的配套政策，为混合所有制改革提供政策支持，对一些过时的政策进行清理，明确混合所有制改革的实施细则，让混合所有制在东北三省国企改革的实践中得到贯彻落实。建立科学合理的股权结构，破除一股独大的格局，支持和鼓励国企员工持股，操作公开、透明、合理。

（六）优化国有企业改革市场环境

正确评价东北三省国有企业改革取得的成绩，宣传、解读党中央、国务院关于全面深化国有企业改革和东北三省深化国有企业改革的方针、政策，宣传东北三省国企改革成功案例，积累一批宝贵的改革经验，营造有利于国有企业改革的舆论环境，获取广大民众对东北三省国有企业改革的信任，吸收更多的民间资本和社会力量，为深化国企改革添砖加瓦。各级相关部门要高度统一思想，以高度的责任感和使命感来履行对东北三省国有企业改革的工作，加强统筹规划、强化监督反腐、明确责任分工，为东北三省国有企业改革提供强力的政治支撑。在解决历史遗留问题上实现新突破，加快剥离国有企业办社会职能，多种渠道筹集资金，采取政府和国有企业共摊成本的方式，加速推进国有企业办教育、医疗机构改革，对国有企业退休人员实行社会化保障，为东北三省国有企业改革提供良好的内部发展环境。已有的制度框架和法律框架作为新一轮东北三省国有企业改革的保障和支撑，其中一些问题已经不可回避，要根据已有的成功经验修改完善国有企业改革相关的地方性法规、规章、制度，为国有企业依法、依规改革提供强有力的制度保障和法律保障。

参考文献

1. 国务院发展研究中心“推进经济体制重点领域改革研究”课题组：《改革攻坚——推进经济体制重点领域改革研究》，中国发展出版社，2013。
2. 厉以宁、吴敬琏、周其仁：《新常态下的变革与决策》，中信出版社，2015。
3. 陈清泰：《混合所有制改革突围的关节点》，《经济研究参考》2015 年第 24 期。
4. 李军、肖金成：《混合所有制企业的国有资本管理》，《经济研究参考》2015 年第 3 期。
5. 杨瑞龙：《以混合经济为突破口推进国有企业改革》，《改革》2014 年第 5 期。
6. 马连福、王丽丽、张琦：《混合所有制的优序选择：市场的逻辑》，《中国工业经济》2015 年第 7 期。
7. 中共中央、国务院：《关于深化国有企业改革的指导意见》，2015。
8. 王文成：《不同所有制形式对经济增长的影响》，《中国软科学》2011 年第 6 期。
9. John Bennett and James Maw. *The Economics of Public-Private Partnership*. Mimeo: Brunel University, 2003.
10. Hamid Beladi, Chichur, Chao. “Mixed Ownership, Unemployment and Welfare for Development.” *Review of Development Economics*, November 4, 2006.

B.4
东北三省民营经济发展报告

邢　明*

摘　要： 2017年，在国家供给侧结构性改革的大背景下，东北三省各地政府积极探索，寻找出路，不断创新各种措施，因地制宜推出相应政策，促进经济健康有序发展，逐步向好的趋势明显，东北三省经济全部呈现正增长。东北三省民营经济在各种有利政策支持下不断成长壮大，民营经济比重不断攀升，东北三省经济格局在艰难中逐步转变。由于历史文化等因素的影响，东北三省民营经济还有广阔的发展空间，有实力的大企业少，营商环境尚不完善。建议各地政府继续加大对民营经济的扶持力度，加强全面的服务意识建设，推动民营经济从做大向做强做稳转变。

关键词： 东北三省　民营经济　供给侧结构性改革　营商环境

习近平总书记在党的十九大报告中，站在历史和时代的高度，鲜明提出新时代中国特色社会主义思想和基本方略，深刻回答了新时代坚持和发展中国特色社会主义的一系列重大理论和实践问题。十九大报告做出许多新的重大论述，为我国民营经济持续健康发展指明了方向，标志着我国民营经济将迎来新的历史机遇和进入一个新的发展阶段。十九大报告再次重申坚持“两个毫不动摇”，第一次提出要支持民营企业发展。东北三省作为老工业

* 邢明，黑龙江省社会科学院农村发展研究所副研究员，主要从事发展经济学及应用研究。

基地，国有及国有控股企业比重偏大、产业“偏重”，是影响东北三省经济发展的重要因素之一。可以说东北三省民营经济的未来就是东北三省的未来。

一 2017年东北三省民营经济发展态势分析

东北三省经济发展中曾长期以国企为主，民营经济发展较晚。由于历史和文化等因素，东北三省对国企的重视和依赖程度非常高，在一定时期甚至现在有些地区对国企还是过分依赖，在人们的意识里国企才是“正经”企业，国企才是“铁饭碗”，对民营经济的“不屑”使得东北三省民营经济发展整体落后于沿海经济发达地区。随着国家先后实施振兴东北老工业基地和新一轮东北全面振兴战略，东北三省民营经济的发展得到了重视和充分发展的空间。

（一）经济企稳民营经济稳步增长

2017 年，辽宁 GDP 增速为 4.2%，高于上一年 -2.5% 的增速；黑龙江 GDP 增速为 6.4%，高于上年 0.3 个百分点；吉林 GDP 增速为 5%。各地经济在调整中企稳，民营经济发展状态良好。

统计资料显示，2016 年，东北三省 GDP 为 52409.8 亿元，其中民营经济 26933.2 亿元，占 51.4%，占据大半壁江山（见表 1）。其中，辽宁民营经济增加值占全省 GDP 的 50.2%，出口占全省出口总额的 30.9%，上缴税金占比 28.55%；年末从业人数占全省二三产业就业总人数的 58.5%；固定资产投资占全省固定资产投资总额的 69.1%；辽宁省私营企业和个体工商户总数 280.28 万户，同比增长 10.1%，占辽宁省市场主体总量的 94.4%[①]。2017 年黑龙江省民营经济实现增加值 8634.6 亿元，比上年增长 7.8%，占黑龙江省 GDP 比重达 53.3%，比上年提高 0.2 个百分点。民间投资同比增

① 《把握东北振兴机遇 积极助推辽宁振兴》，《中华工商时报》2017 年 7 月 21 日，第 1 版。

长17.4%。同期黑龙江省市场主体达210.9万户，同比增长9%。其中，企业41.2万户，比上年增长13.2%，其中个体工商户160.1万户，比上年增长8.2%；农民专业合作社9.7万户，比上年增长5.3%。2017年，吉林省民营经济实现增加值7906亿元，占吉林省GDP比重为51.7%，民营经济比重比上年增加0.3个百分点。

表1　2016年东北三省民营经济增加值及占GDP比重

单位：亿元，%

	GDP	民营经济增加值	民营经济占GDP比重
辽　宁	22246.9	11167.9	50.2
黑龙江	15386.1	8170	53.1
吉　林	14776.8	7595.3	51.4
东北三省	52409.8	26933.2	51.4

资料来源：《辽宁统计年鉴2017》《黑龙江统计年鉴2017》《吉林统计年鉴2017》。

（二）各地积极促进民营经济发展

在供给侧结构性改革的大背景下，东北三省积极出台各项政策，改变营商环境，为民营经济提供了一个相对自由、公平、宽松的发展环境。

2016年以来，辽宁省先后审议、出台了《关于优化投资环境的暂行规定（试行）》《辽宁省推进软环境建设工作方案》《推进全省简政放权放管结合优化服务改革营造良好发展环境工作方案》，起草《辽宁省优化营商环境条例》，审议《辽宁省降低实体经济企业成本工作实施方案》《辽宁省人民政府关于在市场体系建设中建立公平竞争审查制度的实施意见（送审稿）》《辽宁省促进创业投资持续健康发展若干政策措施》《辽宁省建立完善守信联合激励和失信联合惩戒制度　加快推进社会诚信建设的实施方案》《辽宁省优化营商环境条例》等，为促进民营经济发展和完善市场体制下足了功夫。

2016年年末，黑龙江省出台了被称为“民营经济50条”的《关于支持民营经济发展的若干意见》，按照“非禁即入”原则，向民营企业全面放开竞争性经营行业和投资领域，全省各级政府职能部门狠抓落实，全面激活民营经济发展的动力。

吉林省出台具体措施，着力破解民营企业融资难题，推进民营企业降本减负工作，加强守信践诺、失信惩戒机制建设，培育民营经济创新发展新动能，构建亲、清的新型民营企业政商关系。近年来，吉林省出台了一系列鼓励民营经济发展的政策措施，有力地推动了全省民营经济加快发展，特别是2018 年4 月实施的《吉林省促进中小企业发展条例》，为促进全省民营经济发展提供了法律保障。

二　东北三省民营经济发展中存在的问题

东北三省经济的企稳回升，民营经济的贡献不容小觑。但是受到各种因素的影响，东北民营经济的发展空间还很大，整体实力还有待提升。

（一）东北三省民营经济偏弱

东北三省民营经济总体偏弱，有影响力的民营企业少。2017 年由中国企业联合会、中国企业家协会发布的中国企业 500 强，东北三省仅有 13 家入围。而由全国工商联主办，工信部、国家工商总局支持完成的 2017 中国民营企业 500 强评选中，辽宁有 6 家公司，黑龙江和吉林各有 2 家公司入围，分别为大连万达集团股份有限公司（辽宁）、锦联控股集团有限公司（辽宁）、兴隆大家庭商业集团有限公司（辽宁）、大连金玛商城企业集团有限公司（辽宁）、盘锦北方沥青燃料有限公司（辽宁）、环嘉集团有限公司（辽宁）、长春欧亚卖场有限责任公司（吉林）、修正药业（吉林）、中发实业（集团）有限公司（黑龙江）、亿阳集团股份有限公司（黑龙江）。东北三省大企业少，民营大企业比例更低，从民企 500 强来看，东北三省仅占全国的 2%。从东北三省入围民企 500 强的企业经营范围来看，以传统行业居多，其中仅零售行业就占据三家，缺乏具有前瞻性和影响力的制造业企业和高科技类型的企业。从民营企业 500 强的地域分布上看，浙江省有 120 家入围，江苏省 82 家入围，广东省 60 家入围，山东省 57 家入围，东北三省民营企业 500 强数量上不如一个重庆市（11 家）。

（二）营商环境仍需改善

东北三省一直把改善营商环境作为经济工作的重点，在各地各级政府的积极努力下，东北三省营商环境持续改善，但仍时有懒政庸政的事例见诸报端。长久以来，在商界流传的“投资不过山海关”就是对东北三省营商环境的回应。之所以有这样的声音，都是源于当地政府曾经的“不作为和乱作为”。调查中发现某省会城市的工商部门为餐饮企业登记注册时，在某些条件下，要求企业注册人出具经营场地所在楼宇 2/3 的居民出具不扰民证明，否则不予登记，这种回避问题的制度具有明显的“懒政庸政”特征。此外，在各地完善营商环境过程中，新老政策衔接以及不同行业在各部门审批等环节也会出现矛盾和欠妥之处。各地的简政放权口径不一，放管的方向不同，也造成了对跨地区企业运行的困扰。如某运输单位的某种审批，在甲地作为政府简政放权改善营商环境的工作内容被取消，然而在乙地仍需办理。类似的问题各地均时有出现，政府间协调沟通不畅。

（三）人、财问题仍旧是限制民营经济发展的主要因素

民营经济发展的瓶颈问题仍然是人才短缺和融资困难。不仅仅是民营企业用工难，整个东北三省人口流失问题也非常严重，生育率不足 1%。东北三省人口流失已经导致种种问题，社保资金入不敷出，人口老龄化问题突出。企业用工难，吸引高端人才更难。多年以来东北三省一直是人口净流出地区，流出人口以青壮年劳动力和高端人才为主。东北三省人才外流，这对于全面振兴东北老工业基地可以说是釜底抽薪。尽管东北三省出台优厚的人才引进政策，但是收效并不明显，没有良好的用才机制和用才环境，再优惠的政策看起来也是表面文章。东北人传统观念也影响民营经济的用人情况，在东北人的心里还保持着对“铁饭碗”的眷恋，想留在东北三省就业的毕业生对公务员和事业单位以及国企极其热衷，即便这些部门或企业的待遇并

不高。民营企业特别是小微和私人企业对待劳动者态度和待遇也有待改善，一些传统行业用人不上劳动保险、不签就业合同的现象很普遍，来就干、不干就走的就业形式也很普遍。无法吸引人才，就难以聚集高端产业，没有有效的产业拉动，各种资源配置就难以满足需求，从而进入恶性循环。此外，民营经济融资难是东北三省普遍存在的现象。和用工问题一样，民营经济一直被融资难困扰着。银行对民营企业放贷的要求比较严格，导致本地资金容易流向经济发达地区，本地银行放贷更倾向于国企或大型企业。小微企业和个体工商户对资金需求大而分散，而且承担风险能力弱，得不到金融机构的重视。

三　促进东北三省民营经济健康快速发展的对策建议

在当前的经济形势下，如何保持近几年东北三省民营经济快速发展的良好势头，对东北三省的全面振兴具有十分重要的意义。

（一）做大做强做活民营经济

随着东北三省对民营经济发展的重视，东北三省民营经济发展迅速。但是受历史文化、经济基础等方面因素的影响，东北三省民营经济存在总量不足、发展不均、效益不高等问题。要提高民营经济增长速度和成活率，就要做大民营经济经济总量。在总量提升过程中注重做强，一方面正确引导，注重民营经济发展的长效性，对诚实守信经营的民营企业加大扶持力度，给予税收、公共资源分配方面的优惠政策；对于弄虚作假不诚实守信的民营企业，要加大监管力度坚决给予纠正；对于违法乱纪甚至为非作歹的民营企业要给予坚决打击，给民营经济发展创造一条风清气正的阳光大道，进而促进民营经济长效稳定健康发展。另一方面，深入挖掘民营经济的潜力，让民营经济想创新敢创新，增强民营经济的活力和魄力。对于不同层次的民营经济主体分别制定不同的帮扶措施，有些行业已经没有“国资”的影子，这些竞争充分的行业是民营资本在维系，对这个层次的民营经济主体要不停地激发其活力，使其不断地新陈代谢充满活力。对于有科技含量、行业领先、研发能力强等处在高层次上的民营经济主体，要给予“国资”待遇，以整合公共资源配给的方式激发其更大的活力，如整合高校研发能力与企业对接，高校的科研项目设在企业里进行，形成成果均分、研究费用整合、人才共用的创新体系，促进双方活力的迸发。

（二）继续强化政府职能转变

转变政府角色和治理方式是一个老生常谈的话题，年年都在说年年都在做，虽然有了一定的进步，但是要使民营经济能更上一层楼，就要在体制、机制、制度上寻求突破口。东北三省在各自政府工作报告中都有着力加强政府自身建设，提高服务水平，建设服务型政府、法治政府的表述，进步也是有目共睹，但转变是个不断提高的过程，需要各级政府拿出壮士断腕的勇气和魄力才能彻底转变。党的十九大已经指明了发展方向，转变政府的角色定位和治理方式是东北三省实现老工业基地全面振兴的制度保障，也是东北三省实现“弯道超车”的良机。东北三省的简政放权已经取得一定的成果，在此基础上继续加大力度进行深化改革，从制度上杜绝以往懒政庸政等现象的出现。让考公务员成为就业者最后的选项，难点在于政府主导的自身改革难“下刀”。

增强政府管理服务意识。十九大报告指出，转变政府职能，深化简政放权，创新监管方式，增强政府公信力和执行力，建设人民满意的服务型政府。“人民满意”“服务型”这两个关键词指明了政府职能转变的方向，人民满意是目的。到政府部门办事要从“求爷爷告奶奶”向让人民满意的服务转变不是一朝一夕就能实现的，需要各级政府上下统一齐心协力。规范服务流程，建立政府内部沟通机制和通道，不同部门间的沟通取证等工作由政府内部完成，既然是服务就不能给服务对象制造麻烦。逐步打破各种潜规则，有漏必堵，让真规则有章可循，让特事特办不再是一种恩施。建立一个反向行政许可的制度，将需要权力审批、某某同意的规则统统制度化，够条件就放开进行下一步工作，不够条件、不能通过审批，政府部门必须给出整改意见和解决方案，并把提出的整改意见和解决方案案例化，遇到同样的问题循例执行，让“裁判员”成为“服务员”，让企业到政府部门办事有人管、有章循、有结果。

（三）促进民营经济跨越式发展

东北三省民营经济传统产业提质升级任务艰巨，新兴产业起步比较晚，自主创新能力更弱。因此，转变经济增长方式，实现跨越式发展，是东北三省民营经济工作重点。继续加强传统产业的升级改造，做大做强新兴产业，提高企业自主创新能力。

改造提升传统产业。东北三省民营经济中传统产业比重高，这些产业竞争力不强，产品层次不高，企业创造的增加值不高，产业集群度程度低，扩大再发展的难度大，只有推动这些产业的结构升级、合并改造、技术升级和产品升级，才能加大民营经济发展的内生动力。

强力推动技术创新。通过资金贴息、补贴等财政扶持措施，鼓励和扶持一批有实力的大型民营企业单独或联合设立技术研发中心。鼓励民营企业与科研院所共建研发中心，以实现优势互补、产研结合。通过政府购买和财政补贴民营企业的一些重大研发项目和关键技术，力求在一些关键领域和技术上实现突破。创新科研成果引进机制，鼓励企业面向社会定向招标采购技术。搭建民营企业与科研机构成果对接平台，促进成果交易。切实保护民营企业知识产权，适当降低域内知识产权专利申请和维护费用，对企业申请全国及全球专利给予适当补贴。

培育发展新兴战略性产业，促进新兴产业集群发展。结合东北三省的优势资源，引导民营经济主体选择技术上有优势、有一定发展基础的新兴战略性产业，坚持走有差异化、专业化发展道路，努力打造行业龙头企业。重点在新材料、精细化工、机械装备制造、电力电气专业设备制造、生物工程、文化创意等领域加大力度，打造具有核心竞争力的民营经济主体。

B.5
东北三省混合所有制改革问题研究

宋帅官*

摘　要： 东北三省国有经济比重较高，发展混合所有制经济是推进国有企业改革的重要突破口。然而，从目前来看，东北三省混合所有制改革存在改革主体主动意识较差，存量国有资产吸引力不大，配套措施没有跟进等问题，导致改革进程相对缓慢。未来，东北三省应结合实际，积极搭建混改平台，科学合理选择混改模式，注重平衡混改多方利益，完善混改政策扶持体系和补偿机制，创新混合所有制改革的体制机制，积极争取为全国混合所有制改革提供“东北样本”。

关键词： 混合所有制改革　员工持股　对口合作　市场化债转股

一　十八大以来东北地区[①]混合所有制改革现状

（一）混合所有制改革的顶层设计已经完成

党的十八届三中全会提出混合所有制经济是基本经济制度的重要实现形式。在此之后，国家和省级层面不断加强制度建设和顶层设计，出台了一系列的相关政策文件，为混合所有制改革奠定了良好的制度基础。2015 年，

* 宋帅官，辽宁社会科学院副研究员，研究方向为产业经济与国企改革。

① 本文中的“东北地区”仅包括东北三省，不包括蒙东地区。

国务院发布《关于国有企业发展混合所有制经济的意见》，从八个大方面对推进国有企业混合所有制改革，促进各种所有制经济共同发展做出了部署。2016 年，党中央、国务院发布的《关于全面振兴东北地区等老工业基地的若干意见》提出东北地区要加快推进地方国有企业改革，支持探索发展混合所有制经济的具体模式和途径。2017 年，国务院办公厅印发《加快推进东北地区国有企业改革专项工作方案》，提出要稳步推进公司制和混合所有制改革，积极开展混合所有制改革试点。从省级层面来看，2014 年，辽宁省出台了《关于进一步深化全省国资国企改革的意见》，提出要通过深化国有企业股权多元化改革，优化国有企业股权结构，鼓励非国有资本参与国有企业改革重组等方式大力发展混合所有制经济。2015 年，吉林省出台了《吉林省人民政府关于国有企业发展混合所有制经济的指导意见》，提出将鼓励非公有资本参与国有企业混合所有制改革，非公有资本投资主体可通过出资入股、收购股权、认购可转债、股权置换等多种方式，参与国有企业改制重组或国有控股上市公司增资扩股以及企业经营管理。2016 年，黑龙江省出台了《关于黑龙江省国有企业发展混合所有制经济的实施意见》，提出了商业类国有企业是混合所有制改革重点，稳妥推进主业处于充分竞争行业和领域的商业类国有企业混合所有制改革。这一系列的顶层设计为东北地区开展混合所有制改革提供了制度保障和政策依据。

（二）混合所有制改革试点扎实推进

为积极稳妥推进国有企业混合所有制改革工作，东北地区各级政府坚持试点先行，稳步探索。辽宁省在省属企业能源投资集团先行开展混改试点，研究形成其控股子企业五女山酒业新三板挂牌工作方案和太阳能公司引入非公资本实施混改的初步方案。沈阳机床厂纳入国家确定的国有企业综合改革试点后，着力对资产和资本进行重新布局，引入各类资本发展混合所有制，并围绕智能机床制造打造三大产业集群。按照国务院国资委要求，辽宁省形成了混合所有制企业员工持股工作方案，并选择辽渔集团旗下上市公司渤海轮渡作为试点，积极开展股权激励和员工持股计划。吉林省2017年全面启动了混合所有制改革试点，选择10~20家省属及地级市国有企业开展混改试点，选择5~10家企业开展员工持股试点，目前酒精集团引进社会资本完成对梅河阜康70%股权的收购，产业整合的协同效应和经济效益初步显现。吉粮集团引入湖北长投等战略投资者发起粮食产业基金，推动对存量资产的重组整合。黑龙江省除了推动集团层面混改之外，还积极探索子公司层面开展混改，国资委选择了多个重点子公司从项目招商、增资扩股、国有股权转让等不同方面推进混合所有制改革试点，取得积极进展。

（三）着力推进重点企业改制重组

近几年，东北地区在推进国有企业改制重组方面做了积极探索，尤其是对于一些困难企业，通过创新市场化债转股模式积极吸引战略投资者，加快混合所有制改革步伐。以辽宁为例，东北特钢集团于2016年3月发生债务违约之后，辽宁省委、省政府迅速成立了东北特钢脱困工作领导小组，就化解企业债务危机开展了一系列的工作。按照重整计划，最终确定宁波梅山保税港区锦程沙洲股权投资有限公司（沙钢）与本钢板材股份有限公司（本钢）作为战略投资者重整东北特钢，双方出资55亿元，其中沙钢占43%股权，本钢占10%股权。出资中30亿元用于清偿债务，余款25亿元用于生产经营。重整计划采取留债66.83亿元，现金清偿债权金额74.75亿元，债转股314.03亿元三种方式调整债权。投资人进入东北特钢集团仅用两个月时间，就扭转了生产经营的被动局面，企业生产经营等各方面发生了巨大变化，东北特钢主要经营指标连创新高，实现扭亏为盈。沈阳机床集团通过银行及市属平台公司进行股权和债权融资，所得资金用于偿还沈机股份剥离资产占款，沈机股份将所得资金偿还银行存量贷款，通过增发股份购买资产完成债转股换股，平台公司和银行所持股权通过二级市场完成退出。2017年，机床集团与沈阳市国资委、建设银行签署100亿元债转股协议，成为东北地区首单市场化债转股项目。另外辽宁通过引入外埠国企、基金等战略投资者，有序推进重点企业改制重组，完成交投集团、中天证券集团层面增资扩股，目前正在积极推动辽展集团与海航、投资集团与国开投、辽宁利盟与中盐的重组。

二 当前东北地区推进混合所有制改革存在的问题

党的十八大以来，东北地区混合所有制改革虽然取得一定突破，但总体来看进展缓慢，改革过程中存在诸多困难和问题。

（一）政府和企业对混合所有制改革仍缺少科学理性认识

国有企业尤其是国有垄断行业在混合所有制改革过程中，股权必将由“一股独大”转为多元化，股东大会由“一言堂”“老板说了算”转为“百家鸣”，决策者和企业经理人不再由政府行政任命，公司治理进入市场化轨道，尤其是薪酬制度更加市场化、制度化。这些势必会使企业内部管理和利益格局发展深刻变化，对既得利益集团形成冲击。因此，短时间内，政府、企业管理层、职业经理人、职工以及债权人等为维护自身利益，对混改都持有不同的看法和认识，统一思想行动比较困难。部分地方政府和企业心存顾忌，没有“功成不必在我”的改革决心和魄力，缺乏责任担当，存在不想改和不愿改的心态。目前混改的主要动力来自“自上而下”的倒逼，而“自下而上”的自发性改革动力不足。国有企业发展混合所有制的办法措施不多，方向不明确，模式不清晰，特别是多层次资本市场利用不充分，对产权市场、证券市场、海外资本市场、股权投资基金等方面的研究和利用尚处于起步阶段，运用产权交易、金融工具、投资组合等新模式推动混合所有制改革的力度亟待加强。从辽宁省来看，截至2017年年底，辽宁绝大多数混改是在省属或市属重点企业集团下属二级公司开展的，集团层面的混合所有制改革较少，混改面仅为50%左右。

（二）存量国有资产缺乏市场吸引力

资本的天性是追逐利润，社会资本参与国有企业改革，与国有企业合作投资项目，要看国有企业的经营状况以及国有资本的增值潜力，并预判能够为民营资本带来多大的投资收益。这无疑是民营资本参与“混改”的出发点和落脚点。东北国有企业主要集中在煤炭、钢铁、有色、普通装备、传统制造业等基础性行业，战略性新兴产业、高技术产业、现代服务业等占国有企业比重较小，且比较分散、弱小，能够吸引资本市场眼球的“混改”项目不多，尤其是东北特钢违约、沈阳机床负债等问题引发的信用危机，一定程度上影响了民营资本参与混改的积极性，再加上近几年东北地区整体经济下行，国有企业效益较差，投资需求不断萎缩，致使混改推进难度加大。

（三）“控股权”之争难以有效化解

在推进混合所有制改革的实践中，由于缺少对股权比例、资产配置等科学合理化界定，因此，混改后国企和民企由谁占控股地位，是争议最大的问题，也是很多混合所有制改革进程缓慢、多数混改项目谈判失败的重要原因。东北国有企业在混改过程中面临同样问题。国有资本担心民资控股后原有利益相关者失去决策话语权，顾忌国有资产流失，社会公共利益、企业职工利益得不到保障，混改效果大打折扣。民营资本担心入股后没有决策话语权，仍按照国有企业原有的经营方式和管理体制运行，缺少发展活力，投资预期收益难以得到有效保障。

（四）混合所有制改革的相关配套政策没有及时跟进

在推进混改的过程中，相关改革配套措施要及时跟进与匹配，否则将影响混改的进程和效率。当前，东北各省虽然出台了国有企业混合所有制改革的顶层设计，但相关配套措施跟进滞后，比如垄断行业体制改革问题、厂办大集体问题、信息披露制度不完善等。此外，东北地区推进混合所有制改革的财政支持政策也没有跟进，比如混改过程中税收减免、土地处置、债务核销、资产评估、资质变更等相关配套政策等方面没有得到及时跟进和完善，没有明确实施细则。

（五）资产证券化水平不高

目前资产证券化是国企实现混合所有制改革的最重要方式，推进国有资产证券化，把更多优质资产装进上市公司，可以盘活存量国有资产，提高资产的流动性、透明性，从而使资产易变现、易交易、易监管、易考核，有助于提高国资监管水平，也有助于现代企业制度的建立与功能的发挥。目前，东北地区虽然有不少国企上市，但绝大多数仅是一部分资产或产业链中的一环上市，资产证券化比例仍然偏低，很多国有企业还不到20%。另外，由于东北地区受到企业债务违约事件的影响，国有企业通过发行债券来提高资产证券化水平的阻力较大。

三　未来东北地区混合所有制改革应把握的关键点

混合所有制改革是党的十八大以来国企改革的最大热点，在今后两三年内，混改将向更广更深趋势发展。因此，东北地区应抢抓机遇，紧跟趋势，拿出壮士断腕的决心和魄力，分类分功能、积极稳妥实施混合所有制改革。未来，混合所有制改革应把握以下几个关键点。

（一）对口合作是混合所有制改革的重要突破口

近期，东三省与江浙粤三地对口合作实施方案，以及哈尔滨、长春、沈阳、大连等4个城市与东部沿海发达城市的对口合作方案相继出台，方案中均提出将把推动国企改革作为对口合作的重点任务。因此，未来东北地区应把混合所有制改革作为重要合作内容，重点选择一批国有企业先行试点，吸引东部地区有实力的企业参与混合所有制改革，实现双方企业优势互补、融合发展。同时也要积极引导东北地区国有企业并购东部地区有潜力的上下游民营企业，不断壮大国有企业。

（二）选择符合东北实际的混改模式是关键

目前发展混合所有制经济主要有四种模式：一是推进国有企业上市，实现资产的证券化。这是混合所有制经济较好的发展模式，但是由于近几年东北国有企业效益较差，上市企业较少，实现资产的证券化进程比较缓慢。二是实现国有资本与多种资本的双向合作。一方面，国有企业主动投资有发展潜力的民营及海外项目，促进国有资本与多种资本的有机融合；另一方面，国有企业可以拿出优质国企资源或示范项目，面向国内外知名民企或者外资企业，通过出资入股、收购股权、合作等形式让民资或外资进入，参与国有企业改制重组和项目投资，形成多种资本形态、多种经济成分的股权结构。此外，也可以采取国有和民营企业共同出资的方式直接设立混合所有制企业。三是市场化双向联合重组。国有企业可以通过股权交易平台、证券市场、产权市场等引入各类投资主体参与联合重组，投资主体可用债转股、货币或实物、知识产权、土地使用权等方式投资入股，取得企业的绝对控股或相对控股权。四是实施国企股权激励和员工持股。由于混合所有制经济的模式具有不同的特点，因此东北国有企业要按照功能分类，结合企业的发展实际采取最优的混改模式。

（三）平衡各方利益是顺利推进混改的前提

国有股份和民营股份之间的混合，要取得良好的效果，必须平衡各方利益。如果在合作上仅仅强调国有股份的利益，而民营股份的利益无法得到保障，就无法吸引民营资金进入；反之，如果过分让出国有股份的利益，会导致国家利益受损，国有资产变相流失，因此，未来东北地区混改应通过制定和完善科学合理的股权定价机制来平衡各方利益。另外，国有企业内部存在固化的既得利益群体，混改引入社会资本会导致其股权、薪酬、话语权等受到一定影响，因而对混改形成排斥心理，从而拖延混改进程。未来如何制定合理化的利益分配机制、完善薪酬制度也是顺利推进混改需要解决的重要问题。

（四）“渐进式混改”比“休克疗法”更有效

东北国有企业属性比较特殊，工业企业比较集中，产业基础较好，当市场前景较好时，盈利空间很大，但由于沉淀资产规模大，社会包袱重，混改难度也较大。虽然当前混改进程缓慢。但历史经验告诫我们，重大改革都要坚持摸着石头过河，尤其是混合所有制改革，运动式地大搞“休克疗法”会产生风险，因此，一定要采取渐进式的改革方式，不能操之过急，要根据东北地区发展的特点，选择一些条件成熟的国有企业进行试点，先行探索，成熟一个推出一个，避免为了“混合”而要求全面“开花”，造成“吃夹生饭”的“后遗症”。另外，在渐进式混改过程中，不能为了“混”而“混”，在“引资”的同时更要“引制”，有效改善国企管理机制才是最终目标。

四　推进东北地区混合所有制改革的对策建议

（一）积极争取设立东北混改综合试验区，为国企改革注入新鲜血液

东北地区产业结构偏重、国有经济比重较高与我国工业化发展路径有较大关系，历史上东北国有企业以及驻东北的中央企业为国家工业化发展作出了巨大贡献。随着市场化程度的不断深化，东北地区与其他地区相同，都面临着国有经济发展不平衡不充分的矛盾，亟须通过混合所有制改革等方式进一步激发企业活力。然而，推进混合所有制改革绝不能“一刀切”，中央企业与地方国企、不同地方国企之间存在很大差异，有一些重大的问题还没弄清楚，还要在实践中去摸索，如果一下子全面推开，风险还是很大。因此，可以在现有改革试点之外再选择一些区域或省份作为国企国资改革综合试验区系统地去进行探索摸索，形成一些可复制的模式和经验再推广。考虑到东北地区国有企业的基础和条件，未来可积极探索在东北设立混合所有制改革综合试验区。设立混合所有制改革综合试验区，既是贯彻落实党中央、国务院关于国有企业改革发展的工作部署和习近平总书记视察东北重要讲话精神的重要举措，也是东北地区引领体制机制创新，激发市场活力，促进产业转型升级的迫切需要。试验区的建立可以充分赋予地方和企业更大的自主权，

调动地方和企业改革的主动性、创造力。东北地区试验区建设应制定一个整体实施方案，搞好顶层设计，提请由国务院领导牵头，国家发改委具体组织实施。这样，东北地区可以以混合所有制改革综合试验区建设为发展平台和发展契机，牵线搭桥，积极吸引社会资本和外资，为重资产型的国有企业开展混改积极开辟新的发展路径，提供有益经验。

（二）组建一批国有资本投资运营主体，为混改搭建平台

国有资本投资运营公司是为了适应国有企业发展混合所有制的要求，作为国有股权明确的持有者和管理者而存在。因此，发展混合所有制经济离不开国有投资运营公司。东北地区在推进国有企业混合所有制改革的过程中，要逐步建立和完善“国资分类监管—资本投资运营平台—国有企业市场化经营”的分层管理体制。各省市的国资委要以“管资本”为主履行监管职责，投资运营平台体现国有资本所有者权益，企业经营层面完全实现股权多元化。这样，通过构造中间层次，完善三层架构，实现国有资本的社会目标和经济目标之间的有效隔离，为混合所有制经济发展提供微观体制基础。目前，东北地区可以先依托一些大型国有企业集团，培育一批具有较大竞争力的国有资本投资公司，通过产业投资和资源整合，支持有实力的国有企业集团做大做强，待条件成熟后，再改组或者新建一批国有资本运营公司，一方面持有和运营整体上市公司或非上市公司部分国有股权，另一方面接受、管理和处置企业整体上市过程中剥离的辅业资产，为国有资产证券化提供支持。

（三）以国有资本多元化为重点加快东北国企混改

要充分利用多层次资本市场体系，分层推进东北地区国有控股或参股企业上市融资，拓展混合所有制经济发展空间。对于一些发展潜力较好的国有独资或绝对控股企业，应谋划设计发展混合所有制改革的成长路线图，通过“股份制改革—产权主体多元化—国有资产证券化”逐步实现混合所有制改革；同时，应依托一些条件较好的国有上市公司，大力开展重组整合，促进企业集团整体上市；积极推进国有企业与省内外其他相关民营企业实现资产

重组，鼓励优势资产向上市公司集中，促进相关企业核心资产上市；对符合条件的上市后备企业，政府应创造一切便利条件支持其做好上市申报工作并尽快实现上市融资。政府要出台相关指导意见，进一步明确员工持股的实施范围、持股比例、持股对象、持股结构和股份转让等关键环节，从而加强对员工持股的规范指导，继续完善员工持股实施细则，积极拓宽实施员工持股试点企业的条件和范围。

（四）完善混改的配套政策和政策性补偿机制

推进混合所有制改革，需要完善相关配套政策和补偿机制。应利用推进混合所有制改革的机会，对土地变现、债务核销、资产评估等一些已经过期或不适应新形势而需要调整的相关政策进行清理，明确实施细则。一是探索设立省级混改发展基金，发挥基金杠杆效应和聚集效应，提高社会资本参与国有企业混改的积极性。二是强化跟踪指导，定期组织专家团队，指导企业一企一策研究制定改革方案，加大混合所有制改革的人才引进和培训力度，建立完善混合所有制改革动态评估机制和容错纠错机制。三是财政部门要研究对混改过程中涉及资产处置等事项新增税收给予一定比例的财政返还，降低转让股权产生交易费用等税费，对混改试点企业内部股权转让等给予递延纳税政策支持，当地政府应联合相关部委研究制定新的国有企业改革土地处置和变更登记办法，解决国有企业土地处置、变更登记、作价出资、作价入股等问题，以此降低改革改制成本，增强对非公有资本的吸引力。

（五）大力营造混合所有制改革的市场环境

大力宣传发展混合所有制经济，特别是宣传民营企业参与国企改革的重要意义及有关政策法规、成功典型，鼓励民营企业解放思想、消除顾虑，更新观念、积极作为，充分调动国有资本和民营资本的积极性，大力营造发展混合所有制经济的企业文化和社会氛围。从政府层面多举办一些有利于双方交流的推介会、洽谈会等，尤其对正处在成长壮大关键阶段的中小型民营企业，应给予更多的关注，引导国有资本向这些民营企业注入，帮助其成功转型发展。

参考文献

1. 徐进：《对省属企业发展混合所有制的几点思考》，《四川日报》2016 年 10 月 12 日。
2. 杨月冰、张希、傅光平：《国企和国资混合所有制改革的相关问题及其对策》，搜狐网，https：//www. sohu. com/a/159927524_ 760770。
3. 刘兴国：《混合所有制改革的六大难点及对策》，查查 362 网，https：//www. cc362. com/content/91nl80XJpY. html。
4. 夏锋、匡贤明：《以国有资本多元化为重点加快东北国企混合所有制改革（12 条建议)》，中国（海南）改革发展研究院官网，http：//www. cird. org. cn/wearecird/research/briefing/201704/t20170421_ 264194. htm。

B.6
东北三省制造业发展动力变革研究

肖国东*

摘　要： 党的十九大报告提出“发展动力变革”，对于推进供给侧结构性改革，振兴东北老工业基地，具有重要的现实意义。目前，东北三省制造业产业规模、项目建设、结构调整和体制机制改革已取得积极进展，为动力变革奠定了较好的基础。但国有控股企业比重偏高、高技术产业发展滞后、变革支撑条件薄弱、技术创新内生动力不足问题仍然制约着东北三省制造业发展动力变革。为加快发展动力变革，培育壮大新动能，东北三省应提高生产要素质量、增强创新发展能力、发挥技术溢出效应、破除体制机制障碍、营造良好的创新发展环境，破解深层次结构性矛盾，以实现东北三省制造业新旧动能转换。

关键词： 东北三省　制造业　新旧动能转换

一　东北三省制造业发展动力变革的现实条件

（一）产业规模进一步扩大

目前，东北三省制造业砥砺前行，产业基础进一步夯实，来之不易。2017

* 肖国东，吉林省社会科学院经济研究所副研究员，博士，主要研究方向为数量经济学、产业经济学。

年辽宁省规上工业增加值比上年增长4.4%，其中，装备制造业增长7.4%。2017年吉林省全部工业增加值比上年增长5.5%，其中，轻工业增长6.4%，重工业增长5.1%；分行业看，全年规模以上工业中，汽车、石化和食品等八大重点产业增加值比上年增长6.8%，占规模以上工业增加值的比重为81.3%。2017年黑龙江省规模以上工业增加值增长2.7%，其中，食品工业增长5.8%，石化工业下降4.0%，装备工业增长15.8%，能源工业增长1.4%。

（二）项目建设取得积极进展

一批重点产业项目建设相继投产，东北三省制造业企稳态势得到巩固。辽宁省多措并举扩大有效投资，省领导定点联系的60个重大项目等一批重大基础设施项目稳步推进，抚顺清原抽水蓄能电站、铁岭生物燃料乙醇等项目开工建设。吉林省开展项目“早落地、早开工、早见效”等行动，康乃尔60万吨甲醇制烯烃、一汽大众奥迪Q工厂一期工程等一批重大项目相继落地。黑龙江省开复工500万元以上产业项目29272个，其中亿元以上5562个、10亿元以上544个。长安福特、沃尔沃等一批重点项目相继建成。

（三）产业结构调整稳步推进

通过创新驱动发展，落实“中国制造2025”，淘汰落后产能，培育壮大新兴产业，东北三省制造业产业结构进一步优化升级。辽宁省传统产业转型升级步伐加快，新兴产业比重提高，“十三五”钢铁、煤炭去产能任务提前完成。吉林省生物医药、电子信息等战略性新兴产业迅速崛起，“吉林一号”卫星成功发射，长客的“复兴号”新一代高铁投入运营。黑龙江省的信息技术、航空航天和生物制药产业也快速发展，人工智能和军民融合等的产业联盟快速推进。

（四）体制机制改革得到深化

辽宁省工商登记、行政审批制度改革顺利推进，目前审批事项减少至

32项，处置“僵尸企业”116户。吉林省深化商事制度改革，新登记市场主体增长8.1%，民营经济主营业务收入增长7%。驻吉央企综合改革试点进展顺利，一汽集团、吉化公司产值分别增长10.6%、19.5%。省属国企全面深化改革，吉煤集团产值增长35.1%。黑龙江省大力推动龙煤集团改革脱困。在全国率先开展厂办大集体改革，3000多家企业基本完成。一重集团大力度推进改革，效益大幅增加。

二　东北三省制造业发展动力变革中存在的问题及制约因素

（一）国有控股企业比重偏高

国有企业曾为东北经济发展作出了十分重要的贡献，但目前，东北三省国有控股企业比重偏高，产业开放程度相对滞后，发展活力不足，一定程度上挤占了资源，僵化了机制，致使东北三省制造业发展动力变革步伐缓慢。从资产总计看，东北三省国有控股工业资产37263亿元，占规上工业比重高达53.21%，高于全国水平14.74个百分点。从分省情况看，黑龙江省国有控股工业占规上工业比重最高，达60.24%，高于全国水平21.77个百分点，辽宁、吉林两省国有控股工业占规上工业比重分别为51.48%、50.97%，分别高于全国水平13.01、12.5个百分点。从主营业务收入情况看，东北三省国有控股工业主营业务收入为22384.87亿元，占规上工业比重达39.40%，高于全国18.78个百分点，其中辽宁省最高，达44.76%。从用工人数情况看，东北三省国有控股工业用工人数207.05万人，占规上工业42.35%，其中黑龙江省最高，达到54.35%。从利润情况看，东北三省国有控股工业利润总额349.3亿元，占规上工业16.33%，却低于全国水平0.81个百分点，其中，辽宁、黑龙江两省还出现了负值。在东北三省规上工业资产、主营业务收入、从业人员中，国有控股比重高，而国有控股利润所占比重低，可见东北三省国有控股企业活力相对不足（见表1）。

表 1　2016 年东北三省国有控股工业企业主要生产指标

主要指标		全国	东北三省	辽宁省	吉林省	黑龙江省
资产总计	国有控股(亿元)	417704	37263	18588	9668	9007
	规上工业(亿元)	1085865	70026	36106	18969	14951
	比重(%)	38.47	53.21	51.48	50.97	60.24
主营业务收入	国有控股(亿元)	238990	22384.87	9865	7948	4571.87
	规上工业(亿元)	1158999	56818.09	22038.95	23431.37	11347.77
	比重(%)	20.62	39.40	44.76	33.92	40.29
从业人员	国有控股(万人)	1695.93	207.05	91.84	51.4	63.81
	规上工业(万人)	9475.57	488.92	228.05	143.47	117.4
	比重(%)	17.90	42.35	40.27	35.83	54.35
利润总额	国有控股(亿元)	12324.34	349.3	-22.14	463	-91.56
	规上工业(亿元)	71921	2139.32	575.39	1268.49	295.44
	比重(%)	17.14	16.33	—	36.50	—

（二）高技术产业比重较低

高技术产业具有前导性、关联度高、附加值高的特点，高技术领域的每一个突破，将会带动一批新兴产业的成长，并成为推动行业发展的动力。但东北三省高技术产业发展相对滞后。从企业数看，东北三省高技术产业企业1076 个，占制造业比重为 5.99%，低于全国水平 2.67 个百分点。从从业人员情况看，东北三省高技术产业企业从业人员 388095 人，占制造业比重10.62%，低于全国水平 5.64 个百分点。从资产总计情况看，东北三省高技术产业企业总资产 4907.8 亿元，占制造业比重 9.37%，低于全国水平 3.19 个百分点。从主营业务收入情况看，东北三省高技术产业企业主营业务收入4014.8 亿元，占制造业比重 8.12%，低于全国 6.56 个百分点。从出口交货值情况看，东北三省高技术产业企业出口交货值 311.1 亿元，占制造业比重11.89%，低于全国水平 35.11 个百分点（见表 2）。

（三）动力变革的支撑条件薄弱

国家级开发区是国务院批准设立的国家级高技术产业开发区、经济技术

表 2　2016 年东北三省高技术产业生产经营情况

主要指标	东北三省			全　国		
	高技术产业	制造业	比重(%)	高技术产业	制造业	比重(%)
企业数(个)	1076	17974	5.99	30798	355518	8.66
从业人员(人)	388095	3655600	10.62	13418185	82530000	16.26
资产总计(亿元)	4907.8	52369	9.37	136337	1085865	12.56
主营业务收入(亿元)	4014.8	49455.53	8.12	153796	1047711	14.68
出口交货值(亿元)	311.1	2616	11.89	52445	111590	47.00

开发区等，承载着科技创新、引领发展的作用。技术市场是促进经济结构调整和产业提质增效、推进大众创业万众创新的有力支撑。东北三省国家级开发区共计 16 个，但生产经营条件并不具备比较优势，技术市场发展缓慢，故而难以有效支撑制造业动力变革。东北三省国家级开发区企业数 5671 个，占全国比重 6.22%，区位熵为 0.88；东北三省国家级开发区从业人员 115.06 万人，占全国比重 6.37%，区位熵 0.90；东北三省国家级开发区营业收入 17367.84 亿元，占全国比重 6.27%，区位熵 0.89；东北三省国家级开发区出口总额 969.12 亿元，占全国比重 3.32%，区位熵 0.47。从国家级开发区技术市场成交额看，东北三省 565.44 亿元，占全国比重 4.95%，区位熵 0.70。上述区位熵数值都小于 1，表明东北三省国家级开发区生产经营不具备比较优势，技术市场交易不活跃，成果转化率低，推动技术创新的支撑条件相对有限（见表 3）。

表 3　东北三省及全国国家级开发区主要经济指标及技术市场成交额（2016 年）

主要指标	东北三省	全国	东北三省占全国比重(%)	区位熵
企业数(个)	5671	91093	6.22	0.88
从业人员(万人)	115.06	1805.93	6.37	0.90
营业收入(亿元)	17367.84	276559.4	6.27	0.89
出口总额(亿元)	969.12	29146.08	3.32	0.47
技术市场成交额(亿元)	565.44	11406.98	4.95	0.70

注：区位熵，某地区某部门占全国该部门的比重与该区生产总值占全国生产总值比重之比。

（四）技术创新内生动力不足

研发活动是科技领域的系统性创造性活动，其指标反映一个地区的科技实力和核心竞争力。从技术创新投入产出情况看，东北三省规上工业研发活动相对不足。从技术创新投入强度看，东北三省规上工业 R&D 人员全时当量104942 人年，占全国比重3. 88%，区位熵0. 55；东北三省规上工业 R&D 经费4214164 万元，占全国比重 3. 85%，区位熵 0. 54；东北三省规上工业 R&D 项目数 11720 项，占全国比重 3. 24%，区位熵 0. 46。从技术创新产出情况看，东北三省规上工业专利申请数 16491 件，占全国比重 2. 30%，区位熵0. 32；东北三省规上工业发明专利数 7492 件，占全国比重 2. 61%，区位熵 0. 37；东北三省规上工业有效发明专利数 22299 件，占全国比重 2. 89%，区位熵 0. 41。东北三省技术创新投入和产出的区位熵都小于 1，表明东北三省规上工业研发活动不具备比较优势，而且技术创新投入区位熵大于产出区位熵，进一步表明创新资源要素配置效率较低，导致研发活动投入与产出不匹配，技术创新内生动力不足（见表 4）。

表 4　东北三省规模以上工业研发活动及专利数目（2016 年）

主要指标	东北三省	全国	东北三省占全国比重（%）	区位熵
R&D 人员全时当量（人年）	104942	2702488	3. 88	0. 55
R&D 经费（万元）	4214164	109446568	3. 85	0. 54
R&D 项目数（项）	11720	360997	3. 24	0. 46
专利申请数（件）	16491	715397	2. 30	0. 32
发明专利数（件）	7492	286987	2. 61	0. 37
有效发明专利数（件）	22299	769847	2. 89	0. 41

三　东北三省制造业动力变革面临的形势与环境

（一）新技术孕育制造业深刻变革

新技术对生产生活各个领域产生了深刻影响，成为经济增长内生动力转型的重要机会和挑战。信息技术对制造业的影响日益凸显，智能化、网络化和数字化等高技术手段已逐步渗透制造业发展当中。制造业与新一代信息技术深度融合，对制造业产业形态和生产方式产生了深远的影响。通过长期的技术积累和应用经验，制造业发展中出现了许多新变革和颠覆性的技术突破，新技术的应用改变了传统制造业的生产方式，通过渐进式的影响能够改变传统制造业的生产组织模式，并催生新的产业形态。同时，新一代信息技术、高端装备制造、新材料、生物、新能源、节能环保和数字创意等战略性新兴产业也进入加速成长期，成为培育发展新动能、获取未来竞争新优势的关键领域。

（二）粗放型增长方式难以为继

资源环境约束日趋增强，劳动力、能源、土地、原材料等生产要素成本不断上升，过去依靠资源要素投入、规模扩张的粗放发展模式难以为继，要素驱动转向创新驱动，技术创新发展成为未来产业变革的必然方向。当前，国际产业竞争进入深度调整周期，美国、欧盟等发达国家和地区纷纷实施“再工业化”和“制造业回归”战略，目的是推动实体经济的转型和复苏，继续保持世界经济的领导者地位。随着全球产业竞争升级，发达国家和地区纷纷把推动技术创新作为转变经济发展方式的重要途径，而巴西、印度等发展中国家制造业比较优势凸显。面对发达国家和发展中国家的产业结构变革，我国制造业面临“双向挤压”的局面，对我国制造业加紧战略部署、抢占全球制造业竞争制高点提出更高要求。东北作为老工业基地，处在发展动力变革的重要时期，应积极应对发达国家“再工业化”战略，有效参与国际产业分工，抢占产业价值链的高端环节。

（三）供给侧结构性改革不断深化

党中央对全面深化改革已做出总体部署，将进一步激发经济社会发展的内生动力和市场活力。随着新型工业化、信息化、城镇化、农业现代化同步推进，超大规模内需潜力不断释放，为经济转型和消费升级提供了广阔空间。当前，人民群众日益增长的更高层次、更加多元的消费需求和民生需求都在倒逼产业转型升级，在消费品和公共服务的供给质量和供给模式等方面提出新要求。与此同时，创新驱动发展、“一带一路”、“中国制造 2025”、“新一轮东北振兴”等一系列重大发展战略深入实施，促进支撑产业转型发展的相关项目支持和政策体系加快形成和完善，为产业转型升级提供重要契机。

（四）“对口合作”为东北振兴注入新活力

“十三五”以来，《东北振兴“十三五”规划》《加快推动东北地区经济企稳向好若干重要举措的意见》等一系列东北振兴重大政策效应正在逐步释放，一批改革创新试点和重点开发开放平台建设正在有序推进，东北地区与东部地区部分省市对口合作进展顺利，东北地区经济运行已开始逐步企稳向好，发展新动能正在加快积聚。2017 年 3 月国务院办公厅印发了《东北地区与东部地区部分省市对口合作工作方案》，这是党中央、国务院实施新一轮东北地区等老工业基地振兴战略的重要举措，是发挥我国制度优势促进跨区域合作的创新举措。东北地区与东部地区部分省市对口合作，将为建立区域协调发展新机制做出有益探索，也为东北振兴注入新的活力。

四　加快东北三省制造业发展动力变革的对策建议

（一）提高生产要素质量，加快新旧动能接续转换

目前，东北人才流失仍没有得到根本性扭转，人口红利逐渐减弱，劳动力的供给结构发生较大变化，能否获得高质量的劳动力是行业发展的重要保障。为了改善和提高人力资本结构，一方面需要提高劳动者职业素养，通过加大政府投入扩大职业教育规模，建立多层级的教育体系满足不同职业发展需要，加强专业技能和专业素养，多维度深化职业教育政策改革，全面提高劳动者的素质；另一方面，要完善劳动力供给的政策。实现东北制造业发展

动力变革，还应注重资本质量，优化资本结构，扩大科技成果的影响，在科技成果的市场化方面加大要素投入，鼓励新技术与传统制造产业相融合，提高产品的科技成分和附加值。同时扩大高技术产业规模，提高其在制造业中所占比重，注重技术溢出与技术研发有机结合，通过引进吸收再创新等方式，逐步形成核心竞争力。以数字化、智能化发展作为改造传统制造业的重要手段，通过新技术、组织方式和管理模式等要素的改变，为东北三省制造业提供新的动力。

（二）增强创新发展能力，推动产业结构高级化

东北三省传统产业仍占较大比重，且大多是中、低等技术行业，面对激烈的市场竞争，加快技术创新、推动动力变革已刻不容缓。大力推进和深化钢铁、煤炭、水泥等传统产业跨区域、跨行业、跨所有制的兼并重组和资本联合，改造提升传统产业，淘汰落后产能。加快推进集成创新和原始创新，在着力突破关键性技术的同时加强技术性、创新性人才队伍的建设，鼓励企业成为技术创新的主体，增强企业的自主创新能力，为动力变革提供支撑。此外还要在着力提升关键基础零部件、基础工艺、基础制造装备研发和系统集成水平，抓住关键环节，培育发展航空航天、新能源汽车、智能制造、轨道交通装备等高端装备制造业的同时，注重引进先进技术装备，提高利用外资的水平，鼓励企业在全球范围内配置资源，提高产品的附加值和竞争力。

（三）发挥技术溢出效应，打造产业竞争新优势

依托自身优势，深化东北地区与东部地区部分省市对口合作机制，通过加强地域间的经济合作和建设产业集群等方式，发挥产业间关联效应，促进企业技术进步，强化技术溢出的正向作用。地域间的经济合作从长远发展角度看，还要通过建立产业联盟，吸纳技术外溢在企业技术创新中的积极作用，鼓励企业间要素自由流动，协作生产、流通和分配，避免盲目竞争、重复建设，推动高端制造业发展。加强区域经济合作，完善区域产业合作机制、打造多层次合作平台，整合优势产业，优化资源配置。这些措施对于区

域产业结构调整升级、产业协调发展具有十分重要的意义，也是打造东北现代制造业体系的要求所在。

（四）破除体制机制障碍，营造良好的创新发展环境

为了适应创新驱动发展要求，东北三省需要改变原有的政策制定思路，在深化体制机制改革的基础上，构建符合市场规律和科技发展需要的创新环境，为技术创新提供更多政策支持，需要从顶层设计的层面加强专利保护力度，加强绩效管理体系的激励作用，推进现有科研机构改革转型。同时还要重视企业在技术创新中的主体作用，将企业创新上升到国家战略，加大对中小企业在创新方面的金融支持，对高新技术企业和小微企业提供税收等优惠政策，促进人才、技术等要素向企业流动，引导创新资源向企业集聚。此外，还要协调好政府、企业和科研院所在技术创新中的关系，重视投入资金的产出效率，规范企业和科研机构对研发基金的使用，将资金重点投入战略性新兴技术和重大技术方面，改变传统科技发展思路，通过营造良好的创新环境，使技术创新切实成为制造业动力变革的推动力。

参考文献

1. 魏后凯：《外商直接投资对中国区域经济增长的影响》，《经济研究》2002 年第 4 期。
2. 江小娟：《中国的外资经济对增长、结构升级和竞争力的贡献》，《中国社会科学》2002 年第 6 期。
3. 沈坤荣、耿强：《外国直接投资、技术外溢与内生经济增长》，《中国社会科学》2001 年第 5 期。
4. 黄群慧：《东北地区制造业战略转型与管理创新》，《经济纵横》2015 年第 7 期。
5. 郭连强等：《中国东北地区发展报告》，社会科学文献出版社，2017。

B.7

东北三省战略性新兴产业发展研究

姜 岩　曹颖杰*

摘　要： 2017年至2018年上半年，东北三省战略性新兴产业发展态势良好，政策供给不断优化，新兴产业增速平稳，产业结构持续优化，产业投资持续升温，产业推动力不断加大。虽然东北三省战略性新兴产业整体发展较好，但仍存在技术创新能力不强，创新平台和载体建设不完善，以及高端创新人才缺乏等一系列问题。因此，东北三省要从加大政策扶持、优化产业环境，加大技术创新、提升产业层次，搭建产业平台、构筑产业载体，构建人才队伍、加强智力支撑等多方面入手，推动东北三省战略性新兴产业发展。

关键词： 东北三省　战略性新兴产业　政策扶持

截至2018年6月，《"十三五"国家战略性新兴产业发展规划》（以下简称"规划"）已经实施过半，我国战略性新兴产业即将进入规划中后期的冲刺阶段。传统老工业基地的辽宁省、吉林省和黑龙江省，在对接新一轮东北振兴中，认真落实规划部署，在不断优化政策供给的同时不断深化体制改革，实现了东北地区①的战略性新兴产业全面增速新局面。

---

* 姜岩，辽宁社会科学院产业经济研究所副研究员，研究方向为产业经济、宏观经济；曹颖杰，辽宁社会科学院产业经济研究所助理研究员，研究方向为产业经济、对外贸易。

① 本文中的"东北地区"仅包括东北三省，不包括蒙东地区。

一　东北地区战略性新兴产业发展现状

（一）政策供给不断优化

东北地区全面落实习近平总书记重要讲话精神，认真贯彻落实党中央、国务院对东北振兴发展的重要决策和工作部署，主动对接国家战略，结合本省战略性新兴产业现状，制定相应政策措施，确保政策落地见效。辽宁省深入实施《中国制造2015辽宁行动纲要》，攻克了300余项重大关键技术，获得了96项国家科技奖励；出台“1+N”供给侧结构性改革政策，不断提高供给体系质量；印发了《辽宁省强化实施创新驱动发展战略　进一步推动大众创业万众创新深入发展的政策措施》，大众创业万众创新得到进一步推进；战略性新兴产业三年行动计划持续推进，仅2018年就对全省31个重点项目进行了资金支持。

吉林省根据《国家发展改革委办公厅关于吉林省培育和发展新兴产业三年行动计划实施方案的批复》（发改办高技〔2016〕761号）精神制定并实施《吉林省培育和发展新兴产业三年行动计划2018年实施方案》，加快推进五个优势产业，即生物医药、高性能纤维及新材料、轨道客车制造、电子产品制造、卫星及应用，同时培育一批具有核心竞争力的龙头企业。

黑龙江省深入落实东北地区培育和发展战略性新兴产业三年计划以及全省培育壮大“新字号”若干意见，不断围绕供给侧结构性改革以及优化战略性新兴产业培育发展环境制定各类政策措施。出台了《黑龙江省制造业转型升级“十三五”规划》，实施了“千户科技型企业三年行动计划”，43个“互联网+”行动计划。

（二）新兴产业增速平稳

在全国经济进入新常态的大背景下，东北地区经济运行筑底企稳，呈现不断向好的发展态势，战略性新兴产业继续保持增速平稳发展趋势。辽宁省

2017 年规模以上工业增加值较上一年增长 4.4%①，战略性新兴产业呈不同增速发展。其中，占规模以上工业增加值比重为 32.0% 的装备制造业增加值比上一年增长 7.4%，占规模以上工业增加值 5.3% 的通用设备制造业增加值增长 5.9%，占规模以上工业增加值 4.1% 的计算机、通信和其他电子设备制造业增加值增长 24.6%。2018 年上半年，计算机、通信和其他电子设备制造业增加值增长 30.3%，医药制造业增长 11.7%，专用设备制造业增长 16.3%，通用设备制造业增长 16.2%。

2017 年吉林省规模以上工业增加值增长 5.5%，其中，占规模以上工业增加值 6.0% 的高技术制造业增加值增长 0.2%，占规模以上工业增加值 10.6% 的装备制造业增加值增长 -0.1%，汽车制造业增加值增长 13.9%，信息产业增加值增长 -10.6%，医药产业增加值增长 1.9%。2018 年上半年，吉林省规模以上工业增加值同比增长 2.0%，汽车制造业增加值同比增长 9.3%，医药产业增加值同比增长 7.6%，信息产业增加值同比增长 -5.0%，装备制造产业同比增长 -2.2%，高技术产业同比增长 12.7%。2018 年上半年，战略性新兴产业产值同比增长 11.1%，高于规模以上工业 3.4 个百分点，其中太阳能发电量同比增长 52.0%，电子元件产量同比增长 56.1%，动车组产量同比增长 57.1%。

2017 年黑龙江省规模以上工业企业增加值增长 2.7%，其中装备工业增加值增长 15.8%。2018 年上半年规模以上工业增加值同比增长 3.9%，其中装备制造业增加值同比增长 12.1%，高技术制造业增加值增长 10.7%，高于全省规模以上工业增速 6.8 个百分点。其中，计算机及办公设备制造业增速领先其他产业，同比增长 64.2%，电子及通信设备制造业同比增长 54.8%，信息化学品制造业同比增长 34.7%，医疗仪器设备及仪器仪表制造业同比增长 17.0%，医药制造业同比增长 8.6%。全省电子设备制造业增加值增长 22.4%，其中，广播电视设备工业增长 99.7%，电子信息机电产品工业增长 23.3%，电子测量仪器工业增长 33.4%，通信设备工业增长

① 辽、吉、黑三省统计局公开数据。以下均同此条。

7.1%。战略性新兴产业相关产品增长迅速，集成电路、石墨及碳素制品、工业机器人、电工仪器仪表、夹层玻璃、新能源汽车都实现了快速增长，分别增长17.5%、19.8%、98.8%、45.8%、1.2倍和9.5倍。

（三）产业结构持续优化

东北地区战略性新兴产业结构持续优化，形成一批发展较好的新产品。2017年，辽宁省光缆产量和工业机器人产量的增长率继续领跑战略性新兴产业增长率，分别为45.5%和16.5%。战略性新兴产业产品出口增长较快，高技术产品出口额达375.8亿元，较2016年增长了18.2%，其中增长最快的产品是电子技术产品，其出口额达到154.3亿元，占高技术产品出口额的41%，同比增长45.5%。吉林省不断加快产业结构调整步伐，在扎实推进传统支柱产业的同时，加快发展生物医药、装备制造、电子信息等战略性新兴产业。吉林省获批成为全国首批通用航空产业综合示范区之一。黑龙江省落实“中国制造2025”，加快建设一批战略性新兴产业基地、新兴产业园区及新兴产业联盟，推动新一代信息技术、航空航天、生物制药、新材料及高端装备等战略性新兴产业发展。目前，加快建设的基地、产业园及产业联盟分别是：奥瑞德蓝宝石基地，地理信息产业园、航天海鹰钛产业园，人工智能、石墨、增材制造、军民融合等产业联盟。

2018年上半年，辽、吉、黑三省战略性新兴产业结构调整进一步优化，产业培育发展进一步加快。辽宁省的新能源汽车产量位居战略性新兴产业榜首，一季度同比增长3.7倍，城市轨道车辆产量、光缆产量以及工业机器人产量增速较快，分别增长85%、76.7%和18.8%；吉林省的高技术制造业领跑吉林战略性新兴产业，一季度，最具代表性的动车组产量增长了1.67倍，电子元件产量增长了1.14倍。黑龙江战略性新兴产业的支撑作用正在逐步显现，一季度，高技术制造业工业增加值增长了14.4%，其中汽车制造实现了两位数较快增长。

（四）产业投资持续升温

战略性新兴产业相关企业是创新创业的重要主体，是东北地区投资的重点。2017 年辽宁省第二产业投资金额达 2242.0 亿元，同比增长 2.0%，其中投资占比 12.3% 的高技术制造业投资金额达 276.1 亿元，较上一年度增长了 42.0%，其中航空航天器材及设备制造投资较上一年度增长 1.4 倍，电子及通信设备制造业投资较上一年度增长 64.2%，医药制造业投资较上一年度增长 5.9%。2017 年全年计划 742 个总投资超亿元的建设项目，现完成投资 1168.7 亿元，较上一年度增长了 34.1%。投资项目中战略性新兴产业占比较高，如大连英特尔非易失性存储器一期扩建项目、沈阳利源轨道车辆制造及铝型材深加工项目、锦州德商新能源汽车车身部件生产基地项目等。2018 年继续加大对战略性新兴产业的投资力度，对 31 个重点项目进行投资，其中，第一季度辽宁高技术制造业投资同比增长 71%。

2017 年吉林省工业投资为 6118.49 亿元，下降了 5.7%。虽然吉林省的工业投资较上一年度有所缩减，但对战略性新兴产业的投资力度仍不断加大，2017 年对信息传输、软件和信息技术服务业总投资达到 395.98 亿元，较上一年度增长了 78.6%。

2017 年黑龙江省第二产业投资 4113.3 亿元，同比增长了 3.6%，其中，工业投资额达到 3959.9 亿元，同比增长了 5.2%。政府通过政策、资金引导支持哈工大成立机器人、智能成型、激光通信、小卫星、大数据等研发平台，支持哈工程成立哈船动力、导航等科技型企业总计达到 181 家。

（五）产业推动力不断加大

伴随着东北地区对战略性新兴产业的投资不断增多，东北地区抓住国家新一轮振兴老工业基地的契机，不断完善政策措施和改革举措，战略性新兴产业发展目标明确、发展思路清晰。辽宁省深化科技体制机制改革，推进高新区提质增效，推动战略性新兴产业重点项目创收。辽宁省确定的战略性新兴产业中多项产业发展势头强劲，生物医药、新一代通信技术保持两位数增长，广播电视设备制造、智能车载设备制造等重点子行业实现稳步增长，未来发展预期良好。2017 年，沈阳拥有 847 家高新技术企业，高新技术企业数量跃居东北城市第一位，拥有东网科技、沈阳通用机器人、富创精密、沈

阳高精数控等一批龙头骨干企业。2018 年，国家将对沈阳在促进战略性新兴产业发展重大政策方面先行先试，在重大产业布局和重大项目落地上予以倾斜，在创新创业、“互联网 +”试点示范、发展数字经济等相关工作中予以优先支持。培育战略性新兴产业，推动战略性新兴产业扩大规模，是辽宁加快振兴发展的必经之路。

吉林省继续深入实施创新驱动发展战略，培育新的经济增长点，大力推动战略性新兴产业蓬勃发展。继续做大做强装备制造、新能源、新材料、医药健康、遥感卫星、光电信息等重点产业。2018 年，吉林省首家工业机器人制造公司正式启动，这标志着以世界一流技术为核心的工业机器人项目正式投产。该项目将年产 2000 台套（件），按照规划实施，未来将形成全国知名的工业机器人产业链。

黑龙江省加强科技型企业、重点产业培育，加快打造战略性新兴产业集群。2017 年，黑龙江省新增国家级高技术企业 477 家，孵化器众创空间达到 190 家，其中包括 16 家国家级科技企业孵化器和 28 家众创空间。黑龙江省重点打造五大产业集群，即机器人、生物医药、石墨新材料、云计算、清洁能源装备。2018 年黑龙江省继续推动战略性新兴产业重点项目建设，积极争取中央预算内资金支持鸡西唯大石墨负极材料、黑龙江国信通公司锂离子电池、哈尔滨广瀚动力公司大功率传动装置制造条件建设等项目。

二　东北地区战略性新兴产业发展存在的问题

（一）技术创新能力不强

东北地区战略性新兴产业规模小，发展相对缓慢，技术创新能力和自主创新能力相对不足。从研发支出占 GDP 比重来看，2017 年东北地区研发经费投入相对不足，其中辽宁省全年科学研究与实验发展（R&D）经费支出 374.5 亿元，占地区生产总值 1.6% 左右，而北京、上海经费支出占比高达

5.7%和3.78%。从专利申请量来看，辽宁省、黑龙江省相对较高，而吉林省则相对较低，东北三省专利申请量、发明专利申请量、专利授权量相比广东省、江苏省差距非常大，如专利申请量分别占广东省、江苏省的16.1%和19.7%，占全国2.7%。从签订技术合同和成交额来看，辽宁省相对较高，大于吉林省和黑龙江省总量，但东北三省签订技术合同总量仅占全国的6.8%，成交额占全国5.8%。从高新技术企业备案情况来看，2017年东北地区高新技术企业备案增长速度加快，辽宁省、吉林省和黑龙江省与上年相比分别增长78.7%、107.6%和111.1%，但是企业数量与广东省、江苏省相比则差距很大，东北地区高新技术企业备案总数占江苏省的44.3%，占广东省的17.1%（见图1）。这表明东北地区战略性新兴产业研发投入不足导致产业发展的关键技术突破存在困难，自主创新能力不强，制约了产业技术创新能力的提升。

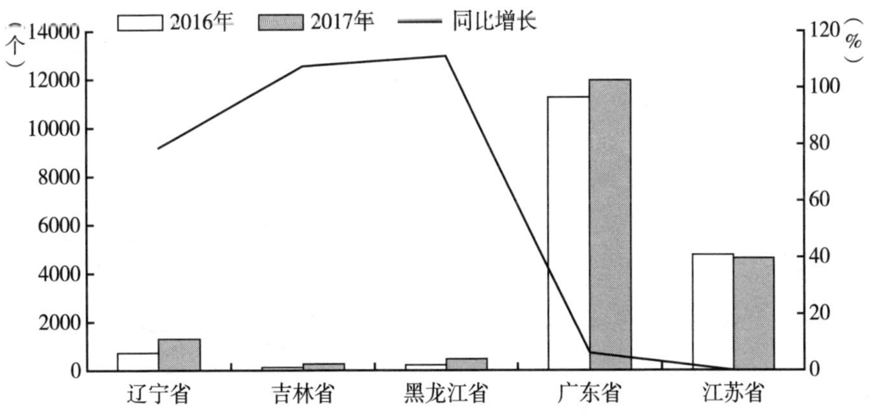

图1　东北地区与广东、江苏高新技术企业备案情况

（二）创新平台和载体建设不完善

创新平台和载体建设是有效整合和配置科技资源的重要手段，是提高产业技术创新能力、扩大产业集群的重要支撑，是战略性新兴产业科技创新活动的重要基础设施和条件保障。东北地区战略性新兴产业创新平台和载体建设虽有不同程度的发展，取得一定的成效，据统计，2017 年东北地区国家级高新区达到 16 个，创新型产业集群 5 个，国家级科技企业孵化器 68 个，国家级技术转移示范机构 38 个，但是与江苏省、广东省等地区相比还存在很大的不足。2017 年东北地区国家级高新区、创新型产业集群、国家级技术转移示范机构占全国的比重分别为 12. 3% 、15. 6% 和 8. 3% ；国家级科技企业孵化器分别占广东省、江苏省的 62% 、39% ，占全国的比重仅为 6. 8%（见图 2）。数据表明，东北地区创新平台和载体建设存在短板，载体和平台建设对战略性新兴产业的带动作用尚未充分发挥，缺乏与成长企业配套发展的产业化平台，不利于产业的集中布局，难以满足战略性新兴产业发展的需要，不能够对战略性新兴产业发展提供坚实的支撑，在很大程度上制约了东北地区战略性新兴产业的发展。

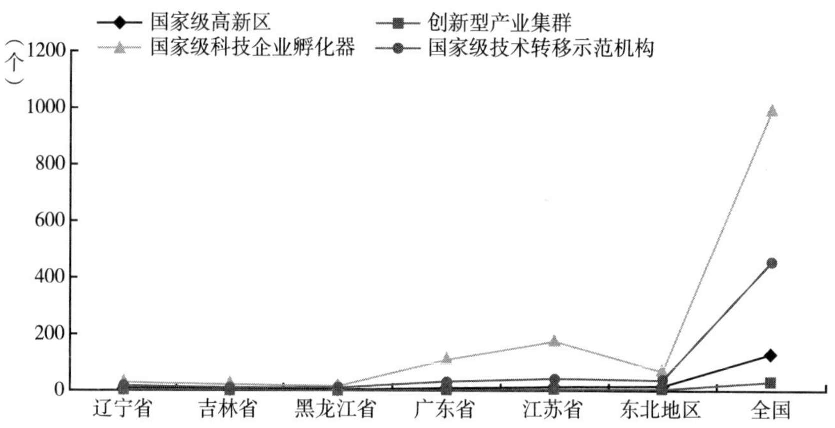

图 2　2017 年东北地区与广东、江苏及全国创新平台和载体建设情况

（三）高端创新人才缺乏

2017 年东北地区围绕战略性新兴产业发展，大力实施科技与人才发展战略，不断壮大创新创业人才队伍。随着东北地区战略性新兴产业的发展，科技人才的需求量不断增加，但是东北地区在人才培育机制和发展环境等方面，同广东省、江苏省等地区差距依然较大，人才流失、高新技术领域高层次人才短缺，战略性新兴产业如高端装备制造、新能源等发展所需的工程技术人才、科技研发人员、创新型团队等存在大量的缺口。据统计，2017 年广东省、江苏省从事科学研究与试验发展（R&D）人员分别达到 52 万人和 80 万人，而东北地区从事科技活动人员相对较少，其中辽宁省从事科技活动人员是 25.3 万人，其中科学研究与试验发展（R&D）人员仅为 14.2 万人。人才是产业转型的重要推动力，东北地区人才供应不足，难以提供战略性新兴产业发展所需的智力支撑，已成为制约东北地区战略性新兴产业发展的瓶颈之一。

三　东北地区战略性新兴产业发展的对策建议

（一）加大政策扶持，优化产业环境

加大政策引导和扶持，东北地区战略性新兴产业还处于成长阶段，政府要在财政、市场推广、示范应用等方面大力培育和引导，拓宽产业发展空间。创新财政资金投入方式，战略性新兴产业发展需要大量的资金支撑，在整合政策资源和现有资金渠道的基础上，加大财政资金倾斜力度，对重大产业创新、重大应用示范工程等进行专项资金支持。加快整合区域金融资源，积极构建产业金融服务平台，通过科技银行、创投基金等多种方式拓宽产业融资渠道，引进培育一批高科技项目，引导社会资金参与其中，发展多层次、多元化的资本市场，实现项目与资本的对接，发展和扶持战略性新兴产业，打造科技、金融、产业一体化发展的生产体系，围绕产业发展创新链完善资金链，完善和优化区域金融环境，助推战略性新兴产业发展。推进市场体系建设，产业发展要面向市场需求，要加大高端装备制造、新一代信息技术、生物医药等领域的战略性新兴产业市场培育与引导，优化市场准入的审批管理程序，充分发挥市场配置资源的决定性作用，营造良好的产业发展环境，以推进东北地区战略性新兴产业发展。

（二）加大技术创新，提升产业层次

加快推进技术创新是战略性新兴产业发展的有力抓手。以战略性新兴产业重点突破方向的共性技术和关键环节为目标，积极引导人才、技术、资本等各类创新要素汇集，着力解决产业发展中的技术薄弱环节，加大产业技术研发力度，为战略性新兴产业发展提供技术支撑和可持续发展动力。强化企业创新主体地位和引导作用，鼓励和支持企业增加研发投入，鼓励企业研发机构建设，以协同创新、技术咨询等方式建立产学研协同创新体系，与科研院所合作建立企业实验室、工程技术中心等研发机构，开发和提升新技术、新产品和新工艺，提升企业科技创新能力。推动产业链和技术链协同发展，战略性新兴产业发展的关键是技术，将产业链与技术链对接是战略性新兴产业发展能力提升的重要环节，要加大重大科技协同攻关，逐步提升新兴技术在产业链条中的地位和作用，打造优势创新链、产业链和技术链，实现产业发展带动创新要素的良性互动。

（三）搭建产业平台，构筑产业载体

载体和平台建设是战略性新兴产业发展的助推器，强化载体和平台建设能够集聚科技创新资源，提升产业创新能力。高新区、孵化器、技术转移示范机构等是战略性新兴产业扩大招商引资、推动产业转型升级的重要平台和载体，东北地区要推动科技、人才、制度、管理、政策、市场等资源整合，集中优势资源积极推进载体和平台建设，积极引导产业链资源与众创等创新创业模式实现对接，实现统筹共享，以发挥产业的集聚效应。加大创新型产业集群建设。东北地区要充分利用地区产业优势和比较优势，推动一批具有优势的园区向战略性新兴产业集聚区转型发展，重点培育高端装备制造、新一代信息技术、新能源汽车等创新型产业集群，推动产业集聚、集约和特色发展，形成产业优势明显、配套完善、创新能力强、产业链条完整、辐射带动能力强的产业创新集聚载体。加大创新创业平台建设，以推动战略性新兴产业发展为目标，鼓励支持建设研发设计、信息交流、检验检测等公共技术

支撑平台，强化创新平台、产业发展平台和成果转化平台等建设，通过提供关键技术研发、科技公共服务、科技成果转化等方式，完善产业配套能力，以满足战略性新兴产业发展的需求，为战略性新兴产业发展提供专业化、系统化、集成化的服务。

（四）构建人才队伍，加强智力支撑

产业是人才的载体，人才是产业发展的基石和重要推动力，构筑人才集聚高地，能够实现人才集聚与产业发展的双向互动，为战略性新兴产业发展提供智力支撑。加大人才引进，构建完备的人才引进政策对人才的区域性选择具有重要的导向作用，立足东北地区战略性新兴产业发展需求，构建高端紧缺人才引进机制，加大政策扶持力度，多方面推进人才引进工作，特别要加大对战略性新兴产业中技术领军人才的项目扶持力度。以项目为载体，采用产业技术联盟、技术合作开发等方式，推动多领域、多层次、多形式人才与产业的联合与对接，吸纳、引进和集聚产业发展高端人才。加大人才培养。战略性新兴产业中科技活动人员缺口明显，在制定产业发展规划时，要积极创新人才培养模式，特别是拓宽创新型人才的培养模式，积极推进校企联合，建立定制化人才培养模式，开展产学研联合培养人才，在智能制造、新能源、新一代信息技术等重点领域培养一批高端创新创业人才和团队。创新人才发展环境。人才环境是引才聚才的重要牵引力，加快人才平台建设，以产业园区、创业园等为基地，逐步完善技术设施和平台资源，建设一批高标准、设备先进、配套完善的孵化器、实验室，加大力度打造高水平的众创空间，完善人才交流平台建设，以形成良好的支持和服务创新人才和创新团队集聚和发展的环境支撑。

参考文献

1.《“十三五”国家战略性新兴产业发展规划》，2016 年 11 月 29 日。

2.《东北振兴“十三五”规划》，2016 年 11 月 12 日。
3. 王明英：《科技服务业与战略性新兴产业融合发展研究》，《合作经济与科技》2018 年第 12 期。
4. 方竹兰、于畅、陈伟：《创新与产业发展：迎接新科技革命的挑战》，《区域经济评论》2018 年第 2 期。
5. 修国义、韩佳璇、陈晓华：《科技人才集聚对中国区域科技创新效率的影响》，《科技进步与对策》2017 年第 19 期。

B.8
东北三省房地产业发展研究

程　遥*

摘　要： 党的十九大报告提出要“加快建立多主体供给、多渠道保障、租购并举的住房制度，让全体人民住有所居”，充分体现出党中央对解决贫困群体住房问题的高度重视，体现出党中央对解决人民住房问题的大智慧，体现出房地产业发展对全面建成小康社会的重要意义。2017年，东北三省房地产业表现出房地产开发投资额，房地产到位资金额同比大幅下降；房地产施工面积降幅较小，新开工面积中吉林省出现负增长；黑龙江省商品房屋竣工面积大幅下降，销售面积、销售额同比大幅回升；黑龙江省商品房价格大幅上涨，辽宁、吉林两省价格大幅下降等特征。同时，东北三省房地产业存在着整体产业投资低迷，部分城市房价涨幅过大；保障性住房建设资金不足，保障覆盖面窄；住房租赁市场发展缓慢；房地产业链条短，产业结构有待优化等问题。针对以上特点，本文提出了具有前瞻性、针对性和可行性的对策建议，即促进房地产业平稳健康发展，坚决抑制房价过快上涨；加快建立多元投融资体系，全面实现住房小康；加快房地产租赁市场发展，吸引和留住人才创新创业；创新延伸房地产业链条，加快发展新业态；充分利用房地产持有税政策即将出台的契机，加快构建房地产业发展长效机制。

关键词： 房地产业　供给侧结构性改革　租购同权

---

* 程遥，黑龙江省社会科学院研究员，主要从事房地产经济、农村经济研究。

一 东北三省房地产业市场运行的基本特征

2017年，东北三省房地产业在大力发展租赁住房、加快棚户区和农村泥草房改造背景下，进一步好转复苏，反映房地产业市场运行的各项基本指标降幅都有所收窄，部分城市表现出“购销两旺”景象。但在宏观经济增长动力不足的形势下，房地产业市场整体表现仍不景气。

（一）房地产业投资完成额、房地产业到位资金持续大幅下降

2017年，辽宁省、吉林省、黑龙江省分别完成房地产业开发投资2289.67亿元、910.14亿元、815.60亿元，同比分别增长9.3%、-10.5%、-5.7%。三省完成房地产业开发投资额中吉林省和黑龙江省同比皆为负增长，只有辽宁省为正增长，且涨幅较大；吉林省下降幅度最大，达到10.5%。2017年辽宁省、吉林省、黑龙江省房地产业企业到位资金分别为3080.81亿元、1254.99亿元、1061.6亿元，同比分别增长-27.2%、3.57%、-13.0%[①]。三省房地产业企业到位资金中，辽宁省和黑龙江省同比也是10%以上的负增长，只有吉林省是微幅增长。其中原因主要是辽宁省经济处于由前几年的大幅下滑向恢复增长发展阶段，黑龙江省经济增长乏力，相比之下，吉林省近年来经济发展势头较好。

（二）三省房地产施工面积降幅小、新开工面积吉林省降幅较大

2017年，辽宁省、吉林省、黑龙江省分别完成房屋施工面积25906.89万平方米、11887.33万平方米、10328.5万平方米，分别同比增长-1.73%、0.76%、-4.94%。其中新开工面积分别完成3806.88万平方米、1907.88万平方米、2219.7万平方米，分别同比增长1.96%、-9.84%、10.6%。三省中辽宁省、黑龙江省房地产业施工面积呈现负增长，吉林省小幅正增长。从

① 若无特殊说明，本文数据均来源于国家统计局网站。

新开工面积来看，三省中辽宁省、黑龙江省呈现出正增长，而吉林省是大幅负增长，显示东北振兴中房地产业与宏观经济形势的相互联动性。

（三）商品房屋竣工面积黑龙江省大幅下降，吉林呈现正增长

数据显示，2017 年辽宁省、吉林省、黑龙江省商品房屋竣工面积分别为 2788.28 万平方米、1478.85 万平方米、1651.2 万平方米，同比分别增长 -2.91%、9.41%、-30.4%。其中住宅竣工面积分别为 2214.31 万平方米、1030.46 万平方米、1205.9 万平方米，同比分别增长 0.19%、2.19%、-31.4%。从以上数据可见，辽宁省和黑龙江省商品房竣工面积同比皆为负增长，黑龙江省降幅较大，分别下降 2.91 和 30.4 个百分点，只有吉林省上涨了 9.41 个百分点；从住宅竣工面积来看，辽宁省和吉林省分别上涨 0.19 和 2.19 个百分点，黑龙江省则下降 31.4 个百分点。黑龙江省商品房竣工面积大幅下降，预示供给房源减少，将导致商品房价格大幅攀升。

（四）商品房销售面积、销售额大幅回升

2017 年，辽宁省、吉林省、黑龙江省商品房销售面积分别为 4148.45 万平方米、1885.21 万平方米、2255.8 万平方米，分别同比增长 11.76%、-1.77%、6.54%。2017 年辽宁省、吉林省、黑龙江省商品房销售金额分别为 2771.69 亿元、1135.18 亿元、1459.7 亿元，分别同比增长 22.80%、10.26%、30.2%。从 2017 年东北三省房地产业基本数据来看，商品房销售面积、销售额两项指标最为出色，三省商品房销售额皆大幅增长；销售面积只有吉林省为小幅负增长，辽宁省和黑龙江省为正增长，辽宁省增幅最大，增长了 11.76 个百分点，主要是 2017 年辽宁省和黑龙江省部分大中城市房价上涨幅度较大所致。

（五）土地购置面积差异大，辽宁、吉林两省降幅较大，黑龙江省涨幅较大

2017 年，东北三省土地购置面积分别为：辽宁省 510.61 万平方米，吉

林省 627.13 万平方米，黑龙江省 246.23 万平方米，辽宁省和吉林省分别同比下降 21.99% 和 10.36%，黑龙江省同比增长 52.74%。辽宁省和吉林省土地购置面积降幅大，主要是辽宁、吉林两省前几年土地购置面积一直较大，相比之下显示波动也较大；黑龙江省土地购置面积上涨幅度大，主要是黑龙江省近几年房地产业投资一直处于大幅下降趋势，而房地产业需求却大幅回升，房地产企业投资开发信心回升所致。

（六）黑龙江省房价大幅上涨，辽宁、吉林两省房价大幅下降

2017 年，辽宁省、吉林省、黑龙江省商品房平均销售价格分别为 5476 元/平方米、6022 元/平方米、6471 元/平方米，同比分别增长 -17.9%、-4.6%、22.2%，三省商品房价格辽宁省和吉林省大幅下降，分别下降 1195 元/平方米、292 元/平方米，黑龙江省则大幅上涨，上涨 1175 元/平方米。三省商品房价格均低于全国 7613 元/平方米的平均水平，涨幅黑龙江省高于全国 14.48% 涨幅 7.72 个百分点，辽宁和吉林两省则远低于全国平均水平。其中原因主要是一线城市和二线热点城市房价涨幅过大，拉高了全国房价。相比之下，东北三省中黑龙江省主要是前几年需求短时间释放导致商品房价格大幅上涨，同时也是因为 2014 年以来，黑龙江省房地产业年完成开发投资额连年下降，房源紧缺。

二　东北三省房地产业存在的主要问题

根据对 2017 年东北三省房地产业市场运行的基本态势分析及实地调查研究，目前影响东北三省房地产业健康可持续发展的问题主要有以下几个方面。

（一）整体产业投资低迷，个别城市房价上涨幅度过大

从前述可见，近年来东北三省房地产业年完成投资额呈现连年下降趋势。2017 年，吉林省和黑龙江省完成房地产业开发投资额分别为 910.14 亿元、815.60 亿元，同比分别下降 10.5%、5.7%。三省中只有辽宁省完成房

地产业开发投资额同比增长9.3%，为2289.67亿元，但也是在从2014年始连续几年下降后的小幅回升。房地产业投资连年低迷，直接后果就是房源紧缺，因而造成哈尔滨、沈阳、长春省会城市及丹东、珲春特色小城镇的房价大幅攀升，刚性需求与投资、投机需求同时发力，以及人们恐慌性购房，助推房价进一步上涨。

（二）保障性住房建设资金不足，保障对象覆盖面窄

尽管多年来东北三省政府不断出台支持政策，大力兴建保障性住房，但由于三省经济增长缓慢（东北三省GDP在全国排名靠后，人均可支配收入在全国排名亦靠后），造成财富积累缓慢，政府财政收入少，客观条件决定了棚户区和旧城改造投入资金少，不能满足需要政府资助才能解决住房问题群体的住房需求。资金不足也使得农民工市民化进展缓慢，各种低收入群体不能全部纳入住房保障体系中，突出表现在尚未对外来或留在本地工作的大中专毕业或以上学历的人才，以及专业技术人才进行住房支持与补贴，今后应加强这方面的工作。

（三）商品房租赁市场发展缓慢，供给体系有待完善

近年来，国家一再强调要发展住房租赁市场，改变过去单一靠住房销售市场来解决人民住房需求的弊端，快速形成住房销售与住房租赁双渠道供给体制机制，以满足人民群众不断增长的住房需求。为此，国家出台了一系列鼓励、扶持住房租赁业发展的政策措施。但是，由于种种原因，目前东北三省的住房租赁市场与全国经济发达省（区、市）相比相差甚远，尚处于刚刚起步阶段，共有产权住房、市场租赁住房和公租房共同构成的住房租赁供给体系尚未形成规模，一定程度上影响东北三省新型城镇化的推进以及全面建成小康社会目标的实现。

（四）房地产产业链条短，产业结构有待优化

房地产业之所以能够在世界很多国家发展过程中都曾作为支柱产业受到

政府政策扶持、助力发展过，是因为其产业关联度广（与近 60 个产业相关联），具有带动投资与消费双重发展经济及保障民生功能，对社会安定与发展起着不可替代的作用。现今我国的房地产业经过多年的发展，已从初始的主要依靠开发建房、卖房赚取利润为主，转向延伸产业链条，围绕房地产业相关联的家电、家俱、家居装饰产业来赚取利润。据调研，东北三省的房地产业与时俱进不足，仍然靠开发建房卖房来赚取利润，企业利润低，带动当地经济发展作用也小。一是主要家电、家俱、家居装饰制造企业大多在南方经济发达省份，东北很少。二是东北三省康养地产、文旅地产、楼宇经济开发不足，产业层次低。仅以康养地产为例，现在东北已是全国人口净流出严重地区，同时也是老龄化最为严重地区，但现在东北三省康养地产寥寥无几。面对新的高端产业需求，东北三省房地产业供给侧结构性改革力度不足，转型缓慢，必须加快转型。

三　东北三省房地产业发展趋势分析

根据 2017 年东北三省房地产业市场运行的基本特征及对国内外宏观经济发展形势、国家的宏观经济政策和产业政策分析，预计 2018 年及今后相当长一段时间内，东北三省房地产业将按如下趋势发展。

（一）房地产业市场体制机制将进一步完善

党的十八大以来一直强调科学规划，依法治国，不断进行房地产业市场秩序整顿，强化房地产业市场规范发展。可见，今后东北三省的房地产业市场体制机制将会进一步完善。一是房地产业销售市场将进一步规范发展，管理政策手段措施将不断精细化、精准化，管理运行体制机制将不断完善。二是保障性住房市场将不断规范发展，其准入退出机制将不断合理化、严格化，覆盖面、保障群体将不断合理扩大。三是房屋租赁市场发展将不断规模化，运行监管不断科学化和法治化，保障其可持续发展的体制机制将不断健全。未来中国房地产业市场将由住房销售市场、保障性住房市场、住房租赁市场三大市场构成，三大市场将在科学的顶层设计规划下，不断完善市场运行体制机制，满足国民不断增长的住房需求。

（二）住房租赁业将快速发展

自2016年国务院办公厅出台《关于加快培育和发展住房租赁市场的若干意见》（国办发〔2016〕39号）文件以来，全国各地纷纷出台相关文件加快培育和发展当地住房租赁市场。东北三省和全国一样出台了一系列促进本省住房租赁市场发展的文件，辽宁省出台了《辽宁省培育和发展住房租赁市场四年滚动计划（2017～2020年）》，吉林省出台了《吉林省人民政府办公厅关于加快培育和发展住房租赁市场的实施意见》，黑龙江省出台了《黑龙江省加快培育和发展住房租赁市场实施意见》。三省文件内涵大同小异，将各省住房租赁市场发展目标设定为：到2020年，基本形成供应主体多元、经营服务规范、租赁关系稳定的住房租赁市场体系；基本形成保基本、促公平、可持续的公共租赁住房保障体系；基本形成市场规则明晰、政府监管有力、权益保障充分的住房租赁法规制度体系，推动实现城镇居民住有所居的目标。由此可见，随着国家政策的督促，东北三省必将强化培育发展住房租赁市场各项措施的落实，像沈阳、长春、哈尔滨省会城市，大连计划单列市，鞍山市、吉林市、齐齐哈尔市等大城市的住房租赁市场因租赁需求巨大，将得到快速发展，住房租赁业规模将迅速扩大，这将促进东北三省房地产业供给侧结构性改革和房地产业的可持续发展。

（三）房地产业发展布局将更加科学有序

近年来，中央政府鉴于以往调控经验改变了过去对房地产业实行全国一刀切政策，一再强调因地制宜、因城施策、精准施策进行调控，反映了我国政府对房地产业市场具有区域性特性的深刻认识。2018年8月7日，住房和城乡建设部在辽宁沈阳召开部分城市房地产业工作座谈会。会上强调，各地要加快制定住房发展规划，调整供应结构，持续开展治理房地产业市场乱象专项行动，对于房地产业调控不力的地方，要坚决问责，显示了政府对各地区在发展房地产业时要科学规划、合理布局、优化产品结构的重视，即今后各省（区、市）的房地产业发展要规划先行，严格按照发展规划进行房地产业开发，坚决杜绝唯利是图、盲目开发、无序发展的现象。据此，今后东北三省房地产业发展，必然是科学布局，合理供地，有序发展。

（四）三省房价涨跌不一，总体房价控制在合理区间

2017 年全国大部分省（区、市）的商品房价格上涨，东北三省中辽宁省大幅下降，吉林省小幅下降，黑龙江省则大幅上涨。通过实地调研及对相关数据的深入分析可以看出，2018 年东北三省中辽宁省商品房价格仍将处于下行通道，但是同比降幅缩小，大约在 10%；吉林省商品房价格仍将小幅下降或同比趋平；黑龙江省商品房价格仍将大幅上涨，涨幅在 10% 以上。其主要依据是，2017 年，东北三省土地购置面积分别为：辽宁省 510.61 万平方米，吉林省 627.13 万平方米，黑龙江省 246.23 万平方米，辽宁省和吉林省分别同比下降 21.99% 和 10.36%，而黑龙江省同比增长 52.74%。但从土地购置面积数量看，三省中黑龙江省土地购置面积最少，比辽宁省少 264.38 万平方米，比吉林省少 380.9 万平方米，仅为辽宁省的 48.2%、吉林省的 39.26%，预示 2018 年或 2019 年短期内，黑龙江省商品房供给仍将趋紧，房源供不应求，商品房价格自然上涨。虽然东北三省个别城市存在投机炒房行为，但是东北三省整体经济增长缓慢，居民收入低，人口净流出，投机炒房势力不强，因此，东北三省商品房价格能够控制在合理区间。

四　东北三省房地产业稳健发展对策建议

房地产业一直是国家、地方政府及民众最为关注的产业，在全面建成小康社会的今天，房地产业关系国计民生的重要性丝毫不减。为保持东北三省房地产业稳定可持续发展，应对其现存主要问题加大力度尽快解决。

（一）促进房地产业平稳健康发展，坚决抑制房价过快上涨

2013 年以来，东北三省房地产业投资低迷，三省房地产业年完成开发投资额连年大幅下降（各省虽有个别年份同比上涨，但与 2013 年最高年份相比仍是大幅下降）。近年来东北三省也出现个别城市商品房价格逆势上涨且涨幅过大现象，对此，应探究原因，对症下药，坚持促进房地产业稳健发展，在满足人民不断增长的住房需求的前提下，合理调控。一是要大力增加住房供给，保障人民合理住房需求。在遵守国家政策法规的前提下，尽可能地科学规划，集约用地，合理用地，智慧用地，使土地供给与住房需求节奏相符。二是要合理科学精确运用调控政策，保障房价短期内不发生大幅波动。根据因地制宜、因城施策方针，适时采用限贷、限购、限价、限卖、差别利率等经济行政措施，抑制投资、投机炒房行为。同时实行差别化政策，满足首套房及改善型住房需求，促进住房市场合理流通，资源有效利用。三是加强房地产业市场秩序治理整顿，完善法律法规制度建设。加强对开发商的囤地、囤房，捂盘惜售等违法违规行为的监督检查工作与惩处力度，对开发商虚假信息宣传、捆绑销售等欺骗消费者行为进行严惩，保持房地产销售市场依法合规、有节有序运行。

（二）加快建立多元投融资体系，全面实现住房小康

2020 年是我国实现全面建成小康社会之年，为按时保质保量完成这一神圣任务，东北三省必须加快保障性住房建设，扩大保障面，应保尽保，这就需要建立多元化投融资体系，以满足保障性住房建设资金需求。一是应抓住新一轮东北振兴、精准扶贫机遇，争取国家财政资金支持，利用项目建设增加贫困阶层收入，提高低收入群体住房支付能力。二是挖掘利用国家棚户区改造政策及环境保护政策，实事求是地上报采煤沉陷区、资源型城市转型资金困境，尽可能多地获取国家政策、物资及资金援助。三是建立多元化投融资体系。采取政府担保、减免税费等融资方式，鼓励银行、企业、私人投融资模式，出台支持政策，推动社会各界、各团体踊跃投资城镇基础设施建

设和改善人民居住生活环境上来，逐步建立起长久的、多元化的旧城改造、保障房建设事业的投融资体系。同时，加快建立完善“公租房”“共有产权房”“货币化补贴”等共同构成的保障性住房体系。

（三）加快房地产租赁市场发展，吸引和留住人才创新创业

与全国其他省（区、市）相比，近年来，东北三省经济增长乏力，城镇居民收入低，居民生活成本高，农村富余劳动力不愿进本地区城镇置业、创业，大中专毕业生亦不愿留在东北就职创业，因而造成东北三省人口、人才外流严重。人口、人才流失的同时，资金也被带走，进一步弱化了东北三省经济发展动力。因此，加强房屋租赁市场建设以减轻新近毕业学生及农民进城的生活成本，吸引人口、人才留在本地区置业、创业乃是当务之急。一是坚决整顿房地产租赁市场秩序，保护房主与房客合法利益。据调研，东北三省房地产租赁市场秩序混乱，房东随意涨租、停租，“黑房东”“二房东”现象严重；房客赖租、随意毁坏房屋装饰家俱器物行为常有，严重干扰了住房租赁市场发展。因而，进一步完善房屋租赁法律法规，依法严格加强房屋租赁市场监管，要求出租房屋必须具备基本生活设施，满足租客基本生活条件，使租户能够享有必需的居住条件，给租客以安定的生活创业环境，同时也应加强对租客赖租、毁坏房屋、器物行为的惩罚力度，保护房主的合法利益。二是促进房屋租赁市场规模化发展。为使房地产租赁市场规模化发展，政府应在土地供给、财政支持、税费减免等方面进一步加大支持力度，简化各项行政审批手续；大力支持大企业、大集团开发经营房屋租赁事业，使房屋租赁市场快速形成规模，以提高房屋租赁业质量，促进产业结构高级化。三是大力进行“公租房”“共有产权房”建设，吸引和留住人才振兴东北。在东北三省省会城市及一些区域中心城市大力进行“公租房”建设的同时，应加强“共有产权房”建设，满足不同层次的住房需求。“共有产权房”主要是满足具有一定经济条件和住房支付能力、希望拥有住房所有权的群体。发展“共有产权房”可以快速集聚资金，减轻国家建设资金负担，又能在短期内使保障对象得到住房保障，是一举多得的措施。

（四）创新延伸房地产业链条，加快发展新业态

目前，东北三省房地产业的主要短板是与上下游产业联系不紧密，房屋租赁业不发达，致使产业链短，产业结构不健全，产业链价值低，应加快解决这些问题。一是加快开发租赁房源。制定政策、合理规划，将政府所管辖的闲置的事业、企业用房及其他旧的公有产权房加以改造、修缮，作为“公租房”出租，以解决短期内出租房源不足问题。二是发展新业态。大力发展康养地产、文旅地产、文教地产、文体地产、农家乐等房地产品，促进房地产业与其他产业融合发展。三是拓宽产业链、提升价值链。出台优惠政策、多措并举，加快引入家电、家俱、家居装饰等产业入驻东北三省，促进东北三省房地产业与这些产业联姻发展，借以拓宽房地产业发展空间，提升房地产业链价值，带动东北三省经济发展。

（五）充分利用房地产持有税政策即将出台的契机，加快构建房地产业发展长效机制

房地产业发展长效机制是防控房地产业过度波动、促进房地产业健康可持续发展的重要措施之一，亦是国民经济和社会稳定健康发展的基础和前提。充分利用房地产持有税政策即将出台的契机，加快建立东北三省房地产业发展长效机制，对东北振兴，保障2020年东北三省全面实现小康社会至为重要。一是要遵照国家要求，加快出台东北三省房地产业发展规划。要由各省主要领导亲自主抓，联合各有关部门，深入调查，认真研究，科学规划，对今后的房地产业发展进行科学的顶层设计，包括供地规划、产品供给数量与产品供给结构等。二是应对东北三省房地产需求走势进行科学预测，主要包括东北三省房地产市场需求数量、居民需求偏好及居民对住房的支付能力等。三是加强对房地产企业的引导，强化房地产业市场秩序整顿。在房地产业发展方向上，政府和有关部门应深入研究、科学规划，并加大力度引导房地产企业按国家政策方向发展，严控房企为追逐高利润一哄而上地开发相同产品的乱开发现象。严格监督、检查，定期开展房地产市场秩序专项整

治活动，坚决打击房地产开发企业及房产中介的一切违规违法行为。四是应将房地产业短期调控政策与房地产业发展长效机制结合起来，对将要制定、出台的新政策应进行全面、详细的市场调查和严格的论证，保证政策的长期有效性，给予人们理性的预期。

参考文献

1. 李春华、王业强等编著《中国房地产发展报告（2017）》，社会科学文献出版社，2017。
2. 中国房地产业协会编著《中国房地产年鉴 2017》，社会科学文献出版社，2017。
3. 《中国住房发展报告（2017～2018）》，中国社会科学院，2017。
4. 《中央经济工作会议文件》，2017。
5. 黄小鹏：《“租购同权”出发点不应只为抑制房价》，《证券时报》2017 年 8 月 1 日。

B.9

东北三省文化产业供给侧结构性改革研究*

王力力**

摘　要：　本文主要是以东北三省为研究对象，在文化产业供给侧结构性改革的现实背景分析基础上，针对当前文化产业存在的主要问题，在文化产业供给层面提出改革的对策和建议，即通过实施精品战略、加强科技转化、健全市场体系、促进产业融合、加快队伍建设，对文化产业供给产品、供给形式、供给主体、供给内容、供给基础等方面进行改革。

关键词：　东北三省　文化产业　供给侧结构性改革

党的十九大报告提出，当前社会主要矛盾已经转化为人民日益增长的美好生活需要和不平衡不充分的发展之间的矛盾，这表明当前广大人民的需求已经从基本物质消费进入精神消费与品质消费的新时代。推动文化产业发展来满足人民美好生活需要正是解决当前主要社会矛盾的重要途径之一。近年来东北三省文化产业快速发展，但是文化供给结构性过剩与有效供给不足并存，文化产品、文化服务与人民群众日益增长的文化需求不适应、不匹配、不协调的问题相对突出。必须以深化供给侧结构性改革为主线，着力在增强

* 本文是黑龙江省新型智库项目“供给侧改革背景下黑龙江省文化旅游转型升级研究”（项目编号：18ZK044）阶段性成果。

** 王力力，黑龙江省社会科学院经济研究所助理研究员，研究方向为文化产业。

发展动力、解决发展瓶颈、补齐发展短板等方面有所突破，最终实现东北三省文化产业的高质量、高效益发展。

一　文化产业供给侧结构性改革的重要意义

文化产业作为知识创新密集型的新兴产业，凭借其绿色可持续、产业黏度高、融合性强的优势，越来越凸显出其在经济新常态下对转变经济发展方式、推动产业转型升级的重要作用。在新旧动能转换期，文化产业的发展体现出强大的动力“续航”能力。在全面深化改革的大背景下，推进文化产业供给侧结构性改革具有重要意义。

（一）能够更好地适应供需匹配

伴随着我国经济持续增长，城乡居民的收入水平逐步提高，其生活方式不断更新，消费观念也随之不断升级，对精神文化生活越来越重视。虽然近年来文化产业发展迅速，但是目前的文化产品和服务的供给能力、供给水平还不能完全适应居民消费结构升级的需求，既有一些无效产能和无效产品过剩，也有某些文化产品供给不足。归根结底需要从供给侧进行结构性调整，去除无效和过剩产能及产品，增加有效和供给不足的产能和产品，使得供给与消费需求相匹配，实现供给与需求的动态平衡。

（二）能够更好地整合产业链条

文化产业是以创意为核心的知识创新密集型产业，具有产业链条长、产业关联度高的特点。文化产业链是文化产业内部上游（内容、创意、创作）、中游（生产、制造）、下游（营销、推广、衍生品、服务）各环节的不同企业相互分工协作，以生产共同面向市场、满足消费者需求的文化产品和服务。以电影产业为例，形成了从电影的剧本创作、拍摄到后期剪辑、发行和销售的产业链，同时还可以在其他的文化产业门类下进行多元开发与销售，如电影中的原声音乐可以出唱片，剧本可以改编成电视剧，电影中出现的道具可以开发成玩具，甚至依托电影 IP 建设主题公园。由此可见，通过文化产业供给侧结构性改革可以有效推动文化产业自身产业链的衔接与整合。

（三）能够更好地推进产业融合

从文化产业外部来讲，文化产业可以打破传统产业的疆界，形成产业融合。如创意农业，就是将特色农业与文化产业相结合，进行景观种植、开发创意农产品、建设休闲农园等。借助众筹等平台某些优秀文化创意产品得以面世和孵化。除此之外，还有文化与旅游产业融合、文化与制造业融合、文化与体育产业融合等，都会使文化产品和服务的价值得到挖掘、升华、丰富和发展，同时也能够提升相关产业的文化内涵，增加产品附加值。文化产业供给侧结构性改革，正好可以在相当程度上适应和推进文化产业与其他多种产业的融合发展。

二　东北三省文化产业供给侧结构性改革成果

近年来东北三省加大对文化消费现状的调研力度，从需求侧出发，不断探索文化产业供给侧结构性改革路径，其中辽宁省更率先出台了《文化领域供给侧结构性改革实施方案》，明确了改革的指导思想、重点任务及政策措施。通过不懈努力，东北三省文化产业供给侧结构性改革已经取得一定的成果。

（一）新闻出版体制机制改革深化

辽宁北方期刊出版集团并入辽宁出版集团，辽宁省新华书店控股有限公司有序推进全省新华书店整合，辽宁日报传媒集团推进传统媒体与新媒体融合发展，持续提高优质新闻出版产品供给。2016 年辽宁出版集团全面出版重点图书 477 种，同比增长 20%，获得国家级奖项和重点项目入围 63 项，同比增长 53%。

吉林东北亚出版传媒集团积极融入国家“一带一路”战略，进一步提升在版权、成品、项目和活动等方面“走出去”的质量和水平，增强集团版图书国际影响力，讲好中国故事，传播好中国声音，2016 年输出版权 146 项。

黑龙江出版集团实现重组改制，成功转型升级，集团始终将社会效益放在首位，坚持正确导向，形成了一系列的龙版精品。2016 年有 4 种图书入选国家出版基金项目，5 种图书入选国家出版基金主题出版项目，3 种图书入选全国优秀科普作品。

（二）演艺影视实现经济、社会“双效统一”

辽宁省文艺演出繁荣兴旺，推出了一批地域特色鲜明、时代气息浓郁、群众喜闻乐见的优秀文艺创作，如芭蕾舞剧《八女投江》、话剧《干字碑》、京剧《将军道》、评剧《我那呼兰河》、歌舞剧《雪原》等，其中 2 个剧目获中宣部“五个一工程”奖，4 个剧目入选国家舞台艺术精品工程重点资助剧目，3 个剧目分获文化部文华大奖和优秀新剧目奖。截至 2017 年，全省剧院联盟剧场达到 30 家，实现了全省演艺优势资源的深度整合，五年来辽宁剧院联盟经营演出 3600 场，票房收入 2.5 亿元。

长影集团重新组建了艺术创作委员会和剧本编审委员会，聘请张和平等知名专家组成创作“智囊团”，设立了剧本库，面向全国征集好故事、好剧本。成立了影视创作基金公司并筹资 10 亿元，为影视创作提供充足的资金保障。精心创作了影片《老阿姨》，在全国公映后产生了良好的社会反响，并荣获中宣部第十四届精神文明建设“五个一工程”奖。《冰河追凶》《爱情麻辣烫》等商业影片也都取得了较好的票房收益。在电视剧制作方面，长影集团创作拍摄的《少帅》《美丽谎言》《大掌门》等体现时代主旋律、弘扬社会主义核心价值观的精品剧目，在播出后实现了口碑与收视率双丰收。

黑龙江省演艺集团以“打造演艺旗舰，助力龙江发展”为目标，坚持为人民创作，为时代放歌。2016 年黑龙江演艺集团所属的省歌舞剧院、省杂技团、省曲艺团共推出演艺活动1100余场，取得了显著的社会效益和经济效益。其中大型原创经典时尚乐舞《炫酷北国》在省内商演40余场，赴台湾演出15场；大型原创民族管弦乐《情醉关东》演出12场，受到广大市民追捧。此外，现代京剧《杜鹃山》、评剧《千里沃野》、相声喜剧《抗日大侠》、儿童剧《海盗船》等也都受到广泛好评。原创驻场演出项目“畅爽冰嬉”上演240场，《冰秀惊美图Ⅱ》上演195场，场场爆满，盛况空前，冰上杂技已在美国各地巡演116场，成为龙江冰雪文化名片。

（三）产业融合拓宽供给空间

沈阳1905文化创意园是辽宁省工业与文化结合的典型。文创园依托原沈重集团二金工车间的工业遗址改建而来。文创园不仅成为沈阳工业空间转型文化产业的先行者，同时也以丰富的空间内容和产业思路，让一座沉淀了共和国四十多个第一的工业空间，转变成了文化创意产业综合体。文创园以艺术空间、文化剧场、文创商业和文化活动四个载体，为广大市民提供艺术生活方式体验和文化消费空间，每年都会呈现不少于100场高品质音乐演出及近百场儿童剧、传统相声和其他活动，以及每年不少于6场国际背景的艺术活动，极大地拓展了新型城市文化空间，提升了城市文化品质。

吉林省工艺美术集团依托全省多民族聚居区的鲜明民族文化特色，将满族、朝鲜族、蒙古族等各民族的风格特色融入人形制作中，实现传统手工艺与民族文化的完美融合。该集团的作品占据了日本市场上中国人形制品60%的份额。

黑龙江省致力于文化产业与旅游产业的有效融合。哈尔滨国际油画交易中心年接待市民及游客4万多人次，场内销售原创油画2000多幅，逐渐成为文化旅游消费的新亮点。松松小镇儿童主题文化小镇、永泰世界室内主题乐园开发推出40多项原创亲子文化游乐体验项目，年接待观众超过200万人次。万达文化旅游城、波塞冬海洋王国、哈尔滨大剧院、西城红场、呼兰河口湿地公园等一系列重点旅游文化产业项目的建成使用，引领了时尚文化旅游消费的快速发展。冰雪大世界融入俄罗斯民族风情歌舞和冰上杂技演艺，丰富了文化内涵，提升了观赏的吸引力。

三　东北三省文化产业供给侧存在的问题

尽管东北三省文化产业供给侧结构性改革已经渐见成效，但还存在一些需要进一步研究和解决的问题，可以总结为以下几个方面。

（一）无效低端产品过剩

从整体上看，东北三省文化产业存在结构失衡问题，真正可以满足人们高层次和大众文化精神需求的文化产品供给不足，文化精品不多，同时低端供给、低俗供给、产能过剩、僵尸企业在文化产业某些行业领域里不同程度存在。以黑龙江省为例，每年创作生产的图书在5000种左右，电影20多部，电视剧400多集，可以说数量不少，但真正有影响力、既叫好又叫座的精品力作还不多。同时由于相关配套的法律法规和市场机制还不完善，缺乏应有的监督和制约机制，东北三省文化产业市场上以丑态、病态、媚态迎合观众的低俗娱乐时有发生，对文化市场的健康良性发展产生了极大冲击。

（二）科技创新能力不强

随着数字化、网络化技术的飞速发展，科技在文化领域中的应用越来越广泛，越来越深入。以科技为核心的新兴文化业态不断涌现，文化产业对科技的依存度越来越高，两者结合越来越紧密。近年来，大数据、云平台、VR、AR技术等推广应用，使文化科技融合创新成为文化产业发展的关键支撑，可以说，现代科技创新就是解放文化生产力、实现文化产业跨越发展的有力杠杆。对比发达地区，东北三省科技创新能力较弱，高新技术对传统文化产业的改造力度不够，科研成果转化为现实文化生产力效率较低，导致文化产品的供给质量不高。

（三）企业总体实力较弱

东北三省文化企业总体实力较弱。既缺少国际性的大型文化企业，也缺少专、精、特、新的中小微型文化企业。主要体现在：管理部门和企业的思想认识还未能从不合时宜的观念、做法和体制机制的束缚中解放出来，加之对文化产业政策扶持乏力，政策落实不到位，融资能力有限，缺少战略投资者和在国内有影响力的龙头骨干企业，东北三省文化企业普遍存在“小、散、弱”的问题。2017 年第九届全国文化企业 30 强名单中，东北三省仅有总部设在大连的中国华录集团有限公司一家公司成功入围，吉林与黑龙江无一家上榜。可见，东北三省文化企业整体实力和竞争力在全国比较落后。

（四）产业融合不够深入

广东、江苏等文化产业发达省份的经验告诉我们，推进文化产业供给侧结构性改革必须走产业融合发展之路。近年来东北三省愈加重视文化产业与旅游、时尚、农业、科技、金融等相关产业的融合，新型业态和产品不断涌现。然而由于资源整合不够、专业人才短缺、资金投入不足等方面的原因，东北三省文化产业与相关产业融合发展尚处于“浅层融合”，没有释放出应有的能量，导致文化产品附加值低，产业链延伸不长，文化产品供需矛盾突出，抑制了文化消费潜力的充分释放，产业经济效益不高。

（五）专业人才缺口巨大

毋庸置疑，人才是文化产业发展的基础。受限于人才外流的现状，东北三省优秀的人才资源相对不足，人才队伍结构不优，专业人才引入、培养、激励机制尚待完善，导致文化产业人才短缺。东北三省都属于教育大省，但却与文化产业人才教育、培养水平形成反差，除美术、音乐、舞蹈、设计等艺术专业外，鲜少有开设文化产业管理专业的高校。在人才结构上，从事文化艺术专业的人才比例远远高于从事文化产业运营的人才比例，擅长经营管理、项目策划、资本运作的人才尤其短缺。现有文化产业人才队伍缺乏开拓精神、创新精神、工匠精神，制约了文化产业高质量发展。

四　东北三省文化产业供给侧结构性改革的对策建议

文化消费的不断升级，文化需求多元化、多层次、多样化趋势的日益明显，对东北三省文化产业转变发展方式、调整文化产品和服务结构提出更大挑战。针对相关问题，东北三省文化产业供给侧结构性改革的对策建议主要有以下几个方面。

（一）实施精品战略，提升供给质量

推进文化产业供给侧结构性改革，要抛弃低端、低俗的文化产品供给，坚持社会效益和经济效益双统一，做到量大质优。一是坚持内容为王发展路线。文化企业承担着文化发展与传承的责任，要将主流价值转化为商业机遇，创作更多思想精深、艺术精湛、制作精良的精品力作，保证广大人民群众能够消费和享用更多弘扬社会主义先进文化的健康优质文化产品和服务。注重文化产品与百姓生活相贴近，不断扩大文化产业的生存和发展空间。二是坚持特色化发展路线。好的文化项目必须要有独具特色的定位。要以市场需求为导向，加强对各阶层、各群体不同文化消费心理和需求的调研分析，根据市场变化进行动态调整。针对不同人群提供多元化、个性化、分层化的文化产品和服务，既要满足文化消费基本需求，又要满足文化消费个性需求，切实增加有效供给。要加强对东北三省特色文化资源的开发与利用，培育文化发展新动力。将东北三省独具特色的红山文化、渤海文化、清前文化、工业文化、冰雪文化、对俄文化等优秀传统文化资源与工艺美术、歌舞、影视、动漫等有机结合，进行创造性转化，打造能够彰显三省特色的文化品牌。三是坚持营销化发展路线。完善优秀文化产品营销推广机制，依托广播电视台、报刊、网络等载体，借助博览会、推介会、展演等平台，线上、线下双轮驱动，开展多种渠道的市场营销，提升品牌知名度，提高市场占有率。

（二）加强科技转化，创新供给形式

推进文化产业供给侧结构性改革，要以现代科技为支撑，在内容、形式、方式、方法、载体、平台等方面全面推进创新发展。应依托东北三省具有比较优势的科技、教育资源，加快构建以企业为主体，重点高校、科研院所等有效整合融入的产业技术创新联盟体系。一是加快高新技术成果向文化领域的转化应用。依托云计算、大数据、3D 打印、VR、AR、触控技术、声光电等高新科技，提高文化企业装备水平和文化产品科技含量，推动新闻出版、广电、演艺、会展、工艺美术等传统文化产业改造升级，发展动漫游戏、网络视听、数字出版等新型业态。鼓励对文物、非物质文化遗产等进行数字化开发与转化，切实让文化遗产焕发生机。二是借助互联网创新营销手段。目前我国互联网文化产业在整个文化产业中的占比已经达到70%，东北三省要充分利用好互联网这一平台，将电子商务、云服务、大数据等新兴网络服务嵌入文化企业生产、经营、管理全过程，实现精准营销，着力推动“互联网+创意生产+创新营销+优质服务”一体化。注重利用门户网站、微博、微信、旅游专网、社交论坛、搜索引擎、直播平台等新型媒体，通过传播体验感受加强营销宣传。三是提高图书馆、博物馆、美术馆、有形文化遗产、旅游景区的数字化与智能化水平，创新浸润式体验应用。

（三）健全市场体系，壮大供给主体

推进文化产业供给侧结构性改革，要培育壮大多元化市场主体。文化企业是文化市场的主体。文化企业的数量及质量直接关系文化产业发展的实力和水平。一方面，要积极扶持一批有实力、有竞争力、有影响力的大型骨干文化企业和文化集团。支持有条件的文化企业以资本为纽带，跨地区、跨行业、跨所有制兼并重组，促进规模化、集约化经营，打造“文化航母”。对于发展良好、准备充足的文化企业，引入创投基金、产业基金等资本市场资源力量进行整合包装并助推上市。另一方面，要大力培育一大批成长潜力大、科技含量高、创新意识强、具有地方特色的“专、精、特、新”中小

文化企业，积极鼓励社会资本以独资、合资、合作、联营、参股等多种形式进入文化产业领域。通过配套经济政策、改进公共服务，切实优化营商环境，努力使东北三省成为文化企业家、文化名家投资兴业的热土。进一步完善文化市场准入与退出机制，确保市场主体间的公平竞争，优胜劣汰，促进文化资源的合理配置。

（四）促进产业融合，丰富供给内容

推进文化产业供给侧结构性改革，要充分发挥文化产业的外部溢出效益，加强文化与第一、第二、第三产业间的多元融合。要进一步促进文化与旅游的融合，通过深入挖掘东北三省冰雪、生态、农业、边境、历史、民族、东北民俗、中医药等文化元素，促进文化资源与旅游业的有机结合，衍生出冰雪旅游、绿色康养度假游、乡村旅游、历史民俗游等特色产品。要进一步促进文化与制造业融合，制造业通过加大与创意设计、品牌策划、文化营销的融合，提升制造业产品的外观、结构、功能，由传统的标准化、大众化、规模化的一般制造向个性化、定制化、服务化的高端制造过渡，进而提升产品的文化附加值，实现制造业的转型升级。要进一步促进文化与地产融合，依托城乡开发，结合数字图书馆、数字电影院等新型文化设施建设，采用嵌入式、融入式等方式，将公共文化服务与影视、动漫、音乐、创意文化经济等多元文化商业元素以及住宅、购物、餐饮、休闲娱乐等传统商业元素有机整合，建设新型城市文化综合体。要进一步促进文化与体育健身融合，着力把体育健身产业价值链向文化资源的策划、研发、组合、设计等环节延伸，大力发展户外、康体、竞技、体育演艺等新型体育休闲娱乐产品。要进一步促进文化与金融融合，鼓励文化企业对接多层次资本市场，积极发展文化小额贷款公司及文化担保公司，鼓励金融机构通过文化资源、商标、版权、专利等方式提供融资支持，建立文化企业信用等级评价机制，开发推广“创意贷”等新型文化金融产品。

（五）加快队伍建设，夯实供给基础

推进文化产业供给侧结构性改革，应创新人才的培养和引进机制，加大对

文化产业人才的培养和扶持，加快文化人才队伍建设。一是建立多层次的人才培养机制。依托东北三省高等院校，加快文化产业重点专业和学科建设，根据市场需求改进课程设置、学习方式和培养模式，培养一批既熟悉文化业务又懂经营管理的复合型文化人才。同时依靠社会接续教育加强对文化企业在岗人员开展岗位培训。吉林、黑龙江要借鉴辽宁经验，加快建设文化产业校企联盟，发挥高等院校、文化企业、培训机构的各自优势，推进产学研用合作培养文化人才。二是鼓励人才“引进来”与“走出去”。建立文化产业人才库，有计划、有重点地引进一批国内外文化产业管理大家，同时选派专业人才“走出去”开展合作交流，到国内外知名大学或著名企业学习他人先进经验。三是建立健全绩效考评机制，借助科学合理的绩效考核评价手段和多种形式的激励措施，留住人才，用好人才，为东北三省文化产业的发展提供扎实的人才基础。

五　东北三省文化产业供给侧结构性改革的未来趋势

毋庸置疑，供给和需求如同硬币的两面。一方面，没有需求，供给就无从实现，新的需求可以催生新的供给；另一方面，没有供给，需求就无法满足，新的供给可以创造新的需求。加强供需侧的互动反馈可以更好地从全产业链角度关注文化创新，并针对文化市场和用户的需求与诉求提供有效供给，进一步明确哪些领域、哪些产业、哪些产品在供给侧需要加大改革力度，进而实现文化产业结构的合理化和高度化。未来东北三省文化产业的供给侧结构性改革方向即探索供需协调的创新之路，在强调供给侧结构性改革的同时，坚定不移推动需求侧的制度改革，发挥市场经济在文化产业发展中的积极作用，使文化产业供需双方质量都得以提升，更好、更快地推动文化产业成为东北三省国民经济支柱性产业。

参考文献

1. 孙洪敏等：《辽宁文化发展形势分析与预测（2017～2018）》，人民出版社，2018。

2. 李志明：《吉林省文化体制改革取得新成果》，中国吉林网，http：//zhuanti.cnjiwang.com/ztgdwm/wmnr/201710/2527888.html#26080。
3. 张效廉：《黑龙江文化发展报告（2016）》，黑龙江人民出版社，2017。
4. 向勇：《文化产业导论》，北京大学出版社，2016。
5. 齐骥：《文化产业供给侧改革研究》，中国传媒大学出版社，2017。
6. 黄凯南：《供给侧和需求侧的共同演化：基于演化增长的视角》，《南方经济》2015年第12期。

B.10

东北三省服务业发展潜力分析及对策

纪明辉*

摘　要： 东北三省服务业继续保持较快的稳定增长，成为经济增长的动力。从发展趋势上看，东北三省服务业结构升级明显，传统服务业占比降低，现代服务业占比升高，较好地实现了服务业的转型升级和动能转换。金融业是东北三省均具备发展潜力的行业，吉林省的其他服务业、黑龙江省的住宿和餐饮业的发展潜力较大。但是，服务业企业盈利能力弱、现代服务体系不能满足生产生活需求等问题仍然制约着东北三省服务业的发展。应从大力发展新兴服务业、优化升级传统服务业、培育大型服务企业等方面着力提升东北三省服务业的发展潜力。

关键词： 东北三省　服务业　产业结构升级

2017年，东北老工业基地振兴进入关键期，面对产业结构单一的短板，东北三省积极谋求转型，把服务业当作推动产业升级的有力引擎。在供给侧结构性改革和创新驱动发展战略的推动下，服务业经济继续保持平稳较快增长态势。东北三省服务业在稳步增长的基础上实现了多方面的积极进展。

* 纪明辉，吉林省社会科学院软科学所副研究员，研究方向为产业经济。

一　东北三省服务业发展现状

（一）产业规模实现平稳增长

2017 年，东北三省服务业增加值合计达到 28150.38 亿元。辽宁、吉林和黑龙江三省服务业增加值占国民经济比重分别为 51.6%、44.7%、55.2%，辽宁和黑龙江两省服务业比重均超过 50%，成为主导产业。吉林省服务业比重虽没有过半，但相比上年提高了 2.6 个百分点，是三省中增长最快的。

2006～2016 年，东北三省服务业对经济增长的贡献经历了先下降再上升的过程，辽宁、吉林、黑龙江三省服务业对经济增长的贡献率均在 2012 年实现了由降到升的转变，辽宁省服务业对经济增长的贡献波动性比较大，吉林和黑龙江两省在 2012 年后服务业的增长贡献迅速上升，2016 年，吉林省服务业对经济增长的贡献率为 49.2%，超过第二产业贡献率 4.7 个百分点。黑龙江省服务业对经济增长的贡献率为 71.3%，超过第二产业贡献率 57.8 个百分点。可见，东北三省在我国进入新常态后，积极转变产业结构，实现结构升级的工作取得了显著的成就。

（二）增长速度呈现波动性调整

从增速上看，2017 年辽宁、吉林、黑龙江三省的服务业增加值增速分别为 5.0%、7.5% 和 8.7%，辽宁省服务业增速较上年提高了 2.5 个百分点，黑龙江省较上年微弱增长 0.2 个百分点，吉林省则降低了 1.3 个百分点。服务业的季度增速显示，从 2017 年一季度到 2018 年三季度，东北三省服务业增速明显下降。由图 1 可见，全国服务业增长较为平稳，而东北三省服务业增长速度变动较大，2017 年 4 个季度，辽宁省服务业增速始终低于全国，上半年，吉林省和黑龙江省服务业增速高于全国，到了下半年，只有黑龙江省服务业增速高于全国，2018 年一季度，东北三个省份服务业增速均显著低于全国。东北三省服务业连续保持着较快的增长速度，成为经济发展的主动力，近期在较高的增长平台上出现放缓趋势，一方面可以认为是经济增长的合理调整，另一方面也显现出东北三省服务业增长的波动性。

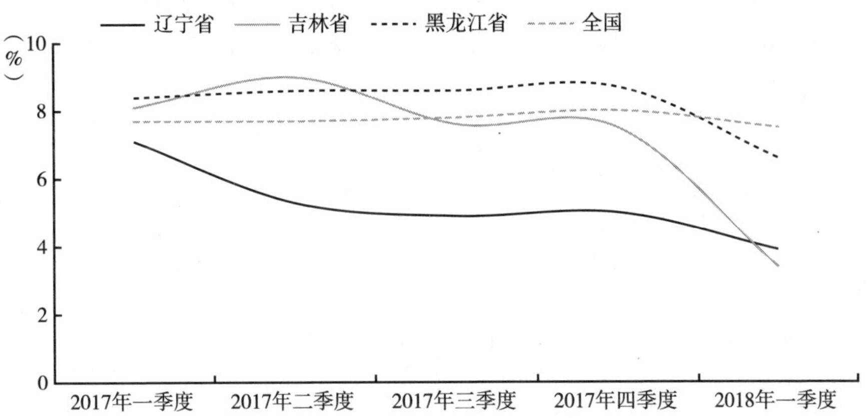

图 1　东北三省与全国服务业增加值季度增速走势

资料来源：国家统计局和各省统计局网站。

（三）服务业吸纳就业能力突出

2016 年，辽宁、吉林、黑龙江服务业从业人员数分别为 1023.1 万人，668 万人、947.2 万人，占本省全部就业比重为 44.5%、44.5% 和 45.6%，同期全国第三产业就业比重为 43.5%，东北三省服务业就业比重均高于全国水平。2006 ~2016 年，辽宁、吉林、黑龙江三省服务业就业年均增长率分别为 2.2%、4.1%、4.6%，高于全部就业增长率 1.4 个、2.3 个和 3.1 个百分点，吉林省和黑龙江省还高于全国就业年均增速 0.7 和 1.2 个百分点。服务业成为东北三省吸纳就业的主阵地，是拉动社会就业总量上升的主要力量。

（四）服务业保持投资主导地位

2017 年，东北三省服务业固定资产投资总量为 15719.55 亿元，占全部固定资产投资（不含农户）比重为51.3%，服务业投资保持主导地位。信息服务业受到互联网经济的带动，行业投资增长更为迅猛。辽宁省邮政业投资4.2亿元，增长4倍，互联网和相关服务业投资3.3亿元，增长57.3%。吉林省战略性新兴服务业投资增长迅猛，信息传输、软件和信息技术服务业投资增长78.6%，教育服务业投资增长50.8%，文化、体育和娱乐业投资增长50.9%。

（五）新兴服务业效益突出

互联网经济增长快速。东北三省顺应信息服务产业发展新趋势，在大数据、物联网、工业软件、电子商务等领域积极谋划布局，普及现代信息技术，培育基于互联网的新兴行业，为服务业增长注入新的源泉和活力。《2017年度吉林省互联网发展报告》显示，截至2016年年底，吉林省网上购物用户规模保持持续的增长，相比上年增幅为7.4%。全省电子商务交易额达到3300多亿元，2014~2016年均超过30%的增长速度，全省电商企业达6000多家，网上活跃卖家12万户以上，电商直接从业者达20多万人，带动劳动就业人数达86万多人。旅游业异军突起。辽宁省全年接待国内外旅游者比上年增长12.1%，旅游总收入增长12.2%。2017年年末，辽宁省有星级以上宾馆671家，比上年增加了137家。旅游品牌创建步伐加快。鞍山千山风景区成功晋级国家5A级旅游景区；4A级旅游景区新增8个，全省A级旅游景区达到424个。辽宁省推进旅游“厕所革命”，全年共新建改扩建旅游厕所1229座。吉林省接待国内外游客比上年增长16.1%，全年旅游总收入增长21.0%。黑龙江省全年接待国内外游客比上年增长13.4%，旅游收入增长19.1%。

二　东北三省服务业发展问题

（一）服务业企业规模小，盈利能力弱

东北三省服务业发展起步晚，相比较东部发达地区，服务业企业集中度

不高，具有影响力的企业集团和品牌比较欠缺。2016 年辽宁、吉林、黑龙江规模以上服务业企业法人单位数分别为 3365 个、2740 个和 1035 个，三省合计还不足江苏省的一半，仅占全国总数的 4.6%。辽宁、吉林、黑龙江规模以上服务业营业利润分别为 2818.9 亿元、996.4 亿元、803.7 亿元，分别在全国排名第 14 位、25 位、27 位，三省合计还赶不上天津，仅相当于北京市的 1/7，广东省的 1/4。2017 年由中国企业联合会、中国企业家协会发布的第十三次中国服务业企业 500 强榜单中，东部企业数量为 361 家，占比 72.2%，中部 63 家，西部 63 家，东北三省仅 13 家。与上年相比，东部地区增加了 1 家，中部地区增加了 5 家，西部地区保持不变，东北三省减少了 6 家。东北三省进入服务业 500 强的企业数量少，还呈现逐年下降的趋势。此外，东北三省服务企业的盈利能力也令人堪忧。2016 年东北三省规模以上服务业受经济下行影响，营业利润不同程度地下降。辽宁营业利润 100.7 亿元，吉林和黑龙江规模以上服务业出现了亏损，分别为 52.2 亿元和 73.9 亿元。究其原因，主要是东北三省服务业企业自身运营问题，难以破解资金、技术和人才等领域的制约，加之市场波动大，企业的盈利空间被逐渐挤压。

（二）现有服务体系难以完全满足生产和生活的多样化、个性化需求

伴随着城乡居民收入的稳定增长，居民的消费领域逐步延伸，消费结构逐步升级。居民的服务消费需求产生了很大的变化，已从教育、住房、医疗等最基本的产品转向具有更高品质、更具个性化、更便利、更安全的服务产品方面，但是东北三省服务业发展面临一些结构性矛盾，尤其体现在高端服务产品供给不足方面，如旅游、法律咨询、教育培训、信息服务等。生活性服务业上也存在着较大的缺口，健康、养老、家政、文化娱乐等生活性服务业发展难以满足人民群众日益增长的服务需求，而且多数的生活性服务业以小微企业为主，不仅规模小、档次低、行业发展能力弱，还存在着从业人员素质不高、服务意识淡薄的问题。东北三省的非金融类生产性服务业规模小、比重低，缺乏品牌竞争力，如研发设计、物流快递、人力资源等行业发展水平不高，极大地制约了其他行业的发展层级。

三　东北三省服务业发展潜力

（一）服务业转型升级效果明显

从东北三省服务业的行业构成看，2016 年，其他服务业占比最高，达到 40.38%；其次为批发和零售业，占比 22.76%。在变化趋势上，交通运输、仓储和邮政业，批发和零售业，住宿和餐饮业比重下降，三者合计占比由 2006 年的 54% 下降为 2016 年的 38%；金融业比重上升较快，由 2006 年的 6.74% 上升到 2016 年的 13.25%，占比提高了一倍；房地产业和其他服务业比重较为稳定（见表 1）。东北三省服务业结构升级明显，传统服务业占比降低，现代服务业占比升高，较好地实现了服务业的转型升级和动能转换。

表 1　2006～2016 年东北三省服务业构成及占比

单位：%

年份	交通运输、仓储和邮政业	批发和零售业	住宿和餐饮业	金融业	房地产业	其他服务业
2006	18.15	29.22	6.70	6.74	9.99	29.20
2007	14.61	23.67	5.38	6.38	8.43	41.52
2008	13.83	23.98	5.44	6.31	8.25	42.19
2009	12.99	23.56	5.70	8.03	9.18	40.54
2010	12.71	23.60	5.67	8.03	9.46	40.53
2011	12.73	23.43	5.54	7.93	9.54	40.83
2012	12.28	23.51	5.70	8.85	9.44	40.22
2013	11.79	22.57	5.48	8.49	9.06	42.61
2014	11.20	21.73	5.35	10.12	9.76	41.85
2015	11.29	22.18	5.49	12.61	8.46	39.98
2016	10.01	22.76	5.27	13.25	8.33	40.38

资料来源：《第三产业统计年鉴》。

（二）三省服务业潜力行业存在差异

通过对东北三省服务业行业贡献率与行业增加值比重的比值来测度该行业的发展潜力。以现价服务业增加值作为测算指标，选择报告期为2016年，基期为2006年，不同类型服务业对全体服务业增长的贡献率公式为：

$$A = \frac{X_{i1} - X_{i0}}{Y_1 - Y_0}$$

其中，A为服务业子行业的增长贡献率，Y_1、Y_0分别表示服务业报告期和基期的增加值；X_{i1}、X_{i0}分别表示服务业子行业报告期和基期的增加值。行业占服务业增加值的比重以2006～2016年的平均值代表。将潜力值大于1的行业确定为具备发展潜力的行业，小于1的行业确定为发展潜力弱的行业；贡献率在30%以上为发展基础好的行业，在10%～30%的行业为发展基础一般的行业，在10%以下的行业为发展基础弱的行业。东北三省服务行业发展贡献率和潜力值如表2所示。

表2　东北三省服务行业发展贡献率和潜力值

服务行业		交通运输、仓储和邮政业	批发和零售业	住宿和餐饮业	金融业	房地产业	其他服务业
辽宁	贡献率(%)	8.56	23.61	3.21	19.93	9.38	30.44
	潜力值	0.62	0.97	0.62	1.96	0.95	0.78
吉林	贡献率(%)	7.01	17.46	5.92	12.18	7.53	48.22
	潜力值	0.61	0.77	1.02	1.65	1.0	1.08
黑龙江	贡献率(%)	6.95	21.43	6.53	13.37	6.77	42.15
	潜力值	0.60	0.94	1.13	1.81	0.90	0.94

资料来源：表中数据经由作者根据相关资料计算而得。

比较行业发展潜力，辽宁省金融业属于发展潜力大、规模可继续扩大的行业；其他服务业、批发和零售业属于发展基础好，潜力有待提高的行业；房地产业和交通运输、仓储、邮政业属于规模较小，发展潜力较弱的行业。

对于吉林省来说，其他服务业和金融业是发展基础好，潜力又比较大的服务行业；房地产业、住宿和餐饮业属于规模偏小，但潜力尚可的行业；批发和零售业，交通运输、仓储和邮政业是规模较小，且潜力不足的服务行业。

黑龙江省金融业、住宿和餐饮业属于发展潜力强，但规模有待提升的行业；其他服务业规模较大，但发展潜力有待提升；批发和零售业，房地产业，交通运输、仓储和邮政业规模小且潜力不足。

从东北三省服务业行业发展贡献和潜力看，其他服务业、批发和零售业、金融业对各省服务业增长贡献较大，但各省具备发展潜力的行业不太相同，金融业是三省均具备发展潜力的行业。此外，吉林省的其他服务业、黑龙江省的住宿和餐饮业的发展潜力较大。因此，各省还应针对本省情况，加快发展潜力大的服务行业。

四　东北三省服务业发展的有利因素

信息网络基础设施为现代服务业发展奠定良好基础。三省网民数量、网站数量明显增加。截至 2016 年年底，辽宁、吉林、黑龙江互联网普及率分别为 62.6%、50.9% 和 48.1%，比上年提高了 0.4、2.2 和 3.4 个百分点，其互联网普及率在全国排名分别为第 7、18 和 21 位。辽宁、吉林、黑龙江网民规模增速分别为 0.4%、6.7% 和 7.5%[①]。互联网基础设施承载能力大幅提升。以吉林省为例，截至 2016 年年底，吉林省光缆线路总长度已达 41.1 万千米，比 2015 年年底增加了 8.6 万千米，增幅为 26.46%；全省互联网宽带接入端口数量达 1358.3 万个，比 2015 年年底增加了 376.3 万个，增幅达 38.3%；吉林省移动基站数量达 9.2 万个，比 2015 年年底增加了 1.3 万个，增幅为 16.6%[②]。

制造业为服务业的创新发展创造条件。东北三省是我国的老工业基地，

① 数据来源于《中国互联网络发展状况统计报告》。

② 资料来源于《2017 年度吉林省互联网发展报告》。

良好的装备制造业基础、比较齐全的制造业体系，形成了强大的制造业发展比较优势，是我国重型机械、轨道交通、汽车及零部件、海洋工程等领域的重要产业基地，重型装备产品在国内仍具有不可替代的地位。按照生产性服务业发展的国际经验和规律，生产性服务业将随着传统制造业向价值链的高端提升而得到快速发展，作为中间投入，研发设计、金融、租赁、信息处理、运输仓储等生产性服务业供给加速扩张，规模不断壮大，服务水平显著提升，还有越来越多的新兴服务业被催生出来。制造业与服务业的深度融合也是产业的发展趋势，体现着专业化、高端化和国际化的生产性服务业将获得进一步的发展。

消费升级为服务业扩量增质提供机遇。对于东北三省来说，人口的老龄化带来了对医疗服务和养老服务需求的上升，东北三省的人口老龄化进程快于全国，2017 年，辽宁、吉林、黑龙江 65 周岁以上人口比重分别为 14.35%、12.38%和 12.0%，均高于全国平均水平（11.4%）。截至 2016 年年底，黑龙江省投入养老服务业资金突破 150 亿元，其中民间资本超过 120 亿元，养老市场的活力被大大激发，推广了“夏季养老在龙江”的品牌，引入日本、美国养老集团和公司，开展医养结合的高端养老服务，仅 2016 年一年就有 124 万省外老年人来龙江体验旅居养老，促进相关服务业收入 87 亿元[①]。随着居民收入水平的提高，其对接受教育日益重视，极大地促进了教育服务市场的繁荣。2016 年，辽宁、吉林、黑龙江教育行业法人单位数分别为 15061 个、6455 个和 8287 个，分别比上年增长 2.9%、1%和 2.7%。未来的教育服务市场机遇仍然很大，一是越来越多的人秉持终身学习的理念，愿意为继续教育付费；二是随着二孩时代的推进，需要接受基础教育、课外教育、特色教育的人数规模将不断增长。

制度建设和营商环境改善为服务业主体注入新活力。党的十九大报告提出“支持传统产业优化升级，加快发展现代服务业，瞄准国际标准提高

① 《150 亿资金注入黑龙江省养老服务业“银发经济”释放潜力》，黑龙江人民政府网站，http：//www.hlj.gov.cn/zwfb/system/2017/06/28/010835528.shtml。

水平”。国家发改委《服务业创新发展大纲（2017～2025年）》指出：“到2025年，中国的服务业体系更加完备、产品更加丰富，服务业市场化、社会化、国际化水平明显提高，发展方式转变取得重大进展，支撑经济发展、民生改善、社会进步、竞争力提升的功能显著增强，由服务业大国向服务业强国迈进的基础更加坚实。”今后一段时期，现代服务业将领导新经济、新产业蓬勃持续发展，服务业高质量发展将迎来更加有力的制度支撑。同时，东北三省紧抓营商环境优化，打出了一套“组合拳”，保障了服务业的发展环境。以辽宁省为例，2017年2月正式实施《辽宁省优化营商环境条例》，成为全国首部规范营商环境建设的省级地方法规。为保证该条例的贯彻实施，辽宁省还印发了《关于贯彻落实的实施意见》，确立了优化营商环境的顶层设计。此外，亮出“接受投诉、暗访调查、公开曝光、问责处理”四大利器治理营商环境，在政务服务、专项整治方面取得了较大的实效。

五　东北三省挖掘服务业发展潜力的对策建议

（一）大力发展新兴服务业

应推动服务业向专业化拓展、向高品质迈进，将巨大的市场力量引导到服务业的关键领域和薄弱环节上来，对不同细分服务行业分类施策，鼓励重点服务行业实现新的创新突破。进一步加快发展互联网和相关服务等新兴行业，推动网络经济业态的空间集聚，推进“互联网＋”在商贸、文化、旅游、金融等领域的普及和应用。改革、丰富、壮大网络服务新方式，使服务供给更有效地贴合新的服务需求，实现行业发展最大潜力化。大力发展现代金融业，提升金融服务水平。培育发展新兴金融业态，积极引入金融中介服务机构，全力打造现代金融服务体系。规范发展地方性中小金融机构，缓解小微企业融资难、融资贵问题。创新融资服务产品，扩大助贷规模，降低企业融资成本。加快建立普惠金融体系，让更多金融活水流向实体经济。做大做强旅游业，形成“大旅游、大产业、大发展”的格局。依托自然文化廊道和交通通道，串联辽、吉、黑三省的重点旅游城市和特色旅游功能区，加快构建差异化、互补性强的特色旅游线路，推进跨区域资源要素整合。下大力气改善旅游发展环境、提升旅游影响力。加快发展乡村旅游、民宿经济，全域旅游示范区等。培育新热点，实现从景点门票经济向旅游消费经济转变。

（二）提升改造传统服务业

通过上文分析可知，交通运输、仓储和邮政业，住宿和餐饮业，批发和零售业等传统服务业在东北三省服务业中所占比重较高，具备发展的基础。新时期，东北三省应积极寻求改造提升传统服务业的现代化手段，进一步巩固优势，提升运作效率。进一步强化互联网与传统服务业的深度融合，支持传统商贸流通企业建设 APP 手机客户端、微信公众号等电商应用平台，推动多类创新要素和资源的集聚，促进转型发展。对满足人民日益增长的美好生活需要的相关服务业，应继续实施供给侧结构性改革，提高人民群众满意度。引导社会资本更多投向生活性服务业短板领域，深入研究人民群众的多样化和多层次的消费需求特征，进一步加大服务供给，提高服务质量，实现服务业升级与人民群众消费升级的良性互动。

（三）培育有竞争力的服务企业

东北三省亟须培育一批具有国际竞争力和行业影响力的企业集团来带动服务业的跨越升级，同时也需要成就一批“小巨人”企业，实现服务业的繁荣发展。所以，东北三省首要任务是开展服务品牌建设。结合出台推进服务业快速发展的政策措施，大力支持打造富有特色和竞争力的服务品牌，开展品牌价值提升行动，鼓励企业加强品牌建设，发挥品牌对服务业转型升级的引领作用。此外，要大力发展民营经济，在金融支持和财税优惠上对服务业创新创业和小微企业进行扶持。进一步为企业创造良好的经营环境。加强对导致企业成本上升的内外部环境分析，密切关注企业营业成本较高的问题，合理控制企业各项财务指标运行水平；要进一步抓好国务院减税有关政策落实，积极推进清理规范涉企收费，切实降低企业经营成本，减轻企业负担；不断研究推出新的降本举措，努力为企业生产经营创造良好的环境。

参考文献

1. 贾荣言、李荣平、卢艳丽：《供给侧结构改革背景下河北省服务业发展潜力研究》，《商业经济研究》2017 年第 13 期。
2. 纪明辉：《东北三省服务业全要素生产率增长测度与分析》，《社会科学战线》2018 年第 4 期。
3. 姜长云：《服务业成为国民经济稳中有进的主要动力源》，《中国改革报》2018 年 7 月 30 日。

B.11
东北三省经济发展质量评价分析

姜瑞春*

摘　要： 本文基于党的十九大报告和中央经济工作会议精神，详细分析了经济发展质量的内涵，同时将经济发展质量分解为产出效率、结构优化、动力转换、成果共享四个维度，构建包含14个具体指标的省市经济发展质量评价指标体系，评估和比较东北三省的经济发展质量，并提出政策建议以提高东北三省的经济发展质量。

关键词： 东北三省　经济发展质量　指标评价体系

党的十九大报告做出“中国经济已经从高速增长阶段转变为高质量的发展阶段”的重大判断。2017年12月底举行的中央经济工作会议明确指出“加快形成推动高质量发展的指标体系”。基于党的十九大报告和中央经济工作会议精神，构建评价体系对东北三省经济发展质量进行评价，有利于各地政府更好监测、把握各地经济发展质量状况，不断强化优势，查找并弥补短板，促进经济在高质量发展中取得新成果。

一　经济发展质量的内涵

根据党的十九大关于高质量发展的精神和2017年年底召开的中央经济

* 姜瑞春，辽宁社会科学院产业经济研究所副所长，副研究员，研究方向为产业经济。

工作会议要求，综合借鉴国内外相关研究成果，本文认为：经济发展质量的高低主要体现在产出效率、结构优化、动力转换、成果共享等方面。一般认为，高质量的经济发展应具备以下四方面的特征：一是从产出效率看，等量要素投入带来产出增加，以及单位产出的要素消耗减少；二是从结构优化看，高附加值产业在整个国民经济中的占比较高，区域城镇化率较高；三是从动力转换看，区域经济发展逐步由资源要素驱动向创新驱动转变；四是从成果共享看，经济发展成果更公平惠及全体人民，城乡居民公共服务体系日益均等化，人民群众在发展中的幸福感逐步增强。

二　东北三省经济发展质量评价指标体系构建

（一）指标选取原则

东北三省经济发展质量评价指标体系的设计遵循以下原则：一是综合系统原则。评价指标的设置要充分体现十九大关于高质量发展的丰富内涵，经济发展不仅体现在速度加快，更多的要体现在企业的效益提升，体现在区域经济结构的优化升级、发展动力的转换、人民生活质量的改善方面。二是获得性原则。评价指标的选取要符合各地实际，同时要考虑指标数据的可获得性和可操作性。三是简洁性原则。评价指标的选取要高度具有代表性，避免指标之间的高度相关性。四是可比性原则。评价选取的指标兼顾各省市之间的可比较性，尽量使用相对数指标，以此可判断各省市经济发展质量的高低。

（二）评价指标及权重

鉴于东北三省经济发展质量评价各指标之间相互关联，本文运用层次分析法构建指标体系并进行权重赋值。首先，根据经济发展质量内涵和指标选取原则，以东北三省经济发展质量（A）为目标层，产出效率（B1）、结构优化（B2）、动力转换（B3）、成果共享（B4）四项指标作为准则层，每项指标进一步分解为包含若干子指标项的方案层（C）。其次，根据相对重要性对指标进行赋值，构造各层次的所有判断矩阵。最后，根据判断矩阵计算每个指标相对于上一层次而言的重要性，进行单层次排序。评价指标体系及权重见表 1。

表 1　东北三省经济发展质量评价指标体系

目标层（A）	准则层（B）	方案层（C）	单位	权重（%）	指标属性
经济发展质量	产出效率（B1）	全社会劳动生产率（C1）	万元/人	8.7	正向
		土地产出率（C2）	万元/平方千米	5.7	正向
		增量资本产出率（C3）		5.7	负向
		单位 GDP 能耗（C4）	吨标准煤/万元	7.1	负向
	结构优化（B2）	高技术产业主营业务收入占规模以上工业企业主营业务收入比重（C5）	%	6.9	正向
		服务业增加值占 GDP 比重（C6）	%	7.7	正向
		居民消费占 GDP 比重（C7）	%	4.8	正向
		城镇化率（C8）	%	4.8	正向
	动力转换（B3）	R&D 经费占 GDP 比重（C9）	%	7	正向
		万人发明专利拥有量（C10）	件	8.7	正向
		规模以上工业企业新产品销售收入占主营业务收入比重（C11）	%	10.6	正向
	成果共享（B4）	常住居民人均可支配收入（C12）	元	9	正向
		人均可支配财力（C13）	元	7.7	正向
		城乡居民收入比（C14）	以农村为 1	5.6	负向

（三）数据来源与评价方法

综合指数法用于评估 2016 年东北三省的经济发展质量。数据来源于《中国统计年鉴 2017》《中国科技统计年鉴 2017》《中国高技术产业统计年鉴 2017》及 WIND 数据库。首先，最大值方法用于对每个指标执行无量纲代处理。对于正向指标，选取该指标的最大值作为 100；对于逆向指标，求取其倒数，并将其倒数的最大值作为 100。具体公式为：

$$y_i = 100 \times \frac{x_i}{\max(x_i)} \quad \text{若 } x_i \text{ 为正向指标；}$$

$$y_i = 100 \times \frac{1/x_i}{\max(1/x_i)} \quad \text{若 } x_i \text{ 为负向指标；}$$

公式中，i 表示省市，y_i 表示 x_i 的评价值。

其次，运用加权合成产出效率、结构优化、动力转换、成果共享四个方面的子指数。最后对子指数进行加权计算，得出 31 个省份经济发展质量指数（见表 2）。

表 2　31 个省份经济发展质量指数及子指数测算结果

排名	经济发展质量指数		产出效率		结构优化		动力转换		成果共享	
1	上海	80.4	上海	22.7	北京	21.0	浙江	19.2	上海	20.9
2	北京	77.4	北京	19.7	上海	19.0	北京	18.4	北京	18.4
3	天津	60.0	天津	18.2	广东	15.4	上海	17.9	天津	14.9
4	浙江	54.5	江苏	15.8	天津	12.2	广东	15.4	浙江	12.5
5	广东	53.4	辽宁	14.0	江苏	12.2	江苏	14.9	江苏	10.5
6	江苏	53.4	广东	13.9	重庆	11.5	天津	14.8	广东	8.8
7	重庆	41.3	浙江	13.3	辽宁	11.4	重庆	11.8	福建	8.0
8	辽宁	40.8	重庆	11.7	海南	10.7	安徽	11.4	山东	6.9
9	山东	37.2	福建	11.6	山西	10.3	湖南	11.0	辽宁	6.5
10	福建	34.4	山东	11.3	黑龙江	9.8	山东	10.8	湖北	6.5
11	湖南	33.7	陕西	11.1	四川	9.5	湖北	9.5	海南	6.5
12	湖北	33.6	湖北	10.4	浙江	9.5	辽宁	8.9	重庆	6.4
13	安徽	32.3	吉林	10.2	甘肃	8.6	福建	7.9	吉林	6.3
14	海南	29.2	湖南	10.0	贵州	8.2	江西	5.6	内蒙古	6.1
15	江西	29.1	江西	9.7	山东	8.1	河南	5.6	黑龙江	5.8
16	四川	28.4	内蒙古	9.5	云南	8.1	河北	5.6	江西	5.8
17	黑龙江	27.0	海南	9.3	湖南	7.9	吉林	5.6	河北	5.4
18	吉林	26.7	四川	9.2	江西	7.9	陕西	5.3	安徽	5.2
19	陕西	26.3	安徽	8.8	宁夏	7.2	四川	4.9	河南	5.1
20	河南	25.6	广西	8.5	湖北	7.2	山西	4.6	湖南	4.8
21	山西	23.8	河南	8.3	福建	7.0	广西	4.3	四川	4.7
22	内蒙古	23.4	黑龙江	8.1	安徽	6.9	宁夏	4.1	宁夏	4.5
23	河北	23.1	河北	7.5	陕西	6.7	云南	3.3	山西	4.2

续表

排名	经济发展质量指数		产出效率		结构优化		动力转换		成果共享	
24	广西	23.0	贵州	7.0	河南	6.7	黑龙江	3.2	新疆	4.1
25	云南	19.9	云南	6.6	广西	6.6	甘肃	3.2	广西	3.6
26	贵州	19.3	西藏	5.6	青海	6.4	内蒙古	3.1	陕西	3.2
27	宁夏	18.4	甘肃	5.2	新疆	5.2	贵州	2.9	青海	2.4
28	甘肃	17.2	山西	4.7	内蒙古	4.8	新疆	2.7	西藏	1.9
29	新疆	16.1	新疆	4.0	河北	4.7	海南	2.7	云南	1.9
30	青海	12.7	青海	2.9	吉林	4.6	青海	1.1	贵州	1.3
31	西藏	12.6	宁夏	2.6	西藏	4.1	西藏	1.0	甘肃	0.2

三　东北三省经济发展质量排名及特征分析

根据测算结果可以看出，我国31个省份经济发展质量存在较大差异，各省份经济发展质量指数与人均GDP具有很强的相关性，但各省份的经济发展质量排名并不完全符合人均GDP排名。从区域看，上海、北京、天津、重庆四个直辖市及浙江、广东和江苏三个省份经济发展质量明显好于其他区域；东北三省中辽宁经济发展质量较好，而吉林和黑龙江经济发展质量表现较差，有较大提升空间。

（一）东北三省经济发展质量总体状况

1. 各省份经济发展质量差异较大，辽宁、吉林和黑龙江分属第二和第三梯队

各省份经济发展质量存在巨大差异，上海、北京、天津居前3位。按照各省份得分情况，可大致划分为四个梯队，上海、北京、天津、浙江、广东和江苏属于第一梯队（得分在50~80之间），重庆、辽宁、山东、福建、湖南、湖北和安徽为第二梯队（得分在30~50之间），包括黑龙江、吉林在内的其他11个省份为第三梯队（得分在20~30之间），余下的为第四梯队，包括云南、贵州、甘肃、宁夏等7个省份。

2. 东北三省中辽宁经济发展质量好于其他两省，吉林和黑龙江经济发展质量有待提升

从区域看，辽宁经济发展质量排名全国第 8 位，好于其经济总量在全国的排名（第 14 位），黑龙江省经济发展质量排名第 17 位，吉林省第 18 位，其发展质量与东北三省的对口合作省份江苏、广东和浙江存在较大差异，还有较大提升空间。

（二）东北三省经济发展质量子指数排名及特征分析

1. 产出效率：辽宁第5，吉林和黑龙江分别排在第13和第22

从产出效率看，上海、北京、天津分列前三位，辽宁和吉林产出效率子指数排名比经济发展质量总指数排名要靠前，辽宁和吉林分别前移 3 位、5 位，黑龙江则后移 5 位。

从具体指标看，全社会劳动生产率最高的四个省市分别为北京（21.04 万元/人）、上海（20.64 万元/人）、天津（19.82 万元/人）和江苏（16.27 万元/人）；东北三省全社会劳动生产率不高，其中吉林为 9.84 万元/人，辽宁为 9.67 万元/人，黑龙江为 7.96 万元/人。东北三省在土地产出率上表现较差，其中辽宁（1503.17 万元/平方千米）、吉林（781.54 万元/平方千米）、黑龙江（338.29 万元/平方千米）分别排在全国的第 14 位、第 20 位、第 26 位。增量资本产出率衡量的是投资效率，该数值越小，表示投资效率越高。增量资本产出率最高的为重庆（5.03），其次为江苏（5.48）；东北三省投资效率普遍较差，其排名都较靠后，其中吉林和黑龙江全国排名为第 24 和第 25 位。单位 GDP 能耗较低的仍为经济发展质量较好的第一梯队，北京、广东、上海、江苏和浙江单位 GDP 能耗均较低。东北三省单位 GDP 能耗均较高，其中黑龙江为 0.80 吨标准煤/万元，辽宁为 0.71 吨标准煤/万元，在全国均属于能耗较大的省份。

2. 结构优化：辽宁第7，黑龙江和吉林分别排在第10和第30位

从结构优化看，北京、上海、广东排在前三位，排在前列的省份得分较高主要是因为该地区产业转型升级较为成功，城镇化率较高、高技术产业占

比较高等。同时东北三省中，辽宁和黑龙江排名靠前，吉林由于高技术产业占工业比重较低和城镇化率不高影响了其排名。

从具体指标看，高技术产业主营业务收入占规模以上工业企业主营业务收入的比重较高的省份主要是北京（21.9%）、重庆（20.4%）、广东（15%）等地区。东北三省中黑龙江占比较高，辽宁和吉林占比较低，分别为9.4%和9.3%，与排名靠前的省份差距较大。服务业增加值占GDP比重、居民消费占GDP比重体现了服务型经济在经济发展质量中的重要性，一般而言，该指标值越大，说明该地区经济结构转型越好，发展质量越高。服务业占比较高的省份为北京（80.2%）、重庆（69.8%）和广东（56.4%），东北三省服务型经济程度不高，黑龙江服务业占GDP的比重为48.1%，是东北三省中比重最高的。城镇化率反映的是人口的城乡结构，目前排名靠前的为重庆（87.9%）、北京（86.5%）、广东（82.9%），东北三省城镇化率在全国排名居中。

3. 动力转换：辽宁排名第12，吉林和黑龙江分别排名第17和第24位

从动力转换看，浙江、北京、上海、广东和江苏属于经济动能转型比较成功的地区，其排名分列前五。东北三省整体动力转换得分偏低，与排名靠前的省市存在较大差距。

从具体指标看，R&D经费占比较高的省市为江苏（2.14%）、山东（2.1%）和广东（2.07%）等地区，东北三省整体排名靠后，其中辽宁（1.1%）排名第12位，吉林和黑龙江排名第23和第24位，东北三省R&D经费投入强度偏低直接影响了该地区动力转换的进度。万人发明专利拥有量反映了地区创新产出的活跃程度，该指标值最高的为北京（18.7件/人），其次为上海（8.3件/人），东北三省中科技产出均不高，尤其是吉林和黑龙江两省，其万人发明专利拥有量排名为第23和第24位。规模以上工业企业新产品销售收入占主营业务收入比重体现了创新在发展上的成果，最高的仍为浙江（32.7%）、上海（26.3%）、广东（22.2%）等创新创业环境较好的地区，东北三省中吉林和黑龙江在该指标上表现较差，尤其是黑龙江省仅为4.4%，转型发展任重道远。

4. 成果共享：东北三省整体表现较好，辽宁、吉林和黑龙江分列全国第9、第13和第15位

从成果共享看，上海、北京、天津、浙江居全国前4位，体现出这些地区不仅经济发展势头较好，而且社会民生领域也走在全国前列，社会保障体系较为健全，人民的幸福感较强。东北三省在该子指数上整体表现良好，成果共享水平高于全国大部分地区。

从具体指标看，常住居民人均可支配收入最高的为上海（54305 元）、北京（52530 元）和浙江（38529 元），辽宁（26039 元）、吉林（19967 元）、黑龙江（19838 元）排名居中。人均可支配财力最高的三个省市分别为上海（26471 元）、北京（23383 元）、天津（17435 元），东北三省在该指标上普遍偏低，辽宁（5026 元），排全国第 15 位，吉林（4624 元）和黑龙江（3022 元）分别排在全国第 19 位和第 30 位。城乡居民收入比是对城乡收入差距的反映，该比值越低表明城乡收入差距越小，东北三省该指标整体排名居于全国前列，尤其是黑龙江和吉林两省，排名第 3 和第 4 位。

四　提高东北三省经济发展质量的政策建议

东北三省的短板主要体现在动力转换、结构优化和产出效率上，在成果共享上表现良好。上述对子指数和各具体指标排名的分析表明，东北三省与上海、北京、天津、江苏、浙江和广东总体处于不同的发展阶段，特别是上海、北京等发达地区已经进入高收入阶段或者正在从中高收入阶段向高收入阶段迈进，其产出效率、结构优化和动力转换已经走在全国前列，东北三省在经济发展的质量上面临着不平衡不充分等突出问题，这些问题只有加快高质量的发展才能得到解决。

（一）加快转变发展方式，提升要素生产效率

东北三省在重点科技领域要加大创新力度，加快实施一批重大科技项目，通过科技项目带动科技创新，实施存量调结构，增量促创新，全面提升

科技在经济发展中的作用，进而提高劳动生产率和资本回报率。同时，改革经济领域中的“大政府，小市场”的固化思维，发挥市场在经济领域中的决定性作用，通过构建微观主体有活力、宏观调控有力度的市场经济体制，进一步完善市场经济制度。通过完善产业政策和财税政策，降低企业的人工成本、税费负担和物流成本，大幅度降低企业运营中的制度性交易成本，提高要素生产率。

（二）实施创新驱动发展，加快增长动力转换

充分发挥东北三省中心城市科技创新资源，形成以沈阳、大连、长春和哈尔滨为引领，带动其他区域协同发展的区域创新格局。同时要增强中心城市的带动效应，进一步汇聚创新资源要素，鼓励并支持各中心城市争创国家创新型城市，进一步构建创新发展新格局，形成在全国领先并带动东北区域创新发展的新的增长极。要高度重视东北三省在动力转换方面的短板，着力加强其在创新资源方面的投入，以龙头企业和工业园区为载体，延伸产业链，提升产品附加值。同时，三省应重视培育和提升欠发达地区的创新能力，加大对欠发达地区人才、技术和产业的支持和辐射力度。

（三）优化经济结构，推动产业转型升级

要强化东北三省重要装备制造业基地地位，着力优化产业结构，加快培育和发展先进制造业和现代服务业，进一步构建符合东北地区的现代产业体系，主动抢占高端产业集聚发展新高地。要加快升级发展装备制造业，推进“制造”向“智造”的转变，推进工业化和信息化的深度融合。培育发展高端装备制造、新材料、生物医药、人工智能、大数据、数字创意等新兴产业。加快传统产业改造升级，深入推进技术改造，提高产品质量和附加值。

（四）推进包容共享，加快实现共同富裕

保持城乡居民收入与经济增长同步，因地制宜制定实施居民增收行动计划，持续提高城乡居民收入。加快完善基本公共服务均等化，实现城乡一体

化人力资源市场，推动农村劳动力转移，加大对农民的培训力度，完善就业服务体系，千方百计促进农民就业和再就业，促进农民增加经营性收入。实现社会保障制度统一，要深化社会保险制度改革，尽快形成中央、省级“双统筹”的基本格局，扩大社会保障的基本覆盖面，稳定提高社会保障待遇水平。深入实施脱贫攻坚，加大精准扶贫力度，推动全面脱贫，实现全面建成小康社会的重大任务。

参考文献

1. 京津冀协同发展统计监测协调领导小组办公室：《京津冀区域发展指数稳步提升》，2018。国家统计局网站，http：//www.stats.gov.cn/tjsj/zxfb/201808/t20180802_1613665.html。
2. 国家统计局、国家发展和改革委员会、环境保护部、中央组织部：《2016 年生态文明建设年度评价结果公报》，国家统计局网站，http：//www.stats.gov.cn/tjsj/zxfb/201712/t20171226_1566827.html。
3. 《2013～2014 年湖北区域经济发展质量评价报告》，湖北统计局网站，http：//tjj.hubei.gov.cn/tjbs/qstjbsyxx/111897.htm。

B.12

蒙东地区经济转型发展对策研究

于光军　辛倬语*

摘　要： 蒙东地区区域经济活动主要围绕资源的开发与利用展开，该地区在产业基础、人口规模、地域文化、社会发展水平、创新能力建设和对高素质劳动力的吸引力等方面对经济转型发展的支撑力量较为薄弱。新经济环境下推动蒙东地区经济转型发展，应进一步明确蒙东地区与周边省区的经济关系与定位，以消除区域内外行政区隔为重点推进区域融合发展，以城市经济发展促进与周边城市的对等合作，推进现有优势产业纵向延伸和横向扩展，以公共政策精准指向着力提升公共管理水平。

关键词： 蒙东地区　经济转型　区域创新　区域协调

蒙东地区是内蒙古自治区列入国家振兴东北地区等老工业基地战略的区域，包含呼伦贝尔市、通辽市、赤峰市、兴安盟和锡林郭勒盟五个盟市，以及满洲里市、二连浩特市两个计划单列市。该地区毗邻我国黑、吉、辽、冀四个省区，北与俄罗斯和蒙古国接壤，所辖范围面积共66.49万平方千米，分别占内蒙古全区和东北经济区面积的56.2%和45.13%。改革开放以来，

* 于光军，内蒙古自治区社会科学院经济研究所所长，研究员，主要从事区域经济、内蒙古经济发展以及与内蒙古主导产业相关的产业发展研究；辛倬语，内蒙古自治区社会科学院经济研究所产业经济研究室主任，副研究员，主要从事区域经济和产业经济研究。

蒙东地区的产业体系建设依托自然资源禀赋，主要围绕资源的开发与利用展开。新经济环境下，蒙东地区适应外部经济环境变化，实现经济转型发展亟待突破诸多现实困境。

一 蒙东地区经济转型发展的产业基础

蒙东地区的区域经济活动主要围绕资源的开发与利用展开，长期保持以资源初级加工为主的发展模式。20 世纪 90 年代末期，蒙东地区形成了以种植业、煤炭、有色金属冶炼、电力、农副产品加工、木材加工等为主的产业体系雏形，中小企业占比大，大型企业主要集中在煤矿、国有农场、森工等行业。为解决玉米等大宗农产品出区困境，蒙东地区提出了发展养殖业和畜产品加工业“过腹转化”战略，即通过发展养殖业和畜产品加工业，将赤峰、通辽等地的玉米等农产品转化为肉、蛋等畜产品，形成与东北三省优势互补、市场一致的经济格局。这也是蒙东地区作为经济区有了整体发展战略的开端。

经过近 20 年的建设和完善，蒙东地区建成了以肉牛、奶牛、肉羊、肉鸡、肉鸭饲养及肉、乳产品加工为基础的畜牧业生产加工体系。在传统农畜产品加工业的基础上，通辽市、呼伦贝尔市和赤峰市利用蒙东地区气候干燥、寒冷等“冷资源”和能源富集优势，将以玉米为原料的玉米生物发酵产业发展成为重要支柱产业。同时，味精、氨基酸、黄原胶、食品添加剂和生物医药产品也形成了较大规模产能。

进入 21 世纪，蒙东地区充分利用自身矿产资源储备，实施了资源开发带动战略。通过以资源换投资、增产能、换税收的方式，蒙东地区资源开发利用获得了长足发展。中色集团、中钢集团、中铝集团、铜陵有色、云南铜业、山东黄金、东北特钢等十几家国家行业领军企业先后在蒙东地区的赤峰市和通辽市建厂，建成了金陶股份（黄金）、敖仑花矿业（钼）、储源矿业（钼）、中钢金鑫矿业（铜）、银都矿业（铅锌）等较大的矿山企业。围绕钢铁、锌、铅、金银、铝、铜冶炼及铜深加工行业形成的一批大型企业，实现了金属冶炼及深加工行业的较快发展，具备了较大规模的铜、铅、锌、钼、锡等加工能力。

蒙东地区煤炭资源分布广泛，拥有全国排名前十的煤矿4座。其中，呼伦贝尔市煤矿产能仅次于鄂尔多斯，列内蒙古第二位，中国最大的露天煤矿——神华宝日希勒能源有限公司坐落于呼伦贝尔市；锡林郭勒盟煤矿产能在内蒙古排名第三位。因蒙东地区煤炭资源中低热值的褐煤占比较大，就地利用和发展深加工的动力较强，延伸煤炭产业链启动较早。此外，蒙东地区还引进建设了新能源材料、航空级铝厚板、铝轮毂和汽车零配件、高铁配件等项目，形成了精铝、铝型材、铝板带箔、铝轮毂等近400种铝精深加工产品，具备223.3万吨电解铝和247.5万吨铝新材料产品的加工能力。

蒙东地区的赤峰市和锡林郭勒盟的风能和太阳能资源富集。风能丰富区达1万多平方千米，风能可开发量达5千万千瓦以上，年均发电小时数达2400小时以上，有赛罕坝、乌套海、罕山北、巴拉奇如德和红山五大风场。随着国家能源结构的调整，蒙东地区的风能、太阳能发电行业发展迅速，大唐电力集团、中电投集团、国电集团、华电集团等国内主要发电企业在蒙东地区均设有风电发电场，形成了蒙东地区发展清洁能源的产业基础。

目前，蒙东地区工业增加值百亿元以上的大规模产业集群主要有冶金产业集群、能源产业集群和绿色农畜产品加工产业集群。此外，梅花味精、北方制药、阜丰生物等企业在通辽市和呼伦贝尔市有较大规模的生产企业，本地企业在蒙医药、制药等领域也有长足发展，以上均是构成蒙东地区现代产业基础的重要组成部分。

二　蒙东地区经济发展现状

（一）经济运行情况

2017年，蒙东地区生产总值和财政收入增速总体减缓（见表1）。内蒙古自治区2018年年初对地区生产总值、财政收入两项指标核减历史虚增数据，核减后的蒙东地区五盟市地区生产总值和财政收入增速均大幅降低。此外，蒙东地区的三次产业结构和固定资产投资情况也较前期发生了很大改变。

表1　2017年蒙东地区经济运行情况

地区	GDP（亿元）	人均GDP（元）	第一产业（亿元）	第二产业（亿元）	第三产业（亿元）	一般公共预算收入（亿元）	一般公共预算支出（亿元）
呼伦贝尔市	1185.86	46901.00	249.45	356.11	580.29	85.25	433.96
同比增速（%）	0.1		3.8	-9.7	4.9	-17.3	5.1
兴安盟	417.92	26074.00	125.51	124.44	169.97	28.90	174.36
同比增速（%）	4.0		5.1	2.9	3.9	0.2	9.3
通辽市	1222.62	39102.00	262.96	440.98	518.68	70.46	316.99
同比增速（%）	0.3		3.6	-6.1	4.3	6.8	4.6
赤峰市	1406.80	32641.00	280.60	502.70	623.50	100.70	462.60
同比增速（%）	3.6		4.5	-0.2	6.1	-6.3	5.4
锡林郭勒盟	1090.46	10365.00	120.83	618.61	444.68	74.33	237.69
同比增速（%）	4.3		4.8	0.8	7.9	-28.4	-2.7
蒙东地区合计	5323.66		1039.35	2042.84	2337.12	359.64	1625.60
内蒙古全区	16103.20		1647.20	6408.60	8047.40	1703.40	4523.10
同比增速（%）	4.0		3.7	1.5	6.1	-14.4*	0.2
蒙东地区占比（%）	33.06		63.10	31.88	29.04	21.11	35.94

注：*如果剔除2016年虚增因素，2017年内蒙古一般公共预算收入比上年增长14.6%。

资料来源：蒙东五盟市2017年统计公报。

第一，蒙东五盟市的地区生产总值增速下降明显，整体上低于全区平均水平。其中，通辽市实现地区生产总值1222.62亿元，比上年增长0.3%；赤峰市实现地区生产总值1406.8亿元，比上年增长3.6%；呼伦贝尔市实现地区生产总值1185.86亿元，比上年增长0.1%；锡林郭勒盟实现地区生产总值1090.46亿元，比上年增长4.3%；兴安盟实现地区生产总值417.92亿元，比上年增长4.0%。总体而言，蒙东地区一、三次产业保持平稳增长，二次产业增速下滑明显。以资源开发、能源原材料加工为主的经济活动强度减弱是拖累蒙东地区经济增长的重要因素。其中，呼伦贝尔市、通辽市和赤峰市第二产业增速出现负值，分别为 -9.7%、-6.1%和 -0.2%；锡林郭勒盟和兴安盟则分别增长0.8%和2.9%。

第二，蒙东五盟市一般公共预算收入中，通辽市和兴安盟分别保持6.8%和0.2%的增速，其他三盟市一般公共预算收入均较上年大幅减少。其中，锡林郭勒盟下降28.4%，呼伦贝尔市下降17.3%，赤峰市下降6.3%。从蒙东五盟市一般公共预算支出情况来看，锡林郭勒盟同比下降2.7%，其他四盟市均呈稳定增长。其中，兴安盟增长9.3%，赤峰市增长5.4%，通辽市增长4.6%，呼伦贝尔市增长5.1%。

第三，蒙东地区全域三次产业结构比例为19.18∶37.70∶43.12，分盟市三次产业结构略有差异。其中，呼伦贝尔市三次产业结构比例为21.1∶30.0∶48.9，兴安盟三次产业结构比例为30.0∶29.8∶40.2，通辽市三次产业结构比例为21.5∶36.1∶42.4，赤峰市三次产业结构比例为20.0∶35.7∶44.3，锡林郭勒盟三次产业结构比例为14.8∶44.7∶40.5。与内蒙古全区三次产业结构比例（10.2∶39.8∶50.0）相比较，蒙东地区全域及所属各盟市呈现出的显著特点是第一产业占比较大，凸显其农牧业资源禀赋优势。

第四，蒙东地区固定资产投资规模整体下滑。2017年，蒙东地区新增固定资产投资4752.21亿元，同比下降7.96%。其中，呼伦贝尔市751.17亿元，同比下降27%；兴安盟539.55亿元，同比增长5.6%；通辽市1454.08亿元，同比下降2.3%；赤峰市1507亿元，同比增长2.8%；锡林郭勒盟500.41亿元，同比下降29.4%。由于新增投资多集中在第三产业，而该领域较第二产业的投资规模小，因此呈现出固定资产投资规模整体下滑的趋势。在固定资产投资下降的盟市中，第一产业和第二产业的固定资产投资下降幅度普遍较大。

（二）经济调整动态

近年来，我国以原料生产为主的产业面临产能过剩压力，市场竞争日益激烈。供需环境的改变，倒逼蒙东地区转变以资源开发为主的经济发展方式。为此，蒙东地区一方面促进原材料深加工产业发展，一方面依托人口规

模较大、毗邻经济发达地区、自然资源及人文资源特色鲜明等比较优势，以提升社会消费水平和消费质量为目标，大力推进旅游业和现代服务业等第三产业的快速发展。

在农牧业领域，蒙东地区一方面积极落实国家“镰刀弯”区域种植业结构调整政策，提高经济作物、饲料种植比例；另一方面，积极调整养殖结构，压减肉羊饲养量，扩大肉牛饲养规模。各盟市按照自身条件提出了相应的调整对策，通辽市和赤峰市压减籽粒玉米，发展青储玉米、优质牧草种植；兴安盟调减玉米、葵花种植面积，调增水稻、甜菜等作物种植面积，发展有机稻米种植加工。其中，通辽市粮经饲比例调整优化为68∶13∶19，赤峰市粮经饲比例由82∶14∶4调整优化为71∶17∶12，结构调整初见成效。

在工业领域，蒙东地区将钢铁、煤炭、电解铝等列为“去产能”的主要行业。2017年，通辽市置换电解铝产能指标83.3万吨，取缔“地条钢”产能2.6万吨；赤峰市淘汰钢铁落后产能31.3万吨、煤炭落后产能615万吨；呼伦贝尔市累计退出105万吨煤炭和7万吨钢铁产能。

2017年，蒙东地区各盟市将旅游业作为带动地方经济发展、增加社会投资的重要领域，成效显著。2017年，通辽市实现旅游业总收入159.81亿元，同比增长18.3%，接待国内外旅游者644.85万人次，同比增长18.7%；赤峰市实现旅游业总收入262亿元，同比增长15%，接待国内外旅游者1636万人次，同比增长12.5%；呼伦贝尔市实现旅游业总收入607.4亿元，同比增长15.1%，接待国内外旅游者1721.10万人次，同比增长10.8%；锡林郭勒盟实现旅游总收入369.98亿元，同比增长16.9%，旅游接待总人数1547.94万人次，同比增长6.7%；兴安盟深入推进全域旅游产品开发和品牌景区创建，推出了“阿尔山、海拉尔、满洲里黄金旅游线”等旅游品牌，旅游人数和旅游收入分别达到859万人次和87亿元，分别实现同比增长23%和24%。

针对主导产业单一，产业结构中初加工占比较大，产业化发育程度不充分，制造业产能过剩非常突出，科技创新特别是企业自主研发比重较低等问题，蒙东地区各盟市加大了政策调控力度。赤峰市出台了深化发展“飞地经济”，支持医药产业等促进新兴经济发展的政策。与此前政策不同，新出台的政策着力于对经济发展方式进行调整，目标指向更为长远。2017 年，赤峰市全面启动规划面积 22 平方千米的马林有色金属产业园区建设，2×35 万千瓦自备电厂和 40 万吨铜冶炼项目开工建设；兴安盟制定出台促进工业跨越发展、支持园区建设、强化招商引资等一系列政策措施，通过实施厂房代建、基金扶持、电价优惠、产销衔接等行政性政策措施，大力培育食品加工、能源电力等产业。

三　蒙东地区经济转型发展面临的现实困境

（一）区域一体化发展格局尚未形成

蒙东地区地貌类型多样、民族构成复杂，区内基础设施、人员、资金、技术等要素分布较为分散，尚未形成与产业交互融合的区域一体化运行格局。从经济活动的地理空间协调和产业协同发展的角度看，蒙东五盟市还不能构成一个经济区，它呈分散的与黑龙江、吉林、辽宁、河北及北京等周边地区紧密结合的“零散团块”的布局特点。这种与周边地区协同发展的模式尽管在行政区意义上对蒙东地区整体会有一定的不良影响，但从经济规律和市场规则角度衡量，却切中了经济活动的基本要求。基于蒙东地区的现有条件和外部环境特征，预计这一状况在未来相当长一段时间里还将持续。

（二）就业结构凸显区域社会创新能力不足

蒙东地区在经济转型期展现新特征：随着现代信息技术普及化应用，市场营销及管理技术可以跨地域输送；产业分工越来越精细，资源开发和利用的广度和深度不断加强，产能建设日趋“车间化”，总部游离于产能体系之外，而利润形成、技术研发、人才汇集、资金汇集会远离资源型经济区，成为企业集团的生产外设。新经济发展的核心动力是创新，无论是科技创新还是商业模式创新，都需要产业基础、人口规模、地域文化、社会发展水平、创新能力建设和对高素质劳动力的吸引力等构成的复杂系统来保障，而蒙东地区在这些方面支撑力量较为薄弱。

截至2016年，蒙东地区劳动力就业人员构成中，第二产业占比仅为15%，主要就业群体仍以第一产业为主（见表2）。蒙东地区第三产业就业人员占比尽管较大，但由于其第三产业仍以传统商贸流通、餐饮、住宿、城镇交通运营等服务为主，这些行业对劳动力的技术能力要求较低，这类人群在创新领域对产业的贡献度也低于其他行业。

表2　2016年末蒙东地区按三次产业分就业人员情况

单位：万人，%

地区	就业人员	常住人口	就业人员占常住人口比重	第一产业就业人员	第二产业就业人员	第三产业就业人员	第一产业就业人员占比	第二产业就业人员占比	第三产业就业人员占比
呼伦贝尔	153.36	252.76	60.67	60.63	19.19	73.54	39.50	12.50	48.00
兴安盟	89.01	160.14	55.58	51.44	9.30	28.27	57.80	10.40	31.80
通辽市	189.68	312.48	60.70	103.25	26.33	60.09	54.40	13.90	31.70
赤峰市	260.37	430.52	60.48	136.05	49.83	74.49	52.30	19.10	28.60
锡林郭勒盟	61.73	104.69	58.96	25.41	9.60	26.72	41.20	15.50	43.30
蒙东合计	754.15	1260.59	59.83	376.78	114.25	263.11	49.83	15.15	35.02

资料来源：《内蒙古统计年鉴2017》。

2016年末，蒙东地区私营企业户数、私营企业就业人数和私营企业投资者人数占全区的比重分别为36.01%、30.16%和32.54%，表现出私营企业在城镇的发展远不及在乡村的发展（见表3）。私营经济发展孱弱的现状，某种程度上也反映出蒙东地区来自社会的创新力量不足。

表3　2016年末蒙东地区私营企业及就业人数情况

地区	合计			城镇			乡村		
	户数	就业人数		户数	就业人数		户数	就业人数	
		小计	投资者		小计	投资者		小计	投资者
呼伦贝尔市	20108	143872	40848	14905	100265	29601	5203	43607	11247
兴安盟	8463	51742	14048	6384	39860	11436	2079	11882	2612
通辽市	22060	101224	33694	17192	74507	29744	4868	26717	3950

续表

地区	合计			城镇			乡村		
	户数	就业人数		户数	就业人数		户数	就业人数	
		小计	投资者		小计	投资者		小计	投资者
赤峰市	35497	244752	53048	26129	178819	43011	9368	65933	10037
锡林郭勒盟	16656	124311	26432	14742	109751	24913	1914	14560	1591
蒙东合计	102784	665901	168070	79352	503202	138705	23432	162699	29437
全区	285438	2207676	516549	235265	1768113	452414	50173	439563	64135
蒙东占比(%)	36.01	30.16	32.54	33.73	28.46	30.66	46.70	37.01	45.90

资料来源:《内蒙古统计年鉴2017》。

(三)要素流动去向难以支撑新经济发展

“十八大”以来，我国社会管理体制改革给予社会资源流动以更大的自由以及更有效的保障。发达地区以市场手段推进的产业结构重构，对高端劳动力、优质生产要素、可自由调配的规模化资金、适度技术积累等现代优质资源的强力吸纳，有利于其继续通过扩充周边地域的方式，消减其土地等空间容量的制约。以智力支持为主要特征的创新发展，对土地等空间的需求远远低于传统制造业。因此，促进新经济发展的有效措施并不在经济领域之内，而更多落在社会范畴之中，即需要在区域发展中消除区域社会影响创新的诸多因素，完善能够诱使现代优质资源进入的教育、医疗、社区文化、城市治理等各个领域。从这个角度来看，蒙东地区当前社会发展水平与周边城市对比下的不足，会导致传统产业优势将难以继续发挥效用，进而削弱对新经济的支撑。

对蒙东地区经济转型影响较大的是劳动力的流出，这意味着新经济发展动力和潜力的流失。蒙东地区经过近年来的基础设施建设、社会体系完善，具备了服务于要素流动的基础条件。蒙东地区信息供给和交流渠道在日益畅通，劳动力流动的文化与社会障碍不断缩小，基本社会保障跨区域兑现能力不断提升，教育体系尤其是职业教育面向全国的适应性进一步提高。学习与就业培训的社会供给日益丰富，为外出务工人员在就业地相对稳定之后提供了更多的发展渠道，外部区域对本区域劳动力需求与本地劳动力外地就业对接的渠道也更为畅通，直接导致蒙东地区劳动力的大量流出。而返乡人员绝大部分留在城市从事服务业。本地工业企业吸纳人员有限是原因之一，另一原因是返乡人员在工业企业就业的意愿不强。回流劳动力就业偏重于传统服务业，这种劳动力置换状况使本地企业的劳动力升级换代得不到有效的供给。

四　蒙东地区经济转型发展的对策建议

基于上述分析，蒙东地区经济转型发展的基本思路应主要集中于对现有主导产业的稳固，在产业内部从科技进步、提升管理水平、拓展市场空间等领域推进，通过延长产业链，组合推进关联产业发展，形成多元产业联动的产业集群，并在市场的推动下逐步实现产城融合和集中集聚发展格局。

（一）进一步明确蒙东与周边省区的经济关系与定位

就社会发展、产业发展、人口汇集、社会资源富集而言，蒙东地区周边省区城市大多优于蒙东地区城市，部分蒙东地区的支柱产业企业总部就设在东北三省城市，地域之间产业联系经由市场密不可分。在服务业及公共服务领域，蒙东地区城市、城镇多与沈阳、长春、哈尔滨及与蒙东地区城镇邻近的周边城市有密切的经济活动往来，这些城市也是蒙东地区生活物资和服务供给的主要来源。基于自身尚未形成区域一体化发展格局的现实情况，蒙东地区产业与邻近东北地区城市经济的协调发展，成为构建该区域市场体系的必然选择。因此，未来应进一步促进蒙东地区与东北三省的区域协调发展，通过加强各类生产要素在该区域的流动，促进区域合作以实现区域经济良性互动。

（二）以消除区域内外行政区隔为重点推进区域融合发展

蒙东各盟市融入东北经济体系是内蒙古促进蒙东地区发展的基本战略路

径。进一步促进蒙东地区产业升级、转型发展的核心是消除蒙东自身对融入他域的行政运行局限带来的制约。在自治区层面，蒙东核心区、各盟市产业升级与转型发展的战略与规划选择上，应将蒙东地区与东北三省产业与企业的协同发展作为考量条件，在项目设计、产业政策方面进行跨区域安排，促进蒙东地区各城市和产业重点区域与临近的东北三省城市协同发展，实现东北经济区内不同产业集聚区的同位融合，逐渐形成跨行政区的产业分工格局。

（三）以城市经济发展促进与周边城市的对等合作

就蒙东地区各中心城市发展的现实基础、发展潜力及发展空间而言，其在东北经济区内达到与东北三省主要城市同等的水平还需要较长的时间积累。突破这一瓶颈的战略对策，首要是在区域内提升中心城市发展水平，形成区域内社会经济发展的要素汇集点，在培育区域中心城市增长极层面上，形成与东北三省城市对等协作的同量级发展平台。从近期蒙东地区提出的各类发展规划分析，未来该地区还需要集中力量促进产业向中心城市集聚，提出城市与离城园区融合发展的体制机制设计，以城市经济发展促进与周边城市的对等合作。

（四）推进现有优势产业纵向延伸和横向扩展

蒙东地区经济转型战略应确定为持续推进高生产率行业转型升级，即不断推进现有优势产业的纵向延伸和横向扩展，积极向上下游延伸并丰富其关联产业，配套发展生产性服务业和生活性服务业，促进形成新的产业系统；明确区域内优势产业所需要的劳动力培训、科技研发、装备维修维护、废弃物再利用等，培育相关物流产品生产，不断完善与之相匹配的、更加便捷和高质量的教育、医疗、通信、健康等生活服务体系建设。围绕优势行业的企业及其员工的生产、生活，推进一、二、三次产业融合发展，构建体系化、系统化的产业系统及其支撑体系，以此突破转型发展市场竞争不足、自身动力不足的瓶颈。

（五）以公共政策精准指向着力提升公共管理水平

创新是区域经济转型发展的动力，而改变当前蒙东地区生产方式的动力来源，关键在于提升适应新经济发展的劳动力资源规模和质量。无论是“留住”还是“引进”优质劳动力资源，都需要社会发展作为基本支撑条件。在涉及人的发展领域，涉及公共服务领域的“软硬件”建设，需要以公共政策的精准指向，着力提升公共管理水平，重点围绕提高对劳动力的服务水平，为实现经济转型发展积蓄基础力量，既要围绕现有产业升级、转型的人力资源发展需求提供社会支持，也要针对吸引人才特别是青年人口的实际需要，提出确实可行的公共服务供给提升对策，突破蒙东地区在要素汇集方面的瓶颈。

参考文献

1. 呼伦贝尔市统计局：《呼伦贝尔市 2017 年国民经济和社会发展统计公报》，中国统计信息网，http：//www. tjcn. org/tjgb/05nmg/35529. html。
2. 锡林郭勒盟统计局：《锡林郭勒盟 2017 年国民经济和社会发展统计公报》，中国统计信息网，http：//www. tjcn. org/tjgb/05nmg/35531. html。
3. 赤峰市统计局：《赤峰市 2017 年国民经济和社会发展统计公报》，中国统计信息网，http：//www. tjcn. org/tjgb/05nmg/35611. html。
4. 通辽市统计局：《通辽市 2017 年国民经济和社会发展统计公报》，中国统计信息网，http：//www. tjcn. org/tjgb/05nmg/35612. html。
5. 兴安盟统计局：《兴安盟 2017 年国民经济和社会发展统计公报》，中国统计信息网，http：//www. tjcn. org/tjgb/05nmg/35614. html。
6. 内蒙古统计局：《内蒙古统计年鉴》，中国统计出版社，2017。

B.13
东北三省农产品加工业发展研究

宋晓丹*

摘　要： 农产品加工业是连接农业、农村、农民和工业、城市、市民的大产业，是农业农村经济的支柱产业，是农业现代化的支撑力量。高产量、高质量、高营养的农产品原料，为东北三省农产品加工业提供了发展的基础优势。五大理念、消费结构升级、高新技术的不断变革等为东北三省农产品加工业营造了良好的发展环境和巨大的发展空间。但是，东北三省农产品加工业存在着加工转换率低、领军型企业竞争力弱、发展资金不足的问题。本研究通过分析东北三省农产品加工业发展现状，提出发展的对策建议，即依据消费需求定位农产品加工的项目选择，打造以食品为主导产业之外的高端产品，融合发展引领农产品加工业态创新发展，积极拓展对外贸易的交流合作空间。

关键词： 东北三省　农产品加工业　融合发展　消费需求

党的十九大报告提出，实施食品安全战略，让人民吃得放心。吃得放心即意味着要有坚实的食品安全作为保障。近年来，东北三省粮食综合生产能力稳步提高，数量规模逐年增长，质量安全稳定可靠，为国家粮食安全起到了“压舱石”的作用。与此同时，东北三省食品产业的快速发展，不仅转

* 宋晓丹，黑龙江省社会科学院经济研究所助理研究员，主要研究方向为区域经济研究。

化了大宗农产品，促进农产品加工业向好发展，也大幅度增加了农民收入和农业效益，带动农民脱贫致富和农村经济健康发展。

一　东北三省农产品加工业发展现状

东北三省农产品加工业的快速发展，向农业领域输入了资本、技术、人才、市场等现代要素，推动东北三省农业规模化、标准化、集约化、生态化、高端化和产业化发展，成为发展现代农业的重要支撑力量。东北三省农产品加工企业通过产销一体化经营，形成区域明显、产业配套、质量可控、集群集聚的发展格局，促进了农村经济繁荣。

（一）优质农产品供应情况

2017 年，辽宁省有效使用无公害农产品（种植业）标志的产品 2585 个，有效使用绿色食品标志和有机食品标志的产品分别达到 1016 个和 82 个，获得农业部农产品地理标志登记的产品 47 个（种植业）。同年，辽宁省北镇葡萄、北镇鸭梨通过国家农产品地理标志认证。据海关数据统计，2017 年辽宁省水产品对外贸易总量 212.14 万吨、总额 51.18 亿美元，位居辽宁省大宗农产品出口首位，辽宁省水产品对外贸易总额和出口额均位居全国第四。拥有 61 家会员企业的大连海参商会，海参养殖、加工和销售占全市行业 70% 以上，产值 200 亿元。据吉林省农委统计，2017 年，吉林省加工企业获得省级以上名牌产品或著名商标的达 268 户，新认证“三品一标”产品 401 个，累计有效使用“三品一标”产品 1758 个，产量 2936 万吨，实现产值 880 亿元。长白山人参等 5 个区域公用品牌获评“2017 年最受全国消费者喜爱品牌”，延边苹果梨、柳河山葡萄、九台贡米被列入中国农业重要文化遗产。2017 年，黑龙江省完成绿色、有机食品实物总量 4140 万吨，比上年分别增长 4.5% 和 2.2%，有效使用绿色食品标志和有机食品标志的产品分别达到 2555 个和 523 个，分别比上年增长 15.9% 和 8.3%，15 个绿色食品获得中国驰名商标称号，近 200 个绿色食品产品获得省著名商标，通过产权重组、合约、特许经营、结合特殊地理标识等方式形成1000多个农产品品牌。

全国范围内，东北三省的农产品不仅在产量上占据优势，并且有多项优质农产品入选国家名特优新名录。《2017年度全国名特优新农产品目录》显示，2017年东北三省中辽宁省、吉林省和黑龙江省分别有5家、11家和24家单位在粮油类别中进行申报，其粮食品类涵盖大米、小米、鲜食玉米、黏玉米、糯玉米、花生、甘薯、绿豆、红小豆、大豆、芸豆和小麦；辽宁省、吉林省和黑龙江省各自有3家单位在蔬菜类别中进行申报，其蔬菜品类包括茄子、豆角、香菇、金针菇、黑木耳、辣椒和大白菜；辽宁省有7家在果品类别中进行申报，其果品品类包括南果梨、苹果、苹果梨、蓝莓、香瓜、草莓和山楂；在其他类别中，吉林省的1家单位申报了长白山人参。

近年来，东北三省特色农产品种植品种各具特色，为农产品加工业发展提供了广阔的选择空间。根据特色农产品区域布局规划（2013～2020年），规划期内，全国重点发展10类144个特色农产品。东北三省范围内，其中辽宁省在水果品类和花卉品类优势县（市、区）的数量比其他两省占据优势，包括特色桃、樱桃、特色枣、特色杏、特色核桃、板栗、种球花卉和盆栽花卉、高粱和黄芪；吉林省在银耳、葡萄、特色梨、豇豆、燕麦、糜子、芝麻、蚕茧、人参、林蛙和北五味子的优势县（市、区）数量比其他两省占据优势；黑龙江省在黑木耳、芸豆、绿豆、红小豆、谷子、啤酒大麦、向日葵、亚麻、鹿茸的优势县（市、区）数量比其他两省占据优势。

（二）农产品加工业发展整体向好

辽宁省以促进农业增效和农民增收为目标，坚持政府主导、集聚发展、龙头带动、科技创新和可持续发展，着力提升农产品加工业竞争力。2017年，辽宁省规模以上农产品加工业增加值比上年增长0.5%，占规模以上工业增加值的比重为10.0%。实施农产品加工业提升行动，新增投资千万元以上农产品加工项目302个，农产品加工企业主营业务收入增长7%以上。2017年，辽宁省国家级农业产业化龙头企业达到55家，初具规模的农产品加工集聚区共23个，省级农产品加工示范集聚区9个，集聚区主营业务收入实现932亿元，同比增长10%；集聚区入驻企业1216户，新增75户，其中省级龙头企业141户；从业人员达到11.2万人，带动农产品生产原料基地面积247万亩，带动农户63.8万户①。

近年来，吉林省依托丰富的资源优势，坚持用工业化思维谋划农业，以农促工，以工带农，农产品加工业实现持续快速发展。2017年，吉林省农产品加工业销售收入5600亿元，同比增长7.6%，比2012年增长57.9%。2018年1~5月，吉林省农产品加工业继续保持恢复性增长，实现销售收入2550亿元，同比增长6.7%，比肩汽车、石化，成为吉林省“三足鼎立”的重要支柱产业。2017年，吉林省农产品加工企业发展到6512个，其中销售收入10亿元以上的19户，100亿元以上的4户。培育国家级农业产业化龙头企业47户，较上年增加19户；销售收入500万元以上农产品加工企业3910户，较上年增加182户。2017年年底，省级农业产业化龙头企业实现销售收入2470亿元，户均4.47亿元，实现利润122亿元，上缴税金108亿元。省级龙头企业从事玉米、水稻、大豆等粮食生产加工的有231户，销售收入1485亿元；从事肉、蛋、奶等畜禽生产加工的94户，销售收入547亿元；从事果菜、食用菌、人参、中药材等园艺特产品生产加工的196户，销售收入438亿元。

黑龙江省依托绿色生态农业基础，以粮、畜、林等农产品和绿色食品为主导的农产品加工格局逐步形成，食品和农副产品精深加工业正被打造成全省第一支柱产业。黑龙江省农产品加工业呈现出恢复性增长态势，截至2017年年底，规上农产品加工企业发展到1942个，省级农业产业化龙头企业发展到550个，从事绿色有机食品经营企业数量同比增长9%，加工产值同比增长9.7%。2017年年底，黑龙江省规上农产品加工业增加值增长4.7%，比同期全省工业高出2个百分点，规上农产品加工业主营业务收入和利润居工业产业第一位，分别占全省工业的35.3%和36.8%。2017年，

---

① 辽宁省人民政府办公厅：《辽宁省农产品加工集聚区发展规划（2017~2020年）》，2017。

黑龙江省蔬菜加工主营业务收入同比增长 41.7%，粮食加工量和销售收入同比分别增长 26% 和 19%。2018 年一季度，黑龙江省规上农产品加工业主营业务收入、利润、税金分别同比增长 16.9%、13.1% 和 49%，全省乳业、肉业主营业务收入同比分别增长 19.6% 和 11.3%。2012～2016 年黑龙江省绿色食品加工企业情况具体见表 1。

表 1　2012～2016 年黑龙江省绿色食品加工企业情况

指标	2012 年	2013 年	2014 年	2015 年	2016 年
企业个数(个)	550	561	580	600	890
职工人数(万人)	19.1	19.8	20.5	21.9	24.5
资产总额(亿元)	338.9	346.5	355.2	367.4	552.5
流动资产(亿元)	162.5	165.2	166.1	167.5	239.9
固定资产净值(亿元)	164.7	168.9	173.6	199.9	312.6
投资额度(亿元)	162.4	175.3	150.7	195.4	255.2
产品产量(万吨)	1040.0	1090.0	1290.0	1350.0	1510.0
产值(亿元)	650.0	810.0	1120.0	1380.0	1480.0
利税(亿元)	45.3	62.1	85.7	89.6	97.1
订单数量(万吨)	409.6	510.5	592.6	603.4	930.6

资料来源：黑龙江统计年鉴（2017）。

（三）投资、补贴与带动效应

1. 农产品加工投资情况

为支持农产品加工业等产业发展，辽宁省安排 10 亿元产业（创业）投资引导资金，用于支持县域农产品加工等产业，整合 10 亿元财政资金，重点用于农产品深加工、特色产品推广、农产品研发以及重点项目贴息。2016 年，辽宁省实施投资 1000 万元以上农产品加工项目 276 个，实际完成投资 115 亿元，其中有 67 个项目竣工投产。

吉林省启动农产品加工投资拉动战略，先后启动投资 1000 万元和 3000 万元以上农产品加工业重点项目建设。2017 年，吉林省实际启动投资 3000 万元以上项目 125 个，完成投资 50 亿元。全省新建、改建农产品加工重点项目120个，当年完成投资50.1亿元。

黑龙江省农产品加工投资保持较热态势。2017年，黑龙江省政府重点推进农产品加工项目141个，开工建设123个，完成投资189.9亿元，建成29个。2018年，黑龙江省重点推进亿元以上项目150个，计划完成投资200亿元，培育发展50个销售收入可过10亿元的企业和20个产业集聚度较高的园区。

2. 农产品加工补贴情况

2018年中央财政重点强农惠农政策指出，将继续在辽宁、吉林、黑龙江、内蒙古实行玉米和大豆生产者补贴，大豆补贴标准高于玉米，旨在鼓励种植补贴向玉米、大豆优势产区集中，引导调减非优势产区的玉米种植。2017年，辽宁省获得中央财政的农产品产地初加工补助资金11277万元，阜新蒙古族自治县大板镇玉米每亩补贴标准为137.62元，盘锦兴隆台玉米补贴标准则为225.28元/亩。

吉林省大力支持玉米加工业转型升级。制定《关于实施定向精准调控稳定经济增长的若干意见》，对吉林省玉米加工企业实施临时补贴政策，企业每加工1吨玉米补贴150元。争取国家补助资金8536万元，在28个县（市、区）实施了农产品产地初加工补助项目，建设冷藏库、储藏库等设施872座，新增储藏能力9.7万吨。

为深入推进玉米及大豆收储制度改革，黑龙江省政府对2017年内新产玉米、大豆给予补贴，对2018年6月30日前加工的2017年内新产玉米（标准水分）和大豆（标准水分）分别给予每吨150元和300元补贴。针对价格“倒挂”，黑龙江省对玉米、稻谷加工企业提供政策补贴34亿元。

3. 农产品加工的带动效应

辽宁省充分发挥农产品加工龙头企业带动作用，延伸上下游产业链，形成集原料基地、农产品加工等多元一体的农村一二三产业融合发展先导区，带动原料基地生产面积235万亩，带动农户62万户，吸纳农民就业10.4万人。

吉林省加工企业通过“公司+合作社+基地+农户”“保底收益+入股分红”等模式，完善与农户的风险共担、利益共享联结机制，形成紧密的利益共同体。省级农业产业化龙头企业辐射带动种植业基地4070万亩，畜禽养殖量达3.56亿（头、只），带动220万农户参与一体化经营，带户增收75亿元。

黑龙江省已形成25个以农产品加工为主的产业园区，全省新形成玉米加工能力200亿斤，大力发展“玉米种植—饲料加工—生猪养殖—粪便肥田”的农产品生态经济循环链。2017年，黑龙江省农产品加工业直接吸纳20万人就业，带动75万农民参与产业化经营，带动绿色有机食品基地7600万亩。

二 东北三省农产品加工业面临的问题

习近平总书记在中央农村工作会议上指出，农业的主要矛盾突出表现为结构性供过于求和供给不足并存。加快推动农产品加工业转型升级，从规模扩张向质量提升转变是中国农产品加工业发展的新阶段，中国规模以上农产品加工企业已超过8万家，加工业与农业产值比达到了2.2∶1，但这个数值与发达国家相比，仍存在较大差距。东北三省农产品加工业同样面临农产品加工转化率低的问题，并且还有其他问题需要重视与解决。

（一）农产品加工转化率亟待提高

农产品加工转化率低是全国范围内农产品加工业面临的问题。目前，美国农产品加工转化率超过85%，加工业与农业产值比超过4∶1，中国农产品加工转化率只有60%，加工业与农业产值比只有2.2∶1。以玉米为例，根据不同品种和用途，中国只能加工200多种产品，而世界先进国家则能加工3500多种产品。在发展目标上，到2020年，中国农产品加工转化率达到68%，加工业与农业产值比提高到2.4∶1，规模以上农产品加工业主营业务收入年均增长6%以上；到2025年，加工转化率达到75%。东北三省以黑龙江省为例，根据农业部经济研究中心数据，黑龙江省农产品加工业与农业产值比仅为1∶1，不仅远低于全国的2.2∶1，加工食品占饮食总消费25%的比例更是大大低于发达国家90%的比例。而对于同样是农业大省的山东省，其2020年的发展目标是农产品加工业与农业总产值比达到3.76∶1，将更为接近发达国家水平。

（二）领军型企业相比发达地区存在较大差距

2016年，辽宁省农产品加工业省级以上龙头企业达到677家，销售收入10亿元以上的龙头企业达到30家，30亿元以上的8家，50亿元以上的3家，超100亿元的1家。2017年，吉林省农产品加工业省级龙头企业521家，年销售收入超亿元的企业尚未过半，10亿元以上的不足20家，超100亿的大型企业更是凤毛麟角。2017年，黑龙江省农产品加工业省级农业产业化龙头企业550个。但是通过比较，东北三省农产品加工领军型企业仍与发达地区存在较大差距，据统计，辽宁规上农产品加工业主营业务收入分别不足山东省与河南省的1/6和1/3。目前，浙江省农产品加工企业主营业务收入超亿元的665家，广东省农产品加工企业主营业务收入超亿元的355家；河南省农产品加工企业主营业务收入超10亿元的356家；江苏省农产品加工企业主营业务收入超100亿元的13家。和发达地区的农产品加工企业相比，东北三省的农产品加工企业无论是在规模上还是在数量上，都无法与之相抗衡。

（三）发展资金不足制约农产品加工企业发展

由于受农产品加工行业回报率低、投资时间长等不确定因素的限制，社会和工商资本的投资意愿不强，严重制约着农产品加工企业的发展。例如，辽宁省海城三星生态农业有限公司流转了1400余亩土地，但由于银行贷款门槛较高，贷款程序繁琐，流转的土地难以获得金融部门的贷款认证，金融机构审核谨慎，尽可能地规避风险，资金倾向于国企等大型企业，没有产权抵押的农产品加工企业贷款非常难①。对吉林省省级重点龙头企业调查显示，

① 《辽宁省农产品加工企业发展情况、面临的困难及建议》，辽宁省人民政府办公厅网站，http://www.lnzfbgt.gov.cn/zwgz/dcyj/201707/t20170724_2994150.html。

60%以上的龙头企业项目建设面临资金不足的难题，年度资金缺口达100亿元以上，相对于其他工商企业，农产品加工企业具有原料收购时间集中、储备时间长、对流动资金季节性需求大等特点，使得资金不足的问题更加凸显。

三　东北三省农产品加工业发展的对策建议

2018年中央一号文件提出，实施农产品加工业提升行动，鼓励企业兼并重组，淘汰落后产能，支持主产区农产品就地加工转化增值。东北三省农产品加工业发展，必须坚持以政府主导、集聚发展、龙头带动、科技创新和可持续发展的原则，以产品安全、资源节约为发展方向，通过优化产业结构布局、加快初加工发展、提升精深加工水平、鼓励主食加工、推动农产品及加工副产物综合利用，提升农业产业化发展水平，同时也要把握好"一带一路"建设与对口合作省份产业对接的有利契机。

（一）依据消费需求定位农产品加工的项目选择

农产品消费日益呈现功能化、多样化、便捷化的趋势，个性化、体验化、高端化日益成为农产品消费需求增长的重点①。2018年食品消费七大趋势是"单人的自我乐活模式"正引领一场全新生活方式的变革，少年养生潮流来势汹汹，生活便利正推动全民"懒系"消费增长，美食实现"即想即得"的零售化，"健康饮食+运动"成为反油腻妙招，网红店、网红食品消费动力不容小觑，花式奶茶已成为全民"热"饮②。养生保健类食品越来越为大众消费所热衷，也为吉林省人参产业开拓着巨大的市场空间，适于老年人饮用的人参茶、适于三高人群的人参含片、养阴润肺的沙参产品等，都是发展前景较好的加工项目。黑龙江省85%的大豆加工企业以油脂加工为主，但大豆蛋白、豆浆、豆腐、腐竹等尚未形成规模，鸡西市的非转基因大

① 《全国农产品加工业与农村一二三产业融合发展规划（2016～2020年）》。

② 《国民食品消费现7大趋势》，《中国食品报》2018年2月5日。

豆非常适合加工具有东北特色的豆制品，不仅可以满足消费者对大豆蛋白食品的需求量，也实现着大豆从粮到食的蜕变。个性鲜明、追求自我的90后、00后一代渐渐成为市场消费的主力军，他们更愿意为个性买单、为设计买单、为价值买单，这就是明显的需求信号，将高品质农副产品原材料加工成符合市场消费主体需求的，具有保健功能、养生功能、即食功能、方便功能的产品，随之而来的就是良好的经济收益。

（二）打造以食品为主导产业之外的高端产品

伴随居民生活水准的不断提高，生活的消费需求也在不断提档升级。因此根据市场需求迫切需要进行结构性调整，通过精心打造升级农产品加工价值链，填补市场需求的结构性短缺，是东北三省农产品加工业积极可行的发展方向。或通过海外代购形式，或通过出国游形式，大量的中国消费者倾向于消费以农产品为原料生产的高端产品，其中包括化妆品、药品、保健品、酒类、纺织品等。例如，近期英国和美国的一系列产品发布会表明，以食品为原料制成的护肤品目前虽然小众化，但由于其内含的营养成分更安全可靠，可以让皮肤更健康而呈现强劲的增长势头，有潜力成为主流产品。根据全球领先的英国因敏特市场咨询公司的最新研究，美国18~34岁的女性中有41%使用口服补充剂来美化其外观，黑色、红色、紫色和绿色食物都是非常适合并为欧美年轻女性所喜爱的“由外向内”的美容品。由此可见，以食品为原料的化妆品国际市场发展空间巨大。因此，通过创新思维理念，农产品加工企业坚持模仿创新、引进消化吸收创新和自主研发创新相结合，努力向美容、医药、保健等领域延伸，东北三省农产品加工业必定会大有可为大有作为。为满足市场多样化需求，延伸农产品的功能链，2017年黑龙江省已经提出重点发展以养生保健功能为主导的“三品一标”农产品，主要是能够利用其特定成分生产具有预防疾病或促进康复等功效的农产品。

（三）融合发展引领农产品加工业态创新发展

党的十八届五中全会提出五大发展理念，强调“种养加一体、一二三产业融合发展”。充分发挥农产品加工业的引领带动作用，促进农村一二三产业融合发展，是拓展农民增收、转变农业发展方式、实现“四化同步”、推动城乡协调发展的战略选择。农产品加工企业向产业链前端延伸建立优质原料生产基地，向后拓展仓储、冷链、物流以及电子商务、休闲农业等，形成了以农产品加工为引领的农村一二三产业融合发展格局，高新技术的飞速发展为农产品加工业和产业融合注入了不竭的发展动力。例如，吉林省某食品公司把粮食收储、饲料加工、蛋鸡养殖、蛋品加工、粪污处理、运输销售、精准扶贫等环节联结起来，形成良性循环带动农业发展。业态创新是指以新的经营方式、新的经营技术和新的经营手段取代传统的方式与手段，以满足不同顾客的消费需求。将农产品加工业纳入“互联网+”现代农业行动，引导农产品加工业与文化、旅游、康养、休闲等产业深度融合，推行“农产品加工业+休闲农业”“农产品加工业+乡村旅游”“农产品加工业+特色小镇”“特色农产品加工+民俗手工艺品制作”等，积极发展满足城乡居民“快捷、好吃、营养、安全”需求的电子商务、中央厨房、加工体验等新业态。

（四）积极拓展对外贸易的交流合作空间

东北三省不仅具备对外合作的地理优势，也拥有发展对外合作的产业基础。作为东北地区唯一的沿海省份，辽宁省对接和沟通着东北亚与欧亚大陆桥，中欧班列通达俄罗斯、波兰、捷克、德国等7个国家。2017年，辽宁对中东欧国家进口额为14亿美元，同比增长38%；出口额为6.3亿美元，同比增长21%；完成中欧班列1143列次，集装箱货运量9.2万标准箱，大连港、营口港位居中国十大港口之列①。吉林省中新食品区被农业部批准为国家首批农业对外开发开放试验区之一，俄罗斯、赞比亚吉林海外农业示范区建设达到五通一平，“一带一路”海外投资18亿元。黑龙江省绥芬河市

---

① 《辽宁创建“16+1”经贸合作示范区　扩大与中东欧国家合作》，新华网，http://www.chinaneast.gov.cn/2018-06/12/c_1122971481.htm。

将邻国俄罗斯的优质农产品运回，利用综合保税区的优惠政策，开展农产品精深加工；绥芬河的跨境蔬菜出口基地生产的蔬菜畅销俄罗斯市场，果蔬市场已拓展到俄罗斯远东地区、日本、韩国及东南亚。因此，辽宁省应利用港口优势继续加强与中东欧国家的贸易合作，吉林省和黑龙江省利用区位优势继续加强与俄罗斯、韩国、日本、朝鲜、蒙古国等的贸易合作。优化对外出口的精深加工农副产品品类，针对国际市场需求开展水产类生鲜速冻、马铃薯制品、鲜食玉米、豆类、蘑菇罐头、食用植物油、天然蜂蜜、即食坚果、啤酒类等精深加工，增加东北三省农产品加工产品的对外贸易额度。与此同时，要加快境外农产品贸易平台建设，充分利用电商平台不受空间、时间限制，交易快速、成本低廉的特性，节约成本与资源，推进农产品出口企业内外销“同线同标同质”。

参考文献

1.《全国农产品加工业与农村一二三产业融合发展规划（2016~2020年）》。

2.《辽宁省农产品加工集聚区发展规划（2017~2020年）》。

协调发展篇

Coordinated Development Reports

B.14
东北地区与东部地区部分省市对口合作路径研究

栾美薇　王爱丽*

摘　要： 自东北地区与东部地区开展对口合作以来，多地确认完善对口合作机制，组织开展对口合作系列活动，加强重点领域合作项目和平台建设，推进重点功能区对接交流，开展区（市、县）对口合作和干部人才交流培训等几大方面工作，并取得了一定的成绩。本文从制度的创新性、合作的互补性和地方的积极性来分析对口合作的特点，分析合作过程中存在的发展需求、合作成果等一系列有待提升改进的问题，并提出促进对口合作工作有效提升的路径，即强化顶层设计的统筹，

* 栾美薇，黑龙江省社会科学院经济研究所助理研究员，研究方向为人力资源与环境；王爱丽，黑龙江省社会科学院副院长。

完善对口合作协调推进机制；精准定位产业合作，加快结构调整步伐；推进平台载体建设，探索实现共赢道路；加强重点城市间合作，推进新型城镇化；加强多层次合作体系建设，开展多样型合作交流；破除落后软环境屏障，实现共同发展。

关键词： 东北地区　对口合作　路径　东北振兴

东北地区与东部地区对口合作发展是深化改革、加快东北振兴的重大举措，党的十九大强调指出，要深化改革、加快东北等老工业基地振兴，要建立更加有效的区域协调发展新机制。2016 年年底国务院在《关于深入推进实施新一轮东北振兴战略加快推动东北地区经济企稳向好若干重要举措的意见》中首次提出组织东北三省与东部三省、东北四市与东部四市建立对口合作机制（见表 1），后在 2017 年 3 月出台对口合作方案，2018 年 3 月发布省市间对口合作具体实施方案，对东北地区与东部地区对口合作工作内容的进一步深化、工作任务的再分解、工作部署的具体落实，标志着东北地区与东部地区对口合作进入全面推进落实的新阶段。

表 1　建立对口合作关系的省市

东北地区	辽宁省	吉林省	黑龙江省	沈阳	大连	长春	哈尔滨
对应省市	江苏省	浙江省	广东省	北京	上海	天津	深圳

一　东北地区与东部地区部分省市合作取得的进展

总体上看，东北地区的对口省市主要优势表现在工业基础好、资源丰富、发展空间大、科研能力强、农业基础好等方面，东部地区的对口省市则在体制机制创新、改革先行、要素市场流动方面具备优势。特别是东部各省市民营经济活跃，适应市场变化能力突出，政府为市场主体服务意识强等方面更是东北地区最为突出的短板。

（一）建立对口合作机制

辽宁省和江苏省编制形成包括5个方面24个合作重点的《辽宁省与江苏省对口合作实施方案》。在此基础上，组织双方省直有关单位和各有关市编制完成包括6个方面62项重点工作的《辽宁省与江苏省对口合作2017年度工作计划》。吉林和浙江两省共同起草了《吉林省与浙江省对口合作实施方案》，制定了到2020年的工作目标和6个方面39项重点任务。黑龙江和广东两省共同编制了《黑龙江省与广东省对口合作实施方案》以及框架协议、2018年度重点工作计划等配套文件。

辽宁和江苏两省明确要在深化改革、扩大开放、产业合作、创新创业、人才交流、平台载体建设等方面开展务实合作。两省省直有关单位、有关市党委政府、有关企业、商会协会、专家智库等在相关领域共签订了48项合作协议。吉林与浙江两省共同签署了《吉林省与浙江省对口合作工作框架协议》，确定了8个方面18项合作要点。在具体领域，吉林省政府与浙商总会签署了战略合作框架协议，重点在共建重大基础设施、参与国资国企改革、旅游合作、新材料研发应用等九个方面开展合作；与浙江大学签署了省校合作协议，重点在科技创新、产业合作、人才培养、战略咨询四个方面开展合作。沈阳市与省内各市共同制定了《沈阳市与省内各市协同参与京沈对口合作工作框架协议》，积极协调沈阳经济区和省内其他各市积极参与京沈合作。京沈两市市直部门和地区建立了对口合作机制，部分行业部门和地区签订了战略合作协议。哈尔滨市和深圳市签署以《哈尔滨市与深圳市对口合作框架协议》为龙头的1+N两地协议体系，包括金融、国资、教育、住建等领域5份配套协议。

（二）多种措施推进重点领域合作

1. 优化营商环境

东北各省市积极借鉴东部省市先进经验，优化营商环境。辽宁省在苏州举办“放管服”改革专题研讨班，实地考察学习江苏“放管服”改革经验，在学习江苏“三级四统”基础上，进一步推出“三级五统”。充分借鉴江苏“多规合一”“多图联审”等新模式，制定《关于优化全省投资审批服务的指导意见》。借鉴江苏经验制定《辽宁省经济发达镇赋权指导目录》。吉林省学习对标浙江民营经济政策机制，制定出台了《关于促进民营经济加快发展若干措施》。大连市组织开展“学习讲话，对标上海，解放思想，真抓实干”大学习大讨论活动，通过全面对标学习上海，查找思想观念上的差距和不足，促进了广大党政干部思想观念的转变。

2. 推进国企改革

东北各省市学习东部省市国企改革经验，引进东部民营资本，推进混合所有制改革。辽宁和江苏共同举办了两省国有企业对口合作洽谈会，签订《辽宁省国资委　江苏省国资委战略合作框架协议》，并重点向江苏民营资本推介辽宁省社保基金理事会持有的 7 户省属企业集团各 20% 股权转让项目，推动辽宁国有企业混合所有制改革。沈阳和北京两市工商联共同举办了沈阳市 PPP 项目及国企混改项目“北京行”活动。深圳市决定以国资合作为有力抓手，将深圳资本、理念、技术等方面优势与哈尔滨的优势进行结合。两市对接并签署《深圳市国资委　哈尔滨市国资委全面战略合作框架协议》，一批深圳市属国资企业以高度的市场敏感性率先与哈尔滨方面进行对接，寻求投资发展机遇。

（三）推进产业合作

辽宁和江苏两省推进沙钢集团参与东北特钢等三家公司破产重组工作，双方已签订框架协议并完成保证金支付。200 家江苏企业与辽宁省 12 个重点石化产业园以及华晨汽车集团，分别开展苏辽产业对口合作对接，并签署了“江苏天赐福生物工程有限公司整体搬迁项目投资协议”等 11 个苏辽产业对口合作投资协议，总投资逾百亿元。支持沈阳机床集团在江苏省建湖县、灌云县投资合作项目的双向对接，并成功推动沈阳机床集团在建湖县的 5D 智能制造生态谷项目落地运营。南京与鞍山开通直航航线，为两市乃至周围地区开展全方位合作提供更多的便利条件。在南京举办辽宁、江苏两省国有企业对口合作洽谈会和辽宁省旅游产业推介说明会，组织协调重点企业参加现场洽谈，分别签约项目 5 个和 6 个。截至 2017 年年底，两省已签约合作项目 60 个，意向投资额 209 亿元。吉浙两省成功举办对口合作经贸交流会，两省签约一批重点合作项目。双方签约项目 73 个，总投资 796 亿元，其中开工项目 27 个，到位资金 35 亿元，涵盖汽车、石化、农产品加工、医药健康、绿色农业、现代服务业等多个领域。2017 年，广东省与黑龙江省共签署对口合作项目近 200 个，涉及金额 2000 余亿元，包括粮食、农业、医药、文化等领域。珠海金融投资控股集团等企业与黑龙江方面达成投资意向并签署合作框架协议。还有一批对口合作特色展示项目落地运营，比如黑河市辰兴商控与广东珠海农业控股集团合作的“俄罗斯黑河特色商品体验馆”，展示了俄罗斯以及黑河特色产品 400 余种，为珠海与黑河市对口合作提供了平台窗口。截至 2017 年年底，京沈合作产业项目 153 个，总投资 2193 亿元；深哈合作产业项目达成签约 137 个，计划投资 923 亿元，已开工 10 个且计划投资 106 亿元。

（四）有序开展干部挂职和人才交流

辽宁选派 16 名厅处级干部赴江苏省发改委、经信委、商务厅等部门及相关对口合作结对市挂职。江苏省委组织部组织 30 多名专家学者（含 6 位院士、2 名高层次专家）赴辽宁启动“江苏院士辽宁行”活动，为辽宁经济社会发展建言献策。吉林和浙江两省互派 40 名挂职干部。围绕创新发展、农业供给侧结构性改革等方面，吉林选派干部赴浙江参加培训班 51 期，培训各级干部 2618 人次。黑龙江省共选派近 40 名干部赴广东挂职，选派 2 批共 10 名厅级干部到广东省委党校市厅级干部进修班学习，组织全省 13 个地市、农垦森工商务部门负责同志赴广东参加 2017 年广东—黑龙江电子商务与精准扶贫攻坚高级研修班等。沈阳和北京共派出 31 名干部挂职锻炼。依托北京优质培训机构和教育培训基地，为沈阳培训干部 350 余人次。大连赴上海开展了 2 期共 16 人专题研修班，选派 2 批共 7 人赴上海挂职锻炼，选

派1000余名干部分二十多个批次到上海专题培训或学习考察。哈尔滨市安排了12名市管部门和区县领导在深圳挂职，组织市直17个经济部门和9区9县（市）分管经济工作的领导，在深圳市委党校举办“坚持深化改革开放，大力提升市场化水平”市管领导干部专题研讨班。

二 东北地区与东部地区部分省市的合作特点

国家发展改革委会同有关部门和地方，通过深入调查研究、征求意见和学术研讨等活动，在综合考虑相关省市资源禀赋、产业基础、发展水平，以及合作现状的基础上制定了相应省市对口合作关系，同时强调这种合作关系的建立并不是排他性的，各地区之间同样可以开展多种形式的交流与合作。

（一）合作制度的创新性

东北地区与东部地区建立对口合作关系，中央政府在提出和推动进程中，给予了指导和支持，并且将其作为一项政治安排提出方案加以实行。在过去地方政府间的横向互动的事务中，中央政府多是通过引导和鼓励，一般不直接参与，或是直接由中央政府指定安排，作为政治任务下达到地方政府。此次东东合作关系的建立不同于以往，在中央政府的直接领导下，通过地方政府间进行充分商议和协调，制定具体的实施方案，由中央政府印发实施。这项制度是新时代为解决区域发展不平衡不充分的问题而创造的，本着互利共赢的精神建立有效的区域发展新机制，将东部地区先进的发展理念和经验与东北地区发展的需求相结合，破解制约东北发展的体制机制难题，加快推进供给侧结构性改革，为全面振兴东北提供助力。

（二）对口合作的互补性

自2016年国务院在《关于深入推进实施新一轮东北振兴战略加快推动东北地区经济企稳向好若干重要举措的意见》中首次提出组织东北三省与

东部地区建立对口合作机制，并于2017年出台对口合作方案，于2018年3月发布省市之间对口合作具体实施方案，通过国家相关部门开展的调查结果，并结合相关省市资源禀赋、产业基础及合作现状，确定了东北地区三省四市与东部地区三省四市的对口合作关系。需要注意的是，这种合作关系不是排他性的，其他地区之间同样可以开展多种形式的交流与合作。确定对口合作的东部省市在体制机制创新上、要素市场流动和改革方面具有明显优势，而这些方面在东北地区为突出短板。东北地区工业基础好、资源丰富，机器人与人工智能装备、生物医药等方面是强项，与东部地区经济社会发展的需求相符合，两个地区在文化、旅游、康养产业等方面都存在很强的互补性。结合两地的优势，可以做到扬长补短，实现南北联动，为东北地区增强发展动力和活力，为东部地区提供更为广阔的发展空间提供新的制度平台。

（三）调动地方的积极性

对口合作关系取得成效的关键在于地方政府要有所作为，地方政府在上级政府的引导下，发挥市场在资源配置中的作用，在资本、人才和技术等要素合理流动方面，吸引东部地区的项目来东北地区投资落地。东北地区借助对口合作机制，在行政管理体制机制创新、国有企业改革、民营经济发展、产业园区建设和对内对外开放等领域主动向东部地区省市看齐、对标，通过合作激发出市场主体的活力和内生动力，振兴东北地区。

三　东北地区与东部地区部分省市对口合作存在的问题

自2016年东北地区与东部地区开展对口合作以来，取得了一定的成绩，有了良好的开局。但也要看到，至2020年完成既定目标，还有许多困难需要克服，还存在一些问题亟待解决。

（一）发展需求有待统一

在对口合作过程中，东部地区与东北地区在设想发展路径上、需求上有不同之处，各自在考量时更侧重于本地发展优势，致使双方合作存在一些不协调之处，制定的合作内容未完全相对应，在对接过程中易出现分歧，存在“你做你的，我做我的”现象，无法形成最大合力，使得合作效果未能达到理想程度。

（二）合作结果有待提升

东部沿海地区和东北地区在经济发展程度上有较大差距，这是中央决定双方对口合作的前提，但也要警惕这种差距在对口合作时有可能会发生的“马太效应”，即在双方紧密的对口合作中，东部沿海地区从东北地区吸收走资金、人才和技术，反而拉大双方发展水平的差距。

（三）经济规模发展有待提高

东北地区国有经济比重过高，国有企业债务、冗员和社会负担包袱沉重，企业设备、工艺老化，产品结构单一，企业多处于价值链中低端，且传统产品比重过大；组织结构上的“小而全”，导致无法达到规模经济要求；传统产业比重高，而新兴产业比重过低且规模小，缺乏对经济增长的整体带动作用。

（四）营商环境有待改善

营商环境的短板是客观存在的，正是因为有了这样的“问题导向”，东北各地都意识到了改善营商环境、提升自身形象对于振兴老工业基地的重要意义。通过对口合作关系，东北地区推动在优化环境上实现突破，转观念，像东部地区那样不找市长找市场；转作风，讲究诚信、不忽悠；讲实效，以产业项目落地、经济发展论合作水平高低，努力优化营商环境，为对口合作保驾护航。

（五）思想观念有待转变

学思想、转观念、换思维，东北地区通过开展对口合作干部互派、相互挂职和定点培训等方式，学习东部地区先进新思想和新思维，促进东北地区干部进一步解放思想，转变思想观念，学习如何把资源优势转化为经济发展的动力，尽快完成东北地区供给侧结构性改革。

四　东北地区与东部地区部分省市对口合作的实施路径

（一）强化顶层设计的统筹，完善对口合作协调推进机制

建立起横向联动、纵向衔接、定期会商、运转高效的工作机制，强化制度保障。完善对口合作省份高层领导定期会商制度，确定工作重点；各省有关单位依据分工及职能承担各自对口合作任务，不定期会商并指导各地开展相关工作；东北地区与东部地区之间要注重横向联动，强化相关部门的纵向协调和信息沟通，同时积极引导社会参与，着力发挥市场主体作用，加大对口合作宣传力度，鼓励民间资本多渠道参与对口合作，实现共赢。

各重点领域牵头部门积极与国家相关部门对接，积极争取国家有关部门在政策实施、规划编制、项目安排、改革创新先行先试等方面大力支持。围绕东部地区与东北地区共同合作的重点园区和合作项目，共同解决合作中出现的问题和困难，形成合力争取重大合作项目或合作示范园区获得国家层面的资金、政策支持，推动重大事项的顺利进行，并尽快收获早期成果。

（二）精准定位产业合作，加快结构调整步伐

1. 提升装备制造业发展水平

推动东北地区电力装备、高档数控机床、石化和冶金装备、重型矿山和工程机械、农业机械装备、先进轨道交通设备、海洋工程装备、船舶制造等装备优势制造能力与东部地区开放型经济和市场的发展有效对接，促进产用结合、产需对接和产业链上下游整合。推动东北装备制造业转型升级，开拓国内外市场。引导东部地区制造业企业在东北设立研发制造基地，通过企业

合作，提升东北制造的品牌形象，促进产品升级。

2. 推进新兴产业发展

东北地区机器人、清洁能源装备、生物医药、新材料等与东部地区战略性新兴产业对接，形成协同放大效应。引导东部地区高端装备、新能源等先进行业企业与东北地区培育和发展新兴产业三年行动计划对接，在东北地区形成一批新兴产业集群。支持东部地区优秀电子商务企业和电子商务平台与东北地区加强沟通合作，共同拓展网络销售渠道。

3. 拓展农业和绿色食品产业链

推动东部地区与东北地区建立农业和绿色食品长期产销对接关系，利用东部地区电子商务、营销网络、商业模式等优势，促进东北地区企业在东部地区建立绿色优质农产品展示销售中心、社区体验店等模式，不断扩大东北地区农副产品市场供应和品牌效应，争取订单，开拓市场。鼓励和引导东部地区规模大、实力强、技术先进的农业产业化龙头企业到东北地区投资兴业，大力发展农产品初加工和精深加工，打造全产业链和全价值链。

4. 发展文化、旅游和健康产业

推动东部地区与东北地区拓展文化交流新渠道，举办文化交流和旅游、“候鸟”旅居推介会等活动。鼓励东部地区新闻出版广播影视传媒龙头单位发挥资本、技术、策划创意和市场营销等优势，有针对性地与东北地区开展合作。争取国家支持加密东部地区与东北地区城市间的航线班次，开展旅游包机服务，充分挖掘东北地区冰雪、森林、湿地等生态资源，共同发展旅游、文化、康养等产业，联合打造“南来北往”“寒来暑往”旅游季品牌交流活动。依托东北地区良好资源优势和产业基础，吸引东部地区有实力的企业开发东北地区的旅游资源，吸引东部地区养老机构等落地东北，参与养老市场服务。

（三）推进平台载体建设，探索实现共赢道路

1. 实现功能区对接

加强东北地区与东部地区自由贸易试验区、国家级新区、国家自主创新

示范区、全面创新改革试验区、产业转型升级示范区、综合保税区、国家级经济技术开发区、国家高新技术产业开发区、新型工业化产业示范基地等重点开发开放平台间的交流对接，积极推广东部地区各类功能区建设的成功经验和做法。

2. 探索合作园区共建

充分运用东部地区在园区开发、管理和运营等方面的成功经验，支持在东北地区建设对口合作示范园区，鼓励东部地区有转移意向的企业优先向共建园区转移，加强土地、金融和物流等要素配套，提升园区在承接产业、吸引人才、科技创新等方面的能力，鼓励东北地区与东部地区合作发展“飞地经济”，探索跨地区利益分享机制。引进东部地区的先进经验、管理团队，创新管理体制和运行机制，吸引优势产业集聚。

（四）加强重点城市间合作，推进新型城镇化

鼓励东北地区与东部地区在对口合作框架下，根据各省市具体情况充分自主协商，积极开展交流合作。加强重点城市间合作，扎实推进新型城镇化，引导东北地区学习东部地区在老工业基地调整改造、资源型城市转型、棚户区改造、产城融合发展和特色小镇建设、城镇行政区划优化设置等方面的先进经验做法，提升城市规划管理水平。

（五）加强多层次合作体系建设，开展多样型合作交流

探索建立跨区域产业联盟及产教联盟，定期组织协会、商会的对接活动，促进两地理念互融、信息互通、资源互享。特别是发挥各省商会的桥梁作用，组织企业家到对口合作地交流经验、洽谈合作。支持东部地区通过联合组织招商、联建招商网站、委托招商等方式，协助东北地区开展招商引资。建立东北地区与东部地区专家智库间常态化交流机制，探索举办两地区对口合作论坛。支持建设跨区域公共资源交易平台。鼓励和支持相关省市结合实际，在基础设施、生态环境、扶贫开发、劳务协作和社会事业等方面，创造性地开展形式多样的合作交流。

（六）破除落后软环境屏障，实现共同发展

东北地区要创造良好的营商环境，政府公务人员转变工作作风，强化服务意识，加强自身改革，工作重点放在“放管服”改革上，由政府推行的行政审批制度改革必须做到真“放”、真“改”、真“服”，且要对“放管服”的推进落实和实施效果实行监管，根据监管情况进一步整改。

各级领导要以身作则，以上率下，切实解决企业所遇难题，激发市场主体活力，要把软环境建设抓在手上，牢固树立并践行“软环境就是硬实力”的发展理念，以软环境的大改善促进硬实力的大提升，实现东北地区与东部地区共同发展的态势。

参考文献

1. 《东北地区与东部地区部分省市对口合作工作方案》。
2. 《辽宁省与江苏省对口合作实施方案》。
3. 《黑龙江省与广东省对口合作实施方案》。
4. 《吉林省和浙江省对口合作实施方案》。
5. 国家发展和改革委员会东北等老工业基地振兴司：《东北地区与东部地区对口合作成效及经验做法介绍之一：辽宁省与江苏省》，国家发展和改革委员会网站，http：//dbzxs. ndrc. gov. cn/zxjb/201804/t20180404_ 881814. html。
6. 国家发展和改革委员会东北等老工业基地振兴司：《东北地区与东部地区对口合作成效及经验做法介绍之二：吉林省与浙江省》，国家发展和改革委员会网站，http：//dbzxs. ndrc. gov. cn/zxjb/201804/t20180404_ 881815. html。
7. 国家发展和改革委员会东北等老工业基地振兴司：《东北地区与东部地区对口合作成效及经验做法介绍之三：黑龙江省与广东省》，国家发展和改革委员会网站，http：//dbzxs. ndrc. gov. cn/zxjb/201804/t20180404_ 881816. html。

B.15
东北三省金融业服务实体经济研究

张国俊*

摘　要：　2017 年以来，东北三省金融业按照金融要回归支持实体经济本源的要求，不断提升服务实体经济的能力和水平，持续加大对实体经济重点领域和薄弱环节的资金支持力度及保险保障力度。但无论是金融领域还是实体经济领域，相互掣肘的突出问题依然存在，与中央要求的金融与实体经济良性循环目标还有较大差距，需要认真贯彻落实中央关于金融工作的决策部署，继续坚持金融工作的回归本源原则，在牢牢把控区域性系统性金融风险底线的前提下，全面提升金融服务实体经济质效，支持老工业基地振兴和发展。

关键词：　东北三省　金融服务　实体经济　金融改革

实体经济是东北老工业基地的产业基础和竞争优势所在，也是金融业支持老工业基地全面振兴的重点。2017 年以来，东北三省金融业继续坚持稳中求进工作总基调，认真贯彻落实稳健货币政策和宏观审慎政策，按照金融工作要回归实体经济本源的原则要求，以促进东北老工业基地全面振兴为着力点，不断提升金融业服务实体经济的能力和水平，实体经济重点领域和薄弱环节的金融支持力度持续加大，投向实体经济的信贷资金在同期社会融资规模中的比重进一步提升，信贷资金“脱虚向实”在东北三省已取得一定实效。

* 张国俊，辽宁社会科学院城市发展研究所研究员，辽宁省金融学会常务理事，研究方向为区域金融和辽宁省情。

但无论是金融领域还是实体经济领域，都还存在着许多相互掣肘的突出问题，还需要认真贯彻落实中央关于金融工作的决策部署，扎实推进服务实体经济、防控金融风险、深化金融改革三项工作任务，特别是要把防范化解金融风险和服务实体经济更好结合起来，在坚决打好防范化解金融风险攻坚战的同时，进一步提升金融服务实体经济质效，实现金融与实体经济良性循环。

一　东北三省金融业总体发展状况

（一）银行业运行总体稳健

2017 年，东北三省银行业货币信贷运行保持总体稳健态势，银行业金融机构资产规模、本外币各项存款余额和贷款余额总体保持适度增长。截至 2017 年年末，东北三省银行业金融机构资产总额 147877.00 亿元，比上年末增加 3737.74 亿元，同比增长 2.44%；本外币各项存款余额为 99741.90 亿元，比上年末增加 4499.90 亿元，同比增长 4.72%；本外币各项贷款余额为 78755.40 亿元，比上年末增加 4773.10 亿元，同比增长 6.45%，贷款余额增速继续高于存款余额增速（见表 1）。其中，黑龙江省银行业资产规模及存贷款余额增速均为三省最高，分别增长 5.58%、6.26% 和 7.63%；辽宁、吉林、黑龙江三省本外币各项贷款余额增速均高于本省本外币各项存款余额增速，分别高 1.76 个、2.08 个和 1.37 个百分点。

表 1　东北三省银行业资产规模及本外币各项存贷款余额比较

单位：亿元

省　份	资产总额		各项存款余额		各项贷款余额	
	2016 年末	2017 年末	2016 年末	2017 年末	2016 年末	2017 年末
辽　宁	76181.00	78767.00	51692.50	54249.00	38685.60	41279.00
吉　林	32352.00	31283.00	21154.70	21696.90	17210.50	18010.30
黑龙江	35828.60	37827.00	22394.80	23796.00	18086.20	19466.10
合　计	144361.60	147877.00	95242.00	99741.90	73982.30	78755.40

资料来源：辽宁省、吉林省和黑龙江省金融运行报告（2017、2018）。

（二）证券业发展基本平稳

2017 年，东北三省证券期货业总体呈现为平稳发展态势，但辽宁省的债券融资面临的困境犹在。截至 2017 年年末，东北三省共有境内上市公司 154 家，比上年净增 2 家。其中吉林和黑龙江省各新增 1 家；辽宁省虽然新增 2 家，但迁址外省和被强制退市各有 1 家，因此上市公司数量与上年比无变化。三省非金融企业境内股票融资全年实现 426.00 亿元，比上年增加 58.21 亿元，同比增长 15.83%。其中辽宁和黑龙江两省的增减变化情况同上年度恰好相反，辽宁省同比增长 262.60%，黑龙江省同比下降 73.11%；吉林省则继续保持正增长，同比增长 37.39%，比上年提高 25.98 个百分点。三省全年企业债券融资合计为负 121 亿元，其中主要是辽宁省出现大幅度下降的情况，吉林和黑龙江两省则为正增长，同比分别增长 80.98% 和 25.56%（见表 2）。

表 2　2017 年东北三省证券业主要指标概况

省　份	境内上市公司（家）	非金融企业境内股票融资（亿元）	企业债券融资（亿元）
辽　宁	76	223.00	-314.00
吉　林	42	150.00	137.00
黑龙江	36	53.00	56.00
合　计	154	426.00	-121.00

资料来源：辽宁省、吉林省和黑龙江省金融运行报告（2018）。

（三）保险业发展态势良好

2017 年，东北三省保险业总体发展态势良好，全年实现原保险保费收入 2848.00 亿元，比上年增加 489.68 亿元，同比增长 20.76%，增速比上年度略高；全年支付各类赔款和给付总额 611.50 亿元，比上年减少 175.43 亿元，同比下降 22.29%（见表 3）。在各类赔款和给付支出中，吉林和黑龙江两省分别同比增长 8.54% 和 1.14%，只有辽宁省表现为大幅下降，但辽宁省的财产险赔付支出同比增长 5.20%，特别是农业保险赔付支出同比增长 11.50%。此外，三省保险业资产规模继续保持稳定增长态势，其中辽宁和黑龙江两省保险业总资产分别有 6.70% 和 7.40% 的增幅，吉林省保险业总资产大约有 4.20% 的增幅。

表 3　东北三省保险业保费收入及赔款给付变动情况

单位：亿元

省　份	保费收入			赔款给付		
	2016 年	2017 年	增减变化	2016 年	2017 年	增减变化
辽　宁	1115.70	1275.00	159.30	387.90	196.00	-191.90
吉　林	557.12	642.00	84.88	161.23	175.00	13.77
黑龙江	685.50	931.00	245.50	237.80	240.50	2.70
合　计	2358.32	2848.00	489.68	786.93	611.50	-175.43

资料来源：辽宁省、吉林省和黑龙江省金融运行报告（2017、2018）。

二　金融业服务实体经济的主要特点

（一）积极支持装备制造业发展

不断加大对装备制造业的信贷支持力度，是东北三省金融机构长期以来支持辖区实体经济发展的重点之一。2017 年度，东北三省装备制造业继续得到了金融机构的重点支持。如中国进出口银行辽宁省分行仅“中国制造2025”贷款余额就达 221.00 亿元，支持了特变电、沈阳机床、忠旺集团等三十多家装备制造业企业的发展，促进装备制造业提质增效；平安银行沈阳分行与非银机构组建了中德产业基金，专门服务于中德产业园项目。黑龙江省还在 2017 年启动了金融支持制造业服务年，建立了金融支持制造业发展工作机制，形成了支持先进制造业发展的工作合力。

（二）积极支持生产性服务业发展

通过对相关生产性服务业的支持来助推装备制造业高端化，同样是东北三省金融机构长期以来支持辖区实体经济发展的重点领域。截至 2017 年年末，辽宁省金融机构投向信息传输、软件和信息技术服务业以及科学研究和技术服务业贷款增加了 73.00 亿元，同比多增 59.00 亿元；吉林省金融机构针对信息传输、软件和信息技术服务业贷款同比增长 378.80%，科学研究和技术服务业贷款同比增长 75.40%；黑龙江省金融机构信息服务业贷款同比增长 123.50%。

（三）积极支持“三农”领域发展

作为国家重要的商品粮和农牧业生产基地，东北三省“三农”领域始终是金融机构积极支持的重点领域之一。2017 年，东北三省金融机构涉农贷款继续保持正增长，年末涉农贷款余额同比增长 2.4%。其中黑龙江省金融机构涉农贷款增长 6.60%，特别是全省试点地区“两权”抵押贷款总量和农村承包土地经营权抵押贷款余额均居全国首位。与此同时，三省保险机构也为“三农”领域提供了较强风险保障。如辽宁省农业保险赔付支出达到 12.90 亿元，同比增加 11.50%；吉林省农险保障覆盖面进一步扩大，承保面积同比增长 6.80%，稳步推进的“保单 + 期货”试点为“三农”提供风险保障资金 1.60 亿元。

（四）积极支持小微企业发展

积极支持小微企业的发展壮大，既是中央的政策要求，也是老工业基地全面振兴的现实需要。2017 年，东北三省金融机构小微企业贷款投放继续保持较高增速，年末贷款余额同比增长 13.20%。其中，黑龙江省金融机构小微企业贷款同比增长 24.20%，比上年提高 9.40 个百分点，分别比黑龙江全省各项贷款增速、大型企业贷款增速、中型企业贷款增速高出 16.60 个、8.80 个和 14.80 个百分点；吉林省金融机构小微企业贷款增速也较高，同比增长 14.20%；辽宁省金融机构中小微企业贷款同比增长 8.60%，高于全部贷款增速 1.90 个百分点。在保险保障方面，三省保险业经营机构也努力发挥积极作用。如辽宁省通过推出新险种为小微企业提供融资增信服务，努力缓解小微企业的融资难和融资贵问题；黑龙江省连续三年降低失业保险费率，进一步减轻了企业负担，增强了企业活力。

（五）积极支持扶贫产业发展

精准扶贫是三大攻坚战之一，也是金融机构支持的重点。2017 年以来，东北三省金融机构深入推进金融助推扶贫攻坚，精准扶贫贷款持续增加，而且产业扶贫贷款比重较高。如吉林省精准扶贫贷款年末余额达到 555.90 亿元，其中产业精准扶贫贷款余额达 420.50 亿元，占比为 75.64%，当年累计投放 24.50 亿元，使 6.50 万人次贫困人口受益；截至 2017 年三季度末黑龙江省的精准扶贫贷款余额为 1123.00 亿元，其中产业和项目精准扶贫贷款余额分别为 971.00 亿元和 123.00 亿元，两项合计占比为 97.42%；辽宁省精准扶贫贷款年末余额为 176.00 亿元，当年累计发放 105.70 亿元，支持 13.70 万人。

三　金融业服务实体经济面临的主要问题

（一）银行业金融机构发展趋缓问题

近年来，随着银行业体系内外多重因素叠加的影响，东北三省银行业金融机构发展明显趋缓，经营实力降低，支持实体经济发展的作用受到了一定程度的制约。一是银行业资产总额增速大幅放缓。截至 2017 年年末，东北三省银行业金融机构资产总额同比增速仅为 2.44%，分别比 2016 年年末和 2015 年年末降低了 10.66 个和 15.01 个百分点。其中，吉林省为负增长（或者说是资产萎缩），同比下降 3.30%；辽宁省增速也是大幅放缓，特别是大型商业银行和股份制商业银行资产分别萎缩 3.30% 和 13.00%；黑龙江省增速虽然是东北三省最高，但也只有 5.58%，且同样呈增速放缓态势。二是三省银行业 2017 年度利润总额均表现为同比下降，其中，辽宁省银行业金融机构累计实现利润 377.10 亿元，同比下降 27.50%；吉林省银行业金融机构利润额减少了32.30%；黑龙江省银行业金融机构税后利润同比下降27.80%。

（二）银行业金融机构信贷资金实力减弱问题

银行业用于投放贷款的资金主要体现在各项存款上。近年来，受本地区经济增速持续低位运行以及投资渠道增加的影响，东北三省金融机构各项本外币存款增长总体为逐渐放缓态势，贷款投放来源受到一定程度的限制。截至2017年年末，三省银行业金融机构各项存款余额同比增长4.72%，增速分别比2016年和2015年同期低3.67个和7.93个百分点，其中人民币非金融企业存款余额增速比上年回落13.30个百分点。从分省情况看，辽宁省存款增速变化同三省总体变化情况一致，从2015年年末的13.57%降到2016年年末的8.24%，再降到2017年年末的4.95%；吉林省存款增速从2015年年末的13.05%小幅升至2016年年末的13.22%，再大幅回落到2017年年末的2.56%；黑龙江省2017年年末的存款增速是三省中唯一比上年同期上升的地区，但仍比2015年年末低4.07个百分点。

（三）金融产品和服务创新总体不足问题

注重金融产品创新和金融服务创新，是金融业有效支持实体经济发展的基础，也是其推动自身发展的必要条件。近年来，东北三省的金融产品和服务创新尽管也在不断推出，但传统金融产品和服务依然占据主导地位，不适应经济发展的新需求。其中比较突出的就是信贷产品周期与企业（农户）生产周期不匹配问题，这是长期以来始终存在的较为普遍的问题。具体来说，就是许多传统的信贷产品周期往往要短于企业或农户的生产周期，贷款企业或农户还没有进入收益期就得准备偿还贷款本息，严重影响贷款使用效果。同时，既有的金融产品和服务创新也大多由各金融机构总部推出，很多也不符合各地的具体情况，使得创新效果大打折扣，而大部分基层金融机构又普遍缺乏金融产品和服务创新的权限。

（四）直接融资比重总体下降问题

现代化经济体系的建立需要进一步完善资本市场体系，这就需要把直接融资放在重要位置。而在东北三省，过度依赖银行业间接融资的状况始终没有得到根本性改变，直接融资发展仍比较缓慢，特别是近两年来还出现了直接融资比重连续下降的情况，表明东北三省直接融资发展还处在忽上忽下的不稳定状态。东北三省直接融资[①]在本地区社会融资规模中的比重，2015 年曾达到近年来的最高值 13. 55%，到 2016 年小幅下降到 10. 14%，进而大幅下降到 2017 年的 3. 85%。其中权重较大的辽宁省下降幅度最大，2017 年度为负增长（ -2. 31%），其重要原因是受到了部分发债企业违约事件的影响，导致东北三省企业参与直接融资的市场认可度进一步降低。此外，黑龙江省的直接融资比重也是处于下降状态，从 2016 年的 12. 45% 下降到 2017 年的 4. 53%；吉林省的直接融资比重则是大幅上升，从 2016 年的 6. 63% 上升到 2017 年的 18. 27%。

（五）金融风险压力依旧较大问题

受过去几年经济下行压力的惯性影响，东北三省银行业金融机构信贷资产质量下降，不良贷款余额继续攀升。不良贷款率居高不下，不仅导致辖区金融业自身发展压力进一步累积，同时也使支持实体经济发展的压力持续增强。其中，辽宁监管辖区银行业（不含大连）2017 年年末不良贷款余额 970. 10 亿元，比年初增加 206. 00 亿元，不良贷款率 3. 31%，比年初上升 0. 47 个百分点；吉林省监管辖区银行业不良贷款余额 775. 95 亿元，比上年末增加 112. 69 亿元，不良贷款率为 4. 31%，比上年末上升 0. 46 个百分点；黑龙江省监管辖区银行业不良贷款率为 3. 34%，比年初下降 0. 10 个百分点，是东北三省银行业不良贷款率唯一下降的省份，但其中的商业银行不良

---

① 这里的直接融资口径依据的是中国人民银行有关社会融资规模统计的分类，包括非金融企业境内股票融资和企业债券融资两项。

贷款率则比年初上升0.27个百分点。同时，东北三省的不良贷款率均高于全国平均水平。而在债券市场上，东北三省发债企业近年来已有多家构成实质违约，也是非常重要的风险因素。

四 金融业更好服务实体经济的对策建议

（一）认真坚持金融工作的回归本源原则

回归本源是新时代做好金融工作需要把握和坚持的四项重要原则之首要原则，其基本内涵就是金融工作要服从服务于经济社会发展，要把服务实体经济作为根本目的。而服务实体经济，也正是中央金融工作会议所明确的金融工作三大任务之首。从理论本源上说，为实体经济服务是金融的天职和宗旨，需要把为实体经济服务作为金融工作的出发点和落脚点。从实践本源上说，金融为实体经济服务，把金融资源配置到经济社会发展的重点领域和薄弱环节，是提高金融服务实体经济能力，实现金融与实体经济良性循环、健康发展的根本所在。

坚持金融工作的回归本源原则，需要继续营造好稳定适宜的货币金融环境。所谓稳定适宜的货币金融环境，就是要在落实“稳金融”工作中，坚持稳中求进工作总基调，实施稳健的货币政策，保持流动性合理充裕。这就要求辖区各级货币政策执行部门，要进一步疏通货币政策传导机制，把稳健货币政策与推进东北新一轮振兴各项金融支持政策密切结合起来，不断提高货币政策执行的前瞻性、灵活性和有效性。同时还需要进一步加强宏观审慎管理，注重行为监管和功能监管，通过金融监管政策导向作用的充分发挥，引导各金融机构加大对实体经济重点领域和国民经济薄弱环节的支持力度。

坚持金融工作的回归本源原则，需要不断强化经济结构转型升级的金融服务功能。无论是全局层面的供给侧结构性改革，还是本地区层面的推进新一轮振兴，核心都是经济结构调整与转型升级。这就要求辖区各商业性金融机构进一步树立稳健经营理念，紧紧围绕国家战略调整和优化信贷结构，强化对制造业转型升级的金融支持和服务，做好乡村振兴、对外开放、节能环保、化解过剩产能等领域的金融服务工作，满足实体经济有效融资需求。同时，还需要辖区各金融监管机构与属地政府部门密切配合，加大融资结构调整力度，推动属地企业逐步缓解银行信贷融资依赖症，更多地转向市场融资，提高金融市场参与度，进而逐步拓宽资本市场这个货币政策传导渠道。

（二）特别注重小微企业有效融资需求培育

除了金融机构层面增加金融供给、强化金融服务外，还需要下大力气解决实体经济层面的有效融资需求不足问题，这是提高金融服务实体经济意愿，实现金融与实体经济良性循环、健康发展的基础，也是难点所在。所谓有效融资需求，主要是指符合现行法律法规规定的银行信贷融资条件和资本市场融资条件的企业融资需求。长期以来始终存在的、目前仍未有效解决的小微企业融资难问题，其核心就是有融资需求的小微企业并不具备或不完全具备各项融资条件，也就是有效融资需求不足，这是常态化的有效需求不足。此外，在近年来的经济下行期间，许多大中型企业或重大项目开工不足，也使其融资需求特别是信贷融资需求大幅减少，这是特定条件下的非常态化的有效需求不足。但随着东北三省经济形势整体趋稳向好，大中型企业或重大项目的融资需求也将趋于稳定。因此，实体经济层面的有效融资需求不足问题还是集中在小微企业领域，有效融资需求培育的主体也依然是小微企业。

注重小微企业有效融资需求培育，需要加强相关政策协调。一是通过各级地方政府发展规划制定部门，将加强有效融资需求培育纳入本地区金融发展和改革专项规划，或者制定有效融资需求培育的专门工作规划。二是通过各级地方政府金融服务部门，会同本地人民银行分支机构及金融监管部门分支机构，适时出台关于加强有效融资需求培育工作的指导性意见，对本地区有效融资需求培育工作做出必要的规范和指导。

注重小微企业有效融资需求培育，需要加强相关制度建设。一是建立健全有效融资需求培育工作联席会议制度，由联席会议制度各相关组成部门定期汇报有效融资需求培育工作的进展情况，及时总结工作中的先进经验，认真分析工作中存在的问题等。二是建立健全不良贷款信息通报制度，对纳入有效融资需求培育机制的小微企业新增不良贷款，由各地金融机构定期向当地政府金融管理部门提交专题报告，并由政府相关部门协助追收。

注重小微企业有效融资需求培育，需要加强相关基础工作。一是加强小微企业财务会计辅导，推动小微企业建立起基本完善的财务管理制度和基本规范的会计核算制度，逐步提升小微企业的信用等级和信用资质。二是加强小微企业管理制度辅导，推动小微企业逐步完善产权制度、组织制度和管理制度等三项基本制度。三是加强小微企业管理创新服务，逐步提升企业的管理创新能力。

（三）牢牢把控区域性系统性金融风险底线

牢牢守住不发生区域性系统性金融风险的底线，一直是中央对金融工作的基本要求，特别是十八大以来的多次重要会议都把防范金融风险列为重点议题或重点内容。其中在 2017 年全国金融工作会议上，中央把防止发生系统性金融风险这一金融工作的永恒主题，进一步明确为金融工作的三大任务之一。党的十九大报告提出了重点抓好决胜全面建成小康社会的三大攻坚战，其中防范化解重大风险攻坚战的重点就是防控金融风险。2018 年 7 月 31 日召开的中共中央政治局会议则进一步强调，要把防范化解金融风险和服务实体经济更好结合起来。从东北三省区域层面来说，金融风险压力相对较大，且与经济转型压力甚至是经济增长压力交织，应当更加注重加强金融风险防控，这也是提高金融服务实体经济意愿，进而实现金融与实体经济良性循环、健康发展的根本保证。

注重加强金融风险防控，需要妥善处理好债务违约问题。东北三省的违约债务主要包括两大类，即直接融资领域的债券违约和间接融资领域的不良贷款。其中不良贷款的债权人比较单一，主要是各类商业银行，在不良贷款处置上也形成了一套比较成熟的制度和规则，在处置时需要严格遵守国家相关政策和规定，并切实维护好债权银行的相关利益。而债券违约的处置相对复杂，一方面是违约债券的债权人一般较多，另一方面债券市场的市场化程度也相对较高，负面影响较大，在处置时需要遵循充分协商原则，在充分协商的基础上尽力达成各方都能满意或能够接受的处置协议，避免对信用资本的过度消耗与透支。

注重加强金融风险防控，需要加强日常监测分析和研判。供给侧结构性改革是当前及未来一段时期内经济工作的主线，去产能、去库存、去杠杆重点行业和重点企业的信贷风险应当纳入日常监测分析的重点，并建立健全“三去”专项监测分析制度和风险防控制度，防止新的信贷资金再次进入去产能重点行业和企业，不断加大对高能耗、高污染行业以及产能过剩行业的信贷退出力度。同时，各商业银行还需要按照《银行业金融机构全面风险管理指引》的要求，建立健全风险研判和预警体系，通过对重点领域、重点行业和重点客户的信用风险定期排查，进一步强化全面风险管理，进而实现对金融风险的有效应对和妥善处置。

参考文献

1. 周小川：《守住不发生系统性金融风险的底线》，《人民日报》2017 年 11 月 22 日。
2. 朱苏荣：《促进辽宁装备制造业振兴的金融策略》，《金融时报》2017 年 12 月 25 日。
3. 安青松：《新时代金融工作四项重要原则与资本市场发展基本逻辑》，《证券日报》2018 年 6 月 16 日。
4. 祁东：《金融助力区域经济转型发展的路径》，《金融时报》2018 年 4 月 2 日。
5. 柳立：《坚持实体经济导向　支持东北振兴》，《金融时报》2018 年 3 月 5 日。

B.16

东北三省城乡产业融合发展研究*

吕 萍**

摘 要： 产业融合是指不同产业或同一产业内的不同行业相互渗透、相互交融，最终融为一体的动态发展过程。东北三省既是典型的老工业基地，又是重要的粮食主产区，为保障国家粮食安全与农产品有效供给，东北三省迫切需要破解城乡产业融合发展的问题。本研究在分析东北三省城乡初步形成三次产业融合发展格局等成绩的基础上，剖析城乡产业融合发展存在的问题，提出在新一轮振兴东北老工业基地过程中，应科学运用马克思主义城乡关系理论和西方经济学城乡关系理论，以生产要素双向流动为推动力，以发展特色产业为牵引力，以科技创新为驱动力，以制度供给为保障力四大着力点为抓手，加快产业融合，促进东北三省城乡融合发展。

关键词： 东北三省 城乡 产业融合 全面振兴

东北三省既是典型的老工业基地，又是重要的粮食主产区，为保障国家粮食安全与农产品有效供给，迫切需要破解城乡产业融合发展的问题。产业

* 本文是黑龙江省哲学社会科学项目“黑龙江省城乡融合发展机制构建与实现路径研究”（项目编号：18JYB160）和黑龙江省博士后科研启动基金项目“黑龙江省城乡融合发展机制与政策体系构建研究”（项目编号：LBH-Q18138）阶段性研究成果。

** 吕萍，黑龙江省社会科学院副研究员，应用经济学博士后，主要从事区域经济、数量经济等方面的研究。

融合是实现城乡融合发展的物质基础和重要内容。产业融合是指不同产业或同一产业内的不同行业相互渗透、相互交融，最终融为一体的动态发展过程。城乡产业融合发展是通过有效的市场和政府相互作用，促使城乡资源、人才、资金、技术等要素在城市和乡村两个地域空间、在不同产业之间有序流动和优化配置，推动城乡产业形成优势互补、分工协作、协同发展，从而为城乡融合发展提供坚实的物质基础。目前，东北三省城乡产业的联系日趋紧密，但仍存在农业基础薄弱，工业带动能力不强，现代服务业发展缓慢，城乡产业有效互动不足等问题。为此，东北三省应通过统筹工业与农业、城乡工业以及服务业的发展，实现城乡产业的相互促进、良性循环，进而推动城乡融合发展。

一　东北三省城乡产业融合发展现状

21 世纪以来，党中央根据对城乡关系、工农关系的重新认识，在党的十六大、十七大、十八大、十九大分别提出了统筹城乡发展、促进城乡一体化发展和建立健全城乡融合发展体制机制和政策体系，确立了城乡发展的基本方略，为此，全国各地掀起了促进城乡融合发展的热潮。随着国家宏观政策的调整，城市和乡村不仅原有产业部门获得了扩张，城乡产业的实体、形式等也在互动中不断演进，逐步呈现交叉性、互补性特征，小农经营的传统农业正向适度规模的现代农业转变，特色、新型的农村第三产业也相继出现，城市产业链条开始向农村农业延伸，2016 年，黑龙江、吉林两省还陆续出台了《关于推进农村一二三产业融合发展的实施意见》，着力构建农业与二三产业交叉融合的现代产业体系，形成城乡一体化的农村发展新格局。

（一）初步形成城乡三次产业融合的格局

东北三省已初步构建整合农业生产、加工、运输、仓储、销售等环节，沟通城乡两个地域、联结三次产业的农工贸产业链，推动农业产业化经营以及加工制造业和流通商贸业的融合。2013 年辽宁省阜新市启动现代农业示范带建设以来，不仅提供了高品质农产品，激活肉类、粮食、果蔬、乳品和油料等农产品加工业，而且加快了仓储、物流等现代服务业发展，大力推广“种养加销运五位一体”的发展模式，初步形成一二三产业有机融合的新格局。2017 年，农产品加工业产值超过百亿元，占全市规模以上工业产值的 40%，列三大支柱产业之首，为资源型城市转型发展接续产业奠定了基础。东北地区粮食深加工既可以向食品类延伸，又可以向生物质材料延伸，益海（佳木斯）粮油加工项目落地投产，正在发展“订单农业—精深加工—产品名牌化—副产品综合利用—高科技产品研发”的“水稻循环经济模式”。

（二）城市生产型服务业向乡村延伸效果初步显现

科学技术改变了企业生产方式与居民生活消费模式，“互联网 +”与产业发展深度融合既能改造升级传统行业，又能创新农产品生产和营销方式，涌现出农业发展新型业态（智慧农业、农村淘宝）。比如，吉林省围绕农业产前、产中、产后服务需求，开展科技指导、信息服务、物流配送、金融支持、专业培训等社会化服务。

（三）农业与生活型服务业融合发展加强

东北三省统筹规划，推进农业与生活型服务业融合发展，将休闲娱乐、农耕体验、科普教育等科技和人文要素融入农业生产。开展最美休闲乡村、特色小镇等示范创建活动，将农业和生态观光休闲相结合，充分挖掘农业资源价值。黑龙江省按照“季节性旅居养老服务”规划布局，重点围绕“环镜泊湖（兴凯湖）景观休闲养老区、大小兴安岭森林氧吧养老区、三江平原田园特色养老区”建设“北方夏季绿色养老基地”，形成候鸟式养老产业联盟。黑河市发展休闲农业和乡村旅游，有规划地开发休闲农庄、乡村酒店、自驾露营、户外运动、休闲垂钓等乡村休闲度假产品，培育壮大农村经济。

二　东北三省城乡产业融合发展存在的问题

长期以来，我国实施的“先工后农”“先城后乡”等发展战略，导致东北三省城乡三次产业发展有效互动不足，相互补充、相互促进的良性发展格局尚未形成。

（一）城乡资源要素流动不畅

随着城镇化进程的加快，东北三省农村生产要素加速向城市形成单向流动。一是耕地面积减少现象日益凸显。地方政府经常采用“先占后批”与“少批多占”等多种手段满足城镇化快速发展对建设用地的需要，在实行城乡建设用地“增减挂钩”等政策过程中时常产生“占优补劣”[①] 等现象，导致耕地面积总体减少态势显现。二是农村大量资金流向城市。由于现有金融体系较少把农民作为服务对象，农民即使有合理信贷需求也融资无门，导致现代农业建设，诸如农田水利基础设施缺乏资金支持，影响农业产业化建设进程。三是农村剩余劳动力向城市转移受到制度、技术等因素的制约。农村剩余劳动力文化素质较低，导致农民工进入非农产业领域困难，且大量农民工没有和城市居民一样拥有相应的福利等待遇。

（二）城乡产业互动能力不足

一是农业基础依然薄弱。东北三省农业的规模化经营水平较低，致使农业劳动生产率较低，低效的农业生产方式影响了经济效益，降低了农民收入，限制了对第二、三产业的有效需求。二是工业带动能力不足。东北三省制造业大多处于低端水平，高精尖的制造业非常少，先进技术和工业设备尚

① 占优补劣，即常常先占用区位条件较好、土地质量相对较高和基础设施相对完善的耕地，新补充的却是质量较差、配套设施比较落后的耕地。

未有效应用到农业生产中，农产品附加值低。三是服务业发展缓慢。第三产业内部结构不合理，能有效带动和促进农业发展的现代物流、技术研发、金融保险、信息服务等现代服务业发展不足，难以满足城乡融合发展所需的产业支撑。农村现代流通业态和经营方式发展滞后，交易方式落后，农产品销售以经销商到田间地头收购为主，农超对接、电子商务等新型营销模式发展滞后。农民工缺少就业技能，制造业面临产能过剩和高成本压力，服务业发展滞后，尚未有效吸纳农村剩余劳动力就业。

（三）城乡产业缺乏统筹规划

改革开放以来，从计划经济向市场经济转型过程中，东北三省城乡产业规划缺乏统筹，导致城乡产业发展失衡。一是产业规划缺乏城乡有效衔接。由于“城市偏向”思维的影响，农村地区普遍缺乏相应的规划管理。进入21世纪以来，城市规划开始向农村地区延伸，但城乡规划之间的脱节问题依然突出，缺乏从城乡一体化发展和城乡融合的角度去规划区域内的产业发展。二是城乡产业布局不尽合理。产业布局需要综合考虑地理位置、自然条件、人力资源、产业基础等因素。近年来，东北三省产业发展逐步走向集聚化，经济开发区、工业园区已经成为工业的主要增长点，高污染、高耗能产业逐渐从城市向农村、从发达地区向落后地区转移。同时，产业布局缺乏对城乡各自优势资源的充分考虑，工业布局缺乏对环境承载能力的论证，依托农业生态资源的高层次乡村产业发展滞后。

（四）各项体制机制固化

东北三省是典型的城乡二元体制社会，制度及相关配套体制不健全阻碍了产业城乡要素自由流动。户籍管理制度人为地将城乡分割，面对城市下岗大军，部分城市政府制定各种行政命令和政策将农民工排斥在用工单位之外，歧视农业和农民的社会意识降低了劳动力市场资源的合理配置，阻碍科技人员向农村与农业的有效流动。土地征用缺乏对土地出让收益分配强有力的制度约束。农村集体土地流转制度不健全，流转方式部分仍以私下口头约定为主，且流转时限较短、规模小、抗风险能力弱。城乡养老保险、失业保险、低保等社会保障水平还较低，即使户籍管理制度等相关制度不断进行调整，农民仍然有后顾之忧，向城市转移的意愿不强。因此，促进东北三省城乡产业融合发展必须进行相应的制度创新。

三　促进东北三省城乡产业融合发展的对策建议

在新一轮振兴东北老工业基地过程中，在新时代保障国家粮食安全与农产品有效供给的前提下，东北三省应科学运用马克思主义城乡关系理论和西方经济学城乡关系理论，破解城乡二元经济结构，以生产要素双向流动为推动力，以发展特色产业为牵引力，以科技创新为驱动力，以制度供给为保障力四大着力点为抓手，以“四力”合一的力度，加快产业融合，促进东北三省城乡融合发展。

（一）以要素双向流动为推动力，夯实城乡产业融合发展的基础

实现城乡产业融合发展应推进农村剩余劳动力流向城市，城市的资本和技术流向农村，实现资本、技术、土地及企业家的有机结合，达到生产要素有效利用、优化配置的效果。一是合理配置土地资源。在土地产权改革过程中，既要保证农民享有土地承包经营权，又要保障土地的集约利用，有效缓解城镇建设用地资源瓶颈性问题。推进土地适度规模经营。在推进土地确权登记发证的基础上，加快农用土地流转速度，既有利于加快土地向种田大户、家庭农场流转，推进农业规模化经营，又可为农民工进城后提供社会保障或创业启动资金。二是促进城乡人才合理流动。建设农村职业教育改革试点，提高职业教育质量，培育懂技术、会经营的新型职业农民，同时，将返乡创业的农民工作为培养新型职业农民的重要对象，为农民工返乡创业提供相应的政策措施。促进城市科技人才向农村流动，在加强农村人才培养选拔方面，鼓励专业技术人才

进行技能培训，选派农业经营管理人才和技术骨干集中培训，加强农村实用人才和技术人才之间的交流。三是增加农业资金投入。加大基础设施建设的投入，提高粮食综合生产能力。大力支持农业基础研究资金投入，加速农业科技进步。

（二）以发展特色产业为牵引力，提升城乡产业融合的带动能力

农业产业化发展需要城镇第二、三产业作为补充，用现代工业与服务业的理念引领农业，用现代技术改造农业，延伸产业链，促使非农产业向农村聚集，以产业支撑促进城乡融合发展。一是创新发展特色农业。农村应充分利用丰富的劳动力资源和自然资源，积极推进农业供给侧结构性改革，围绕“一乡一业、一村一品”，进行农业结构调整，提高水稻和大豆竞争力，扩大果蔬、鲜食玉米、食用菌等高值高效经济作物种植面积，推进设施农业发展，加快调整种植业结构。发展壮大现代畜牧产业，实施“两牛一猪”工程，大力发展家禽业，积极打造绿色有机食品生产基地，培育壮大绿色生态农产品知名品牌和龙头企业。加快建设现代农业产业园、科技园、创业园，促进农业生产、加工、物流、研发、服务等相互融合，形成现代农业产业集群。二是积极发展非农产业。应调整优化县域工业园区布局，鼓励绿色食品等优势产业延长产业链，把部分劳动密集型工业、城市工业配套产业梯度转移到重点园区发展。充分发挥农业多种功能，培育和拓展与生态保护、休闲观光、文化传承等密切相关的特色产业、乡村旅游业等产业，为城乡三次产业融合发展奠定基础。

（三）以科技创新为驱动力，激发城乡融合发展的内生动力

城乡融合发展需要以科技进步为支撑，通过各种生产要素的优化组合运用到城乡产业发展，通过农产品生产、加工、销售和物流的有机结合，推进一二三产业的融合发展，并将其加工与销售环节延伸到城镇产业中。一是推进科技向农村转移。引进推广农业新技术，重点引进推广适宜的农林牧新优品种，推广规模化设施养殖技术，进行农林畜产品加工增值技术

引进，加大农业科技示范园区建设，依靠合作经济组织、龙头企业、高等院校和科研院所的中介机构建立农业技术推广创新体系组织，主要从事农业技术推广，高新技术引进、实验、示范的工作，加快现代农业发展步伐。二是加快“互联网+”与产业融合。“互联网+”与产业发展深度融合既改造升级了传统行业，又不断催生新业态、新模式。在农业方面，开辟“互联网+农业”、冷链仓储物流等新路径，提高农业全产业链收益；在工业方面，制造业由“微笑曲线”低端向两边延伸；在服务业方面，不断涌现新业态、新模式，实现向高端服务业的结构性升级。大力推动三次产业融合，促进农业生产、加工、物流、研发、服务等相互融合，形成现代农业产业集群。

（四）以制度供给为保障力，完善城乡产业融合发展的配套政策

加快推进城乡产业融合发展，产业发展需要的生产要素必将突破地域、行业和城乡界限，应制定有效制度，确保城乡之间要素良性互动。一是促进城乡生产要素双向流动的相关政策制度。探索建立促进城乡产业融合发展的户籍、就业、医疗保险、基础设施与公共服务均等化等相关制度，保证暂不具备落户条件的农民工在社会保险、就业培训、子女义务教育等方面与当地居民享受同等待遇，政府应通盘考虑城乡交通、通信、电力等基础设施建设，使城镇的技术、人才、信息等优势资源与农村的土地、劳动力、原料等优势资源实现有效互补。二是制定城乡产业融合发展规划。发挥各级政府在加强组织协调、引导产业发展方向、优化产业发展环境、制定产业整合政策、促进产业科技创新等方面的重要作用，加快编制城乡产业融合发展规划。应以城乡融合的发展思路处理好城乡产业间的发展关系，实现三次产业相互促进，相互支撑，推进产业特色化、园区化建设，对能沟通城乡、联结工农，对城乡经济具有联动效应的相关产业，如食品加工业、农产品物流业、农业技术研发等，政府应制定相关政策，从资金、技术和管理服务上扶持其发展，促进城乡融合发展。

参考文献

1. 牛文元：《中国新型城市化报告》，科学出版社，2012。
2. 王其江：《推进城乡产业融合促进城乡统筹发展》，《中共郑州市委党校学报》2005 年第 4 期。
3. 吕萍：《加快构建城乡融合发展的机制》，《黑龙江日报》2018 年 3 月 21 日。
4. 刘卫红：《城乡产业一体化的路径与对策》，《当代经济》2015 年第 11 期。
5. 郭晓鸣、张克俊：《城乡经济社会一体化新格局战略研究》，科学出版社，2013。

B.17 东北三省城乡融合发展对策研究

李冬艳*

摘　要： 城乡融合发展是解决农业农村发展不平衡不充分问题，实现乡村振兴的根本途径。目前东北三省城镇化率已达60%以上，出现城乡人口对流，资本向乡村寻找机会，城乡各自功能及分工日趋明显等特征，因此城乡如何实现真正的融合发展，进而实现农业农村现代化有待深入研究。本报告在深刻分析东北三省城乡融合发展现状、发展条件的基础上，立足现实问题，提出应加强乡村振兴顶层设计，从城乡融合发展的体制机制和政策体系层面上，抓住城乡融合的要点，破解城乡二元结构，唤醒农村沉睡的资源，为东北三省乡村振兴提供强有力的智力支持和保障。

关键词： 东北三省　城乡融合　乡村振兴　要素流动

城乡融合发展是实现乡村振兴，进而实现全面建成小康社会的根本途径，推进城乡融合发展是一项理论与实践并举的系统工程。目前我国进入城乡融合发展阶段，东北三省城镇化率达到60%以上，城乡人口对流，资本往乡村寻找机会，村、镇、城整个体系连接性增强，各自功能分工日趋明显，专业化不断加深。

---

* 李冬艳，吉林省社会科学院农村发展研究所副研究员，研究方向为农业经济。

一　东北三省城乡融合发展的基础条件

农业农村现代化与新型城镇化是我国城乡融合发展的两大主题。城乡融合是世界主要发达国家城乡关系经历的四个阶段中的第三阶段，主要指城镇化达到50%后国家要实现的目标。东北三省在高城镇化率及现代农业发展优势明显的基础上，经过改革开放40年的发展，城乡融合发展具备了良好条件。

（一）脱贫攻坚任务可以提前完成，为城乡融合发展奠定良好基础

东北三省农村成片贫困区较少，现有国家级贫困县22个，其中吉林省8个，黑龙江省14个，辽宁省没有国家级贫困县。大兴安岭南麓山区是国家14个集中连片特困地区之一，这个区域中东北三省仅有8个国家级贫困县，占东北三省国家级贫困县的36.4%，占全国国家级贫困县592个的1.4%，所占比重较小，精准脱贫压力相对较轻，为东北三省城乡融合发展奠定了良好的农村社会和谐稳定基础，有利于农村人口及农村社会尽快与城镇人口及城镇社会无障碍融合发展。

（二）农村土地改革及农村金融改革走在全国前列，城乡融合发展基础条件已经形成

第一，土地确权登记颁证有效解决城乡融合发展土地问题。东北粮食主产区已经基本完成农村土地三权分置确权登记，都将在2018年底全部完成确权颁证。第二，吉林成为全国唯一一个省级农村金融综合改革的试点，探索以金融破局“三农”问题。截至2017年年初，东北三省涉农贷款余额6110.2亿元，同比增长15.7%，较全国平均增速高6.8个百分点；农业保险保费收入14.8亿元，同比增长33.9%，较全国平均增速高22.5个百分点。主要涉农金融机构涉农贷款加权平均利率和涉农贷款加权平均不良率均较年初有所下降。涉农金融机构上市融资取得重大突破，九台农商行成为全

国第二家赴港上市的农商银行，募集资金 30.1 亿港元。农村金融改革为东北三省城乡融合发展提供了资金保障。

二　东北三省城乡融合发展现状

（一）东北三省城乡居民收入比例变化不大，收入差距继续扩大

从表 1 可以看出，东北三省城乡居民收入比例变化不明显。辽宁省城乡居民收入最多，同时差距也最大；黑龙江省城乡居民收入最少，差距也最小。东北三省城乡居民收入差值由 2011 年的 10188 元，扩大到 2017 年的 17132 元，增加了 6944 元，平均每年扩大 1157 元。城乡居民收入差距的扩大直接影响了城乡融合发展的进程。与此同时，城市居民由于看病、子女上学等原因引发的贫困问题日益显现。在全国对农村实施精准扶贫的同时，城市贫困问题应当引起各级政府部门的关注。

表 1　东北三省城乡居民人均可支配收入变化情况

年份	2011			2015			2017		
	城镇居民人均可支配收入（元）	农村居民人均可支配收入（元）	城乡居民人均可支配收入比例（%）	城镇居民人均可支配收入（元）	农村居民人均可支配收入（元）	城乡居民人均可支配收入比例（%）	城镇居民人均可支配收入（元）	农村居民人均可支配收入（元）	城乡居民人均可支配收入比例（%）
辽宁省	20467	8297	2.47∶1	31126	12057	2.58∶1	34993	13747	2.55∶1
吉林省	17797	7510	2.37∶1	24901	11326	2.20∶1	28319	12950	2.19∶1
黑龙江省	15696	7591	2.07∶1	24115	11051	2.18∶1	27446	12665	2.17∶1
三省平均	17987	7799	2.31∶1	26714	11478	2.33∶1	30253	13121	2.30∶1

资料来源：2011、2015、2017 年东北三省统计公报。

（二）东北三省城乡民生服务差距逐渐缩小，公共服务设施建设差距仍然存在

尽管近几年东北三省经济发展形势不乐观，经济发展指标在全国处于低位

运行状态，但是从2018年上半年经济指标来看，东北三省经济已经呈现筑底企稳状态。从表2来看，东北三省经济下行对民生服务的影响不大，仅黑龙江省受2016年经济发展的影响，2017年城乡居民低保标准增速趋缓，维持在1.9%。

表2　2017年东北三省城乡民生服务状况

	城乡居民收入增速		城乡居民低保标准增速		精准扶贫情况			城镇新增就业人口（万人）
	城镇居民（%）	农村居民（%）	城镇居民（%）	农村居民（%）	村数（个）	人数（万人）	贫困发生率（%）	
辽宁省	7.6	8.7	6.7	10	566	25.3	1	44.8
吉林省	6.7	6.8	8.8	9.4	664	16.3	1.3	53.2
黑龙江省	7.1	7.8	1.9	1.9	676	30	2.0	62.9

资料来源：根据2016、2017年东北三省政府工作报告数据，由作者计算而得。

（三）东北三省现代农业发展持续向好，城乡融合发展基础厚实

东北三省都是粮食大省，现代农业发展持续向好，粮食等农产品总量和质量不断跃上新台阶，为农村一二三产业融合发展奠定了良好的基础。从表3可以看出，东北三省粮食产量、农业科技贡献率、农机总动力、农村用电量这些反映现代农业发展状况的指标绝对值，尤其是增加值或者增长率均较高，说明东北三省现代农业发展水平较高，发展基础较好，对于城乡融合发展具有稳定的支撑作用。

表3　2017年东北三省现代农业生产情况

	粮食产量		农业科技贡献率		农机总动力		农村用电量	
	绝对值（万吨）	增加值（万吨）	绝对值（%）	增加值（%）	绝对值（万千瓦）	增长（%）	绝对值（亿千瓦时）	增长（%）
辽宁省	2136.7	36.1	55.0	5	2224.5	2.6		
吉林省	3720.0	37.2	56.9	4	3291.9	6.1	53.0	3.6
黑龙江省	6018.8	-42.1	65.5	5	5813.8	3.2	79.8	3.0

资料来源：东北三省2017、2018年政府工作报告，2017年统计公报，各省农委网站等，增加值和增长率由作者计算而得。

近些年，随着现代农业健康发展，东北三省农业生态环境进一步改善，农产品质量迅速提升，农业“三品一标”认证快速发展。品牌影响力和社会公信力进一步提升，有效地保护了农业生态环境，为促进农业增效农民增收发挥了强有力的支撑作用，对城乡融合发展具有较强的促进作用。

（四）东北三省城乡空间融合逐步深化，呈现出一体化发展格局

总的来看，近些年东北三省农民进城打工非常普遍，农村 80% 以上的 45 岁以下中青年人选择进城务工；城市资本下乡现象越来越普遍。农民进城使得城乡人员深度融合，并且农民进城后，三代以后就会成为城市真正的主人。而伴随着工商资本进入农业农村现代化建设领域，城市居民进入农村从事现代农业生产，农民工返乡发展第三产业，呈现出城乡之间人、财、物等经济要素开始真正的融合，反映在城乡空间深度融合方面城镇化水平的不断提高（见表 4）。

表 4　2017 年东北三省新型城镇化建设成效统计

	城镇化率（%）	国家新型城镇化综合试点镇（个）	省级特色示范镇（个）	质量强市、强县（个）
吉林省	56.0	11	22	
黑龙江省	59.4	8		18
辽宁省	67.5	6	20	
合计数量	61.0（平均数）	25	42	18

注：表中数据为作者根据公开资料统计。

东北三省城镇化率较高，发展质量较好，“以城带乡”深度融合发展基础扎实。吉林省国家新型城镇化综合试点有序推进，省级特色示范城镇建设成效显著。吉林省特色城镇化初见雏形，地区中心城市和重要节点城市、县城、小城镇四个层面城镇化全面推进。2017 年吉林城镇化率 56.0%，比 2012 年提高 2.3 个百分点。辽宁省以资源为依托，在推进国家新型城镇化综合试点基础上全力打造本省特色资源小镇。通过创新投融资机制，尊重现有格局，严禁大拆大建浪费资源和破坏生态，既避免大搞圈地运动和房地产

开发项目，又避免再造新城，全省各具特色的20个省级特色乡镇应运而生。黑龙江省努力探索新的发展模式，在大力推进国家新型城镇化综合试点的前提下，在全省范围内开展“质量强市、强县”示范城市创建。这些质量强市、强县将成为实现全省城乡融合发展的平台及拉动全省城乡融合发展的新动能和有效载体。

三　东北三省城乡融合发展存在的问题

（一）城乡二元结构始终是制约城乡融合发展的主要障碍，部分地区城乡二元经济问题呈恶化趋势

城乡二元结构始终是制约城乡融合发展的主要障碍，表面上看，随着农业农村现代化进程加快，城乡二元经济结构呈逐年持续改善趋势，但改善程度十分有限。一是城市大工业经济和农村小农经济的基本格局没有改变。党的十九大及2018年中央一号文件布局“乡村振兴”，充分体现中央重视“三农问题”的决心和战略意志。然而，一个地方经济社会发展与否，不取决于农业农村是否发展，而是取决于地方工业和第三产业是否发达。这就决定了地方解决“三农问题”的积极性不高，投入不足，产出更少。二是农村基础设施建设落后于城市的局面短期内不会有大的改变。国家财政支持农村基础设施建设逐年增长，但是中国太大、农村太落后，中央财政对农村的支持杯水车薪；东北三省中辽宁省财政稍好，吉林省、黑龙江省都是财政穷省，对农村基础设施建设的投入很少，市、县财政更是拿不出资金支持本地农村基础设施建设。三是部分地区城乡二元经济问题还呈现恶化趋势。东北三省经济发展缓慢，从事农业生产效益较低，导致农村年轻人大量外出务工，部分地区农村空心化、老龄化问题十分严重。

（二）城乡要素自由流动机制尚未建立，严重制约城乡融合发展水平的提升

一是农民市民化成本依然较高。进入21世纪以来，东北三省都相继改

革了户籍、城市就业、社会保障等制度，改善了农民向城市流动的环境，降低了农民在城市就业和居住的成本。即使各省都拿出补贴资金，吸纳农民进入中小城市、城镇，但是促使农民家庭整体迁入城市的制度环境依然没有建立，特别是城市、城镇的住房价格一直在涨，农民手中的资金不足以满足住房的需求。与此同时，子女教育问题成为农民在城市定居的最重要限制性因素。农民工没有能力保障子女与城市家庭子女获取同等义务教育。二是城乡金融市场之间存在严重的藩篱，资金缺乏有效的双向流动。尽管吉林省农村金融改革成果颇丰，但现存农村金融机构有效供给不足，农村资金外流严重，特别是商业化改革以来，随着国有银行城乡金融规模的不断扩大，城乡金融机构分布更加失衡，对农业农村发展造成负面影响。现行农村土地制度刚刚起步，城市资本适度合理进入农村土地市场的机制尚未建立。三是土地财政以及城乡二元土地市场刺激了城市蔓延扩张，土地城镇化速度显著快于人口城镇化速度。其结果一方面造成了土地利用的低效率，另一方面也使得农民无法同等分享城镇化发展的好处，加剧城乡发展不平衡程度。

（三）推进城乡基本公共服务均等化困难重重，教育和卫生发展不均衡仍是主要短板

推动城镇公共服务向农村延伸，实现城乡基本公共服务均等化，是城乡融合发展的核心内容之一。近年来，东北三省城乡基本公共服务均等化取得了显著成效，城乡居民在医疗保障、义务教育以及基本养老保险方面均实现了制度全覆盖。但是，城乡基本公共服务标准差距依然较大，其中教育发展不均衡和卫生发展不均衡是主要短板。一是农村生活条件和公共服务设施落后，导致农村义务教育教师队伍发展缓慢，高素质教师不断流失，城乡居民受教育水平差距仍然呈扩大趋势。二是乡村医疗卫生设施有限，缺乏高等级医疗卫生人才。乡镇卫生院和村级卫生所只能处置小病，像阑尾炎这样的病症患者都需要去县城医院就医。

（四）乡村振兴存在诸多薄弱环节，制约城乡融合发展水平

改革开放四十年，我们主要精力多集中在发展农业生产，解决农民温饱

上。2006 年开始的新农村建设也只是强调生产发展、生活宽裕、村容整洁、乡风文明、管理民主。这是在最基本层面解决“三农”问题，是建设小康社会最基本的要求，因此没有注意到乡村整体布局问题，乡村基础设施建设是能建多少建多少，没有一个规划布局和发展目标，更不用讲乡村文化的保护和传承以及生态环境保护。强调管理民主，只是赋予村民委员会民主选举权，却忽视了党对农村工作的绝对领导，导致地方家族势力、流氓村霸占据村委会，贿选事情时有发生，村庄治理存在很多漏洞，严重制约农村社会健康发展，制约城乡融合发展水平。

（五）农业供给侧结构性改革压力较大，现代农业升级发展需要大力支撑

东北三省农业普通资源丰富，特色资源短缺，规模化经营比重只有 30%，中美贸易摩擦加剧，粮食市场不确定因素增加，各种原因造成农业供给侧结构性改革成本一路走高。以镰刀弯地区玉米调减为主线，2017 年东北三省调减玉米播种面积 3622.6 万亩，占东北三省粮食播种面积的 12%。应该说，玉米播种面积的减少，有广大涉农部门干部职工的辛勤努力，也是受到 2016 年玉米价格的断崖式下跌给广大农民造成损失的影响，来之不易。然而，市场变化无常，2018 年听话不种、少种玉米的农民将会受到损失，农民对于这种损失是无助的。改革总得付出成本，但不应该由农民承担风险。

四　东北三省城乡融合发展的对策建议

强化城乡融合发展研究，加强乡村振兴的顶层设计，从城乡融合发展的体制机制和政策体系层面上，抓住城乡融合的要点，破解城乡二元结构，唤醒农村沉睡的资源，为乡村振兴提供强有力的智力支持和保障，恰逢其时。

（一）制定城乡融合发展的政策措施

研究确定城乡融合发展机制，必须解决好有关政策层面的某些问题。要

出台相关政策，制定城乡融合发展的原则框架，让以后融合发展有章可循，有政策可依。第一，明确城镇化与农业农村现代化关系问题，研究如何依靠乡村振兴战略实现城乡融合发展解决中国农业农村发展问题。第二，明确作为粮食主产区，东北三省如何保障城乡融合发展既有利于经济发展，又保障粮食安全；既有利于城乡一体化，又保障农民安居乐业；既遵循国家大政方针，又尊重地方特色。第三，解决好农村劳动力进城与乡村振兴人才缺失的问题，城镇化发展与农民工就业困难问题，财政收入与粮食产量逐年提高不同步问题，城镇化用地与基本农田耕地红线问题。

（二）建立消除城乡二元结构的有效制度

在乡村振兴背景下实现城乡融合发展，最重要的是从制度层面消除城乡二元结构，实现城乡要素配置合理、城乡产业发展有机融合，进而推进城乡基本公共服务均等化，这是城乡融合发展的核心内容。第一，推进农业转移人口市民化，进一步放宽落户条件，允许农业转移人口在就业地落户，制定实施推动非户籍人口在城市落户方案。全面实行居住证制度，提升城市公共服务水平，推进城镇基本公共服务常住人口全覆盖。第二，提升县城和重点镇基础设施水平，加强县城和重点镇市政设施和公共服务设施建设。加快特色镇发展，带动农业现代化和农民就近城镇化。第三，增加农村教育投入，解决乡村振兴人才问题。针对农村劳动力素质不断下降的趋势，加大农村基础教育投入，逐步解决现代职业农民数量和素质较低困扰城乡融合发展重要的人才问题。

（三）确定城乡融合发展目标

确定发展目标，让城乡融合发展有方向，有动力。第一，实现规划融合，建立健全“多规合一”、有机衔接的各省规划体系。坚持以规划引领城乡融合发展，构筑城乡融合发展蓝图，形成城乡融合发展的规划格局。第二，实现城乡资源共享共用，在基础设施建设上融合。第三，实现城乡产业融合，促进城乡经济协调发展。推动项目向园区集中、园区向城镇集中、产业向农产品加工需要转变，促进城乡经济融合发展。第四，实现城乡公共服务融合，让城乡居民共享改革发展成果。逐步让农民享有与城镇居民相同的各种福利保障，推进城乡公共服务均等化。

（四）优化城乡功能定位

全面落实乡村振兴战略，形成主体功能明确、区块有机联动、资源配置优化的城乡融合发展格局，推进城乡基本公共服务均等化。第一，促进城乡教育一体化发展。加强城乡一体化的教育规划，优化教育布局。按照就近入学的原则，完善以常住人口为标准的教育服务体系，按照人口动态监测情况布局教育资源，逐步实现城乡教育资源包括校舍、设备和教师配置均等化，推动优质教师资源在城乡之间合理流动。第二，促进城乡就业服务一体化发展。建立城乡统一的就业失业登记制度和就业援助制度，完善政策体系、人力资源市场体系和就业服务系统。开展城乡劳动力免费职业培训，提高城乡劳动力就业素质和能力。第三，促进城乡社会保障一体化发展。建立更加公平和可持续的社会保障制度，巩固和提高城乡社会保障并轨成果。

（五）创新城乡社区治理机制

城乡融合发展一个重要内容是在强化城镇社区建设的同时，补齐乡村社区短板。第一，在城镇建立县（市）、街镇、居村三级纵向贯通、部门横向协同、政社互联互动的社会治理格局。第二，建立党建引领下的重心下移、服务靠前的城乡社区治理体系，做实基层力量，强化信息支撑，加强法治保障。第三，在乡村加快构建村自治组织、社会组织和经营主体有机统一的生活共同体，形成以党建为引领、自治为基础、法治为保证、德治为支撑的乡村治理体系。

（六）形成城乡要素自由流动机制

城乡要素自由流动是城乡融合发展的本质要求和重要体现。打破要素从城市向农村流动的体制和机制障碍，创新城乡在人才、土地、资金、技术方面的制度安排，推动优质要素向农村流动。第一，在稳定土地家庭联产承包经营权的基础上，深化土地三权分置改革和农村集体产权制度改革，为城市资本、人才和技术进入农村创造条件。第二，拓宽融资渠道，为农业农村提供金融支持。大力推进农村金融创新，完善农村金融体系，适当增加农业政策性银行。农村金融服务机构要加大对农民工返乡创业的信贷支持力度，要从中央层面明确“取之于农”存款“用之于农”的比例。第三，设立“待解乡愁试验区”。制定试验区内设政策，允许乡村在外人员回家购买房屋，建设家乡，发展家乡，繁荣家乡，为乡外游子促进乡村发展创造条件。

参考文献

1. 林志鹏、刘伟：《城乡融合发展　实现乡村振兴》，《光明日报》2018 年 6 月 1 日。
2. 柯炳生：《农业农村优先发展的动力是什么?》，《农民日报》2017 年 12 月 1 日。
3. 魏后凯：《农业农村优先发展的内涵、依据、方法》，《农村工作通讯》2017 年第 24 期。
4. 杨辉、陈希：《以绿色农业为抓手推进农业高质量发展——对黑龙江省绿色农业发展现状的调查与思考》，《黑龙江日报》2018 年 7 月 13 日。
5. 郑风田、郭晓鸣：《重塑城乡关系，走好城乡融合发展之路》，《四川日报》2018 年 3 月 28 日。

B.18
东北三省农业农村优先发展路径研究

张　磊*

摘　要： 东北三省已经具备农业农村优先发展的基础条件，农业结构进一步优化、农业绿色发展成为趋势、农村改革稳步推进，同时影响东北三省农业农村发展的一些问题仍然存在。要实现优先发展，必须解决好农业农村优先发展的要素倾斜问题，一方面要解决好增量倾斜问题，另一方面要解决好存量倾斜问题。在解决存量倾斜问题的过程中，解决好农业农村优先发展的经济社会问题，挖掘出实现城乡公共资源新的平衡根本方式方法，探索农业农村优先发展路径。

关键词： 东北三省　政策倾斜　农业农村优先发展　乡村振兴

优先发展是国家制定大政方针的发展战略和政策导向。坚持农业农村优先发展，是党的十九大和2018年中央一号文件为解决城乡发展不平衡问题、补齐农业农村短板做出的重大战略部署，是我国实现两个一百年奋斗目标，实现中华民族伟大复兴的中国梦，全面建设社会主义现代化强国的重要战略原则和政策导向。新中国成立初期的重工业优先发展战略，改革开放以来先后实行的交通、就业、教育、人才等优先发展战略，都是我们党根据国民经济和社会发展需要做出的重大战略决定，这些决定是被实践证明了的正确的决定。

* 张磊，吉林省社会科学院农村发展研究所所长，研究员，主要研究方向为“三农”问题、区域经济。

此次提出农业农村优先发展，是以习近平为核心的党中央在历史关键时期提出的关乎中国长盛不衰、全面实现建设社会主义现代化强国目标的关键举措。

一 东北三省农业农村发展现状

经过40年改革开放的快速发展，我国已经具备优先发展农业农村的基础条件。世界发达国家大都经历了从“农业支持工业、农村服务城市”的城市偏向到“工业反哺农业、城市支持农村”的农村偏向转变。如果采用农业名义支持率（NRA）和相对支持率（RRA）两个指标，实现这种政策转变的时点分别约在人均GDP为1850美元和1958美元时。2016年，东北三省人均GDP为6965.8美元，尽管落后于全国8127美元的水平，但是按照农业名义支持率和相对支持率两个指标计算，已经具备优先发展农业农村的基本条件，同时，中央财政和各省财政也完全有能力支持农业农村优先发展。

（一）农业产业结构进一步优化

1. 东北三省调减玉米增加优质农产品种植面积

2017年东北三省继续实施和完善玉米市场化收购及补贴机制，合理调减非优势产区玉米生产，增加优质农产品播种面积。东北三省玉米调减种植面积及新增优质作物品种见表1。

2016、2017年吉林省共调减籽粒玉米种植面积502.6万亩。2016年主要是在吉林省干旱、半干旱地区调减玉米种植面积120万亩，在吉林省长白山地区实施米豆轮作调减79.5万亩，在中部地区实施“粮改饲”、旱改水、发展设施农业等调减105万亩。2017年继续调减籽粒玉米种植面积170万亩，主要是扩大青贮玉米、鲜食玉米种植面积，增加水稻以及大豆、谷子等杂粮，绿豆等杂豆，花生、葵花等油料，马铃薯等薯类，三辣等特色蔬菜，饲草作物，燕麦、藜麦等特色作物的种植面积。

黑龙江省继2016年调减1922万亩玉米种植面积之后，2017年再调减1037.4万亩至8600万亩，进一步优化农业结构。新增大豆422.6万亩、杂

表1　2016～2017年东北三省种植业结构变化（玉米调减）

单位：万亩

	2016 年		2017 年		玉米调减面积合计
结构变化	玉米调减	新增品种	玉米调减	新增品种	
吉林省	332.6	大豆轮作、粮改饲、旱改水、设施农业	170	水稻、大豆、谷子、绿豆、花生、葵花、马铃薯、三辣、饲草作物、燕麦、藜麦、青贮玉米、鲜食玉米	502.6
黑龙江省	1922		1037.4	大豆、杂粮杂豆、水稻、薯类、小麦、经济作物、饲料饲草	2959.4
辽宁省	236	特色杂粮、青贮玉米和优质牧草，设施蔬菜和食用菌、中药材、花卉	120	大豆、薯类、饲草、油料	356

资料来源：根据各省公开资料整理。

粮杂豆102.2万亩、水稻58.9万亩、薯类58.2万亩、小麦17.4万亩、经济作物357.1万亩、饲料饲草73.9万亩。

2017年辽宁省玉米种植面积3268万亩，继2016年调减玉米种植面积236万亩之后，2017年再调减120万亩，重点发展设施蔬菜和食用菌、中药材、花卉等区域特色高效产业，发展特色杂粮、青贮玉米和优质牧草。辽宁将把设施农业作为建设重点，坚持扶持一批、改造一批和升级一批相结合，加大设施农业提质增效技术推广力度。实施好50万亩耕地轮作试点，重点推广玉米、大豆、薯类、饲草、油料轮作模式。

2. 东北三省农产品结构进一步优化

2017年，东北三省根据市场需求，更加注重调整农产品结构。吉林省根据资源禀赋，在全省西、中、东部不同农业区域实施不同的发展战略，逐步减少低端农产品，增加绿色有机无公害农产品供给。通过加强农田水利设施建设，吉林省新增优质大米品牌水田面积50万亩；在吉林省西部全国杂粮杂豆优势产区，建设国家级杂粮杂豆产业园区和基地，加快建设全国重要

的杂粮杂豆优势产区和集散中心；在吉林省东部长白山地区发展林下农业，重点发展黑木耳、香菇等食用菌产业；加快人参及系列产品开发，推进国家人参产业园区及产业基地建设。

黑龙江省作为全国第一农业大省，是国家最重要的商品粮基地和粮食战略后备基地。全省拥有耕地2.39亿亩，占全国的1/9强，位居全国之首。黑龙江省依托得天独厚的生态环境优势，大打绿色生态牌，大力发展绿色有机食品，确保消费者舌尖上的安全。全省绿色有机食品认证面积已达7400万亩，中国驰名绿色有机食品商标15个，省著名绿色有机食品商标200个，农产品地理标志产品达到100个。

辽宁省农产品质量效益明显改善。主要农产品质量安全合格率稳定在97%以上。2017年按照国家农业结构调整计划，辽宁省进一步调减玉米播种面积，扩大水稻、大豆、杂粮、马铃薯种植面积；继续发展设施农业、特色农业，发展辽宁特色农业产品，建设一批特色农业产品专业村、专业乡，不断提升农产品质量效益和市场竞争力。

3. 东北三省农业新业态进一步发展

东北三省在实施农业供给侧结构性改革，优化农业结构的同时，加快培育农业新业态，构建新型农业产业体系。农业农村新产业新业态是随着农业农村经济发展与科技的进步，在原农村一、二、三产业基础上，借助信息技术等新技术，分化、嫁接、重构的新生产组织形态或服务组织形态，如观光农业、体验农业、创意农业、田园综合体、农村电商、农村快递、乡村养老、农村建筑设计等。近年来，东北三省农村新产业新业态发展加快，为农业增效、农民增收注入了新动能。

（二）农业绿色发展成为趋势

1. 吉林省继续推行农业绿色生产方式

吉林省通过发展生态农业，修复治理农业生态环境，在发展现代农业，实施农业农村现代化建设过程中，推行农业绿色生产方式。2017年，吉林省在敦化等4个国家玉米大豆轮作试点县实施轮作100万亩，同时在14个率先实现农业现代化示范县市推广耕地轮作制度试点面积200万亩，重点发展玉米和大豆轮作，统筹兼顾马铃薯、杂粮等作物轮作。力争用3~5年时间，初步建立耕地轮作的组织方式和政策体系，集成推广种地养地相互结合的生产技术模式，探索形成可持续的轮作与粮食生产协调发展的耕作制度。

2. 黑龙江省找准绿色农业发展亟待解决的问题

绿色农业是质量兴农战略的具体实践。黑龙江省为了更好地发展绿色农业，通过全面筛查，摸清了全省绿色农业发展亟待解决的问题。一是农业生态环境恶化。工业和生活污水、畜禽粪便和农作物秸秆等处理不当，化肥农药和农膜过量使用等造成的面源污染，以及水土流失造成的耕地质量下降，导致全省农业生态环境恶化。二是绿色有机农业认证体系和监管系统不完善，有机农产品生产标准与国际标准存在一定差距。目前，这些问题正通过制定具体措施逐项加以解决

3. 辽宁省全面改善农产品质量提升绿色农业效益

辽宁省主要农产品质量安全合格率稳定在97%以上，农业节本增效成效显著；主要农作物病虫害专业化统防统治覆盖率达到35%以上，农药化肥施用量实现零增长；农产品综合加工率达到75%以上，农产品出口额达到100亿美元以上；农村常住居民人均可支配收入增长与经济发展同步。与此同时，辽宁省通过三个方面措施基本解决了秸秆污染问题。一是通过分区域实施100万亩秸秆翻压还田、200万亩保护性耕作、22万亩秸秆反应堆等3个项目，增加秸秆利用量185万吨，占总利用量的12.7%。二是以牛羊标准化养殖小区和规模化饲养场为重点，推广秸秆青（黄）贮、氨化、膨化和直接粉碎饲喂技术，秸秆饲料化利用量达1372万吨，秸秆饲料化率达48%。三是推广“企业+合作社（经纪人）+农户”的模式，重点解决收储运体系建设的“瓶颈”问题，全省共建成收储点300多个。

（三）农村改革稳步推进

1. 农村土地确权和集体经济产权制度改革成效显著

东北三省土地确权颁证工作从2013年中央一号文件提出全面开展农村

土地确权工作开始，历时 5 年，2018 年将全部完成。农村集体经济产权制度改革，从 2014 年开始试点村改革，2015 年扩大改革试点范围，到 2017 年推荐整县试点改革。2018 年遵循农村改革“扩面、提速、集成”总体要求，我国农村集体产权制度改革试点将进一步扩大。吉林等 3 个省被确定为省级农村集体产权制度改革试点单位，要求 2020 年完成改革试点工作。

2. 农村金融综合改革试点在吉林省初显成效

吉林省作为全国唯一一个省级农村金融综合改革的试点，探索以金融破局“三农”问题。通过农村金融综合改革，调整“三农”发展思路，将金融从“配角”地位提升到了与财政、产业政策同等重要的地位以共同发力助推“三农”发展。目前，吉林省农村金融改革初显成效。截至 2017 年年初，涉农贷款余额 6110.2 亿元，同比增长 15.7%，较全国平均增速高 6.8 个百分点；农业保险保费收入 14.8 亿元，同比增长 33.9%，较全国平均增速高 22.5 个百分点。

3. 加强和创新乡村治理机制

东北三省农业组织形式和生产方式的转变要求创新乡村治理机制。农村集体经济组织、农村股份合作经济组织与“村三委”的关系亟待理顺，乡村治理机制如何适应农业转移人口市民化、农村社区化值得注意。目前，东北三省均已出台“乡村振兴战略实施意见”，乡村振兴战略实施规划正在编制过程中，加强和创新乡村治理机制研究与实践恰逢其时，通过政策、法律和村规民约建设，东北三省的乡村必将得到有效治理，一个全新、繁荣、共建共治共享的现代社会治理格局正在形成。

二　东北三省农业农村优先发展面临的问题

（一）农业仍是“四化同步”的短板

第一，农业对经济发展贡献率很低。2017 年吉林省三次产业的结构比例为 9.3∶45.9∶44.8，对经济增长的贡献率分别为 6.9%、36.9% 和

56.2%；黑龙江省三次产业结构比例为18.3∶26.5∶55.2；辽宁省三次产业结构比例为9.1∶39.3∶51.6。第一产业增加值最多的黑龙江省，其第一产业增加值也只占GDP的18.3%，对本省经济发展的贡献率13.6%，比重很低。第二，农业本身是一个弱质产业，东北三省农业靠天吃饭问题仍然没有解决好；同时，生产周期长，回报见效慢，比较效益低，企业投资进入难，随着人口城镇化的快速推进，农村人口向城市迁移，农村资本、人才等要素逐步向城市集中，农村人口老龄化和村庄空心化加剧。

（二）农村仍是全面建成小康社会的短板

十九大报告指出，“中国特色社会主义进入新时代，我国社会主要矛盾已经转化为人民日益增长的美好生活需要和不平衡不充分的发展之间的矛盾”，农业农村发展的滞后就是这种不平衡不充分的发展的一种表现。东北三省城乡居民收入尽管增速差距在缩小，但绝对值差距仍然很大（见表2）。在全面建成小康社会的关键时期，东北三省农村地区已经成为全面小康的最大短板。

表2　2017年东北三省城乡居民收入及比值

	城镇居民人均可支配收入(元)	农村居民人均可支配收入(元)	城乡居民收入比
吉林省	28329	12950	2.19∶1
黑龙江省	27446	12665	2.17∶1
辽宁省	34993	13747	2.55∶1
三省平均	30256	13121	2.31∶1

资料来源：东北三省2017年统计公报，收入比为作者计算而得。

（三）农民还没有成为职业

东北三省和全国一样，工人是一种职业，而农民不是职业。受到“城乡界限”和“户籍制度”的限制，工人的孩子是工人，农民的孩子是农民，长久以来已经成为社会各界广泛的认知。长期的政策倾向，导致从事农业劳动的农民被赋予了终身制“农业户口”，农业户口已经定性为只能从事农业劳动。这就决定了从事农业生产的经营主体主要是农民，而其他人群只能从新型农业经营主体角度进入农业（可能，但很困难），限制了城乡人才的自由流动。这个问题如果不能得到很好地解决，将会影响农业农村优先发展问题。

（四）乡村仍然需要振兴

东北三省乡村振兴最需要的是人口振兴，没有了人就什么都没有了。东北三省常住人口城镇化率达到61%，而户籍人口城镇化率只有50%。东北人口流失一直是不争的事实，2011～2015 年东北三省人口净迁出约 24 万人。2017 年东北三省常住人口均出现减少，其中吉林省人口减少最多，比上年净减少 15.6 万人，黑龙江省比上年减少 10.5 万人，辽宁省人口比上年减少 8.9 万人。农村现代化建设刚刚起步，东北三省乡村发展不平衡问题仍然突出，部分农村地区陷入日渐凋敝的发展状态。农村经济在国民经济中的份额越来越小，对国民经济增长的贡献越来越弱。

三　东北三省农业农村优先发展的路径选择

农业农村优先发展作为一种战略原则和政策导向，东北三省各级政府必须将其摆上议事日程。各省在经济社会发展顶层设计过程中，真正把农业农村发展摆在首位，不断缩小农业农村在全面建设现代化强国过程中与城市、工业的差距，实现乡村早日振兴。

（一）解决好农业农村优先发展的要素倾斜问题

东北三省要实现农业农村优先发展，必须解决好“人、财、物”要素倾斜农业农村问题。实施农业农村优先发展的总任务是实现“优先发展要素”回归。

1. 财政资金分配、重大项目向农业农村倾斜

“财、物”是实现东北三省农业农村优先发展的基本保障。一是要争取

国家财政资金分配、重大项目向东北三省老工业基地和农产品生产大省农业农村倾斜。二是各省要坚持把农业农村作为财政支出的优先领域，进一步加快农村金融综合创新，建好金融支持农业农村优先发展机制，同时在金融机构内部设立优先发展农业农村扶持机构。三是出台政策，降低社会资本进入农业农村门槛。社会资本进入农业农村在为农业农村注入资本的同时，给农业农村带来了先进发展理念及发展方式，加快了农业农村发展步伐。四是促进农业支持保护制度进一步完善。国家必须坚定不移地加大对农业的支持保护力度，在国家层面对东北老工业基地和粮食主产区扩大“绿箱”政策的实施范围和规模，采取发达国家和地区的一贯做法，用国家的政策和财力支持农业主产区，实现该地区农业农村快速发展。

2. 制定人才政策、组织干部队伍向农业农村倾斜

要完成党的十九大确定的乡村振兴战略，实现农业农村优先发展，必须解决好“人”的问题。各省今后的人才政策一定要向农业农村倾斜，并且优先为农业农村发展组织精良的干部队伍。同时，要坚持党对农村民主选举的领导，管好、把好农村基层组织建设关，这是实现农业农村优先发展的关键措施。

（二）解决好农业农村优先发展的经济社会问题

农业农村优先发展最需要解决的经济问题是农业现代化、农村股份制经济和农村三次产业融合发展问题。与此同时，还必须解决好农村社会问题，包括精准扶贫、农民收入以及农村公共服务体系建设问题。

1. 发展现代农业，实现农业现代化

东北三省是我国现代农业比较发达的地区，优先发展农业农村现代化，应该在过去较好的基础上更进一步。一是有计划、有步骤地解决农业靠天吃饭问题，发展配套齐全的农田水利设施。二是依靠科技，加大投入，解决好良种问题。吉林省每年良种补贴基金不足国外一家制种公司投入的 1/40，这是农业现代化建设的一个短板。三是加强标准化、品牌化生产。标准化才能规模化，才能让市场认可，品牌化才能让世人接受。两者缺一不可，这是

在市场经济条件下，发展现代农业不可或缺的基础条件。四是实现农业绿色发展。这是实现农业农村优先发展的前提，是推动乡村产业走上一条空间优化、资源节约、环境友好、生态稳定的特色振兴之路。

2. 实施农村产权制度改革，发展农村股份制经济

实施农村产权制度改革为东北三省农村经济找到了发展道路。农村产权制度改革在东北三省广泛试点、推广，为三省农业农村优先发展奠定了基础。一是农村产权制度改革摸清了家底，使得农业农村优先发展更加有的放矢。二是农村产权制度改革使得农村集体经济找到了发展方向。绝大多数农业集体经济选择了股份制，有效地避免了村集体经济流失。股份制经济既有强大的生命力，适合农村集体经济发展的需要，又能保障村集体经济组织成员的利益最大化。三是农村股份制经济多数是土地股份制经济。土地入股解决了农民手中缺乏资金问题，土地确权后，既是生产资料，又是资产，具有资本特性，能够为农业农村优先发展抵押筹资，具有强大的生命力。

3. 推进农村一二三产业融合发展，解决农业农村发展短板

推进农村三次产业融合发展是农业农村优先发展的方向。一是提升农产品加工业引领作用，增强三产融合发展动力。农产品加工业是农村三次产业融合发展的灵魂，通过发展农业产业化龙头企业，做大做强农产品加工业。二是大力发展新型农业经营主体，构筑三产融合发展支撑体系。家庭农场、农民合作社、龙头企业是农村三次产业融合发展的新主体，他们支撑着农村三次产业融合发展，助推实现农业农村优先发展。三是培育新业态新模式，拓宽三产融合发展新领域。通过推广“共享农家”模式、休闲农业模式、农产品加工业带动模式、农业内部有机融合模式、全产业链发展融合模式、农业产业链延伸融合模式、农业功能拓展融合模式、科技渗透发展融合模式、产业集聚型发展融合模式等，拓展农村三次产业融合发展领域。

4. 稳步实施精准扶贫，全面提高农民收入水平

贫困问题始终是困扰农村社会、影响农村经济发展的大问题，必须很好地加以解决。同时，农民收入水平更是涉及农村社会稳定的问题。“小康不小康，关键看老乡”，没有农民的小康，就没有全社会的小康。解决贫困问

题之后，不断提高农民收入水平，是全面建成小康社会的关键。一是因地制宜，稳步实施精准扶贫措施，确保到2020年，在现有贫困标准下，全部脱贫。二是通过发展农村股份制合作，实施农村三次产业融合发展，完善农业支持保护制度，全面提高农民收入水平，确保2020年全面建成小康社会。

5. 完善农村公共服务体系，逐步实现城乡公共服务等值化

通过强化农村公共卫生医疗服务、农村社会保障服务、农村公共文化服务、农村公共信息服务、农村科技推广服务、农村公共交通服务、农村社会管理服务，提升农村公共服务水平，推动东北三省农村居民收入、各项民生指标走在全国前列。只有这样，才能逐步实现城乡公共服务等值化发展。城乡等值是乡村振兴的发展趋势和未来，“城乡等值”是说无论在城乡，其享受到的公共服务应该一样多。只有城乡融合，城中有乡，乡中有城，城市像乡村一样美，乡村像城市一样便利，这样的城乡发展格局才是最理想的。

参考文献

1. 孙翠翠：《吉林省加快推进农业结构调整》，《吉林日报》2017年3月10日。
2. 习近平：《在党的十九届一中全会上的讲话》，《求是》2018年第1期。
3. 《韩长赋主持召开农业部常务会议　安排部署2018年农业农村经济工作》，中华人民共和国农业农村部网站，http：//www. moa. gov. cn/xw/zwdt/201801/t20180115_6135022. htm。
4. 《多措并举做实农业农村优先发展》，《农民日报》2017年11月16日。
5. 魏后凯：《农业农村优先发展的内涵、依据、方法》，《农村工作通讯》2017年第24期。

B.19
东北三省乡村产业发展状况、问题及对策研究*

陈秀萍**

摘　要： 乡村产业兴旺是实施乡村振兴战略的基础和重点。乡村只有产业振兴了，农业才能成为有吸引力的产业，农民才能生活富裕，农村才能实现生态宜居、乡村文明、治理有效的目标，乡村振兴战略才能够得以有效实施。东北三省作为农业大省、粮食主产区，乡村振兴战略的实施首先应当从乡村产业振兴入手，并将其作为乡村振兴战略实施的重点。本文针对东北三省乡村产业发展的现状，找出了乡村各产业发展中存在的问题，并提出了相应的对策，即第一产业重在提品质、增效益，第二产业重点在创业创新，第三产业重在规范发展乡村旅游业，推动乡村一二三产业深度融合。

关键词： 东北三省　乡村产业　乡村振兴

针对我国当前经济发展形势和阶段，党的十九大提出了乡村振兴战略，“产业兴旺、生态宜居、乡风文明、治理有效、生活富裕”是乡村振兴的总要求。乡村只有产业振兴了，农业才能成为有吸引力的产业，农民才能生活

---

* 本文是2015年国家社科基金“我国粮食主产区新型农业经营体系建设目标与培育机制研究（课题编号：15BJY107）”的阶段性研究成果。

** 陈秀萍，黑龙江省社会科学院副研究员，主要从事农业经济理论与政策研究。

富裕，农村才能实现生态宜居、乡村文明、治理有效的目标，乡村振兴战略才能够得以有效实施。因此，产业兴旺是实施乡村振兴战略的基础和重点。东北三省乡村振兴战略的实施首先应当从乡村产业振兴着手，并将其作为乡村振兴战略实施的重点。

一 东北三省乡村产业发展现状

（一）粮食产业始终占据东北三省乡村产业的首位

东北三省都被列为国家粮食主产区，粮食种植业始终占据重要地位。2017 年东北三省的粮食产业继续保持稳步发展的势头，粮食总产量达到 2375 亿斤，占全国的 19.22%，与上年持平。其中，黑龙江省达到 1203.76 亿斤，连续 7 年位居全国第 1；吉林省连续五年超过 700 亿斤，位居全国第 4；辽宁省再创第二丰收年，粮食产量位居全国第 12。东北三省为国家的粮食安全作出了重大贡献，特别是黑龙江省，在做好国家粮食安全“压舱石”工作方面做出了突出成绩。

（二）种植业供给侧结构性改革取得了显著成效

1. 农产品供给数量结构在不断优化

东北三省以满足市场需求变化为目标，进一步推进农业供给侧结构性改革，农产品供给的数量结构在不断优化。

2017 年辽宁省全年粮食作物播种面积 4840.8 万亩，比上年减少 6.3 万亩。其中，玉米播种面积比上年减少 3.5%；水稻、小麦、豆类、薯类播种面积分别比上年增长 3.4%、23.1%、8%、10.3%；杂粮播种面积增长较快，其中谷子播种面积增长 46.8%，高粱播种面积增长 0.4%；经济作物播种面积比上年减少 10%，果园面积比上年减少 39%。2018 年，辽宁省以优化农业产业结构、品种结构、布局结构为重点，进一步调减非优势区玉米的种植面积，全省调减玉米种植面积 7.76 万亩，增加了花生、蔬菜、饲草、甘薯、中草药材等作物的播种面积。

2017 年吉林省粮食作物播种面积为 7534.95 万亩，比上年增加 2.55 万亩。调减籽粒玉米播种面积 221.10 万亩，分别增加水稻播种面积 50 万亩、大豆播种面积 88.76 万亩、杂粮杂豆播种面积 27.39 万亩、花生播种面积 12.61 万亩，粮改饲播种面积 20 万亩，蔬菜、薯类、中药材等播种面积增加 22.34 万亩。2018 年，吉林省深入开展种植业结构调整巩固提升活动，巩固前两年种植业结构调整规模，按照稳粮、优经、扩饲的要求，在稳定粮食生产产能基础上，加快构建粮经饲协调发展的三元种植结构，2018 年全省籽粒玉米调减播种面积保持在 550 万亩以上，大力发展蔬菜产业，稳步扩大大豆、杂粮、杂豆、油料、马铃薯等产业。

2017 年黑龙江省种植业结构调整的方向是“一减一稳六增”，即“减玉米、稳定并适当增加水稻、增大豆杂粮、扩草蓿和果蔬、上畜牧，打造安全优质高效绿色农业”。2017 年全省调减玉米播种面积 13%；大豆播种面积增长 20%；鲜食玉米、马铃薯、杂粮杂豆等高值高效作物播种面积增加到 1741 万亩；蔬菜播种面积发展到 1160 万亩。2018 年，黑龙江省为了引导农民扩种大豆，缩减玉米种植，春季公布了粮食补贴政策，玉米政策补贴由 2017 年的 133.46 元/亩降至 100 元/亩以下，大豆种植补贴由 2017 年的 173.46 元/亩增加到 200 元/亩以上。玉米、大豆轮作补贴 150 元/亩。

2. 农产品质量在不断优化和升级

面对农产品市场需求的升级，东北三省农产品供给的质量也在不断地调整、优化和升级，绿色农产品的数量在不断扩大。

辽宁省农产品质量总体合格率保持在较高水平，呈现稳定态势。截至 2017 年 4 月，辽宁省有效无公害农产品认证达 2443 个，绿色食品认证个数和生产面积均创历史新高。辽宁省蔬菜、水果等主要农产品监测合格率居于全国前列。2018 年，辽宁省开展生产标准化，农产品质量安全执法、监测等七大行动，进一步推动农产品质量的提升。

吉林省上下秉持绿色发展理念，把发展绿色优质农产品摆在全省供给侧结构性改革和率先实现农业现代化的重要位置，重点打造稻米、玉米、畜禽、杂粮杂豆、蔬菜、林特、水产品七大绿色农产产业。目前，全省有效使用“三品一标”的产品数量达到1758个，创建全国绿色食品原料标准化生产基地27个，“三品一标”环境监测面积达到1214万亩。

黑龙江省利用地区环境气候优势，多年以来致力于绿色食品产业的发展。绿色有机食品认证面积稳步增长，2017年全省达到7600万亩，2018年达到8000万亩，实现了稳步增长。绿色有机食品认证面积超过了全省农作物总播种面积的1/3，约占全国绿色有机食品认证面积的1/5。2017年绿色有机食品实物总量达到4140万吨，约占全国的1/5。

（三）休闲农业发展势头强劲

近几年，东北三省休闲农业发展势头强劲，产业规模不断扩大，产业类型不断丰富，产业品牌不断确立，产业地位不断提升，基础设施不断完善，多产融合初见成效。

辽宁省在东北三省中属于休闲农业开发较早、发展最快的省份，目前进入从量增到质变的提升阶段。至2016年年末，全省休闲农业经营主体达到12269个，年接待游客7757万人次，年经营收入209亿元，从业人员31万人。全省新增投资项目226个，完成项目投资36亿元。沈阳、大连、丹东、辽阳、盘锦等地在休闲农业方面发展较快。

吉林省的休闲农业已经进入了稳定发展期，已经发展成为有质量、有品位、有规模的朝阳产业。2017年全省休闲农业经营主体发展到3700户，其中休闲农业观光园2800个，农家乐900户，直接安置农民就业13万人次，带动农户就业7.5万户以上，年接待游客近3500万人次，全年销售收入80亿元以上，同比增长16%以上。

黑龙江省坚持把休闲农业和乡村旅游作为推动乡村振兴的新产业和新支柱来抓。全省休闲农业和乡村旅游快速发展，截至2017年年末，全省经营主体发展到5703家，经营收入达到82.45亿元，同比分别增长10.2%和

10.6%，吸纳14.3万农民就业，带动13.9万户农民在产业发展中受益，成为农村经济发展的新亮点之一①。

（四）乡村旅游产业蓬勃发展

旅游业具有关联度高、带动性强的特点，已经成为工业、农业、林业、文创、交通等行业交互融合的平台，是推动经济社会发展的重要力量，在乡村产业振兴中占有重要的地位。

辽宁省提出把发展乡村旅游作为贯彻落实乡村振兴战略的重要抓手，助推农业农村现代化建设。“十三五”以来，辽宁乡村旅游收入连续三年年均增幅在20%以上。据不完全统计，目前，辽宁省有1261个乡村具备发展乡村旅游的基础，有着巨大的发展空间。2017年，全省接待乡村旅游人数达到1.75亿人次，乡村旅游消费规模超过1000亿元，全省乡村旅游发展驶入了高速行驶的快车道②。

吉林省具有得天独厚的森林、湿地、农业旅游资源，70%的旅游风景区分布在乡村，发展旅游业是促进吉林乡村产业发展的重要途径之一。至2017年年末，全省各类乡村旅游经营单位1000多家，吸纳就业30万人以上，接待游客人次和总收入分别增长28.15%、30.05%。目前，吉林省正在探索旅游集散模式，通过提高综合服务水平，延伸业务触角，促进跨界合作等方式推动乡村旅游业向高质量转型。

截至2017年年底，黑龙江省全省开发建设乡村旅游点千余家，乡村旅游经营户近万户，乡村旅游从业人员10万余人；8个县被国家农业部、国家旅游局评为休闲农业与乡村旅游示范县，10个乡村旅游点被国家农业部、国家旅游局评为国家级乡村旅游示范点；35个村被评为中国乡村旅游模范村，33户被评为中国乡村旅游模范户，256家农家乐饭店被评为中国乡村旅游金牌农

---

① 黑龙江省农委产业化办：《黑龙江省休闲农业和乡村旅游蓬勃发展》，黑龙江农业信息网，http：//www.hljagri.gov.cn/nydt/201805/t20180518_750342.htm。

② 朱雪松、周凤文：《辽宁：发挥旅游在乡村振兴中的作用》，《中国旅游报》2018年4月17日。

家乐，160 人被评为中国乡村旅游致富带头人；103 个乡村旅游点被评为黑龙江省乡村旅游示范点；9 家单位申报国家现代农业庄园，并通过国家初审①。

（五）农产品加工业蓬勃发展

东北三省是农业大省，乡村产业振兴必须围绕着农业展开。农产品加工业是带动地区乡村产业发展的龙头产业。三个省份都将农产品加工业作为本地区的支柱性产业，实施多项支持政策，推动农产品加工业的发展。

截至 2016 年年底，辽宁省全省规模以上农产品加工企业达到 2379 个，其中省级以上龙头企业达到 677 家，实现工业总产值 3106 亿元，主营业务收入 3308 亿元，出口交货值 416 亿元，利润总额 145 亿元，从业人员达到 39 万人。2017 年辽宁省新增投资千万元以上农产品加工项目 302 个，培育了 23 个初具规模、特色鲜明、有一定竞争能力的农产品加工集聚区，入驻农产品加工企业 1141 家。辽宁省提出，到 2020 年粮食产业增加值年均增长 7%左右，粮食加工转化率达到 88%，主食品工业化率提高到 25%以上。

吉林省农产品加工业的支柱地位和优势产业作用日趋增强。近 5 年，吉林省农产品加工业销售收入年均增速 8.59%。2017 年农产品加工业销售收入再攀新高，达到 5600 亿元，比上年增长 7.7%。2018 年吉林省围绕促进农产品加工业转型升级，增强企业对产业发展和农民增收的带动作用，发展农产品加工、储藏、保鲜等业态，促进农产品初加工、精深加工及综合利用协调发展，重点打造玉米、大米、大豆、油料等大产业。2018 年农产品加工业销售收入力争达到 6000 亿元。

黑龙江省提出了推进精深加工升级、龙头企业提升等“十大工程”，发展米、稻、乳、肉等“十大产业”，优质加工企业大量涌现，逐步形成以粮、畜、林等农产品和绿色食品为主导，具有龙江优势特色的农产品加工格局。近两年新形成玉米加工能力 200 亿斤，形成 25 个以农产品加工为主的产业园区。针对价格“倒挂”，2017 年黑龙江省对玉米、稻谷加工企业提供

① 《黑龙江省乡村旅游发展指引发布》，《黑龙江日报》2017 年 12 月 22 日。

政策补贴34亿元，规模以上农产品加工企业发展到1942个，省级农业产业化龙头企业550个，全省粮食加工量同比增长26%，销售收入同比增长19%，实现利润同比增长1.6倍。2018年1季度，全省规上农产品加工业主营业务收入、利润、税金分别同比增长16.9%、13.1%和49%。

二 东北三省乡村产业发展存在的问题

（一）东北三省乡村第一产业存在的问题

1. 第一产业经济持续增长的动力不足

2017年，黑龙江省农林牧渔服务业增加值结构为69.7∶3.6∶22.9∶1.7∶2.2，吉林省为51.95∶4.18∶38.46∶1.84∶3.57。可以看到，种植业在东北三省第一产业中占有重要的地位。近些年由于国际大宗农产品价格的下滑，导致我国粮食价格普遍下滑，加上国家粮食收储政策的改革，影响了粮食种植业的经济效益。以粮食为主的东北三省第一产业的经济效益持续增长的动力明显不足，吉林省第一产业增加值出现负增长，辽宁省基本保持稳定，小幅增长，只有黑龙江省第一产业增长幅度较大（见图1）。

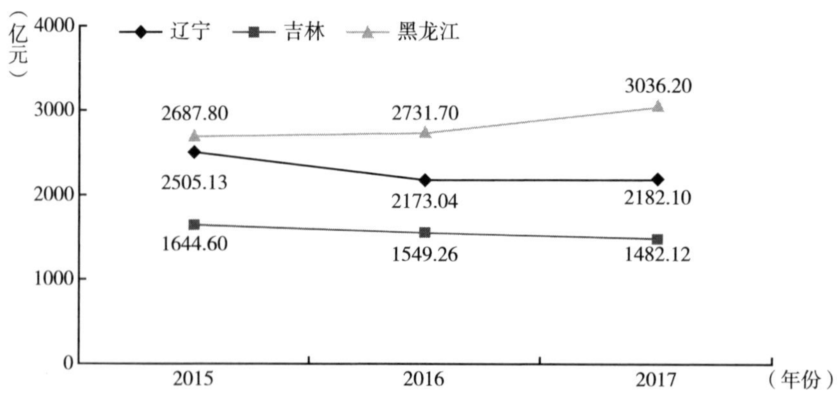

图1 2015～2017年东北三省农林牧渔服务业增加值

资料来源：根据辽宁、吉林、黑龙江三省2016年、2017年国民经济和社会发展统计公报整理分析得出。

2. 产品质优价不优

由于天寒地冻的气候原因，东北三省的虫害比南方轻很多，所喷洒的农药次数也少很多，具有发展无公害、绿色有机农产品的天然优势，仅黑龙江省生产的绿色农产品实物总量就占了全国的1/5。但是，由于农产品的质量从外观上不易识别，东北三省农产品的价格并不比其他省份高，好产品没有卖出好价格，也未给农民带来高收益。

（二）东北三省乡村第二产业存在的问题

1. 农产品加工业增值能力不强，带动农户增收能力较弱

东北三省乡村农产品加工业非常落后，绝大多数的农产品加工业分布在城镇，整体存在增值能力不强、带动农户增收能力较弱的现象（见表1）。以辽宁省为例，辽宁是东北三省农产品加工业最发达的省份，但2015年辽宁省规上农产品加工业主营业务收入不足山东省的1/6，仅相当于河南省的1/3。2015年，东北三省规上农产品加工业主营业务收入合计还不足山东省的1/2；利润总额差距也很大，东北三省利润总额合计不足山东省的1/2。乡村农产品加工企业多数为初加工型，企业规模普遍较小，深加工能力不足，增值能力和对农户收益的带动能力更弱。

表1　2015年全国、排名前5位省份以及东北三省的农产品加工业发展情况

地区	汇总企业个数（个）	主营业务收入		利润总额		税金总额	
		累计（亿元）	增速（%）	累计（亿元）	增速（%）	累计（亿元）	增速（%）
山东	11075	36339.3	6.0	2131.1	3.7	1268.2	2.1
江苏	7189	16954.0	8.3	1200.5	7.6	1091.5	10.8
河南	5780	16503.4	7.4	1374.9	5.1	659.0	3.8
广东	5678	11725.1	4.1	761.8	9.5	647.3	7.4
湖北	4272	11083.5	9.1	584.7	7.0	728.1	5.5
辽宁	2850	5721.2	-22.2	271.8	25.2	181.0	-17.2
吉林	1941	6393.0	4.8	300.4	12.0	225.7	4.3
黑龙江	1846	4362.1	-1.3	212.7	-10.0	140.5	-6.2
全国	78427	193689.3	5.0	12908.0	5.3	12269.5	5.0

资料来源：《中国农产品加工年鉴2016》。

2. 农产品加工产业雷同现象严重，产能过剩风险加大

以玉米加工业为例，为了加快玉米去库存步伐，近几年国家和地方出台了一系列支持玉米精深加工的扶持政策，极大地促进了玉米的加工转化，但也造成玉米深加工产能扩张过快、产能过剩的风险加大。据统计，仅在东北地区在建或筹划的玉米深加工项目产能接近1000万吨，其中涉及的色氨酸、苏氨酸等氨基酸深加工项目产能已经处于严重过剩局面；玉米酒精产业发展亦存在产能过剩趋势。由于所上雷同项目过多，不仅2018年秋季出现玉米价格上涨，而且可能面临玉米的下游产品过剩风险。

3. 产品品质升级速度滞后于消费升级需求

东北三省乡村农产品加工业基本还处在初加工、粗加工阶段。一些新型经营主体缺少保鲜、储藏、分级等初加工设施，精深加工的项目更是稀少。多数加工产品属于低端层次，品质升级速度滞后于消费升级需求，产品在市场中难以打开销路。品牌的培养更是滞后于产业的发展。

4. 企业技术装备落后，人才缺失严重

长期以来，乡村人口的综合素质受制于制度、环境等因素远落后于城市。特别是近些年由于东北经济发展滞后，导致人才流失现象严重，乡村更是严重缺乏技术、销售、电子商务、高层次管理等人才。有些农民能创业，但因缺少人才的支撑，导致企业无力做大。作为第一生产要素，人才质量的下滑不仅会影响乡村二、三产业发展，还会影响农村农业现代化进程。

（三）东北三省乡村第三产业存在的问题

1. 乡村服务业普遍发展不足

东北三省由于乡村居住人口稀少，一些服务业难以依靠数量来实现经济效益，而服务价格过高，农民又消费不起，所以乡村服务业普遍发展不足。很多村子缺少生活性服务产业和农村公共服务业，农村电商等服务业更是缺乏，已经建立起来的服务业也面临着提档升级问题。

2. 乡村休闲旅游业的服务质量不高

游客去乡村旅游度假，希望看到的是乡村风景，能够享受到舒适的生活。而东北三省乡村旅游业在吃、住、行、游、购、娱等服务业方面过于单调，生活服务项目不全、质量不高，降低了产业的吸引力，难以吸引游客多次消费。农副产品、土特产品、旅游产品的开发、销售比较滞后。乡村休闲旅游业对农业的拉动作用不强，促进农民增收的作用没有发挥出来。

3. 乡村休闲旅游业特色不突出，重复项目多

东北三省的休闲农业出现农家乐、民俗村、休闲农园、休闲农庄等形式，雷同项目较多，特色鲜明的产业项目不多。休闲旅游产品虽然在大区域尺度上存在一定的差异，但是同质化严重，服务项目与体验活动大体相同，集中在吃农家饭、垂钓、采摘等项目上，造成目标市场相近、服务过剩、经营利润下滑，出现恶性竞争。

（四）东北三省乡村一二三产业融合深度不够

2017 年全国农村一二三产业融合发展态势良好。据测算，农村产业融合使订单生产农户的比例达到 45%，经营性收入增加了 67%，农户年平均获得的返还或分配利润达到 300 多元。东北三省远远落后于全国。东北三省第一产业比较发达，第二产业发展缓慢，第三产业发展不足，导致一二三产业融合的深度不够。以黑龙江为例，雪乡是乡村旅游业发展比较成功的代表，但雪乡只将消费热点放在了自然风景上，配套服务没有跟上，与地区一二产业的融合深度极低，没能带动地区一二产业的发展。

三　促进东北三省乡村产业发展的对策建议

（一）第一产业重点在提品质、增效益

1. 适度发展精品农业，提高经济效益

我国已经步入中等偏上收入国家行列，居民对高端精品农产品的需求

量在扩大，但国内供给严重不足，每年需要进口大量的高端农产品，这为精品农业的发展提供了广阔的市场空间。东北三省具有丰富的农业资源、良好的生态环境、先行的绿色食品产业等优势，为精品农业提供了良好的发展基础。东北三省除了生产大宗农产品以外，可以适度发展精品农业，培育一批叫得响、立得住的品牌，以提高农业的经济效益，增加农民的收入。

2. 多措并举，让消费者了解东北农产品的“绿色”

一是做好东北农产品绿色生态品质的宣传，从地方政府到产品销售企业，都应将“绿色生态”作为东北农产品卖点，进行大力宣传。二是利用现代化物联网技术，在田间地头安装摄像头以及实时监测农信的清晰的传感器，实现由产到销的追溯与监管，让消费者能够看到农产品生产的整个过程，消除消费者的疑虑，提高消费者的信任度。三是利用订单农业、农业众筹等现代销售方式，销售绿色农产品。

（二）第二产业重点在创业创新

1. 发挥各类经营组织在农民创业中的带动作用

一是发挥龙头企业的带动作用，为龙头企业与农民搭建合作平台，在两者之间建立更密切的利益联结机制，充分发挥龙头企业在资金、技术、人才等方面的优势，让龙头企业引领农民创业向产业链的深度和广度拓展。二是发挥农民合作社的创业功能，鼓励农民创业者积极组建多种形式的新型农民合作组织，提高农民组织化程度；支持不同类型的农民合作组织参与政府类项目建设。三是发挥农村集体经济组织的引领作用。

2. 大力支持农产品加工技术、产品的创新

定期举办农产品加工科技对接活动，为各类农产品加工主体和加工技术研发单位搭建交流合作的平台，让有意发展农产品加工业的企业、合作社、家庭农场等经营主体了解相关农产品加工行业科技发展的现状、进展方向、涉足农产品加工业的途径等，一方面可以帮助他们发展农产品加工业，推进

农产品加工业提档升级；另一方面可以加快推进现有科技成果转化，解决东北三省农产品加工科技发展不平衡不充分的问题。

（三）第三产业重在规范发展乡村旅游业

1. 提高乡村旅游业的服务质量

目前我国各地乡村旅游业都处于蓬勃发展阶段，当景点数量饱和以后，下一阶段一定会面临产业升级竞争。乡村休闲旅游业投资较大，一旦建成，修改的成本更大。所以，乡村休闲旅游业在建设之初就应具有竞争意识，从硬件到软件都应当严谨地策划、建设和运营。同时推动现有休闲农业和乡村旅游升级，选择一批基础好的项目，鼓励打造成精品工程，使这一产业能够成为游客身心休闲的最佳去处，吸引游客多次消费。

2. 地方政府应加强乡村休闲旅游业的宏观管理和调控

乡村休闲旅游业需要完整的服务链，任何一个服务环节不完善，都会影响整个产业的发展。乡村旅游业如果完全依靠市场经营主体自由发展，其结果必然是有些项目过多，有些项目缺失、断裂。地方政府应从整体上进行规划、检查和引导，对于缺失的服务项目及时招标建立，对于服务质量较差的项目及时改进，对于服务项目过多、出现恶性竞争的项目要告诫经营者谨慎进入，并举办休闲农业和乡村旅游培训班，对企业负责人进行培训。

（四）推动乡村一二三产业深度融合

1. 培育和引入产业融合主体

近两年国家发改委、农业农村部、科技部、文旅部等部门以及地方政府都开展了促进乡村一二三产业融合发展的创业培训，取得了一定的效果。但是乡村产业振兴不能仅依靠农民，需要全社会的参与，才能更高速度、更高质量地发展。应鼓励社会各界到乡村创业，培育和引入产业融合主体，推动乡村一二三产业的融合。

2. 推进旅游业与农业、服务业的深度融合发展

对于乡村旅游业已经具有一定影响力的地区，如黑龙江的雪乡、冰雪大世界，吉林的天池，应以旅游业为引领，大力发展相关服务业、农产品加工业，使旅游业带动地区一二三产业的发展。对于乡村旅游业刚刚起步的地区，一二三产业以促进旅游业发展为目的，助推乡村旅游业发展。

绿色发展篇

Green Development Reports

B.20
东北三省生态城镇化路径研究

李　平*

摘　要： 近年来，东北三省高度重视生态城镇化建设，生态城镇化发展水平不断提高，绿色城市建设稳步推进，环境治理效果显著，生态环境进一步优化，生态城镇化发展趋势向好。然而，东北三省在推进生态城镇化建设的过程中仍存在一些问题，如体制机制尚不完善、产业支撑能力依然不足、生态城镇化承载能力有待提高等。本研究指出，针对东北三省生态城镇化建设的现状及存在的问题，可通过建立完善的生态城镇化体制机制、科学构建生态城镇化空间格局、增强产业支撑能力、加强承载能力建设等路径，加快东北三省的生态城镇化建设进程。

关键词： 东北三省　生态城镇化　发展路径

* 李平，吉林省社会科学院城市发展研究所助理研究员，研究方向为城市发展与产业经济。

生态城镇化是在我国新型城镇化建设和生态文明建设的双重背景下提出的，生态城镇化目的就是要通过实现生态文明与新型城镇化的深度融合，解决先前粗放式城镇化所遗留下来的种种经济、生态、环境问题，进而走出一条高效节约、大中小城市和小城镇和谐发展之路。随着东北三省新型城镇化进程的不断推进，提高城镇化的发展质量，推进东北三省城镇化的可持续发展势在必行。生态城镇化是推进东北三省城镇化内涵式发展的一个重要途径，是一种绿色、协调和可持续的发展方式，对推动东北三省经济社会各领域持续健康发展意义重大。有鉴于此，本研究将生态文明理论融合到新型城镇化进程中，在对东北三省生态城镇化现状深入分析的基础上，系统梳理东北三省生态城镇化发展中存在的问题与不足，进而科学设计东北三省生态城镇化的可持续发展路径，以期为东北三省推进生态城镇化进程提供路径参考。

一　东北三省生态城镇化发展现状

（一）高度重视生态城镇化建设，生态城镇化发展水平不断提高

近年来，东北三省均高度重视生态城镇化建设，在新型城镇化进程中，将生态文明理念贯穿发展始终，生态城镇化发展水平不断提高。东北三省均出台了相关规划和政策措施，以促进生态城镇化的发展进程。辽宁省为贯彻落实《辽宁省新型城镇化规划（2015～2020年）》，出台了《辽宁省“十三五”推进新型城镇化规划实施方案》，明确要求城镇建设与生态环境建设要同步发展，大力推进绿色发展、低碳发展、循环发展，将生态文明理念融入城镇化发展全过程。为加快生态城镇化建设步伐，吉林省人民政府办公厅印发了《关于吉林省生态城镇化的实施意见》，提出了吉林省未来生态城镇化建设的总体要求、主要任务和保障措施，力争走出一条以人为本、资源节约、环境友好、布局优化、生态文明的新型城镇化道路。随后，在2016年吉林省发展改革委在全省范围内开展了生态城镇化的试点工作，2018年吉

林省的通化县、敦化市、临江市、镇赉县、东丰县等生态城镇化试点县（市）获得专项资金支持，大力推进生态城镇化建设进程。黑龙江省是生态大省，是我国北方重要的生态屏障，也高度重视生态城镇化建设问题。近年来，黑龙江省坚持“以人为本，优化布局，生态文明，传承文化”的原则，大力推进绿色城镇化的建设。在城镇化水平方面，2017 年，辽宁省城镇人口 2948.6 万人，常住人口城镇化率为 67.5%；吉林省城镇人口 1539.42 万人，常住人口城镇化率为 56.6%；黑龙江省城镇人口 2250.5 万人，常住人口城镇化率为 59.4%，除吉林省城镇化率略低于全国平均水平外，辽宁省和黑龙江省均高于全国平均水平。随着东北三省生态城镇化的稳步推进，城镇化的水平和质量会进一步提高。

（二）绿色城市建设稳步推进，城乡环境明显改善

近年来，东北三省将生态文明理念全面融入城市建设，绿色城市建设稳步推进。东北三省不断加大城市生态园林、园林绿化和公园建设改造力度，加快城郊生态绿地、绿化隔离地区、郊野公园建设步伐。大力推进海绵城市建设。2018 年，辽宁省印发了《关于加快推进海绵城市建设工作的通知》，要求到 2020 年，全省每个市要建设 1 个海绵城市示范区，建设面积不小于 15 平方千米，海绵城市示范区内径流总量控制率达到 70% 以上。从吉林省来看，2015 年白城市被列为全国 16 个海绵城市建设试点城市之一。2016 年，吉林省人民政府办公厅也印发了《关于开展海绵城市建设的实施意见》，要求 2018 年白城市完成国家海绵城市建设试点任务，长春市、四平市、通化市、辽源市、珲春市、梅河口市先行先试建设取得成效。近年来，白城市在海绵城市建设中，围绕水、园林绿地、城市道路以及建筑小区等四大系统，依靠点、线、面组成的城市海绵体，实现海绵城市体系的有效闭环，建成后白城市 80% 的降水将得到有效利用，成为消防、城市清洁、绿化灌溉的重要来源。黑龙江省也大力推进海绵城市建设，计划到 2020 年，各市县城镇建成区 20% 以上的面积达到海绵城市的目标要求。同时，大力推进绿色城镇化进程，提高城镇供水、防涝、雨水收集利用、供热、供气等

基础设施建设水平，加快推进雨污分流管网改造，所有县城和重点镇要具备污水、垃圾处理能力，强化建设运营管理。

（三）环境治理效果显著，生态环境进一步优化

近年来，东北三省均加强环境治理力度，成效显著，生态环境得以进一步优化。具体来看，2017年辽宁省实施蓝天、碧水、青山、净土和农村环境整治五大工程，在全国率先启动秸秆焚烧防控问责机制，拆除燃煤小锅炉6968台，淘汰黄标车及老旧车14.5万辆，供暖期空气质量优良天数比例达到84%，城市生活垃圾无害化处理率93.3%，年末用水普及率99.0%，城市人均道路面积13.0平方米，人均公园绿地面积11.3平方米，建成区绿化覆盖率36.4%，以人为核心的生态城镇化健康发展，城市综合承载能力不断提升。生态文明建设成效显著，主要河流水质逐步好转，森林覆盖率稳步提高，空气质量明显好转。2017年吉林省环境空气质量持续改善，全省生态环境质量等级为“良”，能源消费总量8015.25万吨标准煤，全社会用电量702.98亿千瓦时，风电、水电、核电、天然气等清洁能源消费量占能源消费总量的8.8%，全省万元地区生产总值能耗下降5.0%，万元规模以上工业增加值能耗下降5.3%，节能减排任务全面完成，生态环境进一步优化。2017年黑龙江省实施大气、水、土壤污染防治行动计划。大气污染防治投入354.2亿元。减少低质煤使用量2600万吨，改造褐煤锅炉50台，淘汰城区燃煤小锅炉9317台，淘汰黄标车60.2万辆，城市污水处理率5年提高了31.6个百分点。

（四）基础设施进一步完善，生态城镇化承载能力有所提高

近年来，东北三省在转变经济发展方式、调整优化产业结构的同时，也在不断加强城市的基础设施建设，城市的承载能力有所提高。辽宁省基础设施更加完善，公路总里程达到12.3万千米，其中高速公路4212千米，铁路运营总里程达到5833千米，其中，高速铁路1526千米，改造棚户区住房和农村危房106万户，大规模进行河道治理、园林绿地建设等工作。吉林省基

础设施明显改善，高速公路、铁路里程分别新增 867 千米和 634 千米，松原、白城机场成功通航，“一主多辅”机场格局基本形成，长白快速铁路开通，长春地铁 1 号线投入运营，吉林至扎鲁特特高压配套工程竣工，改造各类棚户区 11.9 万套，惠及 33 万人。黑龙江省基础设施条件明显改善，哈齐高铁通车，哈牡客专、哈佳快速、牡佳客专、哈站改造等开工建设，建成高速公路 425 千米，一二级公路 3500 千米，农村公路 1.9 万千米，哈尔滨地铁 1 号线建成运营。

二　东北三省生态城镇化存在的问题

（一）生态城镇化建设的体制机制尚不完善

国内外城镇化发展的经验表明，城镇化建设在推动社会进步和经济发展的同时，难以避免会造成一定的生态环境破坏问题，而生态城镇化的推进需要完善的体制机制作为保障。因此，在生态城镇化过程中，需要完善城镇绿色、循环、低碳发展的体制机制，进而提高城镇化的生态承载能力。目前，东北三省的生态城镇化体制机制尚不健全，缺乏生态城镇化建设的制度保障。在我国的新型城镇化建设过程中，严重缺失关于生态资源和生态环境保护等方面的政策法规，在一定程度上制约了生态城镇化建设的进程。生态补偿机制尚未建立，向外输出生态产品的地区，并没有得到相应补偿，致使各地保护生态的主动性和积极性不够。同时，东北三省虽然已经认识到生态城镇化建设的重要性和必要性，但在当前的领导干部政绩考核中，生态城镇化建设水平和质量还未被纳入考核评价体系。此外，环境监管能力还需加强，重污染企业环境信息强制公开的制度尚未建立，在联合执法、区域执法、交叉执法等机制方面缺乏创新。

（二）生态城镇化的产业支撑能力不足

良好的产业基础是推进东北三省生态城镇化的基础支撑。东北三省因老工业基地的影响，工业基础较好，服务业发展比较缓慢。从整体来看，东北三省三次产业增速缓慢。近年来，东北三省经济增长在全国处于较低水平。从三次产业结构来看，东北三省产业结构不合理的问题较为突出，2017 年辽宁省三次产业结构比为 9.1∶39.3∶51.6，吉林省三次产业结构比为 9.3∶45.9∶44.8，黑龙江省三次产业结构比为 18.3∶26.5∶55.2，第二产业比重较大，而第三产业所占比重较低，且发展相对缓慢。东北三省第二产业比重过大，尤其是重化工业所占比重较大，在一定程度上导致资源与能源消耗高、环境污染严重等问题。东北三省化解产能过剩任务依然艰巨，资源型城市的转型发展依然任重道远。产业支撑能力不足，直接影响东北三省的经济发展水平，使生态城镇化的推进缺乏必要的基础条件，因此解决产业支撑能力不足问题是推进生态城镇化的关键。此外，产业支撑能力不足，进而制约经济发展质量和水平，在一定程度上导致生态城镇化建设的资金不足。东北三省经济基础相对较好的沈阳、大连、长春、吉林、哈尔滨、齐齐哈尔等大城市，推进生态城镇化建设的资金相对充足，而产业技术相对差的偏远中小城市，生态城镇化建设资金缺乏问题较为突出。

（三）生态城镇化的承载能力有待提高

近年来，随着东北三省城镇化步伐的不断加快，基础设施和公共服务配套建设相对滞后，在一定程度上阻碍了生态城镇化建设步伐。东北三省社会民生事业发展不完善，在高等教育、医疗机构方面相对较好，但与国内发达地区先进水平仍有差距，城镇居民教育、医疗、住房等社会保障方面依然存在结构性矛盾，与群众切身利益相关的问题尚未根本解决。此外，东北三省国有林区、矿区棚户区改造任务依然艰巨，中小城市尤其偏远地区的城市仍存在基础设施相对滞后，道路、供排水、集中供暖等基础设施不完善，医疗、教育等公共服务设施相对不足等问题。城镇空气质量检测、生活污水处理及工业污水处理等基础环保设施建设不足，且东北三省不同地区之间差异较大。此外，尽管东北三省生态条件和基础较好，但由于工业尤其是重工业对资源的依赖较大，一定程度上导致了生态城镇化的承载能力不足，如水土流失、滑坡、泥石流以及森林对水源的涵养能力减弱等问题日益突出，矿山开采后的治理相对滞后，严重污染了周边居民的工作和生活环境。

三　东北三省生态城镇化的推进路径

（一）建立完善的生态城镇化体制机制

建立协调发展和生态保护的长效机制，为生态城镇化建设提供制度和机制保障。以政府为主导建立多渠道、多元化的生态补偿机制，进一步完善针对生态源头地区、重点生态建设地区和欠发达地区的扶持政策，在相应的财政转移支付以及生态补偿方面进行倾斜。进一步明确生态资源的有偿使用，给予具有生态保护责任的单位和个人相应的生态补偿，进而调动广大群众对生态保护和建设的积极性。同时，还需进一步量化城镇化进程中的生态环境影响，为合理设置科学的生态补偿机制提供技术支撑。构建生态城镇化建设的政绩考核机制，将城镇化建设进程中的生态文明建设的各项指标纳入地方政府和官员的政绩考核指标中，倒逼地方政府和党政机关高度重视生态文明建设。构建生态城镇化的产业化机制，进一步完善产业的市场准入与退出制度，提高资源与能源的利用效率，加快完善环境评价制度，加强对环境的监测，环境污染指标不合格、不符合产业生态化的建设项目一律实行一票否决。

（二）科学构建生态城镇化空间格局

东北三省在推进生态城镇化的过程中，要因地制宜，根据不同区域的生态特点和资源禀赋，严格执行和落实《国家主体功能区规划》以及《辽宁省主体功能区规划》、《吉林省主体功能区规划》、《黑龙江省主体功能区规划》，明确不同区域的主体功能定位，科学构建东北三省生态城镇化空间格局，各省科学划定生态红线，明确城镇发展区、农业生产区和生态保护区，协调生产、生活、生态三者关系。在保障经济与生态系统良性循环的前提下，优化东北三省城镇等级规模结构与空间结构。未来，辽宁省要加快构建“一带一区”的城市化格局，“一带”是指以大连为龙头的沿海经济带，“一区”是指以沈阳为核心的沈阳经济区，未来“一带一区”将集中全省大部分的经济总量和人口。构建以“五区”为主体的农业格局，包括沿海水产粮食果蔬区、辽东林业及特色农业区、中部平原粮食畜牧精品农业区、辽西林草畜牧设施农业区、辽北粮油和畜牧业区。在生态安全方面，辽宁省加快推进生态省建设，大力实施一批重大生态工程，增强区域生态承载能力；吉林省加快构建由长吉都市区和延珲城市组合区（两区）构成的发展核心区，横向的珲乌、双集发展轴和纵向的哈大、舒梅发展轴，加强增长极及轴线对周边区域的辐射和带动作用。着力构建三大农业发展区，包括东部半山区、中部平原区和西部草原区；三条农业生产带，包括吉林东部特色农业生产带、中部平原玉米生产带和西部农牧业生产带。在生态保护格局方面，构建长白山区生态保护带和西部草原湿地恢复带，进而增强生态产品的供给能力。黑龙江省着力打造“一心两翼”城市群，建设以哈尔滨为中心的城市群以及哈大齐工业走廊和牡绥地区城市带。构建“三区五带”的农产品供给格局，“三区”是指三江平原、松嫩平原和中部山区，“五带”是指水稻生产带、专用玉米产业带、大豆产业带、畜产品产业带和马铃薯产业带。在保障生态安全方面，加快推进大小兴安岭森林生态功能区和三江平原湿地生态功能区的生态修复和环境保护。此外，针对不同的区域生态特点，实施差异化的发展策略，东北三省应制定统筹全局的生态城镇化发展规划，科学统领各省的生态城镇化进程。

（三）增强生态城镇化的产业支撑能力

科学合理的产业结构是保证和维持城镇生机的基础，是实现经济社会持续健康发展的保证。增强生态城镇化的产业支撑能力，主要可从改造提升传统产业，淘汰落后产能，大力发展战略性新兴产业和高新技术产业，培育壮大优势主导产业以及发展循环经济等几个方面着手。第一，改造提升传统产业，淘汰落后产能。推动东北三省传统制造业向高端化、智能化发展，支持企业加大技术改造力度，引进国内外新技术、新工艺，淘汰高耗能、高污染的落后产能，加快企业产品结构优化升级，发展绿色环保产业和低碳循环经济；强化项目的市场准入和环保准入，杜绝新增过剩和落后产能项目。第二，大力发展战略性新兴产业和高新技术产业。辽宁省加快培育航空、机器人及智能制造、生物医药及高性能医疗器械、新一代信息技术等战略性新兴产业。吉林省加快培育生物、信息技术、新能源汽车、高端装备与新材料以及数字创意等战略性新兴产业，加快转换发展动能，推动经济转型升级。黑龙江省大力发展节能环保产业，生物医药、云计算、机器人等战略性新兴产业，推动转方式和调结构。第三，培育壮大优势主导产业，强化主导产业对经济的支撑作用。辽宁省应加大对通用石化重矿、汽车及零部件、电力装备等优势主导产业的支持力度，促进其不断发展壮大。吉林省的汽车、石化、农产品加工等支柱产业应继续发挥支撑作用，逐步培育医药健康、装备制造、旅游业发展成为新的支柱产业。黑龙江省应继续培育壮大农业、装备、能源、石化、食品等优势主导产业。第四，大力发展循环经济，东北三省加快构建循环农业体系、工业体系和服务业体系，实施示范工程，培育示范企业和园区。以农业废弃物为例，通过采用循环经济的方式，通过废物再利用，生产有机肥，不仅可使废弃垃圾得到有效减少，还能有效利用资源，为城镇的经济社会发展服务。第五，以科技创新支撑生态城镇化建设。科学技术的创新是生态城镇化建设的强大动力，无论是发展循环经济、低碳经济，发展绿色产业，还是开发新能源，都要以科学技术的进步为支撑，东北三省应继续加大对科技创新的投入和支持力度。

（四）加强生态城镇化承载能力建设

东北三省在生态城镇化建设过程中，要加强基础设施建设，提升生态城镇化承载能力。加快推进重大基础设施建设，逐步建立起网络化、现代化的基础设施体系，进一步提高东北三省城镇吸纳人口和辐射带动能力。一是加强交通基础设施建设。大力发展城市低碳公共交通体系，按照交通工具的空间利用效率以及生态化程度重新布局站点，合理调整公交线路网密度，鼓励自行车和电动车等微交通的加快发展。二是提高城乡供水保障能力。推进东北三省重点城市以及重点地区的饮用水水源建设工程，进一步提高供水安全保障能力，鼓励使用矿井水、再生水等非常规水源，建设污水再生利用设施和综合雨水利用设施；分类推进东北三省城镇污水处理设施和分散型生态处理设施建设，改造升级现有污水处理厂，县级以上的污水处理厂全部执行A级标准；推进城市排水管网改造，实施雨污分流工程，加快建设城市地下综合管廊。三是继续加强“海绵城市”建设，支持城市下沉式绿地和湿地公园的建设，建设绿色屋顶、透水性停车场和广场，营造良好的城市生活环境。推进旅游景区、城市棚户区、人员密集场所等的公共厕所建设。加强既有建筑供热计量及节能改造，大力发展绿色建材，扩大绿色建筑、超低能耗建筑面积。

参考文献

1. 2018 年辽宁省、吉林省、黑龙江省政府工作报告。
2. 2017 年辽宁省、吉林省、黑龙江省国民经济和社会发展统计公报。
3. 《辽宁省主体功能区规划》。
4. 《吉林省主体功能区规划》。
5. 《黑龙江省主体功能区规划》。
6. 王艳成：《论新型城镇化进程中生态文明建设机制》，《求实》2016 年第 8 期。
7. 李一：《吉林省生态城镇化发展评价及路径选择研究》，硕士学位论文，吉林大学，2016。
8. 陈璇：《把握生态文明与城镇化建设的三大契合点——我国生态城镇化进程中的问题与对策研究》，《山东农业大学学报》（社会科学版）2014 年第 1 期。

B.21 长白山生态旅游资源保护与开发问题研究

张丽娜*

摘　要：　长白山位于吉林省东南部，生态资源丰富，自然景观奇丽，文化积淀深厚，自20世纪90年代就开展了生态旅游，且经济效益良好。2006年长白山保护开发区正式成立，统筹保护和管理长白山生态资源，长白山保护开发事业实现长足进步，旅游经济取得飞跃发展。当前，长白山保护与开发过程中出现了生态资源破坏、生态资源保护手段相对落后、旅游资源开发不够等问题。习近平总书记提出“绿水青山就是金山银山”，如何处理好长白山生态旅游资源的保护与开发的关系是相关部门面临的需要客观审视的实际问题。要利用新时代生态文明建设良好的发展机遇，实现长白山的绿色发展、高质量发展。

关键词：　长白山　生态旅游资源　合理开发

长白山具有丰富多彩、保存完好的生态资源，是东北地区的生态之基、三江之源，1962年被国家确立为自然保护区，1980年是首批加入联合国“人与生物圈”网络计划的自然保护区之一，1992年被选为“国际A级自然保护区”，2007年被评为首批国家5A级旅游景区之一。广义的长白山系

* 张丽娜，吉林省社会科学院软科学开发研究所所长，研究员，研究方向为区域经济、产业经济。

在我国境内涵盖辽宁、吉林、黑龙江三省东部山区的总和，包括三省60余个县（市、区）；狭义的长白山系指的是吉林省东部与朝鲜交界的山地区域，主要有延边、通化、白山、吉林、四平、辽源和长春部分地区。长白山①始终坚持“在保护中发展、在发展中保护”的原则，有序合理开发生态旅游资源，旅游经济得到迅速发展。

一　长白山生态旅游资源的基本特征

（一）自然生态旅游资源禀赋突出

长白山自然景观奇特，风光秀丽，是“世界A级自然保护区”和国家级自然保护区。长白山生态旅游资源主要集中在延边州、白山、通化等东南部山区，自然资源条件优越，主要包括山（长白山及其余脉）、水（天池、松花江、鸭绿江、图们江、龙湾群、河流、水库、温泉以及火山矿泉等）、林（长白山原始森林、红松林、落叶松林等）以及东北特有的冰雪旅游资源。

长白山辖区具有典型的火山地貌特征。长白山是一座复合式盾状的休眠火山（距最近一次喷发时间约300年），山体呈东北至西南走向，地势以主峰火山锥体为中心，火山口周围由16个海拔2500米以上的奇峰环绕包围，其间有众多断岩、峭壁、槽沟、U型谷、熔岩峡谷、熔岩林分布，鬼斧神工，雄姿各异，观赏价值极高。

长白山水资源以海拔最高的火山湖泊和飞瀑流泉闻名遐迩。长白山是图们江、松花江、鸭绿江三大水系的发源地，是比肩阿尔卑斯山、高加索山的世界三大优质水源地之一。长白山天池湖面海拔高度2194米，是世界最高的火山湖，形状椭圆，深不见底。温泉地热资源量大质优，初步探明温泉群将近200处，包含热泉、温泉和冷泉三种类型，曾荣获“中国十佳温泉”“最佳养生温泉”称号，对治疗心脑血管疾病等多种疾病有显著疗效，为健

① 本报告研究范围为狭义的长白山系，数据部分以长白山保护开发区为主。

康养生旅游奠定了基础。

长白山森林生态系统主要由原始森林、过伐林和次生林组成，具有欧亚大陆北半部保存最为完整、最具典型性的森林生态系统特点。区内植被呈垂直分布规律，从下到上分别为红松阔叶林、针阔混交林、岳桦林、高山苔原四个植被分布带。森林覆盖率高达87.7%，比全省平均水平32.7%高出55个百分点，比全国平均水平21.7%高出66个百分点。动植物资源种类繁多，区内野生动物达到1586种，野生植物2639种，中草药资源丰富，有人参、红景天、刺五加、黄芪等名贵中草药，是“北药”的资源宝库和自然生长地。

冰雪资源开发潜力巨大，雪量大、雪质优，雪期长达6个月，冬季温度适宜，年降雪、积雪日数等均为全国之最，具有冰雪旅游的良好条件。

（二）人文生态旅游资源底蕴厚重

依托自然资源、地理环境、气候特征、人文发展等条件形成的独具特色的长白山文化，是农耕文化、渔猎文化、历史文化、民俗文化、红色文化等多元文化的综合体。长白山人文生态旅游资源具体包括四个内容：一是以渤海古国和高句丽遗迹等优秀历史文化遗存为代表的历史文化资源，二是以满族、朝鲜族民族特色为代表的民族（俗）文化资源，三是以东北抗联战斗遗址为代表的红色旅游文化资源，四是依托长白山的自然资源而产生的特色文化资源。其中既有人参、鹿茸、貂皮等独有的名贵赠品文化，也有矿泉水、葡萄酒、中草药、山野珍馐等特色食品文化，还有松花石、长白石、黑陶、浪木根雕等纪念品文化。这些都渗透和散发着浓郁的长白山文化气息，形成了鲜明的区域文化特色。

二　长白山生态旅游资源保护进展情况

（一）实施生态修复工程

吉林省委、省政府高度重视长白山生态资源修复工作，投入2亿元实施了“松花江大峡谷综合整治工程”，全部拆除峡谷内的楼堂馆所，恢复植被面积1.76万平方米，从源头彻底解决松花江的污染问题，保证水源地的水质安全。实施“长白山珍稀植物繁育基地”等重点项目，培育珍稀品种，促进植物的多样性。对保护区内红松果实承包采集行为实行全面禁止，为此放弃了每年1亿多元的经济收益，为生物休养生息提供保障。启动实施总投资65亿元、包括94个子项目的长白山“山水林田湖草”生态保护修复工程，2017年度完成投资20亿元。

（二）切实抓好森林防护安全

深入开展“护薇”“护蛙”“红松种源保护”“反盗猎、反盗采”等林政执法行动，对核心区域、重点部位做到严防严守、寸绿必护。组建专业的生态管护队伍，“党政军警民”通力合作，实行24小时昼夜巡查制度，联防联控，依法治区，建区十年来累计巡护里程达110万千米。严格执行并推动修订《长白山国家级自然保护区管理条例》，建立完善地面巡查、瞭望观测和空中巡航“三位一体”火情预警监测机制，采取风灾区植被恢复和更新演替过程等措施，有效化解各类火灾隐患，建区以来未发生重大森林火灾。

（三）构建联动管护格局

成立了长白山生态环境保护委员会，明确了各区党委、政府和34个成员单位的生态环境保护工作职责，将生态环保指标纳入全区党政班子考核体系。全面实施“河长制”“湖长制”，在全省率先探索实施“林长制”，初步实现辖区河流、湖泊、湿地、森林管理全覆盖。与周边林业企业建立经常性联席研商机制，对重点时段、重点区域实行联防联控。

（四）生态防护手段融入现代科技

加快生态保护由“人防”向“技防”转变，设立国家环境监测总站长白山试点站，创建了“天地一体化”的生态环境监测模式。与中航二院实行战略合作，引进军工科技手段，积极推进全国首创的“指挥长白山”项目。实施了直升机机降点地面配套工程，形成立体化的森林保护格局。目前，长白山生态质量不断提升，野生动物栖息地环境显著改善。野生动物的数量较建区之时大幅增加，其中大型有蹄类动物增长已经超过20%，被确定为全国东北虎种群恢复优先区。长白山空气质量、水质均达到国家一类区一类标准，生态环境质量级别为“优”。

（五）城区环境治理力度加大

大力实施城市绿化，栽植各类苗木花卉千万余株，人均绿地面积达到70平方米。对城区重点难点污染源进行治理，淘汰黄标车完成率90.1%，建成区淘汰燃煤小锅炉完成率100%，主要街路机扫率达到96%以上，污水集中处理率达到85%以上，全区空气质量优良天数比例达到99%。从镇区到保护区，每立方厘米负氧离子含量高达1万~12万个，是世界卫生组织规定的“空气清新”标准的8~100倍。

三　长白山生态旅游资源的开发与发展现状

（一）长白山生态旅游资源开发情况

长白山在吉林省境内位于东南地区，生态旅游资源主要集中在延边、白山、通化三地。吉林省委、省政府于2005年6月设立长白山保护开发区（2006年1月正式成立），加大对长白山的保护与开发力度，推进旅游优势产业的发展。

1. 生态旅游资源的开发

长白山生态旅游资源开发主要以长白山天池为核心，形成北、西、南三条线路，目前已形成池北、池西、池南三个旅游经济开发区。三个旅游经济开发区可以从不同的角度欣赏天池的美景，而且根据各地的地势特点、生物种类、水源特征等条件形成了风格各异的景观。池北区主要包括高山苔原带

景区、温泉瀑布景区、岳桦幽谷景区、谷底森林景区等；池西区主要包括高山花园景区、梯云温泉景区、锦江峡谷景区；池南区包括长白石林景区和鸭绿江风光景区。此外，依托自然生态优势，吉林省各地区形成了级别不同的自然保护区和森林公园等自然生态景观。

2. 长白山人文生态资源的开发

延边州、白山、通化三个地区，历史文化气息浓郁，资源厚重，长白山人文生态资源主要汇集在此，拥有渤海国历史遗迹、高句丽历史遗迹以及其他一些历史遗址。延边州境内有 4 处渤海国遗址，分别是敦化六鼎山古墓群、和龙龙头山古墓群、和龙西古城—渤海中京显德府遗址、珲春八连城—渤海东京龙原府遗址，并成功申报世界文化遗产。白山市区域内有长白干沟子墓群、临江溥仪退位遗址等。通化市区域内主要是高句丽遗迹，全市有各种文化遗址 900 多处，国家级文物保护单位十余处。集安高句丽王城、王陵及贵族墓葬是世界文化遗产。长白山区是“满族的发祥地”，也是朝鲜族生息地和聚集地，属于多民族文化的融合地，具有充分的民族文化资源优势，并由此产生了大量非物质文化遗产。长白山的红色文化也十分突出，东北抗联时期，长白山地区涌现出杨靖宇、赵尚志等众多民族英雄，这里主要有杨靖宇将军殉国地、抗联密营、城墙砬子会议遗址、杨靖宇烈士陵园等红色旅游经典景区。

（二）长白山保护开发区的旅游产业发展现状

自建区以来，依托长白山旅游资源优势，长白山保护开发区经济社会事业取得了巨大的进步。2017 年，全区 GDP 实现 34.7 亿元，同比增长 2.8%；旅游总收入达到 39.3 亿元，同比增长 20%，充分发挥了龙头带动作用。

1. 旅游龙头作用凸显

近年来，长白山保护开发区积极推进资源整合，促进旅游四季均衡发展，统筹构建“环长白山生态旅游经济圈”，旅游产业得到快速发展。2017 年，长白山保护开发区接待旅游总人数 408 万人次，较上年增长 15%。其中：国内游客数量达到388万人次，较上年增长15.4%；国外游客数量20万人次，较上年增长6.4%。旅游总收入达到39亿元人民币，较上年增长19%。其中，外汇收入6424万美元（约合4亿元人民币），较上年增长3.9%。国内旅游收入34.8亿元人民币，较上年增长20.4%。人均消费约为955元人民币。旅游总人数、旅游总收入分别是建区之初的5.4倍和9.3倍。截至2017年年末，长白山辖区住宿单位470家，其中池北区399家，池西区61家，池南区10家，床位数总计为23090张，年平均入住率在50%以上。星级宾馆、餐饮饭店、特产购物商店、旅行社较建区之初分别增长275%、885%、841%和828%。

2. 旅游产品开发积极推进

利用长白山自然生态资源优势，积极推进优质资源整合，围绕冰雪资源、温泉产品、林产资源、绿色食品、土特产品、民俗文化等要素来策划以长白山为龙头的旅游产品；以生态之旅、运动之旅、自驾之旅、养生之旅、冰雪之旅、民俗之旅为要素，形成六大产品体系。充分挖掘温泉、冰雪等生态资源，创新“冰雪+温泉”旅游模式，打造慢城慢行、绿森林、水世界等新型旅游产品，重点推进“长白山森林温泉养生中心”“国际冰雪奥林匹克中心”等项目建设。目前，长白山冬季封山成为历史，景区实行全年开放。省内首家希尔顿、皇冠假日国际顶级品牌酒店落户长白山，长白山国际温泉城初具规模。2015、2016年两届“长白山国际冰雪嘉年华”活动期间，长白山冬季旅游人数、旅游收入实现翻番增长，长白山旅游链得到有效拉长。

3. 文化品牌内涵深化提升

长白山保护开发区努力挖掘、整理、传承和弘扬长白山历史、民族、生态等多元文化精髓，融合传统文化基因与现代科学精神，着力使文化成为旅游发展的内生动力。先后成立了长白山文联、长白山书画院等三十余家文化组织，实施了长白山“宝马古城”“讷殷古城”“五馆一院”“长白山文化创意产业园”等文化产业项目，举办了“情系长白山——长白山画派美术作品展”“塑说长白山——中国当代雕塑作品展”“长白山健康养生文化论坛”“俄罗斯列宾美院教学成果展”等文化艺术交流活动，建设林海雪原等影视拍摄基地，举办“长白山国际冰雪嘉年华”“国际森林音乐节”“长白山国际雪文化旅游节”“森林公路自行车节”等节庆活动，持续不断打造“大美长白山”品牌，扩大长白山的国际影响力。

四 长白山在旅游资源保护和开发过程中遇到的问题

（一）生态旅游资源保护的力度不够

一是生态破坏现象时有发生。早期的旅游资源开发使部分植被遭到破坏，尤其是一些珍稀的苔原植被难以恢复；当前还有林地被非法占用建设宾馆、别墅的现象；超大的游客数量使野生动物的生存环境受到干扰，数量出现下降；密集的旅游设施以及人工景观对自然景观的美学价值和科考价值形成了破坏。二是环境污染的问题依然存在。随着旅游客流量的增加，潜在的生态环境压力也不断加大。旅游开发的基础设施、交通工具、建设项目等对水体、大气、植被等产生了不利影响。目前区内饮食、娱乐服务业的污染治理工作，包括生活污水、垃圾处理、煤改气、推广生物质燃料等问题尚未解决。区内的大量旅游车辆产生的噪声及废气不仅对大气产生污染，同时也影响了动植物的生息。三是生态保护设施、理念、水平还相对落后。长白山是国际 A 级生态保护区，既具有生态资源的宝贵性，也具有生态系统的脆弱性。当前自然景观生态保护设施、环境监测手段还缺乏资金、信息技术等方面的支撑，与长白山的生态功能与生态地位不相匹配。

（二）开发缺乏整体性和系统性

一是生态旅游资源的开发缺乏整体性。吉林省东南部生态旅游资源有一定的同质性，各地在资源开发的过程中各自为战，只根据本地区范围内的资源情况进行设计布局，没有从大的区域范围内加以考虑，项目重复开发现象较多，缺乏整体性、差异性和特色性。二是开发深度不够。部分生态旅游项目开发缺少资金支持。长白山地区山、水、泉、洞等自然资源非常丰富，科学合理开发利用会形成巨大的经济效益。各市县特别是贫困县具有很多优质资源可待开发，但由于缺少资金投入只能闲置。三是文化与旅游的结合度不高。景区景点规划设计水平不高。目前大部分景区、景点缺乏高层次、高标准的系统开发和深度开发，建设特色不突出，缺乏文化底蕴，缺少民俗、典故和历史内涵的支撑，没有充分体现出相应的文化特色、地域特色和民族特色。文化元素与旅游产品结合度较低，未形成“以文促旅，以游养文”的局面。

（三）区域间管理体制不顺

2006 年成立长白山保护开发区，行政区域地跨安图县、抚松县和长白朝鲜族自治县，分别隶属于白山市和延边朝鲜族自治州。另外，长白山保护开发区与外围的白河林业局、和龙林业局、松江河林业局、泉阳林业局、露水河林业局、临江林业局、长白县林业局及长白森林经营局八个国有林业局（森经局）也存在协调关系。由于以各级行政区为单位的相对独立的利益关系的客观存在，各区域及市县之间，在旅游开发与保护上往往都倾向于各自为政。这种以行政区界限为壁垒，分割经营的做法已经成为东南部地区资源开发和旅游发展的重大障碍。

（四）旅游服务能力不强

一是景区景点基础设施配套不完善。长白山旅游经济主要分布在池北、池南、池西以及周边市县。目前来看，池北、池西景区基础设施较为完善，旅客承载压力较大，周边市县的综合配套能力相对较弱，接待能力稍显不足。二是旅游整体营销效应不突出。近年来，吉林省针对旅游业进行了多项营销活动，有官方媒体、新媒体等多种宣传窗口，但仍处于“高投入、低产出”的状态。大多数游客还是短线游、短时游，没有实现健康养生、休闲避暑、候鸟养老的长时间旅游居住的目的。三是具有东北特色、长白山特色以及地域特色的旅游商品开发不足，在市场上影响力不大。四是旅游产业人才匮乏。从业人员素质参差不齐，缺乏高端的专业性人才和管理型人才。

五　进一步加强长白山生态旅游资源保护与开发的对策建议

（一）努力保障生态安全，全面完善生态功能

一是建立生态安全的协同合作机制。长白山保护开发区应主动对接周边地区、相关林业企业，与周边地区、森工企业建立联盟协调机制，以“三江”全域治理和生物多样性保护为主要内容，联合开展大白山区域生态调查，确保长白山作为东北地区生态根基屏障安全万无一失。二是增强生态保护的科技支撑力。加强信息化、大数据等先进技术在生态保护方面的应用，提升森防信息化、现代化建设水平。高度重视水土流失、山体滑坡、地震、火山喷发等生态灾害的监测。三是推进建立绿色能源供给体系，加强地热、太阳能、生物质等绿色能源开发，减少能源污染。加大大气污染防治、水域环境治理，为生态环境“减负”，促进资源能源节约和绿色化发展。四是加大环境监察力度。对保护区内及周边地区企业违法污染、生态破坏加强有效监管，严格按照各项法律法规对违法行为进行打击。五是进一步扩大生态影响。加大生态文明方面的宣传力度，倡导“绿色发展、节能环保”等方面的理念，全面创建节约型机关、绿色家庭、绿色学校、绿色社区，切实加强简约适度、绿色低碳、人人受益、人人有责的生态文明建设。

（二）科学合理开发旅游资源，深化拓展全域旅游

一是创新旅游服务手段，构建大长白旅游发展综合体。长白山生态保护和开发不是相互对立的关系，只有在保护的基础上进行合理的开发，才能达到更好的保护目的。设立旅游信息服务平台，提供票务预定、旅游线路选择等方面的服务，利用大数据分析等技术手段，严格控制景区游客数量，为游

客提供更多选择机会，实行错时、错区旅游，让游客游得更加尽兴、轻松；统筹构建景区镇区、山上山下互联互动的旅游融合体系，推进大长白山区域各相关地区旅游产业项目合作共建、旅游产品开发、旅游市场推广一体化，延长旅游半径，提升和拓展全域旅游辐射带动功能。二是优化整合生态旅游资源，丰富完善新型旅游产品体系。紧紧抓住国家推动国有林区林场改革机遇，加快长白山与周边 8 大林区、森林企业的协作关系，加快森林资源的优化整合，集中开发利用，探索股份制运营、市场化开发模式共同发展“森林氧吧、避暑休闲”的绿色旅游经济。利用新型城镇化、特色小镇建设试点等相关政策，加快推动长白山区域的林区、小镇的建设和改造工作，打造温泉小镇、人参小镇、民族风情小镇等特色乡镇，为慢生活、休闲游、自驾游、候鸟养老提供基础。深度挖掘冰雪、温泉、中草药等特色优势资源，创新“冰雪运动＋养生”“医疗健康＋养老”等新兴旅游模式，把景点游转变为目的地游，深化拓展全域旅游。三是加快旅游业的开放合作，促进产业转型升级。利用“一带一路”倡议的发展机遇，积极与东北亚地区开展旅游合作，提高长白山的国际影响力。

（三）促进文化旅游深度融合，建立长白山文化旅游经济区

一是加快长白山文化、旅游的深度融合。进一步挖掘整理长白山多元文化的内涵和精髓，推动长白山自然文化、民俗文化、历史文化与生态旅游的融合发展，让文化为长白山旅游赋予灵魂，彰显品位，提高档次，有效促进两大产业全方位、多层面、广角度的融合发展，实现互利共赢的局面。谋划实施具有长白山文化特色的大型文旅综合项目，充分放大旅游市场的文化传播效应。二是打造一个国家级文化旅游经济区。以“长白山文化”为主题，利用传说、故事、诗歌等艺术形式，将文化注入自然景观之中，使自然之美与文化之魂有机融合，打造环长白山文化旅游经济区。以景区化、情景化、故事化、艺术化、休闲化为特色，创新长白山文化旅游体验模式，构造不同类型、不同特色的体验感受，打造全新的文化旅游与休闲体验目的地。在深究长白山文化的基础上，以长白山独特的山水结构及长白山文化元素为源

点，打造长白山文化旅游系列产品。做好长白山申请世界自然遗产和文化遗产的规划工作，使长白山文化旅游区早日成为世界级文化旅游园区。

（四）构建“大长白”协作框架，加强区域互动合作

一是尽快落实完善大长白山区域协调发展机制，联合长白山管委会、白山市政府、延边州政府共建大长白山区域协调发展机制，推动区域旅游发展的互补互动。二是建立旅游发展利益相关者合作框架，建立包括政府、企业、社区、研究机构等在内的旅游发展利益相关者合作框架，构建多方参与协商的平台，协调各方利益，促进长白山的可持续发展。

参考文献

1. 韩金祥：《漫漫旅游路　壮哉长白山》，《吉林日报》2016 年 6 月 25 日。
2. 王库：《全面探索长白山绿色转型高质量之路》，《新长征》2018 年第 6 期。
3. 韩金祥：《而今迈步从头越　“二次创业”再出发》，《吉林日报》2018 年 2 月 8 日。

B.22

东北地区冰雪产业发展研究

王化冰*

摘　要：　东北地区是我国冰雪产业发展的传统优势地区，近年来，我国冰雪产业呈现迅猛发展之势，东北地区冰雪产业面临强烈的转型要求并具备巨大的升级空间。本文指出通过产业融合与产业升级、企业联合与产业整合、区域合作与环境提升等路径方式，实现东北地区冰雪产业供给侧结构性改革和创新发展，并提出了促进东北地区冰雪产业良性协调发展的建议，即明确定位，优势互补，统筹谋划；精品共创，市场共享，环境共建；市场主导，政府引导，借势发展。

关键词：　东北地区　冰雪产业　创新发展

冰雪产业涵盖冰雪旅游、冰雪文化、冰雪体育、冰雪教育及冰雪装备制造等领域，覆盖面广、关联性强、市场前景好、消费拉动作用大、综合带动性显著。东北地区作为我国冰雪产业发展的传统优势地区，拥有得天独厚的冰雪资源、独具匠心的冰雪艺术、美不胜收的冰雪风光和底蕴深厚的冰雪人才高地。近年来，我国冰雪产业呈现迅猛发展之势，东北地区冰雪产业面临强烈的转型要求并具备巨大的升级空间。

---

* 王化冰，黑龙江省社会科学院农村发展研究所副研究员，主要从事区域经济研究。

一　东北地区冰雪产业发展的基础和优势

（一）独特的冰雪资源及多彩的文旅资源

东北地区拥有得天独厚的冰雪资源，雪量大、雪质好、雪期长，冰雪共存，冰雪资源丰富、种类多且组合优势突出，黑、吉、辽三省年冰雪期分别达到120天、100天和70天，黑龙江省和吉林省还拥有一定数量坡度适宜的山地资源，适合滑雪运动的开展。

东北地区还拥有山水、温泉、雾凇、林海、草原、界江、口岸、冷极、北极、东极、生态等丰富的旅游资源和关东民俗、渔猎文化、草原文化、历史文化、红色文化、演艺文化、体育文化、异域风情、冰雪艺术等多彩的地域文化，冰雪资源、旅游资源、文化资源完美组合，呈现独特魅力。

（二）雄厚的产业基础及响亮的冰雪品牌

东北地区是我国冰雪文化的发源地和中国现代冰雪产业的肇兴之地，开发历史、发展规模均居全国领先地位。

东北地区冰雪场地设施齐备，数量多层次高。滑雪场数量占全国的1/3（蒙东地区数据以内蒙古自治区全域数据代替），其中黑龙江省以124家高居全国之冠。目前中国有6个雪道面积超过100公顷的滑雪场，东北地区占据3席；全国22家滑雪场垂直落差超过300米，东北地区拥有10家（见表1）。东北地区还拥有世界最大室内滑雪场、国内最大室内滑冰场、多个国家级冰雪项目训练基地、东北亚地区最大的国际级雪上竞技赛事承办地。

东北地区冰雪旅游享誉全国，旅游景区知名度大影响力高。黑龙江省的“冰雪之冠”品牌是我国最具影响力的冰雪旅游品牌，吉林省的“玩雪到吉林”、辽宁省的“最佳戏雪目的地”、内蒙古自治区的“自然大冰雪·风情内蒙古”都对游客形成了强大的吸引力。哈尔滨市、吉林市、长春市等7个

表1　东北地区滑雪旅游设施情况

地区	滑雪旅游主要设施
黑龙江省	124家,雪道数量190条,雪道长度175千米。其中S级滑雪场26家,垂直落差超过300米4家,雪道面积50～100公顷2家
吉林省	41家,其中垂直落差超过300米4家,雪道面积100公顷以上3家,50～100公顷1家
辽宁省	37家,其中垂直落差超过300米1家
内蒙古自治区	37家,其中垂直落差超过300米1家

资料来源：北京卡宾冰雪产业研究院等《2017年度中国滑雪产业白皮书》。

市（州）获得2016～2017冰雪季“中国十佳冰雪旅游城市”称号，万达长白山国际度假区、万科松花湖度假区、北大壶滑雪度假区等6个度假区获得“中国滑雪旅游度假区十强”称号。17个景区入选2017年度冰雪旅游目的地品牌影响力排行榜TOP30，其中包括哈尔滨冰雪大世界、万达长白山国际旅游度假区、哈尔滨太阳岛风景区（见表2）。万达长白山滑雪场成为国内首家突破30万滑雪人次的滑雪场。

表2　东北地区城市（景区）获得的荣誉

荣誉称号	城市(景区)
中国十佳冰雪旅游城市	黑龙江省(2个)——哈尔滨市、牡丹江市 吉林省(3个)——吉林市、长春市、延边朝鲜族自治州 辽宁省(1个)——沈阳市 蒙东地区(1个)——呼伦贝尔市
中国滑雪旅游度假区十强	黑龙江省(2个)——亚布力阳光度假村、亚布力滑雪场 吉林省(3个)——万达长白山国际度假区、万科松花湖度假区、北大壶滑雪度假区 辽宁省(1个)——棋盘山冰雪大世界滑雪场
2017年度冰雪旅游目的地品牌影响力排行榜TOP30	黑龙江省(6个)——哈尔滨冰雪大世界、哈尔滨太阳岛风景区、中国雪乡、亚布力滑雪旅游度假区、牡丹江镜泊湖、哈尔滨伏尔加庄园 吉林省(9个)——万达长白山国际旅游度假区、长春净月潭国家森林公园、吉林万科松花湖度假区、吉林北大壶滑雪场、吉林查干湖、露水河长白山狩猎场、长春莲花山度假区、长春庙香山度假区、长白山天池雪野雪公园 辽宁省(2个)——沈阳棋盘山冰雪大世界滑雪场、沈阳东北亚滑雪场

资料来源：中国旅游研究院《中国冰雪旅游发展报告（2017）》，人民网舆情监测室旅游大数据中心《2017年度冰雪旅游目的地品牌影响力排行榜TOP30》。

（三）深厚的历史底蕴及坚实的群众基础

东北地区冰雪文化氛围浓厚，拥有世界四大冰雪节庆之一——中国·哈尔滨国际冰雪节，世界最大冰雕雪塑基地——冰雪大世界、太阳岛雪博会，中国企业家论坛年会永久性会址——亚布力滑雪旅游度假区及中国·哈尔滨国际冰雪节、中国·吉林国际雾凇冰雪节、中国·呼伦贝尔冰雪那达慕、中国·吉林查干湖冰雪渔猎文化旅游节、中国长春冰雪旅游节暨净月潭瓦萨国际滑雪节、中国·阿尔山国际养生冰雪节等“中国十大最具影响力冰雪旅游节事”（见表3）。

表3　东北地区主要冰雪节庆活动

地区	主要冰雪节庆活动
黑龙江省	哈尔滨国际冰雪节、亚布力国际滑雪节或比赛、中国雪乡旅游节、雪地观鹤文化旅游节、大庆雪地温泉节、冬捕旅游文化节、秘境冰湖冬捕节、佳木斯三江国际泼雪节、兴凯湖冬捕节、伊春森林冰雪欢乐季、齐齐哈尔冰球节
吉林省	中国长春冰雪旅游节暨净月潭瓦萨国际滑雪节、吉林国际雾凇冰雪节、长白山冰雪旅游节、中国·吉林查干湖冰雪捕鱼旅游节、中国·通化冰雪旅游节等
辽宁省	中国沈阳国际冰雪节、辽宁冰雪温泉旅游节、抚顺冰雪旅游节、中国·锦州冰雪温泉节、本溪冰雪温泉季等
蒙东地区	呼伦贝尔冬季旅游那达慕、中国·满洲里中俄蒙国际冰雪节、中国·阿尔山国际养生冰雪节、乌兰浩特的察尔木湖冬捕、赤峰克什克腾滑雪节、蒸汽机车摄影节、达里湖冬捕节、锡林郭勒冬季那达慕

资料来源：根据中国旅游研究院《中国冰雪旅游发展报告（2017）》及网络资料整理。

东北地区冰雪运动群众基础雄厚，开展了“全民冰雪活动日”“百万青少年上冰雪”等系列活动，群众参与冰雪运动的热情不断提升，全年数千万人次参与冰雪运动。

东北地区是冰雪体育强区，冰雪竞技体育成绩显著，涌现出了一大批优秀运动员，中国在冬奥会上获得的13枚金牌中12枚由东北籍运动员夺得。东北地区相继成功举办了2届亚洲冬季运动会、1届世界大学生冬季运动会、11届全国冬季运动会和单板U型场地世界杯、单板滑雪世界锦标赛、国际雪联自由式滑雪空中技巧世界杯、国际雪联高山滑雪积分赛、国际雪联越野滑雪中国巡回赛等系列世界冰雪体育单项大赛。

（四）良好的产业环境及全国的人才高地

东北地区加强顶层谋划，创造良好环境，推动冰雪产业大发展。黑龙江省颁发了《中共黑龙江省委　黑龙江省人民政府关于加快冰雪旅游产业发展的实施意见》《黑龙江省冰雪旅游专项规划》《黑龙江省冰雪体育发展规划（2016～2022）》《黑龙江省冰雪装备产业发展规划（2017～2022年）》，正在编制《黑龙江省冰雪产业发展规划》；吉林将冰雪产业作为先导产业发展，出台了《关于做大做强冰雪产业的实施意见》；内蒙古自治区编制了《内蒙古自治区冰雪运动中长期发展规划（2016～2025年）》，正在编制《内蒙古自治区冰雪运动和冰雪产业发展规划》。在各方努力下，东北地区推动冰雪产业发展的顶层设计方案日趋完善，形成了良好的冰雪产业发展环境。

东北地区是中国冰雪运动的“黄埔军校”，培养造就了大批的滑冰、滑雪、冰球等项目的运动员、教练员；东北地区是中国冰雪艺术的摇篮，多年来冰灯、冰雕等冰雪艺术活动培养造就了大批冰雪采掘、设计、创作等经验丰富的艺术人才；东北地区还是冰雪产业专业管理和技术人才储备基地，为许多其他省份培养了众多滑雪场建设与管理人才，拥有“国家冰雪旅游人才培训基地”、中国首家以冰雪体育职业教育为主要特色的高等院校及首家国际滑雪培训学校。

二　东北地区冰雪产业发展面临的机会和挑战

（一）面临的机会

近年来，我国冰雪产业发展迅速，特别是2022年北京冬奥会的成功申办，为冰雪产业繁荣发展带来了重大机遇。为了进一步落实习近平总书记

“冰天雪地也是金山银山”的重要讲话精神，推动我国冰雪产业的发展，中央部委联合密集出台了国家《冰雪运动发展规划（2016～2025年）》《群众冬季运动推广普及计划（2016～2020年）》《全国冰雪场地设施建设规划（2016～2022年）》，为冰雪产业发展提供了新的指导方向和政策助力。规划提出，带动三亿人参与冰雪运动，冰雪产业产值将在2025年达到1万亿元的目标，年均增长12.14%，高于近年GDP增速一倍左右。

巨大的市场机会，引发了一轮冰雪产业投资热潮。万达、腾讯、阿里、IDG、新浪、万科、长白山、东方明珠、华策影视、莱茵体育、华录百纳、探路者等知名企业纷纷布局冰雪，投资遍及滑雪度假村建设、冰雪赛事及各种冰雪活动打造、冰雪运动节目策划制作、冰雪装备、冰雪培训等细分领域。

国务院在新一轮东北振兴战略中明确提出要把东北地区建成世界知名生态休闲旅游目的地的目标，也为东北地区指明了朝着世界级冰雪旅游目的地迈进的方向。同时内蒙古自治区举办2020年第14届全国冬季运动会，辽宁确立申办2024年第15届全国冬季运动会，将进一步提升东北地区冰雪经济的热度和影响，冰雪经济成为东北地区地方经济社会发展的新亮点。

（二）存在的问题

东北地区冰雪产业发展有以下几个方面的问题。一是面临着市场困境，表现在产品结构单一，产品低端化、同质化；产业链条短，产业间缺乏有机融合，产业体系和产业集群尚待完善壮大；区域之间缺乏联动，碎片化发展，统筹整合不充分，未现抱团优势；冰雪文化挖掘不够，市场推广形式有限，市场潜力有待进一步开发；公共服务供给不足，环境配套亟待提升；体制机制创新不够，市场化程度不高，部分冰雪旅游景区的所有权、管理权和经营权界限不清，存在多头管理弊端等。东北地区冰雪产业发展已难以满足国际国内不同层次、不同类型消费者日益增长的消费需求，产业升级势在必行。

二是营商环境欠佳，政府的“越位”与“缺位”并存，让本应被善待的投资者和消费者遭遇窘境，恶化了冰雪产业的投资环境和消费环境。2018

年发生的亚布力损害企业家、投资者权益事件，实质上是“有形的手”在资源配置中的作用过大，政商关系不清，政府“越位”所致。政府长期以来重“抓项目”轻“造环境”，重“招商”轻“养商”，重“管制”轻“服务”。东北雪乡宰客事件不仅反映了冰雪从业者缺乏长远意识和诚信精神，而且反映了相关部门监管“缺位”。

三是人才优势难敌经济劣势，人才流失严重。东北地区经济发展水平相对落后，经济增长乏力，企业效益差，员工收入低，一些滑雪场管理人才、滑雪教练员，以及滑雪场的维护、装备维修人才纷纷被北京等地高薪请走。另外，人才结构也有待优化，冰雪复合型人才严重不足，在冰雪产品的打造、冰雪旅游活动的策划等方面专业性不强，极大地影响了服务质量。

（三）冲击和挑战

一是近年来东北地区冰雪产业“一枝独秀”的局面逐步被打破。随着北京冬奥会的申办成功，我国冰雪产业发展迎来了新的历史机遇，京冀地区冰雪产业跨越式发展，与黑龙江省、吉林省形成冰雪旅游三足鼎立态势。全国冰雪产业南展西扩，以新疆和内蒙古为主体的新兴冰雪旅游增长带正在崛起。

二是冰雪旅游正由观景向休闲转变，滑雪亦从运动形式朝着旅游度假生活方式方向迈进，要求东北地区冰雪产业必须进行供给侧结构性改革，实现冰雪产业的提档升级，促进东北地区从冰雪资源大区向冰雪经济强区迈进。

三　东北地区冰雪产业供给侧结构性改革和创新发展

东北地区冰雪产业供给侧结构性改革和创新发展，重点要解决以下问题：一是如何依托冰雪资源，实现冰雪旅游、冰雪文化、冰雪体育、冰雪教育、冰雪装备等冰雪产业的融合发展；二是不同经营主体和管理主体的冰雪产业，如何在大区域内实现协调良性发展。

（一）产业融合与产业升级

1. 产业融合

充分发挥冰雪旅游的拉动力、融合能力及催化、集成作用，不断创新融合的层面，从业务融合到产业融合发展到体系融合。“品鉴级”的冰雪旅游，即将区域冰雪旅游的食住行游购娱等基本要素与商养学闲情奇等品质要素有机结合，打造极致的旅游休闲体验，体现了业务层面的融合；“冰雪旅游+”使冰雪旅游与冰雪文化、冰雪体育、冰雪教育、冰雪装备制造等冰雪产业及商贸、健康、农林、科技、互联网等其他相关产业深度融合，形成新的生产力和竞争力，呈现产业层面的融合；建设经济、社会、生态文明全面和谐可持续发展的现代化冰雪经济体系，代表了体系层面的融合。

打造冰雪名城和建设冰雪特色小镇是产业融合的重要承载平台，大力发展特色旅游、培训、酒店等相关产业，打造哈尔滨、牡丹江、长春、吉林、沈阳、抚顺、呼伦贝尔、阿尔山等冰雪旅游名城，建设一批集运动、餐饮、娱乐、休闲、度假于一体的冰雪特色小镇，不仅可以实现资源整合和流量共享，还可以促进冰雪旅游景区从一季旅游向四季旅游转型。

2. 产业升级

适应冰雪资源衍生出的众多消费形态，是东北地区做大做强冰雪产业的出发点。随着全社会参与冰雪经济程度提升及消费升级，东北地区冰雪经济也要进行全方位升级，即产品升级、产业升级、配套升级、模式升级和推广升级。

产品升级：一是进行消费者细分，以市场需求为导向，旅游产品要突破观光类初级的形态，针对体验游客、深度体验游客、滑雪发烧友、滑雪专业培训人群等不同层次消费者的需求，满足当下与服务未来相结合，立足国内与参与国际竞争相结合，细化和开发不同等级的大众雪场和专业雪场，丰富产品体系；二是规划建设旅游度假综合体，满足消费者的综合性需求；三是与时尚和科技相结合，提升产品的现代感。

产业升级，即以冰雪旅游为牵动、冰雪文化为提升、冰雪体育为推动、冰雪教育为基础、冰雪装备研发制造为助力，扩大有效供给，引领消费需求，加强产业融合，培育冰雪康养、冰雪休闲、冰雪民俗、冰雪演艺、冰雪林业、冰雪研学、冰雪会展等与冰雪旅游密切相关的业态，构建大冰雪产业体系，使东北地区在全国率先进入冰雪产业价值链中高端。

配套升级：一是完善旅游交通服务，畅通冰雪旅游通道，加强旅游景区的交通连接，完善冰雪旅游景区“最后一公里”建设；二是提高旅游餐饮住宿整体质量，科学规划布局，建设冰雪主题精品酒店、特色民宿等不同档次的住宿接待场所，倡导旅游景区经营地方特色菜肴；三是提升公共服务设施，完善游客集散体系、游憩体系和应急救援体系。

模式升级，即从景点旅游模式走向全域旅游模式，由“小旅游”向“大旅游”转型。通过对区域内经济社会资源尤其是旅游资源、相关产业、生态环境、公共服务、体制机制、政策法规、文明素质等进行全方位、系统化的优化提升，实现区域资源有机整合、产业融合发展、社会共建共享，以旅游业带动和促进经济社会协调发展。

推广升级，即与互联网和新热点相结合，打造“冰雪 IP”，开展内容营销，拓宽冰雪营销的方式、渠道和平台。

（二）企业联合与产业整合

以打造国际冰雪旅游重要目的地和冰雪经济高地为共同目标，按照共享与互利的原则，鼓励企业开展企业联合，如建立东北地区冰雪旅游经济联合体、滑雪场联盟等，分工协作，差异化发展，形成良好的冰雪产业生态体系，加强沟通协调，合理开发利用东北地区冰雪资源，减少恶性竞争，形成良好的旅游市场秩序。

冰雪综合体项目业态大多投资大、回收期长，对投资者的战略性、专业性、资金实力、运营能力都有很高的要求。一要选择具备上述特质的投资商，二要鼓励龙头企业通过兼并和收购等方式，进行产业链的横向和纵向联合，加速旅游企业做大做强，促进产业的整合，实现以龙头企业为核心的跨行政区的一体化冰雪产业链。

（三）区域合作与环境提升

区域冰雪产业合作涵盖资源整合、客源互送、共同推广等方面，包括旅游目的地与客源地之间的合作及目的地与目的地之间的合作；环境提升包括市场环境、营商环境、配套环境等方面的全方位提升，特别要通过政府、行业协会、媒体的共同监督，建立良好的诚信经营机制。

国内互联包括三省（区）互联、（北）京东（北）互联、东（北）（东）南互联等，侧重于产品的合作、市场的合作、推广的合作和制度安排的合作等。如2018年沈阳国际冰雪节与沈阳经济区城市的联动；吉林省南连浙江，北交龙江，与北京签约，建立起共享市场、互送客源、同步宣传、异地投诉、联合执法的工作机制；成立中国冰雪旅游推广联盟，致力于加强冰雪旅游市场的合作开发。

国际互联则包括东（北）奥（运）互联、东（北）亚（洲）互联，侧重于人才的合作、资本要素的合作和经营管理的合作。如东北地区加强与俄罗斯、美国、加拿大、日本、韩国等国家在冰雪运动和后备人才培养等方面的合作交流；黑龙江省与北京冬奥组委签署合作框架协议，服务北京冬奥、保障北京冬奥、借力北京冬奥。同时东北地区也要学习和借鉴日韩等国在滑雪场建设、运营及文化挖掘等方面的经验，引进运营管理团队，不断提升自身的层级，吸引投资商和消费者回流。

四　促进东北地区冰雪产业良性协调发展的建议

（一）明确定位，优势互补，统筹谋划

东北地区向世界级冰雪旅游目的地迈进，需要科学定位，统一形象，个性打造，分类推广。首先，要在全球视野下，深入分析挖掘东北地区冰雪资源的优势和潜力，找准在全球冰雪产业格局中的位置，做好战略谋划及发展路径选择。其次，要对特色冰雪资源加以梳理升级，加强区域内各种冰雪旅

游要素整体联动，统筹调配资源，加强资源共享、产品互补、信息互通、客源互换，增强整体合力和形成整体效益，实行多赢合作的东北地区冰雪旅游经济一体化发展，塑造统一鲜明的东北地区冰雪品牌形象，避免一哄而上、遍地开花、各自为战、无序竞争、低水平发展的窘境。最后，要充分认识资源禀赋，准确把握文化灵魂，依托各地的冰雪资源和文化资源特色，在冰雪旅游产品的开发上探索出一条差异化的发展之路，如黑龙江的“赏冰乐雪”，吉林的“长白山滑雪、松花江雾凇、查干湖冬捕”，辽宁的“嬉冰雪、泡温泉、过大年”，内蒙古的“冰雪＋民俗”等，丰富旅游产品业态，拉长产业链条，促进产业融合。

（二）精品共创，市场共享，环境共建

东北地区冰雪产业的发展要打破行政区划界限，共同打造区域冰雪精品；共同推广，共同培育客源市场；加强监管整治，共同维护品牌形象。

切实做好六大工程，巩固东北地区在中国冰雪产业的龙头地位。一是全面提升大众冰雪教育，弘扬大众冰雪文化，积极促进大众冰雪体育，夯实冰雪基础工程。二是重点建立冰雪装备研发制造基地，发展冰雪康养等关联产业，增强冰雪支撑工程。三是完善旅游交通服务，提高旅游餐饮住宿整体质量，提升公共服务设施，优化冰雪环境工程。四是加强品牌打造，加力品牌推广，倾力品牌维护，强化冰雪形象工程。五是重点建设精品冰雪旅游区（带），统筹谋划精品冰雪旅游线路，龙头引领全方位提档升级，聚焦冰雪精品工程。六是打造冰雪文化创意高地，建设冰雪体育赛事高地，强化冰雪人才高地，构建智慧冰雪高地，创建冰雪高地工程。

（三）市场主导，政府引导，借势发展

培育壮大市场主体，积极引进战略投资者，鼓励优势企业实施跨地区、跨行业、跨所有制兼并重组，打造跨界融合的冰雪产业联盟，促进冰雪产业要素自由流动、合理配置，全面提升冰雪产业专业化、市场化、规模化水平。进行以企业为主体、以产业为构架的市场整合，充分调动各方面积极

性，对东北地区不同类型的冰雪旅游资源实行统筹谋划、联合开发。深化体制机制改革，破除体制机制束缚，释放冰雪经济发展活力，着力提高市场化运营水平，推进国有旅游景区（滑雪场）所有权、管理权、经营权分离改革，赋予冰雪产业主体更多自主权，规范发展中介组织和各类行业协会，鼓励支持社会组织参与冰雪旅游、冰雪文化和冬季运动项目。加强区域合作，行政互联与市场互联相结合，充分发挥政府、旅游企业和旅游行业协会组织三大区域旅游合作主体各自优势，加强政府在基础设施、生态环境、制度、政策及法律等方面的合作，强化旅游企业的旅游资源、旅游产品、旅游客源等方面的协作，发挥旅游行业组织的协调、服务、行业规范作用。充分利用北京冬奥会和“三亿人参与冰雪运动”的大好时机，把握冰雪产业发展的黄金增长期，借势发展，“奥运在北京、体验在东北”。

参考文献

1. 北京宾实冰雪产业研究院等：《2017 年度中国滑雪产业白皮书》。
2. 中国旅游研究院：《中国冰雪产业发展报告（2017）》。
3. 人民网舆情监测室旅游大数据中心：《2017 年度冰雪旅游目的地品牌影响力排行榜 TOP30》。

B.23

东北地区黑土地保护利用研究*

赵 勤 苏惟真**

摘 要： 东北黑土地在保障国家粮食安全和生态安全中发挥着不可替代的作用。由于长期超负荷利用、重用轻养，黑土地“量减质退”问题日益突出。党的十八大以来，国家和东北地区持续推进黑土地的保护与利用，黑土退化流失的趋势在局部地区得到延缓，但整体退化局面并未从根本上得到扭转，存在诸多亟待解决的问题。推进东北地区黑土地保护利用，需要加强制度创新与保障、加快技术研发集成、注重土壤污染防治、提高农民组织化程度、探索建立多元化投入机制。

关键词： 东北地区 黑土地 保护利用

黑土地是一种性状好、肥力高、适宜农耕的珍贵土壤资源。根据第二次全国土地调查数据和县域耕地质量调查评价结果，东北典型黑土区耕地面积约2.78亿亩，其中黑龙江省1.56亿亩、吉林省0.69亿亩、辽宁省0.28亿亩、内蒙古0.25亿亩①。多年来，东北黑土地在保障国家粮食安全和生态

* 本文是2015年度国家社科基金“土地流转背景下粮食主产区农民生计问题研究”（课题编号：15BSH029）的阶段性研究成果。

** 赵勤，黑龙江省社会科学院农村发展研究所副所长，研究员，主要从事产业经济和区域经济研究；苏惟真，黑龙江省社会科学院农村发展研究所助理研究员，主要从事农村区域发展研究。

① 《东北黑土地保护规划纲要（2017～2030年）》，中华人民共和国农业农村部网站，http：//www.moa.gov.cn/nybgb/2017/dqq/201801/t20180103_6133926.htm。

安全中一直发挥着不可替代的作用。然而，由于长期超负荷利用、重用轻养，黑土地“量减质退”问题日益突出。十八大以来，国家高度重视东北黑土地保护与利用，陆续实施一系列黑土地保护与防治的政策举措。站在改革开放40年的历史起点上，对东北地区黑土地保护利用取得的成效及存在的问题进行分析，具有重要意义。

一　东北地区黑土地保护利用的主要做法

近年来，东北地区积极探索，不断加快现代农业绿色转型，持续推进黑土地的保护与利用。

（一）注重法律法规建设，坚持规划引领推进

一是通过立法来保证和促进黑土地保护。从国家层面看，虽然还没有黑土地保护专项法律法规，但有关黑土地保护的规范分散在不同的法律法规中，如《土地管理法》《土地管理法实施条例》《基本农田保护条例》《水土保持法》等。从省级层面看，各省都制定实施了《水土保持条例》《基本农田保护条例》《耕地保护条例》等相关地方性法规，特别是吉林省制定实施了全国首部黑土地保护地方性法规——《吉林省黑土地保护条例》，并将每年的6月25日定为吉林省黑土地保护日。

二是通过规划来引领和推进黑土地保护工作。东北四省区先后编制印发了侵蚀沟治理、水土保持、水土保持监测、土壤污染防治等专项规划和实施方案，黑龙江、吉林两省还制定了专门的《黑土地保护治理“十三五”规划》《黑土地保护专项行动方案》。2017年6月，经国务院同意，原农业部会同国家发展改革委、财政部、国土资源部、环境保护部、水利部编制发布了《东北黑土地保护规划纲要（2017～2030年）》（以下简称《规划纲要》），作为指导东北黑土地保护利用的行动纲领。

（二）实施保护治理工程，发挥试点示范作用

2003 年以来，东北各省区启动实施了黑土地水土流失重点治理、土壤有机质提升、建设生态高标准农田等多项黑土地保护治理工程项目。比如，2010 年以来，黑龙江省先后有 39 个县（市、区）实施了面积近 400 万亩（次）的土壤有机质提升补贴项目试点，在龙江、泰来、甘南启动实施了松嫩平原西部生态脆弱区耕地地力恢复试点；吉林省实施了中部黑土地保护治理工程；辽宁铁岭县实施了低洼易涝区综合治理工程。2015～2017 年，中央财政每年专项安排 5 亿元资金支持东北地区 17 个产粮大县开展黑土地保护利用试点；2018 年，又将试点扩大，重点支持 9 个整建制试点县和 24 个试点县（市、旗、国有农场）。试点地区充分利用当地有机物料资源，集成多项黑土地保护技术，发挥社会化组织力量，提高了示范效应。2017 年年末，吉林省试点区共有七十余个农业合作社、八十多个农机合作社、四十多户种粮大户参与到黑土地保护利用项目实施中；黑龙江省落实试点面积 92.2 万亩，总结提炼出“可复制、可推广、能落地”的黑土地保护技术模式 11 项，建成生态高标准农田 5957.7 万亩。

（三）建立科学轮耕制度，推行绿色生产方式

一方面，建立科学的轮耕制度。大力推行大机械深松整地，解决土壤板结、改善耕层土壤理化性状，提高土壤蓄水保墒能力；加快种植结构调整，因地制宜实施粮豆、粮草、粮饲等轮作，着力解决不合理耕作方式造成的耕地土壤养分偏耗、病虫害加重等问题，促进土壤养分趋向平衡。另一方面，推行绿色生产方式。大力实施以秸秆还田覆盖、少免耕播种、深松蓄水等技术为内容的保护性耕作技术，增加有机物料还田量；积极推广应用水肥一体化、缓控释肥料、养分综合调控等技术，提高肥料和灌溉水利用效率；探索有机培肥模式，通过购买服务和物化补助等形式扩大有机肥施用面积；深入推进农业“三减”，大力推广标准化生产技术和绿色有机种植模式。到 2017 年，东北 17 个试点县秸秆还田面积达 275 万亩，还田率超过 85%，还田量

153万多吨，为土壤提供有机质30多万吨；增施农家肥252万亩、施用量303万吨，增施商品有机肥94.8万亩、施用量14.2万吨，为土壤提供有机质110多万吨[①]。

（四）加强农科教产学研合作，提高保护技术水平

在黑土地保护利用过程中，上到国家、下到东北各省区，都通过开展农科教、产学研合作，加快推动保护治理技术研发与集成，不断提高黑土地保护技术水平，加快成果转化与应用推广。农业部成立了耕地质量建设与管理专家指导组；黑龙江省农科院“黑土资源保护与持续利用创新团队”入选科技部重点领域创新团队；吉林省、辽宁省组织相关科研、教学、推广部门的专家成立黑土地保护技术指导组；黑龙江省组建了“东北黑土资源保护产业技术创新战略联盟”，成立了全省首家黑土保护院士工作站（克山站）。

（五）加大政策扶持力度，提高组织管理效率

近年来，东北各省区都加大了对黑土地保护利用的政策支持，对大型农机具引进、深松整地作业、秸秆还田、有机质提升等都给予项目补贴，特别是积极探索整合相关涉农资金，重点向黑土地保护倾斜。以黑龙江省为例，2013～2017年累计投入59亿元用于水土流失治理；2008～2017年省财政累计投入10.05亿元用于深松整地补助；2016年省财政又投入2000万元专项资金开展了“有机肥替代化肥”试验示范。与此同时，东北各省区还成立了黑土地保护试点项目领导小组，制定实施方案和绩效考核指标，并结合试点县实际，将项目实施任务以购买服务的方式集中交由农民合作社、家庭农场等社会服务组织承担，严格执行招投标制和公开公示制，并建立了定期调度制度，对项目实施情况进行考核。

① 农业部耕地质量监测保护中心：《2015～2017年黑土地保护利用试点区耕地质量监测报告》，黑龙江土肥信息网，http://www.hljstfz.org.cn/a/tufeijishu/gengdibaoyang/2018/0411/5543.html。

（六）开展黑土地质量监测，严惩环境违法行为

一方面，积极开展黑土地耕地质量监测。2015 年黑土地保护利用试点项目实施以来，东北四省区共建立了耕地质量定位监测站 170 个，其中黑龙江省 90 个、吉林省 40 个、辽宁省 20 个，内蒙古 20 个，构建了黑土地耕地质量监测体系。黑龙江省还对 41 个县（市、区）、23 个农场开展了黑土地耕地质量调查，共挖掘土壤剥离层 500 个，采集土壤样本 3774 个，分析测试 23580 项次，建立了省级耕地质量监测综合数据管理平台，在全省范围内建立了黑土地耕地质量监测点 24114 个。通过开展土壤墒情、土壤肥力、肥料效应等黑土质量监测，及时掌握黑土地质量变化。另一方面，加大对污染耕地等违法行为的打击力度。比如，黑龙江省加强对粮食主产区、产粮大县涉重金属企业的监管，确定重点监管企业名单；开展了未利用地非法排污专项执法行动，查出违法案件十余起，全面整治纳污坑塘 77 个，目前已经有 60 个完成整治。

二　东北地区黑土地保护利用的主要成效

党的十八大以来，特别是黑土地保护利用试点三年来，东北地区黑土地保护利用取得了较为明显的成效。

（一）土壤肥力有较明显提高

一是有机质含量稳步提升。农业部耕地质量监测保护中心《2015～2017 年黑土地保护利用试点区耕地质量监测报告》（以下简称《监测报告》）显示，2017 年东北 17 个试点县土壤有机质平均含量为 31.2 克/千克，比 2015 年增加 1 克/千克，增幅为 3.3%；土壤有机质含量大于 20 克/千克点位所占百分比为 88.6%，比 2015 年提高 4.8 个百分点。

二是土壤供氮能力有所增强。2017 年，试点区土壤全氮含量 1.85 克/千克，比 2015 年增加 0.08 克/千克；土壤全氮含量大于 1.5 克/千克占比

68.6%，比2015年上升8.9个百分点。

三是土壤供钾能力明显提高。2017年，试点区土壤速效钾含量为195毫克/千克，比2015年增加了16毫克/千克，大部分试点区土壤速效钾含量大于100毫克/千克。

（二）耕地物理性状有所改善

一是耕层厚度明显加厚。《监测报告》显示，2017年东北17个黑土地保护利用试点县耕层平均厚度达到28.2厘米，比2015年增加了7.5厘米，增幅高达36.2%；耕层厚度大于25厘米占比达86.4%，比2015年提高了81.4个百分点。其中，黑龙江、吉林、辽宁、内蒙古耕层平均厚度分别增加6.2厘米、11.0厘米、5.0厘米、3.2厘米。

二是土壤板结状况略有改观。2017年，17个试点县土壤容重为1.26克/立方厘米，比2015年降低0.04克/立方厘米，降幅为3.2%；土壤容重大于1.3克/立方厘米占比36.1%，比2015年减少9.9个百分点。其中，黑龙江、吉林、辽宁、内蒙古土壤容重分别降低0.02克/立方厘米、0.04克/立方厘米、0.02克/立方厘米、0.03克/立方厘米。

（三）部分土壤酸化得到一定遏制

土壤pH值（土壤酸碱度）会直接影响土壤中植物所需养分的有效性、土壤中重金属元素的活动及土壤微生物群落等①。东北各省区针对土壤酸化问题，采取测土配方施肥、增施有机肥、推广间作轮耕、增加秸秆等有机物料投入等措施，降低试点地区黑土酸化程度。《监测报告》显示，试点实施前后，试点区土壤pH值均为6.3，没有变化。但是从分级标准看，2017年pH值小于5.5所占比例为13.6%，比2015年降低了0.2个百分点，这说明部分试点区域土壤酸化得到一定程度遏制。从区域来看，2017年黑龙江省

① 农业部耕地质量监测保护中心：《2015~2017年黑土地保护利用试点区耕地质量监测报告》，黑龙江土肥信息网，http://www.hljstfz.org.cn/a/tufeijishu/gengdibaoyang/2018/0411/5543.html。

土壤 pH 值为 6.2，比 2015 年增加 0.1 个单位；吉林省没有变化，土壤 pH 值均为 6.8，辽宁省土壤 pH 值为 6.6，降低 0.1 个单位；内蒙古土壤 pH 值为 6.0，降低 0.1 个单位。

（四）土壤重金属含量总体下降

《监测报告》显示，试点实施前后，试点区土壤镉、汞、砷、铅及铬等重金属含量总体下降。其中，土壤镉含量下降了 0.08 毫克/千克，土壤汞含量基本保持不变，土壤砷含量下降了 2.78 毫克/千克，土壤铅含量下降了 4.7 毫克/千克，100% 的监测点土壤镉、土壤汞、土壤砷、土壤铅含量低于土壤环境质量标准二级限值；土壤铬含量下降了 17.43 毫克/千克，93% 的监测点土壤铬含量低于土壤环境质量标准二级限值。这说明，东北黑土地保护试点地区的土壤重金属含量基本保持不变，绝大部分耕地可以作为绿色有机农产品生产基地，农产品质量和环境安全有保障。

（五）水土流失治理效果良好

东北地区因地制宜推广应用等高垄作、环耕种植、垄向区田、横坡生物篱、短坡种植、秸秆覆盖条耕、深松耕等水土阻控、保护性耕作等技术，加强坡耕地水土流失治理，取得了比较明显的成效。黑龙江省海伦市有 0.1 万亩坡耕地实施了垄向区田技术，提高保水蓄水能力 35 毫米，阻止地表径流发生达到 85% 以上，降低土壤流失 90% 以上；黑龙江省宁安市通过实施等高环山改垄，阻止地表径流 80% 以上，减少土壤流失 90% 以上。内蒙古阿荣旗和扎赉特旗在丘陵坡耕地开展等高田建设，亩均减少土壤侵蚀量 46.2 公斤。

三　东北地区黑土地保护利用的主要问题

经过多年努力，东北黑土退化流失的趋势在局部地区得到延缓，但整体退化局面并未从根本上得到扭转，在黑土地保护与利用中还存在着诸多亟待解决的问题。

（一）缺少有效的制度安排

虽然国家和东北各省区制定出台了一些黑土地保护利用中长期发展规划，但从操作层面来看，落实《规划纲要》仍缺少有效的制度安排。例如，黑土地使用者责任仍不具体，黑土地保护措施仍不规范；黑土地保护绩效考评、失职问责、渎职追究等制度仍未建立起来；黑土地保护生态补偿机制尚未形成，现有以项目形式进行的生态补偿缺乏可持续性；有关部门组织实施的各类项目建设内容不同，实施区域重叠，建设质量存在差异，试点以外的其余地区黑土地保护效果并不理想；缺少东北地区和省级黑土地保护网络和黑土地保护数据库。

（二）技术研发集成推广不够

一是技术集成优化不够。虽然已经研发出一系列黑土地保护与治理的技术模式，但针对不同土壤类型、不同区域，适用性强、推广效果好的技术仍然缺乏，特别是技术集成优化不够、农机农艺有效结合不紧，在大范围实际应用中出现了单一技术断链的现象，无法解决黑土保护治理问题。

二是技术研发推广力量不足。目前，东北各省从事黑土保护治理方面研究、教学与推广工作人员力量不足且相对分散。以黑龙江省为例，全省相关的中级以上职称人员仅有1100余人，主要分布在中国科学院东北地理与农业生态所、省农业科学院等科研院所、东北农业大学等高校以及县级以上农业推广部门，科研力量相对分散，联合协作不足，服务推广体系不健全。

（三）组织化程度制约保护措施推广

东北地区黑土主要分布在低丘漫岗地区，虽然坡度不大，但坡度长达几百米甚至上千米，这种地形田间汇水面积相对较大，顺坡种植水土流失较重。等高耕作是治理低丘漫岗坡地水土流失的重要措施。但因农民承包经营的地块比较零散，组织化程度不高，等高耕作很难统一推进，导致等高起垄、修埂、筑沟等治理措施难以落实。此外，在农村劳动力大量外流的情况下，深翻深耕、秸秆还田、增施有机肥等保护措施都需要大量的机械作业，但由于农民组织化程度不高也难以统一作业。

（四）土地流转导致农业生产不连贯行为

调养土壤需要投入大量的时间精力，需要承担较多的物质成本，短期内可能也会失去一些经济利益。东北地区农户土地流转期限相对较短，部分流转合同是一年一签，经营权更替比较频繁。虽然在农村土地流转过程中，经营权出现适当更替是正常现象，但对转入土地的经营主体来说，在不长的流转期限内种地养地，不仅需要付出较高的成本，而且可能需要放弃眼前的利益，是一种“为他人作嫁衣”的行为，因此积极性不高，导致种地养地、调整种植结构等农业生产不连贯。

（五）社会参与不足与市场机制滞后

黑土保护与治理涉及不同人层面、多个领域，黑土地保护也需要巨大的资金投入。总体来看，东北各省黑土地保护和治理，主要以各级政府为主，农民、合作组织、企业等社会力量积极参与、主动保护的自觉性不高，近年来，国家和地方政府从不同渠道投入一定资金对东北黑土地进行保护，但投资力度远小于黑土地保护与治理的需要，资金缺口仍然很大。从东北地区实际情况看，试点地区黑土地保护大多是依靠项目资金直接推动，资金来源仍以政府投入为主，很少有投资主体、农民投入主体等市场化力量参与其中，尚未建立起财政资金引导带动，市场融资、社会资金为补充的黑土地保护利用多元化投入机制。

四　推进东北地区黑土地保护利用的对策

黑土恢复与保护是一个长期过程，涉及不同层面、多个领域。要统筹好粮食安全、农民增收和黑土资源保护之间的关系，将黑土地保护与乡村振兴紧密结合起来，坚持“用养结合，防治结合”的原则，突出重点，综合施策。

（一）坚持规划引领，加强制度创新与保障

这些措施包括加紧编制中长期专项规划、建立协调推进和目标考核机制、建立健全纵横结合的生态补偿机制。结合《全国水土保持规划（2015～2030年）》《东北黑土地保护规划纲要（2017～2030年）》等规划，加快编制省级黑土地保护利用规划及实施细则。建议国家在自然资源部设立黑土地保护机构，统一行使黑土地资源保护监督和管理职能。建议国家将东北黑土区纳入生态补偿范围。

（二）推进集成创新，提升科技支撑能力

一是设立重大科技专项。建议国家及省级科技部门设立黑土地保护重大科技专项，组织科研、教学和推广单位开展协作攻关，加强黑土地保护重大前沿基础研究，从区域内土—肥—水—作物资源综合高效利用出发，着重攻克黑土资源保育、水土流失防治、退化黑土生态修复等技术瓶颈，集成一批综合技术模式。

二是加强技术指导与推广。充分发挥科技部“黑土资源保护与持续利用创新团队”、农业部耕地质量建设与管理专家指导组的作用，分区域、分土壤类型提出黑土地质量建设和修复治理方案，制定详细指导手册；各市县农业部门成立黑土地保护治理专家团队，开展技术指导服务，因地制宜将一些行之有效的技术向更大面积推广。

三是加强技术交流与合作。建立中国黑土保护与研究中心，积极参与联合国粮农组织“全球土壤伙伴关系”（GSP）行动，加强与美国、乌克兰、阿根廷等黑土区国家和德国、英国、瑞典等国家在黑土保护技术、政策等领域的交流合作，通过开展技术人员互访交流、建设联合实验室、申请合作研究项目，打造开放的世界黑土保护研究平台与研究网络，进一步推动黑土资源的保护与可持续利用①。

① 赵勤：《全力推进黑土地保护，夯实可持续发展之基》，《黑龙江日报》2017年10月10日。

（三）注重加强防范，打好土壤污染防治组合拳

保护利用东北黑土地，注重加强土壤污染防治，全面贯彻落实《土壤污染防治行动计划》《土壤环境质量农用地土壤污染风险管控标准（试行）》《土壤环境质量建设用地土壤污染风险管控标准（试行）》，突出重点区域、行业和污染物治理，强化土壤污染管控和修复，有效防范风险。通过创新水质监测技术，减少污水灌溉造成的土壤污染；通过创新测土配方技术，提高化肥农药使用效率，减少化肥农药施用对土壤造成的污染；通过表土层剥离，把城镇化过程、道路建设以及其他占用的基本农田的表层土转移到小规模农田；通过科学规划布局畜禽养殖，因地制宜推广畜禽粪污综合利用技术模式，规范和引导养殖废弃物资源化利用；通过加快可降解地膜研发、开展农田残膜回收，着力解决农田残膜污染。

（四）增强经营主体保护意识，提高农民组织化程度

一是增强经营主动保护意识。通过进一步加强黑土地保护利用的科普教育和宣传，推广用地养地和科学施肥的典型经验和典型人物，努力营造黑土地保护的良好舆论氛围，增强农业经营主体积极参与、主动保护黑土地的自觉性，尽快形成全社会合力参与、群众共同监督的保护格局。

二是提高农民组织化程度。加快推进专业大户、家庭农场、农民专业合作社、龙头企业和社会化农业服务组织，尤其要发挥农民专业合作社具有包容性的联合经营功能，实行多层次联合协同的适度规模经营，推进工程、农艺、农机相结合的黑土保护治理措施落实；根据黑土资源的实际状况，引导农民成立黑土保护协会，深入宣传相关法律法规和政策措施，增强农业经营主体黑土保护责任，充分调动其参与黑土保护的积极性①。

（五）破解资金瓶颈，探索建立多元化投入机制

一是以政府投入作为基础保障。按照总量持续增加、比例稳步提高原

① 赵勤：《全力推进黑土地保护，夯实可持续发展之基》，《黑龙江日报》2017 年 10 月 10 日。

则，继续加大公共财政对黑土地保护性投入。积极争取中央财政扩大预算内、国债等各类专项建设资金和生态补偿补助资金向黑土区投入；县级以上地方财政预算内投资要向黑土保护修复项目倾斜；建议国家减少黑土区县级政府水土流失治理等黑土保护项目及相关奖补激励政策的资金配套。

二是以社会多元投资作为有效补充。通过补贴、奖励、保险服务等方式，引导农业龙头企业、合作组织和农民等农业经营主体加大投入，引导商业性经营资本进入，多方合力，加强黑土保护与质量提升建设。

三是创新保护资金筹措机制。围绕发挥市场作用，探索建立多元化黑土保护资金筹措机制。推进政府和社会资本合作（PPP）模式，通过加强黑土保护与治理项目策划、项目评估、设立 PPP 基金等，吸引民间资本参与黑土保护；借鉴英国环保彩票经验，建议国土等行政管理部门组织发行黑土保护福利彩票，并科学制定公益金分配方式，以高投资回报率的激励手段筹集社会闲散资金，将彩票收益投入黑土地保护治理[①]。

① 赵勤：《全力推进黑土地保护，夯实可持续发展之基》，《黑龙江日报》2017 年 10 月 10 日。

开放发展篇

Open Development Reports

B.24

东北三省对外贸易发展研究*

陈 岩 张天维**

摘 要： 2017年，东北三省对外贸易规模整体呈上升趋势，贸易方式、进出口商品结构、出口贸易市场结构比较稳定，但东北三省对外贸易发展仍存在着对外开放程度低、出口贸易下降、服务贸易发展相对滞后、外商直接投资规模缩小等问题。针对这些问题，本文在加强东北亚区域合作开放平台、转变对外贸易发展方式、加大服务业对外开放力度、实施“走出去”发展战略等方面提出了相应的对策建议，即加强东北亚区域合作开放平台建设，转变对外贸易发展方式，加大服务

---

* 本文系2018年度辽宁省社科规划基金一般项目“‘一带一路’倡议下辽宁构建开放型经济策略研究”（项目编号：L18BJL004）和2018年沈阳市哲学社会科学专项课题“沈阳参与‘一带一路’倡议的对策研究”（项目编号：18ZX027）的阶段性研究成果之一。

** 陈岩，辽宁社会科学院产业经济研究所副研究员，研究方向为对外贸易、比较研究；张天维，辽宁社会科学院产业经济研究所所长，研究员，研究方向为宏观经济、理论经济。

业对外开放力度，大力实施“走出去”发展战略。

关键词： 东北三省　对外贸易　贸易结构

一　东北三省对外贸易发展的基本情况

（一）对外贸易规模呈上升趋势

2017 年，东北三省对外贸易规模整体呈上升趋势，其中进出口总额 1391.2 亿美元，比上年增长 13%；进出口总额占全国的比重为 3.34%，较 2016 年增加了 0.03 个百分点。其中出口总额 548.8 亿美元，增长 4.9%；进口总额 842.4 亿美元，增长 21.8%①。

2017 年全国外贸的进出口、进口和出口总值分别增长 14.2%、10.8% 和 18.7%。其中东北三省外贸发展进口的增长情况要好于同期全国的发展情况，进口增速高于全国整体水平 11 个百分点（见图 1）。

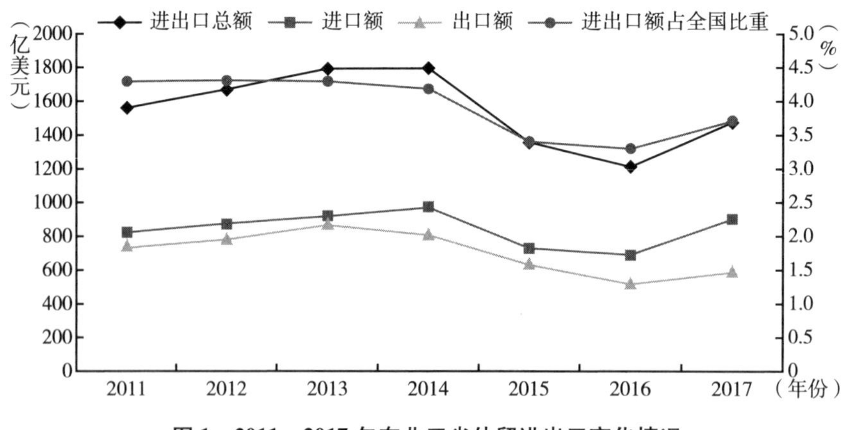

图 1　2011～2017 年东北三省外贸进出口变化情况

① 本文使用数据资料根据《辽宁统计年鉴 2017》、《吉林统计年鉴 2017》、《黑龙江统计年鉴 2017》、国家统计局网、各省统计信息网、各省统计公报、统计月报资料整理。

（二）贸易方式以一般贸易为主

从贸易方式看，2017 年东北三省一般贸易进出口总额 5577.9 亿元，较上一年增长了约 14%，约占东北三省外贸进出口总额的 60%；加工贸易进出口总额 2061.4 亿元，较上一年增长了约 3.5%，约占东北三省外贸进出口总额的 22%（见表 1）。一般贸易在东北三省进出口贸易中占重要地位，所占比例均在 50% 以上，居于主导地位。

表 1　2017 年东北三省贸易方式

单位：亿元，%

省份 / 贸易方式	辽宁省		吉林省		黑龙江省	
	金额	比上年增长	金额	比上年增长	金额	比上年增长
进出口总额	6737.4	17.9	1254.15	3	1278.5	14.5
一般贸易进出口总额	3664.8	20.3	1058.58	3.4	854.55	12.7
加工贸易进出口总额	1801.8	2.4	107.68	-3.3	151.9	89.5

（三）进出口商品结构以机电产品为主

2017 年，东北三省进出口商品结构以机电产品为主，高新技术产品进出口比重不高。出口方面，辽宁省机电产品出口额为 1215.0 亿元，比上年增长 5.4%，占全省出口总额的 39.9%；高新技术产品出口额为 375.8 亿元，增长 18.2%，占全省出口总额的 12.4%。吉林省机电产品出口额（1～10 月）为 75.9 亿元，比上年同期增长 7.9%，占全省出口总额的 27.4%；高新技术产品出口额（1～10 月）为 15.7 亿元，比上年同期增长 2.1%，占全省出口总额的 5.7%。黑龙江省机电产品出口额（1～11 月）为 146.5 亿元，比上年同期增长 47.4%，占全省出口总额的 41%；高新技术产品出口额（1～11 月）为 10.5 亿元，比上年同期减少 5.5%，占全省出口总额的 2.9%。

进口方面，2017 年辽宁机电产品进口额 938.0 亿元，比上年增长 7.6%，占全省进口总额的 25.4%；高新技术产品进口额 371.2 亿元，增长 16.6%，占全省进口总额的 10%。黑龙江机电产品进口额（1～11 月）为

93 亿元，比上年同期增长 39.8%，占全省进口总额的 10%；高新技术产品进口额（1～11 月）为 27.8 亿元，比上年同期增长 8.2%，占全省进口总额的 3%。吉林省机电产品进口额（1～10 月）为 652.4 亿元，比上年同期增长 4.2%，占全省进口总额的 69.4%；高新技术产品进口额（1～10 月）为 120.1 亿元，比上年同期增长 25.4%，占全省进口总额的 12.8%。

（四）出口贸易市场结构比较稳定

东北三省对外贸易出口市场比较稳定。2017 年，辽宁省对外贸易出口前三大贸易伙伴分别是日本、东盟和欧盟。其中辽宁省对日本出口 600.0 亿元，增长 16.2%，占全省出口的 19.7%；对东盟出口 426.7 亿元，下降 21.5%，占全省出口的 14%；对欧盟出口 401.6 亿元，增长 6.4%，占全省出口的 13.2%。

俄罗斯一直是黑龙江省对外贸易的主体，2017 年 1～11 月黑龙江省对外贸易出口前三大贸易伙伴分别是俄罗斯、美国和欧盟。其中对俄罗斯出口 101.7 亿元，较上年同期减少 1.5%，占全省出口的 28.6%；对美国出口 50.8 亿元，较上年同期增长 164.1%，占全省出口的 14.3%；对欧盟出口 50.4 亿元，较上年同期增长 90%，占全省出口的 14.1%。

2017 年 1～10 月吉林省对外贸易出口前三大贸易伙伴分别是欧盟、韩国和东盟。其中对欧盟出口 50 亿元，较上年同期增长 6.4%，占全省出口的 16.7%；对韩国出口 28.4 亿元，较上年同期增长 17.1%，占全省出口的 9.5%；对东盟出口 27.6 亿元，较上年同期减少 24.2%，占全省出口的 9.2%（见表 2）。

表 2　2017 年东北三省主要贸易出口国家和地区分布情况

单位：亿元

辽宁省(2017 年 1～12 月)		黑龙江省(2017 年 1～11 月)		吉林省(2017 年 1～10 月)	
国家和地区	金额	国家和地区	金额	国家和地区	金额
日本	600	俄罗斯	101.7	欧盟	50
东盟	426.7	美国	50.8	韩国	28.4
欧盟	401.6	欧盟	50.4	东盟	27.6
美国	355.4	比利时	20.4	美国	22
韩国	342.6	东盟	17.6	日本	21

二　东北三省贸易发展中存在的问题

（一）对外开放程度低

近年来，东北三省对外贸易规模不断扩大，但进出口总额占地区生产总值的比重大大低于全国平均水平。2017 年全国外贸依存度为 33.6%，辽宁省仅为 28.1%，低于全国总体水平 5.5 个百分点，位列全国第 8（见图 2）；吉林省外贸依存度为 8.2%，低于全国总体水平 25.4 个百分点；黑龙江省外贸依存度为 7.9%，低于全国总体水平 25.7 个百分点。

东北三省对外贸易整体发展水平与国内沿海发达地区省份相比，差距较大。2017 年广东省外贸依存度为 75.8%，浙江省为 49.5%，江苏省为 46.6%。2017 年东北三省外贸进出口总额为 9298.5 亿元，仅占全国进出口总量的 3.34%。相比之下，2017 年广东省外贸进出口总额为 68156 亿元，占全国进出口总量的 24.5%，东北地区外贸进出口总额不及广东省的 1/7。可见，外贸对东北三省经济增长的促进作用有待进一步加强。

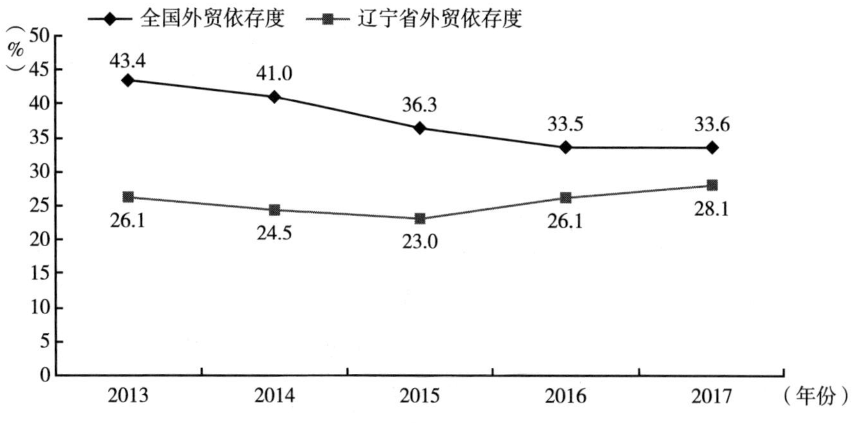

图 2　2013～2017 年辽宁省与全国外贸依存度对比

（二）出口贸易呈下降趋势

出口贸易在一定程度上反映了地区对外贸易的结构。以辽宁省为例，对2012～2016年辽宁省不同贸易方式出口额的数据变化分析可见，2013年以来，辽宁省一般贸易出口呈下降趋势，2016年辽宁一般贸易出口额为222亿美元，较2013年下降了39%；进料加工贸易出口也呈下降趋势，2016年辽宁省进料加工贸易出口为130.5亿美元，较2012年下降了28.6%（见图3）。地区出口贸易份额的下降，在一定程度上说明辽宁省对外贸易结构有待进一步优化，外贸企业在全球产业化价值链中的地位有待进一步提高，企业自主发展能力有待进一步增强。

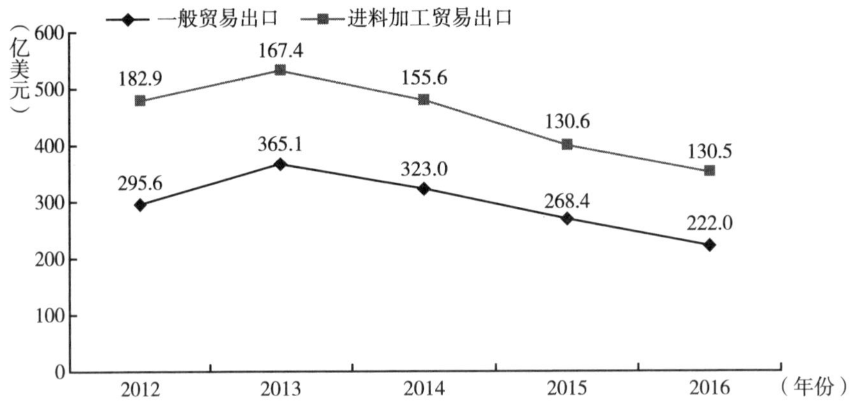

图3　2012～2016年辽宁省不同贸易方式出口额的对比情况

（三）服务贸易发展相对滞后

目前，东北三省的服务贸易大多以传统的旅游、运输、批发和零售、餐饮等行业为主，这些行业属于资源型和劳动密集型服务业。技术、知识密集型和资本密集型服务业，比如信息服务、金融、航空、通信等行业发展滞后，对服务贸易的贡献不大。其一，现代服务业引进外资比例不大。以辽宁省为例，2016年辽宁省交通运输、仓储及邮政业实际利用外商投资额 61208 万美元，批发和零售业 49146 万美元，相比之下，辽宁现代服务业中的信息传输、计算机服务和软件业只有 9837 万美元，租赁和商务服务业 9568 万美元（见图 4），新兴服务领域引进外资与发达地区相比，差距明显。其二，服务贸易发展的地区结构不平衡。技术、知识密集型和资本密集型服务业大多集中在省内发达城市，比如辽宁省的大连和沈阳、黑龙江省的哈尔滨、吉林省的长春等，东北三省其他城市服务贸易发展滞后，缺乏合理的规划和特色定位。其三，缺乏服务贸易相关专业、技能、复合型人才。东北三省服务贸易的发展，需要从业人员具备较强的语言沟通能力以及专业技术知识，以便与国际客户进行正常的业务往来。近年来，东北三省的高素质人才出现大量流失，高端人才储备不足，制约了相关领域的发展。

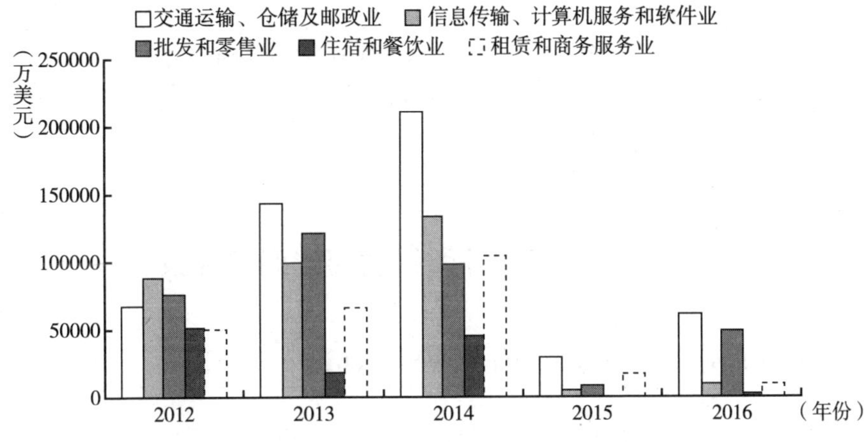

图 4　2012～2016 年辽宁省按行业实际利用外资情况

（四）外商直接投资规模缩小

衡量一个地区开放型经济发展水平的重要指标是引进外资水平。根据 2013～2017 年东北三省实际使用外商直接投资额的数据分析（见图 5），2013 年以来，东北三省实际使用外商直接投资额呈下降趋势，尤其是辽宁省 2016 年实际使用外商直接投资额仅为 29.99 亿美元，比 2013 年下降了

89.7%。东北三省外商直接投资规模缩小，与东北地区周边国际环境不稳定，地区经济发展动力不足，区域营商环境不佳有很大关系，直接影响了外商投资的积极性和主动性。

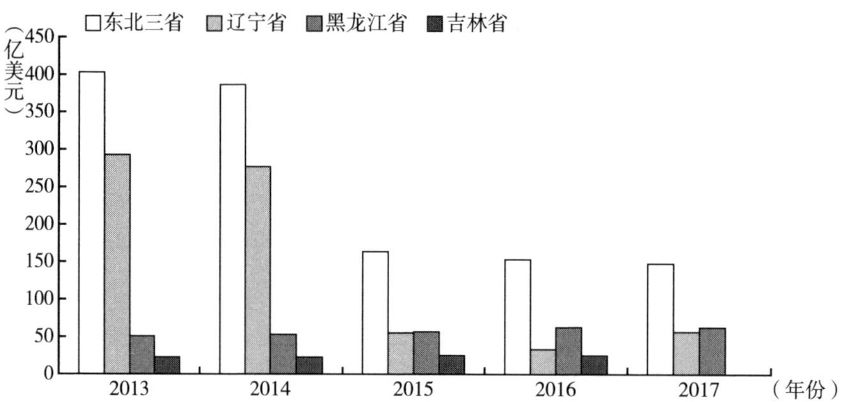

图5 2013～2017年东北三省实际使用外商直接投资额对比

注：2017年吉林省实际使用外商直接投资数据缺失。

三 东北三省对外贸易发展的对策建议

（一）加强东北亚区域合作开放平台建设

2018年是中国改革开放40周年，同时也是贯彻落实党的十九大精神，进一步扩大对外开放的开局之年。东北三省要以此为契机，全面推进沿海、沿边经济建设，深化东北亚区域合作，大力提升对外开放水平。

其一，加强与东北亚周边国家的战略对接。发挥东北地区的区位优势，积极推动中国“一带一路”倡议与俄罗斯“欧亚经济联盟”、蒙古“草原丝绸之路”和韩国“欧亚倡议”进行战略对接。加强东北地区与周边国家铁路、公路、航空、海上运输等综合交通运输体系互联互通的建设；推动各国金融、产业、相关制度、技术标准等领域的对接发展。

其二，扩大东北地区沿边口岸的开发协作。以黑龙江打造“沿边开放先导区”、吉林打造“长吉图开放先导区”、内蒙古打造“口岸经济区”和辽宁建设“丹东国家重点开发开放试验区”为契机，进一步扩大东北沿边地区的开发开放。大力推进“陆海联运”和“江海联运”，推动沿海—沿边开放战略的开发互动，进而带动内陆商品跨境运输的发展。

其三，推动“自由贸易试验区”的发展建设。自2017年辽宁自由贸易试验区沈阳片区、大连片区和营口片区成立一年以来，辽宁自贸区新增注册企业24829家，注册资本3626.1亿元。自贸区的成立极大地带动了辽宁省内贸易和投资的发展。因此，应加快东北地区辽宁省丹东市对朝鲜，黑龙江省绥芬河市对俄罗斯，吉林省珲春市对俄罗斯、朝鲜的“沿边自由贸易试验区”的开放建设，促进贸易投资的自由化和便利化，进而带动东北沿边地区的开发开放。

（二）转变对外贸易发展方式

其一，充分利用东北三省自身的产业优势，加强装备制造业出口基地建设，不断增加机电产品、高新技术产品的科技含量和附加值，进一步扩大出口。同时提高计算机、新材料、生物制药等战略性新兴产业产品的出口比重，优化东北地区对外贸易商品的出口结构。

其二，不断提升出口产品质量，打造品牌效应，积极培育东北三省对外贸易企业的竞争力。大力培育和扶持拥有自主知识产权和核心关键技术的外贸自有品牌企业的建设发展，树立东北出口企业的品牌效应，注重提升出口产品的技术、质量、服务和品牌。

其三，全面推进科技兴贸战略，积极推进各项相关鼓励政策，优化整合科技资源，大力发挥科技创新对对外贸易的引领和支撑作用。加大出口产品技术的更新改造，增强高新技术产品的研发力度，利用科技改造传统产业，加强产品的信息化建设，不断推进东北三省对外贸易的发展。

其四，根据地区产业结构的调整，创新外资利用模式，优化外资引进结构。注重外资引进与地区产业升级、技术创新、知识产权保护、环境污染等方面的统筹发展，不断推进东北三省产业集群的转型升级，促进东北三省更好地融入全球产业链体系，提升其在价值链中的水平和地位。

（三）加大服务业对外开放力度

其一，大力发展服务贸易，提高服务贸易在东北三省出口中的比重。根据地区发展实际，以辽宁省沈阳国际软件园、大连国家软件出口基地、黑龙江省哈尔滨对俄服务外包示范区、吉林省长春服务外包大厦、吉林省延吉科技创新园等产业园区为基础，大力培养东北地区国际化服务贸易企业，加大服务贸易人才培养力度，推动东北三省软件、科技、文化、医疗、金融等重点领域服务贸易的开放出口。

其二，不断加大东北三省生产性服务业和生活性服务业的开放力度。鼓励跨国公司和国际物流企业参与东北地区技术园区、服务外包、物流园区等项目的建设发展，以国际先进技术和管理手段促进东北地区电子商务、物流配送、连锁企业等现代流通方式和组织形式的发展。同时，鼓励外资企业在东北三省中小城市和农村地区投资运营，带动区域传统批发、零售、餐饮、仓储等服务业的转型升级。

其三，积极推进东北三省金融领域的开放。鼓励外资通过合资合作成立金融企业，设立分支机构、法人机构等多种形式在东北金融市场开展业务。利用地缘优势，积极吸引周边日本、韩国等国家的金融资本，推进外资银行、保险公司、证券公司、金融中介组织、基金投资公司等外资企业的设立运营。

（四）大力实施“走出去”发展战略

其一，鼓励东北三省传统优势产业、新兴产业“走出去”，形成“走出去”的产业优势。立足地区装备制造、电力、冶金、建材、化工等产业的比较优势，加快东北三省传统优势产业、新兴产业“走出去”的发展步伐，进而带动区域富余优质产能、技术质量标准“走出去”，参与国际分工与合作。

其二，推进建立境外经贸合作园区、产业集聚区的发展。利用地缘优势，重点在俄罗斯远东地区、蒙古、日本、韩国、中亚、中东欧地区、东盟和南亚地区设立境外经贸合作园区，推进境外产业集聚区的发展。加强与“一带一路”沿线国家的经贸往来，通过在境外设立国际生产基地、研发中心和营销中心等形式，充分利用国外的科技和人才资源，加强产学研的互动合作，推动高新技术产业的升级发展，培育具有全球竞争力的东北企业。

其三，加快推进中俄蒙经济走廊、中日韩通道建设，形成“一带一路”向北开放的窗口。在“一带一路”倡议机遇下，加强基础设施的互联互通。对内加强国内腹地贸易通道建设，加强东北三省与“京津冀一体化”的协同发展；对外推进中蒙俄经济走廊建设，打造中日韩贸易通道，进而带动东北三省跨境物流、对外贸易和实体投资的发展。

参考文献

1. 吴忠琼主编《辽宁省“十三五”提高开放型经济水平研究》《辽宁省“十三五”发展战略研究》，万卷出版社，2016。
2. 迟福林：《形成“一带一路”东北开放的大格局》，《经济参考报》2016 年 8 月 25 日。
3. 周全臣：《浅谈辽宁省服务贸易的现状与优势》，中国城市发展网，http：//www. chinacity. org. cn/csfz/fzzl/42294. html。
4. 迟明园、金兆怀：《东北地区服务贸易优化升级的对策建议》，《经济纵横》2017 年第 4 期。

B.25
东北三省与日韩蒙经贸合作现状与潜力研究

张凤林*

摘　要： 2017年，全球经济延续2016年下半年的走势，继续呈复苏状态。在中国“一带一路”倡议不断得到相关国家认可，国家给予东北开放政策不断加强的背景下，东北三省与日韩蒙的经贸合作继续呈上升趋势。从走势来看，随着朝鲜半岛局势趋缓，东北三省与日韩蒙经贸合作潜力将进一步得到释放。但全球贸易保护主义蔓延和中美贸易摩擦的不断升级，也给东北三省对日韩蒙经贸合作带来不确定性。建议东北三省发挥各自优势，取长补短，转变思路，加强服务贸易合作，创新经贸发展与合作模式，推动与日韩蒙经贸关系发展。

关键词： 东北三省　日韩蒙　合作潜力

一　东北三省与日韩蒙经贸合作现状

（一）中国与日韩蒙经贸概况

中国是日本、韩国和蒙古国重要的贸易伙伴。据日本海关统计，2017

* 张凤林，黑龙江省社会科学院东北亚研究所副所长，研究员，主要研究领域为日本经济、东北亚区域经济合作。

年中国与日本双边货物进出口总额为 2972.8 亿美元，同比增长 9.9%。其中，中国出口日本 1644.2 亿美元，增长 5.0%，自日本进口 1328.6 亿美元，增长 16.7%；中国出口日本的主要商品为机电产品、纺织品及原料和家具玩具，自日本进口的主要产品是机电产品、化工产品和运输设备。中国是仅次于美国的日本第二大出口贸易国，占日本出口总额的 19.0%，中国也是日本第一大进口来源地，占比 24.5%①。2017 年，中日贸易占日本对外贸易比重为 21.7%，占中国对外贸易比重约为 7.25%。

据韩国海关统计，2017 年中国与韩国双边货物进出口总额为 2399.7 亿美元，同比增长 13.5%。其中，中国出口韩国 978.6 亿美元，增长 12.5%，自韩国进口 1421.2 亿美元，增长 14.2%；中国向韩国出口排名前三位的商品分别为机电产品、贱金属及制品和化工产品，机电产品、化工产品和光学医疗设备是中国自韩国进口的主要产品，三类产品合计占韩国对中国出口总额的 75.8%。2017 年，中国继续是韩国最大贸易伙伴，占韩国进出口贸易总额的 22.8%，中国也是韩国第一大出口国，占韩国出口贸易总额的 24.8%，中国是韩国最大进口来源国，占韩国进口贸易总额的 20.5%②。

中国是蒙古国最大贸易合作伙伴国和第二大投资国，根据蒙古国国家统计局公布的数据，2017 年中国与蒙古国进出口贸易总额为 67.90 亿美元，占蒙古国进出口贸易总额（105.66 亿美元）的 64.25%。其中，中国自蒙古国进口 53.63 亿美元，占蒙古国出口总额 62.66 亿美元的 85.6%，中国向蒙古国出口 14.26 亿美元，占蒙古国进口总额 43.35 亿美元的 32.9%③。内蒙古自治区、北京市、新疆维吾尔自治区、上海市和黑龙江省是中国与蒙古国经贸合作位列靠前的省份。截至 2017 年 6 月，中国对蒙古国在非金融类直接投资 41 亿美元，约占其吸引外资总金额的 30%，是蒙古国第二大外资

① 《2017 年日本货物贸易及中日双边贸易概况》，商务部网站，https：//countryreport.mofcom.gov.cn/record/view110209.asp？news_ id = 57703。

② 《2017 年韩国货物贸易及中韩双边贸易概况》，商务部国别报告网，https：//countryreport.mofcom.gov.cn/record/view110209.asp？news_ id = 57568。

③ 日本贸易振兴机构（JETRO）网站モンゴル概况：https：//www.jetro.go.jp/ext_ images/world/asia/mn/data/mn_ 20180228.pdf。

来源国[①]。

从东北三省来看，借助地缘优势，日本、韩国是东北三省不可或缺的重要贸易伙伴国，东北三省与蒙古国的经贸合作具有相当大的潜力。

（二）东北三省与日本经贸合作现状

日本是东北三省传统的、重要的贸易伙伴。2017 年辽宁省进出口总额为 1020.1 亿美元（约合人民币 6737.4 亿元[②]，1 美元 = 6.6047 元人民币，下同），同比增长 17.9%。其中，对日本进出口额为 149.04 亿美元，占全省进出口总额的 14.6%，基本与 2016 年占比持平（见表 1）。2017 年 1 ~ 10 月，吉林省进出口总额为 157.2 亿美元，同比增长 4.1.%。其中，与日本进出口额为 15.0 亿美元，同比增长 9.9%[③]，占吉林省进出口总额 10.48%，高出中日贸易占中国对外贸易的 7.25% 3.23 个百分点（见表 2）。2017 年，黑龙江省与日本的经贸合作继续呈稳定增长状态，贸易额有所增加。双边贸易额从 2016 年的 3.80 亿美元上升至 4.32 亿美元，同比增长 13.92%，占黑龙江省对外贸易的份额基本与 2016 年的 2.3% 持平（见表 3）。

表 1　2011 ~ 2017 年辽宁省对外贸易总额及对日韩贸易额比较

单位：亿美元，%

年份	全省贸易总额	日本				韩国			
		进出口额	占全省比重	进口额	出口额	进出口额	占全省比重	进口额	出口额
2011	959.6	172.12	17.9	62.33	109.79	86.52	9.0	37.7	48.8
2012	1039.9	155.86	14.9	54.6	101.26	90.16	8.6	34.42	55.74

① 日本环日本海经济研究所网站，https：//www.erina.or.jp/wp－content/uploads/2017/10/an13830_ tssc.pdf。

② 辽宁省统计局、国家统计局辽宁调查总队：《二〇一七年辽宁省国民经济和社会发展统计公报》，辽宁省人民政府网站，http：//www.ln.gov.cn/zfxx/tjgb2/ln/201802/t20180226_3173257.html。

③ 《2017 年 10 月吉林省进出口商品主要国别（地区）总值表》，中华人民共和国长春海关，http：//tianjin.customs.gov.cn/publish/portal179/tab62919/info871414.htm。

续表

年份	全省贸易总额	日本				韩国			
		进出口额	占全省比重	进口额	出口额	进出口额	占全省比重	进口额	出口额
2013	1142.8	155.97	13.6	54.8	101.17	94.49	8.27	40.46	54.03
2014	1139.6	148.77	13.1	52.92	95.85	95.66	8.39	41.80	53.86
2015	959.6	126.91	13.2	42.12	84.79	87.41	9.10	41.99	45.42
2016	865.21	125.97	14.6	47.76	78.21	80.3	9.3	39.90	40.4
2107	1020.1	149.04	14.6	58.2	90.84	102.61	10.05	50.74	51.87

表2　2010年至2017年10月吉林省对外贸易总额及对日韩贸易额比较

单位：亿美元

年份	全省贸易总额	日本			韩国		
		进出口额	进口额	出口额	进出口额	进口额	出口额
2010	168.5	28.9	24.3	4.6	7.51	0.95	6.56
2011	220.5	31.3	25.4	5.9	8.56	0.81	7.75
2012	245.7	28.2	20.8	7.3	7.55	0.83	6.91
2013	258.5	30.0	23.0	7.0	4.38	1.10	3.27
2014	263.8	30.5	24.0	6.5	7.2	2.71	4.48
2015	189.4	16.9	12.7	4.2	6.84	2.34	4.50
2016	184.42	17.4	13.56	3.84	7.13	2.59	4.52
2017年1~10	157.2	15.0	11.87	3.13	6.64	2.34	4.3

资料来源：根据吉林省商务厅公布资料及长春海关数据整理制作。

表3　2010~2017年黑龙江省对外贸易总额及对日韩蒙贸易额比较

单位：亿美元

年份	全省贸易总额	日本			韩国			蒙古国		
		进出口额	进口额	出口额	进出口额	进口额	出口额	进出口额	进口额	出口额
2010	255.0	6.68	2.78	3.90	7.51	0.95	6.56	1.5295	0.0068	1.5226
2011	385.1	6.89	2.40	4.49	8.56	0.81	7.75	1.4969	0.0547	1.4422
2012	378.2	5.64	1.99	3.72	7.55	0.83	6.91	1.2941	0.0022	1.2918
2013	388.8	4.34	1.55	2.83	4.38	1.10	3.27	0.8746	0.0108	0.8637
2014	389.0	3.72	1.46	2.25	4.38	1.58	2.80	1.354	0.414	0.94
2015	209.9	3.26	1.56	1.70	3.54	0.52	3.02	1.22	0.3813	0.8363
2016	165.4	3.80	2.04	1.75	1.89	0.50	1.40	0.7536	0.4217	0.3319
2017	190.0	4.32	2.75	1.58	1.94	0.75	1.20	0.93	0.31	0.63

资料来源：根据黑龙江省商务厅公布资料制作。

总体来看，东北三省与日本经贸合作主要有以下特点。一是出口以传统优势产业产品为主。2017 年辽宁省对日出口 90.84 亿美元，同比增长 16.2%。2017 年 1 ~ 10 月，吉林省对日出口为 3.13 亿美元，同比增长 1.2%。2017 年黑龙江省对日出口为 1.58 亿美元，比 2016 年下降 7.2%。辽宁省对日本出口以农产品、水海产品、成品油、纺织服装、钢材、机电产品等为主；吉林省以汽车及零部件、农产品、轻纺产品、木制品及家具、石化产品和医药产品等为主；黑龙江省以农副产品，机电产品，家用或装饰用木制品、锯材，鞋类、服装及衣着附件，胶合板及类似多层板，纺织纱线、织物及制品等 8 类传统产品出口为主。

二是进口商品以化工产品、机电产品等为主，进口额有所增加，与国家鼓励进口政策关系较大。2017 年，辽宁省自日本进口 58.2 亿美元，同比增长 21.86%；2017 年 1 ~10 月吉林省借助汽车产业优势，以进口汽车及零部件与高新技术产品为主，自日本进口 11.87 亿美元，同比增长 12.5%，逆差较大。2017 年，黑龙江省自日本进口额为 2.75 亿美元，比 2016 年增长 37.9%，自日本进口的商品中，位居第一位的商品仍为机电产品（含部分高新技术产品），进口额为 2.20 亿美元。汽轮机零件、汽车零件、无线电导航雷达及遥控设备等也是黑龙江省对日进口的主要商品。

三是利用日资呈南高北低分布态势。日本是东北三省最大的投资国之一，借助地缘优势，东北三省利用日资从高到低依次为辽宁省、吉林省和黑龙江省。截至 2017 年年底，辽宁省已累计批准日本外商投资企业 7616 家，累计利用外资近 240 亿美元，占东北三省 90% 以上；截至 2015 年年底，日本在吉林省累计投资 7.54 亿美元；截至 2016 年，黑龙江省累计实际利用日资 6.21 亿美元。

（三）东北三省与韩国经贸合作现状

韩国也是东北三省传统的、重要的贸易伙伴。2017 年，东北三省与韩国经贸合作主要有以下特点。一是韩国是辽宁省和吉林省最重要的贸易伙伴，贸易额有所增加。2017 年辽宁省对韩国进出口贸易额超过百亿美元，为 102.61 亿美元，占辽宁省进出口总额的 10.05%。其中，对韩出口 51.87 亿美元，同比增长 28.39%，自韩进口 50.74 亿美元，同比增长 27.17%。2017 年 1～10 月，吉林省与韩国进出口贸易总额为 6.64 亿美元，同比增长 18.5%，其中，对韩出口 4.3 亿美元，同比增长 17.1%，进口 2.34 亿美元，同比增长 21.0%，顺差较大。黑龙江省与韩国的经贸合作虽日益紧密，但波动较大。2017 年，黑龙江省与韩国的进出口贸易总额为 1.94 亿美元，比 2016 年增加 4.7%。其中，对韩国的出口额为 1.2 亿美元，比 2016 年下降 12.9%。

二是进出口产品以传统商品为主，兼具地方特色。除农副产品、机电产品、服装等传统产品是东北三省对韩出口的主要商品外，其中辽宁省对韩国出口商品包括钢材出口额为 11.49 亿美元，成品油 4.6 亿美元，原油 3.4 亿美元等，与辽宁省优势产业相符。黑龙江省自韩国进口商品中，位居第一位的商品仍为机电产品（含高新技术产品）。

三是韩国也是东北三省重要的外资来源国。韩国是辽宁省主要的投资来源国之一，多年来稳居辽宁省吸引外资的前列。截至 2014 年年底，韩国在吉林省的投资企业累计 743 户，吉林直接利用韩资金额 13.7 亿美元，排名第 4 位；截至 2016 年 12 月，黑龙江省累计实际利用韩资 17.9 亿美元。

（四）东北三省与蒙古国经贸合作现状

蒙古国是东北三省未来发展对外经贸具有潜力的国家之一。随着国家“一带一路”建设的推进，辽宁省重点打造的“辽蒙欧”国际通道上的海外节点，积极与蒙古国开展各方面交流，探讨双方经贸发展，已与蒙古国的苏赫巴托省等地区建立了友好合作关系；吉林省抓住蒙古“发展之路”“中蒙俄经济走廊”建设契机，以农、林、矿等资源开发合作为基础，加快推动与蒙古国的投资合作。2018 年 5 月，吉林省与蒙古国中央省签署建立友好关系协议书，目的是发挥双方优势，拓展高铁、汽车、能源等领域经贸合作，深化文化旅游交流，互相派遣公务人员，推动双方友好合作迈上新台阶；黑龙江省与蒙古国经贸合作在全国处于比较领先地位，排名位于内蒙古、北京、新疆、上海之后列第五位。2017 年，黑龙江省与蒙古国进出口额为 6.32 亿元人民币，同比增长 26.6%。

二 东北三省与日韩蒙经贸合作不利因素分析

经济全球化和区域经济一体化的大趋势给东北三省与日韩蒙经济贸易合作带来了重大的推动力和契机。但进入 2018 年以来，以美国为首的全球贸易保护主义蔓延及中美贸易摩擦升级等也给东北三省与日韩蒙经贸合作带来了诸多不确定因素。

一是贸易保护主义蔓延，影响世界经贸发展。进入 2018 年，美国以"美国利益""美国优先""国家安全"等霸凌主义为由，挥舞贸易保护主义大棒，加征关税、退出或执意修改相关贸易协定等，以及由此带来的相关国家反制措施都给全球贸易环境带来新的不确定性，从而可能使尚处于复苏初期的全球经济偏离经济复苏轨道，影响世界经贸发展和区域经贸合作。国际货币基金组织（IMF）2018 年 10 月发布的《世界经济展望》指出，"在政策高度不确定的环境（如贸易紧张局势和政策不确定性加剧）下，基于规则的多边贸易体系可能被削弱，美国对各类进口增加了关税，贸易伙伴已经或准备采取报复性和其他保护措施，贸易紧张局势的加剧是全球前景面临的主要威胁"①。

二是中美贸易摩擦升级，影响区域经贸发展。2018 年 1 月，特朗普政府宣布对进口大型洗衣机和光伏产品分别征收最高税率达 30% 和 50% 的关税，2 月又宣布对来自中国的铸铁污水管道配件征收 109.95% 的反倾销关税，对中国铝箔产品厂商征收 48.64% ~ 106.09% 的反倾销税以及 17.14% ~ 80.97% 的反补贴税。3 月宣布对进口自中国的钢铁和铝制品分别征收 25% 和 10% 的关税。4 月特朗普政府因"知识产权侵权"问题对进入美国的

① 国际货币基金组织：《2018 年 10 月〈世界经济展望〉》，国际货币基金组织网站，https://www.imf.org/zh/Publications/WEO/Issues/2018/09/24/world-economic-outlook-october-2018。

1333 项 500 亿美元的中国商品加征 25% 的关税并实施投资限制。针对美国的这一系列“贸易壁垒”措施，中国也采取一系列的反制措施。2018 年 3 月，商务部发布了拟对自美进口部分产品加征关税。在美国宣布对中国 500 亿美元商品加征 25% 的关税后，中国亦拟对原产于美国的大豆、汽车、化工品等 14 类 106 项商品加征 25% 的关税。

世界第一经济大国和世界第二经济大国的经贸摩擦必然会波及日本、韩国等国家。以韩国为例，中美分别是韩国第一和第二大贸易伙伴，2017 年对华出口占韩国出口总量的 24.8%，对美出口占 12.0%①。韩国现代研究所研究人员 Kim Cheon-gu 表示，“随着中国对美出口减少，韩国对中国的出口占据 78.9% 的半成品出口也将减少，其中，电子产品上的损失据估计为 109.2 亿美元，信息技术和石化领域各自可能损失 56 亿美元”②。中美贸易摩擦升级对中国与日本、韩国等的经贸合作影响将不可避免。

三　东北三省与日韩蒙经贸合作潜力分析

展望 2018 年，尽管贸易保护主义将继续蔓延，“逆全球化”思潮可能再兴波澜，地缘政治局势更加错综复杂，但世界经济有望继续维持增长势头。根据国际货币基金组织（IMF）2018 年 10 月发布的《世界经济展望》报告，预计 2018 年和 2019 年全球经济增长率约为 3.7%，但同时也指出，美国对多种进口产品加征关税，引发其贸易伙伴采取反制措施，导致全球贸易局势处于紧张状态，直接影响投资和贸易，直接威胁着全球经济中期增长前景。

经贸合作需要良好的政治信任基础。近一段时间以来，东北亚地区局势出现了积极的变化，为经贸合作发展积蓄了力量。从东北三省与日韩蒙经贸合作来看，增长潜力大于不利因素。

---

① 《韩国对主要贸易伙伴出口额》，商务部国别报告网，https://countryreport.mofcom.gov.cn/record/view110209.asp?news_id=57570。

② 《韩媒：韩国对华出口或因中美贸易战减少近 300 亿美元》，环球网，http://world.huanqiu.com/exclusive/2018-04/11803700.html。

（一）国家关系好转有利于区域经贸合作

长期以来，半岛局势问题始终牵动本区域国家的神经，直接影响双边或多边经贸合作的发展。进入 2018 年，半岛局势出现了令人欣喜的变化。借助平昌冬奥会的“体育外交”平台，朝鲜和韩国拉近了距离，实现了 4 月 27 日的朝韩领导人“板门店会晤”，并签署《板门店宣言》，双方就改善双边关系、实现半岛无核化与持久和平达成共识。2018 年 6 月 12 日，朝鲜国务委员会委员长金正恩与美国总统特朗普在新加坡举行两国在任领导人史上首次会晤，两位领导人承诺，一起合作发展美朝新型关系，为朝鲜半岛和世界带来和平、繁荣与安全的曙光，也给受半岛问题影响的中日、中韩关系提供了转暖条件。中日关系自 2017 年以来开始明显好转，双边贸易和投资由负转正，日本继续成为继美国之后单体国家对华第二大贸易伙伴和第一大出口中国来源地国家。2018 年 4 月重启时隔 8 年的中日高层经济对话，5 月李克强总理访日，受到了日本朝野“公宾”礼遇，凸显了中日高层对推动中日关系发展的强烈共识。因“萨德”问题一度陷入建交后最大危机的中韩关系于 2017 年底迎来回暖的曙光，两国政府发表了“关于改善双边关系的沟通结果”，韩国总统文在寅也对中国进行了国事访问。2017 年以来，中蒙两国高层往来也更加频繁。

（二）“一带一路”得到日韩蒙三国认可有利于东北三省与日韩蒙经贸合作

中日韩是世界重要的经济体，三国 2017 年贸易额超过 6400 亿美元，共同利益远大于分歧。中国“一带一路”倡议推进 5 年来，携手合作，秉持和遵循共商共建共享的丝路精神逐步得到了包括日本、韩国在内的国家的认可，这将释放更多的经贸合作潜力。日本由过去的消极、抵制、制造杂音调整为参与、共建、共享，这无疑会给中日双方及第三方带来多赢结果。2017 年 5 月，文在寅就任韩国总统后，提出了“新北方政策”的经济发展新战略，其中“新北方政策”就是加强与俄罗斯远东地区、中国东北三省以及中亚和蒙古的经贸合作。2017 年 12 月，文在寅总统访问北京时表明有意推进韩国“新北方政策”与中国“一带一路”倡议的对接，并提出了加强中韩和区域国家之间互联互通，实现亚欧大陆陆海空运输畅通，加强能源合作，推动中韩企业携手开拓第三国市场和加强区域贸易投资合作等四个具体方案。从东北三省角度看，“新北方政策”与中国新一轮东北振兴计划具有较强的互补性，也为东北三省与韩国的经贸合作打下了基础。

蒙古国人民党在 2016 年议会大选中获得胜利后，政策法律环境得到改善，政治争斗逐步减少，极大地改善了经济发展环境。2017 年新当选总统哈·巴特图勒嘎将振兴经济、吸引外资和提高人民生活水平作为中心任务，需要在经贸领域同中国紧密合作。2017 年 5 月，在“一带一路”国际高峰论坛期间，中蒙高层就加快“一带一路”倡议同“发展之路”战略对接达成重要共识，双方签署了一系列经贸合作文件。2017 年 9 月，在第二届中国—蒙古国博览会上，中蒙双方签署了涉及能源、农畜产品加工、大数据、云计算、进出口贸易等多领域的 37 个项目，总投资金额达 364.26 亿元。蒙古国越来越重视中国“一带一路”倡议。

“一带一路”是新时期中国对外开展务实合作的新平台，将为东北三省与日韩蒙经贸合作创造更多机会。

（三）国家经济发展战略促进东北三省与日韩蒙经贸合作

中日韩蒙的经济发展战略将带动东北三省与日韩蒙经贸合作。2016 年中国政府启动了新一轮的东北振兴战略，与推进“丝绸之路经济带”“中蒙俄经济走廊”建设相辅相成。如 2017 年 4 月，辽宁自由贸易试验区正式挂牌运营，成为推动东北老工业基地整体发展的新引擎，为东北三省与日本、韩国在更广泛的领域、更高的层次开展经济技术交流与合作提供了机遇。2017 年 6 月，日本政府内阁会议通过了新经济增长战略，提出加大“人才投资”促进提高生产力，通过人工智能和大数据的结合等推进第四次产业革命，创造新产品和新服务实现“5.0 社会”，同时提出了健康长寿、交通

革命、新产业供应链、舒适生活、电子金融等5个重点发展领域，与我国东北三省发展经济有相通之处，合作潜力巨大；韩国文在寅总统2017年提出的“新北方政策”重点在于与“一带一路”倡议对接和与我国东北三省展开合作。随着联合国对朝制裁的逐步缓解，中国（重点是东北三省）可与韩国联手参与朝鲜的经济建设项目，可重启停滞的罗津—哈桑—珲春物流项目，推进大图们江开发计划等。2014年8月，习近平主席出访蒙古国时表示，中方将向蒙古国提供过境运输、出海口等方面的便利，锦州港、营口港等成为候选，有利于促进东北三省与蒙古国经贸合作。

四　挖掘东北三省与日韩蒙经贸合作潜力的对策建议

（一）发挥各自优势，取长补短

东北三省对日韩蒙合作应以辽宁自贸试验区为引擎，以沈阳经济区、哈尔滨经开区、长吉图、哈大齐、牡绥蒙东地区作为腹地延伸，相互协调发展，进一步推动东北三省对外开放。辽宁沿海经济带可以承接来自日本和韩国的产业转移；黑龙江省应加强与俄蒙等国的经贸合作，借助地缘和境内外对俄产业园等优势，带动吉林和辽宁对俄蒙经贸发展；吉林省在半岛局势日益好转的情况下，应重点着力图们江次区域合作，吸引日韩资金，积极与朝鲜开展经贸合作。

（二）转变思路，加强服务贸易合作

2018年5月，中日签署了《关于加强服务贸易合作的备忘录》，标志着中国将进一步对外开放市场，也将给日本经济发展及中国经济升级提供新的机遇和动力，也为中韩发展服务贸易提供了方向。由于中日韩产业和经济发展处于不同阶段，双边服务贸易并未全面展开和深度推进，经贸合作存在较大挖潜空间。东北三省应该转变思路，在服务贸易领域主动出击，寻找合作商机，并以此为突破口，带动其他经贸领域合作。

（三）创新经贸发展与合作模式，实现共赢

目前，中日韩企业在技术装备、资金、国内市场、国外市场等方面各具优势，在节能环保、科技创新、高端制造、医疗养老等领域各有所长，开拓在俄罗斯、蒙古国等第四方市场的合作已有基础条件。通过“中日韩 + X”模式，三国可在若干领域实施联合项目。随着中国“一带一路”建设的推进，日本对“一带一路”的思维转变，以及韩国积极参与和对接本国经济发展战略，“一带一路”建设已经成为中日韩蒙俄等国开展务实合作的平台，将为参与各国带来更多发展机遇。建议东北三省创新经贸发展与合作模式，扩大与日韩合作范围，实现共赢。

（四）加强民间交流，推动经贸关系发展

国之交在于民相亲，民相亲在于心相通。目前，中日、中韩、中蒙关系已回归正轨，中日、中韩、中朝、中蒙高层成功互动。在东北三省与日韩蒙有着较深的历史渊源的情况下，应扩大非官方层面交流，加强沟通，提升国家间的基层信任，从而带动双边经贸合作发展。

参考文献

1. 周伟萍、李秀敏：《新形势下东北亚区域经济合作问题与探索》，《经济纵横》2014 年第 11 期。
2. 阙澄宇、马斌：《加快东北三省沿边对外开放的制约因素与应对之策》，《中国经贸》2014 年第 6 期。
3. 日本贸易振兴机构网站，https：//www. jetro. go. jp/ext_ images/world/asia/cn/tohoku/pdf/1506。

B.26
2017年东北三省对俄经贸合作分析与2018年预测

张 梅*

摘 要： 东北三省对俄经贸合作在我国对俄经贸合作中占有重要地位。从区域内来看，对俄经贸合作具有各省份贸易额不均衡、对俄贸易在各省份对外贸易中所占比重差异较大、贸易方式单一、边境口岸作用大、对俄进出口结构进一步改善等特点。当前，尽管东北地区对俄贸易合作存在着一些制约因素和挑战，但由于两国领导人的密切往来和关注，以及区域内定位和布局日趋科学合理，基础设施建设互联互通不断发展，双方企业合作层次日益多元化，跨境电商发展潜力巨大等因素，未来东北地区对俄经贸合作前景仍十分广阔。

关键词： 东北三省 俄罗斯 经贸合作

中国东北地区①对俄罗斯经贸合作具有地缘优势且双方经济互补性极强，三省多年来的对俄贸易额占全国对俄贸易的比重很高，曾连续四年超过1/4，尤其是黑龙江省，在全国所有省份中对俄贸易额多年来居于首位，因此东北地区对俄经贸合作在我国对俄经贸合作中占有重要地位。经过多年发

---

* 张梅，黑龙江省社会科学院俄罗斯研究所副研究员，主要从事俄罗斯经济和中俄经贸合作研究。

① 本文中的“东北地区”仅包括东北三省，不包括蒙东地区。

展，东北地区已经形成了对俄国际贸易交流中心、金融中心、航空枢纽网络、旅游文化和人文交流网络。

一　东北地区对俄经贸合作基本特征

（一）东北地区各省份对俄经贸合作发展不均衡

东北三省中，黑龙江省对俄贸易处于领先地位，同时该省也是全国近年来对俄贸易额最大的省份。2017 年，黑龙江省对俄进出口总值 744.2 亿元，占同期全省进出口总值的 58.1%，增长 22.5%，占中国对俄贸易的 13.1%。2018 年 1 ~6 月，黑龙江省对俄进出口总额为 533.7 亿元，同比增长 48.2%①，高于全国同期对俄进出口增速（全国同期对俄贸易额 3144.9 亿元，增长 16%）。吉林省对俄贸易则相形见绌，贸易额极小，多年来一直未超过 10 亿美元，占全国对俄贸易比重不足 1%。最好时期为 2012 年的 8.22 亿美元，此后下滑较为明显（见表 1）。2015 年吉林省对俄进出口额为 5.2 亿美元，2016 年为 4.4 亿美元，2018 年 1 ~3 月对俄罗斯进出口保持良好增势，增幅达到 30%。

表 1　东北三省近年来对俄贸易额及其占全国对俄贸易额比重

单位：亿美元，%

省份	2011		2012		2013		2014		2015		2016		2017	
	贸易额	占全国比重	贸易额	占全国比重	贸易额	占全国比重	贸易额	占全国比重	贸易额	占全国比重	贸易额	占全国比重	贸易额	占全国比重
黑龙江省	189.9	24	213.1	24.2	213.1	24.9	232.8	24.4	108.5	16	91.9	13.2	109.9	13
吉林省	7.1	0.9	8.2	0.9	7.0	0.8	5.8	0.6	5.2	0.8	4.4	0.6	—	—
辽宁省	21.7	2.7	24.6	2.8	24.3	2.7	24.3	2.6	30.2	4.7	32.5	4.7	—	—
东北三省	218.7	27.6	245.9	27.9	244.4	27.4	262.9	27.6	143.9	21.1	128.8	18.5	—	—

数据来源：据黑龙江省商务厅、吉林省商务厅、辽宁省商务厅统计数据及黑龙江商务年鉴、辽宁统计年鉴数据绘制。

① 《上半年黑龙江对俄进出口总值超 533 亿元　同比增长 48%》，俄罗斯卫星通道讯社，http：//sputniknews. cn/russia_ china_ relations/201807181025911232/。

东北地区各省份中，辽宁省的对俄贸易排第二位，2012～2014年，辽宁省对俄贸易额保持在25亿美元左右，2015、2016年有所增长，分别为30.2亿美元和32.5亿美元。辽宁省对外贸易更多针对的是欧美等地区和国家，对俄贸易所占份额很小，总量也不大，尽管2017年辽宁省对外贸易总额达994.5亿美元，是黑龙江省的5倍多（黑龙江省为188.1亿美元①），但其对俄贸易额却远低于后者。

（二）对俄贸易在东北各省份对外贸易中所占比重差异较大

东北地区各省份对外贸易各有侧重，其中对俄贸易占各自对外贸易的比重差距较大。2012～2016年黑龙江省对俄贸易占其对外贸易总额的50%以上，而吉林省和辽宁省这个比重基本不足3%（见表2）。辽宁省主要的进口地比较分散，最主要的进口来源国是日本（11.3%）、德国（9.6%）和韩国（9.2%），自俄进口占5.7%；最主要的出口目的地是日本（占2016年辽宁省出口总额的18.2%）、美国（10.9%）和韩国（9.3%），对俄出口只占1.9%。吉林省最主要的进口国是德国（42.9%）和日本（9.5%），自俄进口只占2%；最主要的出口国是韩国（占2016年吉林出口总额的10.8%）和日本（8.9%），对俄出口占3.9%②。而黑龙江真正是对俄贸易大省，其最主要的进口国是俄罗斯，2017年自俄进口占其进口比重的68.6%；最主要的出口国也是俄罗斯，对俄出口占其出口比重的30.6%③。

表2　对俄贸易在东北三省对外贸易中所占比重

单位：%

	2011	2012	2013	2014	2015	2016	2017
黑龙江省	49.3	56.3	54.8	59.8	51.7	55.6	58.1
吉林省	3.2	3.3	2.7	2.2	2.7	2.4	—
辽宁省	2.3	2.4	2.1	2.1	3.1	2.7	—

资料来源：根据黑龙江省、吉林省、辽宁省统计局数据计算得出。

① 中华人民共和国国家统计局：《中国统计摘要（2018）》，中国统计出版社，2018。

② 据《辽宁统计年鉴（2017）》《吉林统计年鉴（2017）》计算得出。

③ 据2017年黑龙江省国民经济和社会发展统计公报相关数据计算得出。

（三）边境口岸在东北地区对俄贸易中发挥了重要作用

黑龙江省有15个对俄边境开放口岸，其中绥芬河、黑河、抚远、东宁等为最重要的口岸，这些口岸构成了黑龙江省对俄贸易的主体。2015年黑龙江省边境口岸县市对俄进出口总额为37.6亿美元，占全省对俄进出口总额的34.62%，其中绥芬河为16.6亿美元，占15.34%，东宁为6.9亿美元，占6.35%，分别列第一和第二位。随着2016年4月12日“哈绥符釜”陆海联运大通道正式开通，从2016年2月18日起黑河增设和恢复口岸进境免税店，抚远口岸的服务功能日趋完善，黑龙江边境口岸的通货量大幅提高。吉林省的珲春铁路口岸和珲春公路口岸，是吉林省对俄经贸合作的主要窗口。从2000年起，其对俄贸易就占吉林对俄贸易总额的半壁江山。2015年，珲春65家对俄贸易主体完成对俄贸易4亿美元，占全省对俄贸易的65.2%。2017年珲春铁路口岸的货运量更是呈现“井喷”态势。上半年该口岸货运量达166万吨，同比增长49.1%，同比2015年上半年增长398%。该市2017年对俄贸易实现3.8亿美元，同比增长50.4%。珲春市中俄互市贸易区是吉林省唯一对俄开放的边境贸易功能区，2016年完成互市贸易额4亿元。边境口岸对俄贸易的增长，极大地推动了东北地区乃至全国对俄经贸的增长。

（四）东北地区对俄贸易结构进一步改善

从对俄出口情况来看，辽宁省出口商品“十五”期间以机电产品、服装、钢材和成品油为主；吉林省由“十五”期间以低附加值、劳动密集型产品为主变为“十二五”期间的汽车配件、机械制造产品、电子仪器和化工产品为主；黑龙江省出口商品由“十五”期间的以服装、鞋类、机电产品和纺织品为主变为“十二五”期间的机电产品、农产品跃居首位。从自俄进口情况来看，辽宁省“十五”期间进口商品以机电产品和原油为主，吉林省“十五”期间进口产品比较单一，对汽车产业的依赖性强，到“十二五”时，辽宁和吉林均变为以进口俄罗斯木材、矿产资源、干果、海产品和食品为主。黑龙江省“十五”期间进口商品以资源性和战略性物资为主，主要包括机电产品、原木、原油、纸浆和肥料。而到了“十二五”时期，变为以原油、农产品、机电产品为主，锯材、高新技术产品、纸浆和钢材增长较快。尽管传统商品在东北三省对俄进出口中仍“唱主角”，但长期以来对俄进出口商品结构单一、机电产品和高附加值产品比重不高的现象已明显改善。

（五）定位和布局日趋科学合理

东北地区根据各地基础条件，打通“一带一路”国际运输大通道建设连接内外的关键节点。合理确定城市职能体系发展方向和重点领域，各有侧重，各具特色，有效发挥黑河、绥芬河、丹东、珲春、集安等主要边境口岸和大连港等主要水运口岸的聚集效应和带动作用。当前，哈尔滨市已打造成对俄商贸中心、对俄科技合作中心、对俄产业合作中心、对俄文化中心、对俄金融合作中心。辽宁则以沈阳为核心，将丹东港、营口港、大连港、锦州港等作为重要节点，打造中蒙俄经济走廊和中韩自贸区产业综合集聚区。吉林长春市大力支持化工、纺织、食品加工业等重点企业参与俄罗斯纳霍德卡港口等区域开发，打造省域开放新高地。

（六）基础设施建设互联互通不断发展，对俄大通道建设步伐加快

当前，东北地区正加快区域内铁路、航空等基础设施建设，全面构建沟通陆海、联通内外的对俄开放通道。在强化互联互通的基础上，进一步提高对俄经贸合作的承载力和保障力。黑龙江省重点推进同江铁路大桥、黑河公路大桥及东宁大桥、洛古河大桥的建设。辽宁省推动中欧班列国际大通道建设，以“中蒙俄经济走廊”建设为契机，构建与俄、蒙、欧洲互联互通的铁路网络，形成多式联运、协调发展的开放新格局。吉林省与俄共建“滨海 2 号”国际运输走廊，加快推进对俄口岸通关通道及过境运输便利化。珲春继续以开放强市为目标，积极推进对俄滨海 2 号线等互联互通项目，在原有基础上，开辟了珲春—扎鲁比诺港—釜山铁海联运航线和珲春—扎鲁比

诺—日本新潟航线、珲春—扎鲁比诺—萨哈林海产品运输航线。随着互联互通和产业融合发展步伐加快，东北地区参与中蒙俄经济走廊建设将更加主动。

（七）对俄跨境电子商务发展迅速

东北地区跨境电子商务始于2014年，这一年国家海关总署正式批复哈尔滨市开展跨境贸易电子商务服务试点工作。2016年1月，大连正式成为中国第二批跨境电子商务综合试验区之一，由此开启了与俄罗斯贸易模式的新篇章。目前，大连已开通连—哈—俄班列，大连—俄罗斯沃尔西诺往返公共班列、大连—俄罗斯沃罗滕斯克商品车班列等。2018年7月，沈阳、长春、哈尔滨被国务院批准为第三批跨境电商综合试验区。几年来，东北地区对俄跨境电子商务发展迅速。其中，黑龙江先后开辟了对俄跨境电商航空、陆路货运大通道、哈欧和哈俄货运班列。2016年，黑龙江省建设跨境电商平台19个，包括365商城、俄品多等一批本土跨境电商平台。2014年，兴隆综保区启动了吉林省跨境电子商务产业园区建设。2015年至今，阿里巴巴、顺丰、申通等14家国内外知名电商及物流企业落户综保区。此外，综保区还积极组织了长春—莫斯科、长春—爱沙尼亚—莫斯科等货运包机。2018年8月14日，总投资近5500万元的珲春跨境电子商务监管中心正式投入使用，标志着该市正式开展对俄跨境电商贸易。

二　东北地区对俄经贸合作的制约因素和挑战

2011～2014年东北三省对俄贸易额占全国对俄贸易额的约25%，2015年以后占比下降到20%左右。综观东北地区对俄贸易合作，存在的制约因素和挑战主要有以下一些方面。

（一）对俄贸易主体小，贸易方式较单一

东北地区对俄贸易多年来以一般贸易和边境贸易为主，贸易方式单一。

以黑龙江省为例，2015 年，黑龙江省对俄进出口贸易中，一般贸易额为 62.3 亿美元，占比 57.5%，边境小额贸易 34.8 亿美元，占比 32.1%，加工贸易占比 5.7%，旅游贸易占比 3.7%，其余贸易方式占比不足 1%[①]。2017 年，黑龙江省以一般贸易方式进出口总值 856 亿元，增长 15.1%，占同期全省进出口总值的 66.8%；以边境小额贸易方式进出口总值 210.7 亿元，增长 20.1%，占比 16.5%；以加工贸易方式进出口总值 152 亿元，增长 94.1%，占比 11.9%；以对外承包工程出口货物方式出口总值 31.1 亿元，下降 34.6%[②]。近年来，黑龙江省对俄贸易中一般贸易方式进出口占比有所上升，边境小额贸易方式进出口占比有所下降，但两者合计仍占全省进出口的 85% 左右。正是由于黑龙江对俄贸易方式单一，贸易主体规模小，与南方一些省份多元化的贸易方式相比，竞争力要小得多，因此 2017 年黑龙江省对俄贸易总额虽未见减少，但占全国对俄进出口总额的比重相比 3 年前出现大幅下跌，2011～2014 年这个比重均为 24% 以上，而从 2015 年开始，这个数据下降到 15% 左右，其中 2015 年为 16%，2016 年为 13.2%，2017 年为 13%（见表 1）。

（二）面临国内其他省市的竞争

与俄罗斯不具地缘优势的一些省市，如北京、山东，南方经济发达的广东、浙江，近年来对俄贸易发展十分强劲，其对俄罗斯进出口反而超过与俄罗斯毗邻的东北一些省份（见表 3）。2011 年，全国各省份对俄贸易额排名中，前十名分别是黑龙江、浙江、山东、广东、江苏、上海、河北、内蒙古、北京、辽宁[③]，东北地区有两省进入前十名，而吉林未进入前十，排名第 14。到 2014 年，对俄贸易额前十名的省份为黑龙江、北京、浙江、广

① 黑龙江商务年鉴编辑委员会：《黑龙江商务年鉴（2016）》，黑龙江人民出版社，2016，第 234 页。

② 2017 年黑龙江省外贸进出口实现 1280.7 亿元，http：//www.gov.cn/shuju/2018－01/20/content_ 5258762.htm。

③ 黑龙江商务年鉴编辑委员会：《黑龙江商务年鉴（2012）》，黑龙江人民出版社，2013。

东、山东、江苏、上海、河北、内蒙古、福建①。东北地区只有黑龙江省进入前十，辽宁已被赶超，排名第11，吉林排名更加靠后，仅排名第19。统计数据显示，北京对俄贸易额一直在110亿美元左右，浙江省在100亿美元左右，广东省在80亿美元左右，而吉林省近十年来最好水平是2012年的8.2亿美元，仅为广东省的1/10，且2014年以来有所下降，一直在5亿美元左右徘徊，仅为浙江省的1/20，2016年甚至不到5亿美元。辽宁省对俄贸易额略好于吉林省，2011～2016年每年对俄贸易额在21亿～30亿美元，但也远远落后于上述省市。

表3　2017年东北三省与部分省市对俄贸易额比较

单位：亿美元

省份	北京市	黑龙江省	山东省	浙江省	广东省	江苏省	上海市	福建省	辽宁省(2016)*	吉林省(2016)
对俄贸易总额	127.5	109.9	107.1	96.5	73.5	53.6	44.2	26.7	32.5	4.4

* 吉林省和辽宁省2017年数据不足，此处采用2016年数据。

资料来源：根据相关省市2017年国民经济和社会发展统计公报数据绘制。

（三）贸易逆差严重

从东北三省对俄贸易进出口情况来看，三个省都存在不同程度的贸易逆差。黑龙江最为严重，辽宁次之（见表4）。这一方面反映出东北三省进口能力较强，另一方面也说明东北三省对俄出口尚有巨大潜力可挖。另外，需要指出的是，2017年我国自俄进口412亿美元，对俄出口428.8亿美元，总体持平。这说明其他对俄贸易额较大的省份是顺差，因而填补了东北三省的巨大逆差，这也是近年来东北三省对俄贸易被其他省份赶超的一个因素。今后如不积极施策，东北三省的对俄经贸合作难以取得更大发展。

① 黑龙江商务年鉴编辑委员会：《黑龙江商务年鉴（2015）》，黑龙江人民出版社，2016。

表 4　东北三省对俄进出口情况

单位：亿美元

	自俄进口总额	外贸进口总额	占比（%）	对俄出口总额	外贸出口总额	占比（%）
黑龙江省(2017)	93.8	136.6	68.6	16.1	52.6	30.6
吉林省(2016)	2.8	142.4	2	1.6	42.1	3.9
辽宁省(2016)	24.6	434.6	5.7	8.0	430.7	1.9

资料来源：根据2017年黑龙江国民经济和社会发展统计公报、《吉林统计年鉴（2016）》、《辽宁统计年鉴（2016）》计算得出。

三　东北地区对俄经贸合作的对策建议

尽管存在以上制约因素，但由于中俄两国领导人对东北地区与俄远东及贝加尔地区合作的重视，以及区域内对俄贸易的定位和布局日趋科学合理，基础设施建设互联互通不断发展，双方企业开展合作层次日益多元化，跨境电商发展潜力巨大，未来如能采取适当措施，东北地区对俄经贸合作前景仍将十分广阔。

（一）抢抓国内国际机遇，积极开拓俄罗斯市场

东北三省应在站稳俄远东市场的基础上，准确把握机遇，积极向俄中部和西部推进。首先，俄罗斯与欧美之间的制裁与反制裁为东北企业进一步拓展俄罗斯市场提供了机遇。2014 年，俄罗斯与欧盟关系恶化后，欧洲产品便逐渐退出了俄罗斯市场。在当前的国际形势下，可以预测，俄罗斯与欧美之间制裁和反制裁的斗争短期内不会结束。在此背景下，俄罗斯除了尽量自给自足外，也在寻找新的出路，比如，将政策制定方向和自然资源出口方向优先转向远离欧洲的东方。因此，中方企业可以借机填补西方国家在俄退出的市场。

其次，俄罗斯当前大力加强基础设施建设，前些年进口的大批中国产工程机械等机电产品面临功能升级及零部件老化等问题，需要陆续更新换代及维护维修，对机械设备及配件、彩钢板、金属制品及装修建材等需求较大，

这为我国东北企业提供了机遇。

最后，随着当前人民生活水平的提高，加之国内部分食品安全无法保障，东北地区尤其是黑龙江对俄罗斯食品，如俄产糖果、冰淇淋、蜂蜜、巧克力等认可度加大，市场需求量不断提升。俄罗斯食品进口已经成为黑龙江各口岸新的外贸增长点。

（二）加强地方政府的参与能力，增强合作的主动性和创造性

实践证明，要使东北地区与俄罗斯的经贸合作更上一层楼，就必须继续深化各地方政府与俄远东各州区的友好往来。要与俄罗斯各州区加强政府层面的定期会晤。加强对对俄贸易的科学管理，对外经贸技术监督、海关等相关单位要密切配合，严把出口产品质量关，特别是对大宗出口商品要严格控制。各边境市县地方政府也要加强管理，整顿经营秩序。组织专家学者开展俄远东地区投资环境动态评价。要最大限度发挥各地科研机构的作用，尤其是应加强对俄政策、法规、市场研究以及有用信息等的研究。三省可联合组织专家建立对俄信息数据库，并对大数据进行认真研究，定期撰写有预测性的研究报告，为东北各地方政府提供决策参考，为企业经营者服务。

（三）加强对俄大通道建设

东北三省应抓住机遇，在基础设施互联互通上深化与俄合作。同时，以国家“一带一路”构想的重要举措为契机，规划建设东部陆海丝绸之路经济带，灵活运用国家优惠政策，助推开发开放水平实现新跨越，使其成为区域经济发展新的增长点。提高跨境基础设施互联互通水平，重点加强边境口岸基础设施建设，谋划建设东北亚物流信息港。推进与俄罗斯“滨海 1 号”国际交通走廊多点联通，畅通“哈绥符釜”陆海联运大通道。

（四）从区域经济一体化高度，深入研究全面规划东北地区的对俄经贸

世界上很多地区都建立了一体化组织，如欧盟、北美自由贸易区、亚太

经合组织等，在这方面东北亚地区至今仍为空白。我国东北地区与日本、韩国、朝鲜、俄远东地区共同构成了东北亚经济圈，近年来随着俄加快远东开发等新形势的出现，东北亚经济圈也面临着新的机遇，但至今建立东北对俄自贸区仍未提上日程。应大力推进对建立远东地区自由贸易区的研究，组织中俄双方学者充分论证，求得理论上的共识，并在适当时机提交国家讨论，争取对俄自贸区早日落地，实现零的突破。其发展趋势是中俄自由贸易区—中俄朝韩日自由贸易区—东北亚自由贸易区。

B.27 东北三省韩资企业发展状况研究

谭红梅　吴可亮*

摘　要： 本文通过对韩国对华投资历程，韩资企业在东北三省投资兴业的发展历史回顾，对韩资企业在东北三省区域分布、发展现状、存在问题等的梳理，探讨韩资企业在东北三省的发展轨迹，并据此提出相应的政策建议：强化政府引资决策，加大政策落实力度，提升经济外向度。

关键词： 东北三省　韩资企业　投资

一　韩国企业对东北三省的投资历程

东北三省从1990年开始利用韩资，根据投资环境变化韩资在东北三省的投资历程具体划分为起步期、恢复期、活跃期、调整期以及中韩FTA时期五个阶段。

（一）起步期（1990～1998年）

在中韩建交初期，东北三省凭借地理、文化及亲缘优势，成为韩国企业对华主要投资地。1993年，韩国企业对东北三省的直接投资额占韩国对华投资总额的32.8%，辽、吉、黑占比分别为16.6%、5.5%、10.7%。但随

* 谭红梅，吉林省社会科学院朝韩所研究员，研究方向为朝鲜半岛问题；吴可亮，吉林省社会科学院东北亚研究中心副研究员，研究方向为朝鲜半岛问题与图们江区域合作开发。

着中国东部沿海地区对外开放，韩国企业对华投资地区范围逐渐扩大至中国全境，韩国企业对东北三省的投资规模开始缩小。韩国企业对东北三省投资额在对华投资总额中占比减少至20%以下。1997年亚洲金融危机爆发，韩国企业对包括东北三省在内的海外直接投资急剧减少。1998年，韩国企业对东北三省的直接投资额在韩国对华投资总额中的占比下降至7.6%，辽、吉、黑占比分别为4.7%、0.8%、2.1%。

（二）恢复期（1999~2002年）

2001年，东北三省以中国加入WTO为契机进一步扩大对外开放。随着贸易自由化扩大、外国投资自由化及相关涉外法律法规修订等投资环境的改善，韩国企业对华直接投资大幅增加，但向东北三省投资金额的比重减少至10%以下。原因主要在于，韩国企业投资过程中更易选中进出口便利的港口邻近地区[①]。

（三）活跃期（2003~2008年）

2003年振兴东北老工业基地战略实施，东北三省[②]随之进一步扩大对外开放，为促进与韩国等东北亚国家的经济合作出台了优惠政策。各省政府在韩国举办了投资说明会，以加强对韩国的招商引资并构建资本和技术等方面的合作关系。韩国企业对参与东北振兴也表现出极大热情。2004年，韩国许多企业、银行、机构组织纷纷到东北考察。2005年，韩国驻华使领馆与沈阳、长春、哈尔滨市联合举办了韩国周活动，吸引了众多韩国大中小企业代表参加，寻求与当地企业的合作[③]。这一时期，韩国对东北三省的投资额持续增长，从2003年的1.33亿美元增长至2008年的近6亿美元。

---

① 宋龙镐：《韩国企业向中国东北三省直接投资的特点分析》，《东北财经大学学报》2012年第5期。

② 其中，2004年黑龙江省提出建设“哈大齐工业走廊”开发计划，被批准为中国第5大规模国家级高新技术产业开发区，并制定了吸引外资的各种鼓励政策。

③ 孙永：《黑龙江省与韩国企业合作策略研究》，《学习与探索》2006年第1期。

（四）调整期（2009～2011年）

受全球金融危机影响，韩国对东北三省直接投资额减少。2009 年，韩国对辽宁省直接投资额同比下降超过了 50%[①]，吉林省直接利用韩资同比下降 55.1%，黑龙江与韩国的投资合作则出现了负增长。为提高该地区的国际合作和开放水平，吸引韩国等周边国家外资进入，辽宁省提出的“五点一线”沿海经济带建设项目、吉林省提出的长吉图开发开放先导区战略均上升为国家战略。从 2010 年起，韩国大企业向东北三省的投资增加。

（五）中韩 FTA 时期（2012年至今）

2012 年中韩 FTA 谈判正式启动[②]，再加之 2013 年东北开始新一轮振兴发展战略，东北三省再次成为韩企关注的重点区域。当前，在经历了经济高速增长时期经济结构调整和技术创新的推进后，中国经济发展开始进入新常态。随着中韩自贸协定的生效，在中韩 FTA 背景下，各影响因素对韩国在东北三省实际直接投资也在产生不同影响。

二　东北三省韩资企业发展现状

（一）韩国对东北三省直接投资现状

初期，韩国对东北三省直接投资额占韩国对华直接投资额的比例超过了 30%，但此后呈波动下降的趋势。尤其近几年来，韩国对华投资地区范围逐渐扩大到长三角地区及中西部一些地区，所投资领域也开始转向资本和技术密集型产业，且多为大型项目投资，东北三省作为韩国对华直接投资传统区域正在受到冲击。

---

① 2009 年韩国对辽宁省直接投资额为 25050 万美元，直接投资额较 2008 年下降 54.34%。

② 中韩 FTA 于 2015 年正式签署生效后，分别于 2015 年 12 月 20 日、2016 年 1 月 1 日、2017 年 1 月 1 日实施了三次降税。

根据2007～2016年的统计数据，韩国对华直接投资由2007年的56.8亿美元减少至2016年的33亿美元，降低了40%。相对而言，韩国对东北三省直接投资下降幅度更大，从2007年的5.9亿美元锐减至2016年的1亿美元，减少了83%，在韩国对华直接投资的占比也从10.5%降至3.2%（见表1）。

表1　2007～2016年韩国企业对中国以及东北三省直接投资和比重变化

单位：百万美元，%

年份	中国	东北三省		辽宁省		吉林省		黑龙江省	
		投资额	占全国比重	投资额	占东北三省比重	投资额	占东北三省比重	投资额	占东北三省比重
2007	5689.0	599.8	10.5	505.4	84.3	38.8	6.5	55.6	9.3
2008	3934.8	596.6	15.2	546.7	91.6	23.9	4.0	26.1	4.4
2009	2485.3	281.6	11.3	250.5	89.0	19.4	6.9	11.8	4.2
2010	3665.0	617.5	16.8	280.6	45.4	327.9	53.1	9.1	1.5
2011	3547.4	601.3	16.9	506.5	84.2	90.1	15.0	4.8	0.8
2012	4051.0	173.3	4.3	121.5	70.1	51.4	29.7	0.5	0.3
2013	5166.1	245.5	4.8	142.9	58.2	96.7	39.4	6.0	2.4
2014	3182.6	138.7	4.4	48.6	35.0	89.4	64.5	0.8	0.6
2015	2957.6	112.4	3.8	40.4	35.9	71.4	63.5	0.8	0.7
2016	3301.2	104.5	3.2	37.7	36.1	66.1	63.3	0.7	0.7
2007～2011	19321.5	2696.8	14.0	2089.7	77.5	500.1	18.5	107.4	4.0
2012～2016	18658.5	774.4	4.2	391.1	50.5	375.0	48.4	8.8	1.1
合计	37980.0	3471.2	9.1	2480.8	71.6	875.1	25.2	116.2	3.3

资料来源：根据韩国进出口银行海外投资统计资料整理。

我国经济全面进入中速增长期后，2012～2016年韩国对东北三省总投资额为7.7亿美元（年均1.5亿美元），远不及2007～2011年总投资额26.9亿美元（年均5.4亿美元）。相对而言，韩国对华总投资额下降幅度较小，从193.2亿美元（2007～2011年）下降到186.6亿美元（2012～2016年）。韩国对华与对东北三省投资呈现出两种不同趋势，表明中速增长期东北三省作为对韩国投资地的吸引力在下降。

从各省看，2007～2011年韩国对辽宁省总投资额为20.9亿美元，2012～

2016 年减少到 3.9 亿美元，下降了 83%；吉林省从 5 亿美元减少到 3.8 亿美元；黑龙江省从 1.07 亿美元减少到 0.09 亿美元。2007 ~2011 年，韩国企业对辽宁省投资额占东北三省比重为 77.5%，但到 2012 ~2016 年下降至 50.5%。中韩建交之后，辽宁省作为东北三省中唯一一个临海省份，被视为韩国企业世界出口的加工生产基地、较发达的内需市场，投资较多。但近年来，由于工资等生产费用上涨、世界经济停滞导致出口市场萎缩，以及严重的经济萧条等因素，导致韩国企业对辽宁省投资急剧减少。

总体而言，从 2012 年开始，因世界经济萧条、原材料价格下降、钢铁及煤炭等产能过剩导致结构调整问题，东北三省经济出现下滑。随之，韩国对东北三省的贸易和投资急剧减少。这是由于东北经济下滑导致内需市场缩小、生产成本上升导致生产基地优势丧失，中国企业竞争力上升引发竞争激化等综合因素的影响。另外一个重要原因是，华东地区由于经济持续增长、市场潜力巨大，对韩投资吸引力不断增强，大量韩国投资转移至这一地区。

（二）主要特点

1. 投资项目以中小企业为主

韩国在东北三省的投资特点，是以中小企业为主，投资规模较小。从各省情况看，辽宁省中小型韩企数远多于大型韩企数，但实际投资额却未高出其相应比例，使韩国对辽宁省的整体投资规模偏小。截至 2016 年年底，吉林省韩国企业投资额低于500 万美元的有552 户，占韩企总数的96.5%；投资总额大于1000 万美元的企业只有 24 个，仅占韩企总数的 4%。黑龙江省也是韩国中小企业占绝大多数，韩国 2016 年入选亚洲 50 强企业的 8 家大企业，目前无一家投资落户。

2. 投资方式以独资为主

韩国在东北三省投资企业中，独资化特点显著。从 1999 年开始，辽宁省采取独资方式的韩国企业直接投资所占比重超过合作投资方式，2005 年独资投资项目数（609 个）达到迄今为止最大值，此后呈现出逐年递减态势，但独资投资占全部直接投资比例却一直处于优势地位。截至 2016 年年底，吉林省韩国投资企业以独资方式[①]设立的有 415 家，合同外资额约为 7.19 亿美元，占合同外资总额的 86%。韩国世界 500 强及知名跨国公司在吉林省投资的项目绝大多数是以独资方式设立的，如浦项与现代联合投资的珲春国际物流园区项目、韩国农心集团投资的农心矿泉水项目、烟草公社投资的韩正人参项目等。黑龙江省 50% 的韩资企业为独资企业，投资方式倾向于选择高度控制的治理结构，以加强对企业的控制和方便灵活地实施经营战略。韩企投资东北三省之所以尽可能地采取控股或独资的方式，主要是为了最大限度获取投资收益，以及尽可能减少外来干预等。

3. 投资空间分布不均衡

从韩资企业在东北三省空间分布看，辽宁省最多，其次是吉林省，分布数量最少的是黑龙江省。截至 2016 年年底，韩国在东北三省投资现存企业数分别为辽宁省 2736 户、吉林省 572 户、黑龙江省 88 户（见表 2）。由此可以看出，其分布与地理位置、气候和地方政策等因素有关。辽宁省是唯一一个沿海且地理位置离韩国最近的东北省份，拥有得天独厚的优势，自然吸引了数量较多的韩国企业前去投资。吉林省境内有着全国最大的朝鲜族聚居地，也吸引了不少韩国企业前来投资，尽管投资件数和投资金额与辽宁或全国平均水平相比都存在不小的差距，但仍是韩国企业家选择投资的重要区域。具体来看，辽宁省韩商投资过分集中于沈阳、大连两地。吉林省较具规模的企业主要分布在延边、长春，在其他地市的投资较少，其中延边占到 63.46%；黑龙江省韩资企业主要分布在哈尔滨、齐齐哈尔等经济较发达地区，其中哈尔滨韩资投资项目占了整个黑龙江的 83%。

---

① 韩国投资企业以独资方式为多，独资企业可以避免中方企业干涉其经营权，是韩商对中国投资的一个主要特点。外商投资企业在东道国的投资虽然客观上存在技术溢出效应，但由于这些企业以其先进的技术和管理作为核心竞争力，不会轻易转给他人，因此外商投资企业在我国的独资、控股企业在增加研发投入和提高技术水平的同时，也采取了一系列如加强对研发和经营的控制权、采取严密的专利保护、对研发人员的严格管理等措施来控制或防范技术的溢出。

表 2　2016 年韩国在东北三省投资情况一览

单位：个，亿美元

省　份	企业户数	直接利用外资
辽宁省	2736	
吉林省	572	21.12
黑龙江省	88	17.9

资料来源：东北三省各省统计年鉴。

4. 投资领域集中在第二产业（以制造业为主）

辽宁省韩国直接投资的产业分布非常不均衡，主要集中于第二产业，其次是第三产业。尽管 2012 年后辽宁省制造业占比呈现出逐年下滑的趋势，但 2012 ~2017 年制造业仍在辽宁省全部韩国投资中占据了极大的份额。截至 2016 年年底，吉林省在企业数量方面，韩国投资在第二产业企业数为 298 户，占吉林韩资企业数的 52.1%；从投资额看，第二产业比重最大，占合同外资额的 69.11%，主要集中在饮料制造、农副产品加工等领域；第三产业投资占比近 30%，主要集中在仓储物流、批发零售业。吉林省矿泉水、人参等优势特色资源产业是吸引韩国投资者的重要领域。总体而言，产业合作层次偏低，资本密集型产业、现代服务业（金融业、咨询业等）以及高新技术产业所占比例较小。黑龙江省韩国企业多数是劳动密集型中小企业，生产形式多为来料加工、来件装配、来样加工，产品的科技含量低，同时生产经营管理水平也不高，掌握高新技术的韩国大型跨国公司在黑龙江省的投资较少。

三　东北三省吸引韩资存在的问题

通过上文对东北三省韩资企业发展现状的分析，可以看出，韩资企业在东北三省的投资增速和规模与沿海地区相比还有一定的差距，这也从侧面体现出东北三省韩资企业发展中存在的一些问题。

（一）成本费用上升，融资难问题仍突出

较低的工资和原材料价格，是过去外资企业进军中国东北的最重要因

素。但随着经济增长和成本上升，东北三省对外资吸引力逐渐降低。劳务费在“十二五”期间大幅上涨。2016 年，中国制造业工人的每小时工资涨到 3.6 美元，超过了巴西（2.7 美元）和墨西哥（2.12 美元），外资企业在中国从事劳动密集型制造业的竞争力下降。同时，有韩企反映，随着中国经济迅速发展及本国企业竞争力提高，以往为外资企业提供的税金减免、补助金、劳务便利等优惠政策也逐渐减少。除此之外，外商企业融资很受限制，在当地筹集资金困难，直接融资比例很低，很难从金融机构得到贷款，难以享受到当地政府提供的创业补助、低利息等金融优惠政策，一些韩资企业因流动资金不足而陷入经营困难。

（二）对外开放度低，产业链尚未形成

东北三省在改善外商投资环境上取得了很大进展，但还不能完全适应外商投资企业生产经营需要，与南方发达省份相比仍有差距。相对而言，东北三省的经济发展水平相对较低，开放程度也较低。2016 年，辽宁省经济外向度为25%，吉林省为8.2%，黑龙江省以7.8%排在全国第24 位，如果扣除不可比的进口原油份额，黑龙江省的外向度只有4.3%，排名后移至第 26 位，仅高于西藏、贵州等内陆和高原省份，外贸份额过低。据一些韩资企业反映，政策落实难是阻碍外商企业在东北三省发展的较为突出问题，政策执行到基层的难度较大，如在东北不能生产、注册的产品到经济发达省份就可以，在东北的对韩出口企业很难获得全部退税，政府配套资金也难以落实到位，外商企业投资积极性难免受到影响。当今产业的集约化发展趋势，促使企业群聚，以最大限度地降低成本。但对于东北三省而言，能降低外商投资成本的产业链尚未形成，即包括资源成本的集约化、运输成本降低，以及与投资产业相关联的分工集群等外商投资者实现利益最大化的重要条件尚不具备，外商进行投资无法融入地区的产业链，产品生产也没有实现集约化。上述这些方面与南方地区的差距导致韩企投资项目的转化率降低，相应降低了东北三省吸引韩资的活力和数量。

（三）抗风险能力差，外部环境制约因素多

东北三省的韩国投资企业以小型项目为主，而且这些项目又以简单加工为多，高新技术和高附加值项目比较少。随着国内市场经济的发展，竞争越来越激烈，其中一些小型企业缺乏竞争能力，受到激烈的市场竞争的威胁，导致企业效益不佳。此外，中韩关系的变化也是影响韩企对东北三省投资的外部因素。2017 年以来，萨德问题导致中韩关系紧张，韩资企业在华投资受到影响，尤其是东北三省，韩资企业逐年减少。

此外，东北三省除辽宁外，“研发在韩国，生产在中国”的韩企投资策略依然在沿用。就吉林省和黑龙江省而言，目前韩国企业一般将生产基地设在吉林省，研发机构则设在上海、北京等地。

四 东北三省吸引韩资的思考建议

从目前及今后一个时期的总体形势看，中日韩自贸区谈判正积极推进，“大图们倡议”合作日趋务实，中蒙俄经济走廊建设方兴未艾，“一带一路”东向推进明显，东北亚区域和国际合作总的势头良好，重要性依然在提升。中韩关系持续向好，特别是中韩自贸区建设的不断推进为中韩两国经贸合作飞速发展创造了巨大机遇，东北三省应切实采取措施为更好吸引韩资企业进驻创造良好条件。

（一）强化政府引资决策

一是为做好引入决策、优化引资结构奠定坚实的基础。具体来说，东北三省应基于招商引资专业化和精准化，树立招大商、引好资的新理念，促进东北三省的大开放与大发展。同时，应加强与韩国政府和行业协会的交流，以深入了解韩企的实际需求，也可到韩国建立投资促进机构，随时了解韩方的投资意向，并据此建立吸引韩资企业进入东北三省市场的长期有效的投资合作平台，选择性引进能促进产业成长的、具有高技术含量和高扩散程度的

韩资，提高对韩招商引资质量。

二是基于韩企类型实施不同引导策略。为使韩资企业能够参与到新一轮东北振兴发展战略中，政府应针对产业或领域的变化进行适时指导和引导，当地政府政策的变化可通过企业代表会议、投资合作平台等进行介绍和说明，也可通过讲座或讲习班的形式进行及时培训。

三是加大对符合东北三省投资领域的韩国中小企业的引资力度。韩国对东北三省直接投资的主体为中小企业，因其具有“集群化”特点有利于提升区域经济，因而应创造韩国中小企业进入东北三省更优质的投资环境。具体应比照先进发达地区解放思想，遵循“非禁即允”的原则培育发展外商投资企业，同时应着重建立改善投资环境的有效工作机制，为韩资进入东北三省提供便利条件。

（二）加大政策落实力度

一是韩资企业投资东北三省以制造业为主，且投资规模较小，所以从长远来看，东北三省应当拓宽投资合作领域（向第三产业转移），以此获得高额回报，进一步优化产业结构，提升产业竞争力。具体应在充分总结经验的基础上，根据东北三省的整体布局和在转型时期的需求，并结合东北三省老工业基地转型发展，进一步深化与韩企的投资合作。

二是采取有效措施，切实保障韩资企业合法权益。只要我们致力于帮助外商投资企业解决生产经营中存在的问题，为外资企业发展创造更大商机，使这些外商企业发展壮大并实现合作共赢，这些外商产业链上下游配套产业自然就会进入，如此以企招企、以商招商，才最具说服力和最有效力。也只有这样，外商企业才能坚定信心，积极参与东北老工业基地新一轮建设发展。

（三）提升经济外向度

经济外向度是衡量一个国家或地区开放型经济发展规模和发展水平的宏观指标之一，是经济实力的重要标志，被称为“经济增长的发动机”。同时经济外向度又是反映一个国家或地区对外开放程度的综合性和结果性指标。历史经验证明，经济强国的外向度都很高，通过扩大贸易规模和扩大对外交往提升经济发展竞争力是经济外向度提高的基本途径，虽然外向度偏低制约东北三省的经济发展，但也说明东北三省外向度提升的空间和潜力很大。东北三省应当抓住国家大力推进“一带一路”发展的契机，充分利用中韩FTA的历史机遇，今后通过着力提升外向度，提高面向韩国等的开放水平，更好更快地推动东北三省与韩国的经贸发展，并促进韩国对东北三省的投资交流合作。

B.28
东北三省参与“21世纪海上丝绸之路”发展战略研究

王　璇*

摘　要： 习近平总书记提出“21世纪海上丝绸之路”倡议后，东北三省政府积极响应号召，结合省情分别制定了“东北振兴新丝路（辽宁省）”“建设东北亚海上丝绸之路经济带（吉林省）”“东部陆海丝绸之路经济带（黑龙江）”发展思路，并迅速投入实践工作之中。本文从东北三省参与“21世纪海上丝绸之路”的历史文化基础入手，结合历史，融入现实，在分析战略特点、总结实践成就的基础上，指出东北三省参与“21世纪海上丝绸之路”战略发展，必将为振兴东北经济、推动区域繁荣起到巨大作用。

关键词： 东北三省　海上丝绸之路　东北振兴

2013年10月，习近平总书记在印尼发表《携手建设中国—东盟命运共同体》的重要演讲，在国际上首次明确提出建设“21世纪海上丝绸之路”的倡议。同年11月，在党的十八届三中全会上，建设海上丝绸之路的提议正式被纳入我国国家发展战略。可以说，“21世纪海上丝绸之路”倡议是在

* 王璇，吉林省社会科学院朝鲜韩国研究所助理研究员，主要从事东北亚研究。

金融危机、经济全球化受挫、美国决定重返亚太的背景下提出的[①]，并且已经成为“中国和平发展的必然途径”和“中国成长为全球大国的重要战略方式”[②]。合理推动倡议的有序进行，将有助于“遏制贸易保护主义抬头、海洋争端复杂化现象，并对重振全球经济、造福国际社会起到重要作用”[③]。而对于经济发展等方面处于相对落后状态的东北三省，如何将其纳入“21世纪海上丝绸之路”建设领域，借助国际经验促进区域协调发展，已成为国内外学界关注的重要课题。

一　东北三省参与“21世纪海上丝绸之路”的历史文化基础

到目前为止，从国内针对“海上丝绸之路”的研究来看，以地区为专题的研究涉及广东、深圳、广西、海南、浙江、上海、江苏、福建、山东等地，其中研究重点主要集中在广东、广西、福建、海南等中国东部、南部的沿海地区[④]，而将我国东北地区与海洋和丝绸之路联系起来的系统性研究并不多见。但是，这并不意味东北地区与海上丝绸之路无缘。据考证，在东北地区，作为“丝路贸易”文化原型之一的“贡赏贸易”[⑤]最早可以追溯到公元前2249年[⑥]。因此，如果说今天南方具有“中国南珠之乡”之称的广

① 刘霏、梁东兴：《美国亚太再平衡战略对中国海洋争端的影响》，《理论月刊》2016年第8期，第147页。

② 赵干城：《印度洋：中国海洋战略再定义的动因》，《南亚研究》2013年第1期，第24页。

③ 李国选、严双伍：《“21世纪海上丝绸之路”倡议推进下的中国南海岛礁建设》，《当代世界与社会主义》2018年第2期，第156页。

④ 周春霞：《21世纪海上丝绸之路建设的研究现状和趋势展望——基于中国知网CNKI上550篇论文的统计分析》，《社科纵横》2017年第2期，第90页。

⑤ 关嘉录在其论文《从贡赏活动看清前期北方民族政策》中，对北方民族与中原政权之间贡赏活动的脉络进行了简单的梳理，他认为“满族的先人最早可以追溯到先秦古籍中所记的肃慎人，在传说中的舜、禹时代，肃慎人就和中原王朝建立了联系，出现了早期的贡赏活动”。参见《清史研究》1993年第2期，第28页。

⑥ 傅朗云：《东北亚丝绸之路初探》，《东北师范大学学报》（哲学社会科学版）1991年第4期，第28页。

西合浦是《汉书》中记载的中国古代最早的“海上丝绸之路始发港”[①]，那么与其同一时期分别出现在《国语》《山海经》等古籍中的“海外肃慎”等东北民族之间的“东珠”[②] 和蚕丝贸易，就完全可以称得上是“海上丝绸之路”在北方的历史起点。

我国古代东北地区与东北亚国家之间的海洋活动，并不是单纯的文献记载和空穴来风，它是建立在东北亚地域特有的优越自然地理环境基础之上而形成的，是一种长期的、持续的贸易往来和文化交流[③]。丝绸之路在海上的形成方式与陆地不同，容易受到海流、潮流、季风、海岸线变化、海面情况、暗礁等自然条件的影响[④]。在东北亚，人类从史前时代开始就掌握了有效利用自然实现航海活动的基本方法[⑤]。在中、日、韩三国学者共同定义为“东亚地中海”的自由空间里，也是在自然要素和人类需求的共同作用下，形成了我国古代东北地区与日、韩、俄之间的“古代东北亚海上丝绸之路文明圈”。而正是这种建立在充分优越自然条件基础上的古代东北亚的海洋文化交流，奠定了今天东北三省参与“21 世纪海上丝绸之路”发展战略的历史文化基础。

二　东北三省对参与“21世纪海上丝绸之路”发展的理论探索

在习近平总书记提出“21 世纪海上丝绸之路”倡议两年后，国家发展

---

① 韩湖初、杨士弘：《关于中国古代“海上丝绸之路”最早始发港研究述评》，《地理科学》2004 年第 6 期，第 738 页。

② 东北江河盛产明珠，史称“北珠”，明代以后有人开始将“北珠”称为“东珠”，满语为“他那”，是东北地区所产最好的珍珠，其主要产地在“打牲乌拉”（今永吉县乌拉街），是肃慎女真的发祥地。汪玢玲、陶金：《打牲乌拉贡珠与东珠故事》，《社会科学战线》1989 年第 4 期，第 334 页。

③ 〔日〕门脇祯二：《日本海域の古代史》，东京大学出版会，1986；〔日〕茂在寅南：《古代日本の航海术》，小学馆，1981；〔日〕中田勋：《古代韩日航路考》，仓文社，1956；等等，均持有上述类似观点。

④ 〔韩〕尹明喆、王璇：《古代东亚地中海海洋活动史》（中文版），五味全球出版社，2017，第 13 页。

⑤ 〔韩〕金在瑾：《배의 역사》，正宇社，1980；《우리 배의 역사》，서울대학교출판부，1989，两部著作前言部分相关内容。

改革委、外交部、商务部于2015年3月28日联合发布了《推动共建丝绸之路经济带和21世纪海上丝绸之路的愿景与行动》，倡导让古丝绸之路焕发新的生机活力，以新的形式使世界各国联系更加紧密，互利合作迈向新的历史高度[①]。为了促进东北地区结合上述实现区域经济文化发展，东北三省政府结合本地省情，分别提出了相应的发展思路[②]。

（一）辽宁省率先提出了东北振兴“新丝路”的发展战略[③]

2015年9月12日，辽宁省人民政府印发了《辽宁省开放驱动战略实施方案》，提出依据国家《推动共建丝绸之路经济带和21世纪海上丝绸之路的愿景与行动》总体规划，按照国家部署，结合省情，总体制定《辽宁省参与丝绸之路经济带和21世纪海上丝绸之路的实施方案》，决定以“促进交通基础设施发展及互联互通”为工作重点，通过建设“辽满欧”“辽蒙欧”“辽海欧”三大通道，贯穿辽宁省东西两地。在这“三大通道”路线中，“辽海欧”通道是以大连港为海上起点，在北方经白令海峡直达欧洲，也就是所谓的“北极东北航道”；“辽满欧”通道也是以大连为起点，经国铁哈大、滨州线至满洲里口岸，全面辐射营口、沈阳、长春、哈尔滨等东北三省主要城市，最后经西伯利亚大铁道直达欧洲；“辽蒙欧”通道同样是以大连为起点，经通辽、霍林河等内蒙古地区主要城市，出境后经蒙古国乔巴山直至乌兰巴托，经俄罗斯西伯利亚铁道到达中亚和欧洲[④]。其建设重点如表1所示。

可见，辽宁省作为“东北新丝路”的核心地区，通过海上丝路将来自华南、华东、华北、胶东等地的物产、配件、设备源源不断运往欧洲各国。

---

① 国家发展改革委、外交部、商务部：《推动共建丝绸之路经济带和21世纪海上丝绸之路的愿景与行动》。

② 陈永亮：《“东北亚陆海丝绸之路”：基于历史和现实的探讨》，《满族研究》2015年第4期，第16~19页，对东北三省提出的战略内容分别做了简要梳理。

③ 方亮、李江天：《向北　辽宁打开振兴“新丝路”》，《辽宁日报》2016年10月9日。

④ 根据辽宁省人民政府《关于印发辽宁省开放驱动战略实施方案的通知》、《辽宁省人民政府公报》2015年S2期相关内容汇总整理。

表 1　辽宁省东北振兴“新丝路三大通道战略”特点

名称	重点建设城市节点	设计路线	涉及我国省份、其他国家及地区	通道性质
辽满欧	大连港、营口港、盘锦港	大连—营口—盘锦—满洲里—俄罗斯—欧洲	辽宁省、黑龙江省、内蒙古自治区，以辽鲁陆海货滚甩挂运输大通道为支撑	综合交通运输大通道
辽蒙欧	锦州港、盘锦港、丹东港为起点	辽宁—蒙古国乔巴山—乌兰巴托—西伯利亚铁道—欧洲	辽宁省、内蒙古自治区、蒙古国、俄罗斯、欧洲各国	陆路连海大通道
辽海欧	建设大连东北亚国际航运中心	1. 北极东北航道：大连港等港口为海上起点—白令海峡—楚科奇海—东西伯利亚海—巴伦支海—欧洲 2. 太平洋南海航道：经印尼、辐射南太平洋区域的海上通道	辽宁省、俄罗斯、欧洲各国、印尼、南太平洋国家	海陆联运、跨境物流、贸易投资通道

资料来源：根据辽宁省人民政府《关于印发辽宁省开放驱动战略实施方案的通知》、《辽宁省人民政府公报》2015 年 S2 期对“三大通道”的解释说明内容分类归纳整理制作。

其沿线政府、港口、铁路、海关及企业积极融入“东北新丝路”建设，为老工业基地二次振兴注入了新动力①。

（二）吉林省“建设东北亚海上丝绸之路经济带”战略思路

2014 年 7 月 2 日，吉林省以图们江流域（珲春）为中心，提出“东北亚海上丝绸之路经济带”构想②，决定通过“借港出海”的方式，打通向欧洲和太平洋伸展的陆海新通道，面向全球积极寻找发展新坐标。

长期以来，吉林省由于没有自己的出海口，对外贸易发展受到严重限制。2015 年，在《推动共建丝绸之路经济带和 21 世纪海上丝绸之路的愿景与行动》指引下，国家海洋局将吉林省定位为“沿边通海省”，并且纳入国

① 宋伟：《助拓欧洲市场　“东北新丝路”成振兴新引擎》，《大公报》2016 年 8 月 4 日。

② 陈永亮：《“东北亚陆海丝绸之路”：基于历史和现实的探讨》，《满族研究》2015 年第 4 期，第 17 页。

家沿海省序列，同时把扎鲁比诺港项目和图们江出海项目等纳入《中国海洋事业发展“十三五”规划》，共同推动“一带一路”向北开放战略的实施。这对吉林省而言，无疑是重大机遇。珲春位于东北亚几何中心，是欧亚大陆桥的起点之一，不仅与朝俄陆路相连，也与韩日水路相通。从明末清初开始，珲春县城就有码头、海运公司，货轮沿着珲春河入图们江出海，往来于日本海沿岸俄、日、朝各个港口及我国大连、上海等沿海城市，是仅次于大连的东北第二大口岸①。珲春周围分布着纳霍德卡、符拉迪沃斯托克、东方港、扎鲁比诺、斯拉夫扬卡、波谢特等俄罗斯港口，以及清津、罗津、先锋、雄尚等朝鲜港口，从而形成了中、朝、俄三国间的口岸港口链。珲春与波谢特港的距离为42千米，与扎鲁比诺港的距离为63千米，与符拉迪沃斯托克港相距180千米，圈河口岸与朝鲜罗津港的距离为48千米，与清津港相隔127千米②。目前，图们江区域以珲春作为起点，开通了多条环东部海域国际航线③（见表2）。

表2　珲春多条航线推进“海上丝绸之路”建设

中转港口	目的港口	航线性质
罗津(朝)	釜山(韩)	定期集装箱航线
扎鲁比诺(俄)	束草(韩)	陆海客货联运航线
波谢特(俄)	秋田(日)	不定期集装箱航线
扎鲁比诺(俄)	新潟(日)	散货航线
扎鲁比诺(俄)	束草(韩)、新潟(日)	国际航线
扎鲁比诺(俄)	釜山(韩)	国际陆海联运航线

资料来源：根据王柏玲、朱健、刘政《环日本海航线建设背景下的珲春市产业结构优化研究》，《东北亚论坛》2012年第2期，第108~115页；窦博《北冰洋通航与中国图们江出海战略探讨》，《东北亚论坛》2012年第3期，第113~120页等相关内容汇总制作。

---

① 《吉林日报社总编辑陈耀辉对话珲春市委书记高玉龙：丝路情　通海梦》，《吉林日报》2017年9月29日。

② 甘静、梁振民、陈才：《珲春—图们江地区边境口岸物流体系建设研究》，《世界地理研究》2013年第3期，第128~135页。

③ 王春宝、董建伟：《深度融入“一带一路”寻找发展新坐标　吉林大手笔绘制“丝路吉林”大通道》，消费日报网，http：//finance. ifeng. com/a/20180416/16097833_ 0. shtml。

吉林省通过建设“东北亚海上丝绸之路经济带”战略，将实现北方大米登陆新加坡，长白山人参远销日韩，汽车零配件顺利抵达欧洲的开发链条。伴随着经济产业带快速隆起，以秀美长珲铁道为干线，周边物资集聚效应将得到凸显。与此同时，国际众多金融机构也将因此被吉林的优势深深吸引，纷至沓来。到目前为止，吉林省已经迈出了海上丝绸之路对外开放的新步伐，其对外合作大门全面打开①。

（三）黑龙江省构建“东部陆海丝绸之路经济带”的战略探索②

2014 年 4 月 9 日，黑龙江省委原书记王宪魁在中俄主流媒体见面会上对外公布，黑龙江省正积极计划构建“东部陆海丝绸之路经济带”，并已经纳入国家规划，使其成为横贯东中西、联结南北方对外经济走廊的重要组成部分，推动黑龙江对俄经贸合作不断升级③。负责主要攻坚任务的哈尔滨铁路局货运中心将上述工作归纳为“畅通三条径路、打造一个中心、完善三个节点”④（见表 3）。

黑龙江省构建“东部陆海丝绸之路经济带”主要是以“绥芬河—满洲里—俄罗斯—欧洲铁路”和“绥芬河—俄远东港口”为干线，形成陆海联运通道，对接俄欧亚铁路，发挥海陆联运功能。在搭建亚欧国际货运大平台，推动黑龙江及整个北方地区的物流发展的同时，积极为俄罗斯与我国京津冀地区、长三角、珠三角接触提供海陆桥梁。在此过程中，黑龙江

① 李钊：《构建东北亚地区“海上丝绸之路” 打造吉林对外贸易》，《东亚企业家》2016 年第 1 期，第 63 ~65 页。

② 黑龙江省人民政府办公厅：《推进东部陆海丝绸之路经济带建设工作方案》（黑政办发〔2014〕58 号）、《黑龙江省人民政府办公厅关于印发推进东部陆海丝绸之路经济带建设工作方案的通知》，黑龙江省人民政府网，http：//www. hlj. gov. cn/wjfg/system/2015/01/30/010705461. shtml。

③ 人民日报社主办、中共黑龙江省宣传部协办的中俄边境口岸城市巡礼——“龙江行”中俄主流媒体大型联合采访活动，人民日报社黑龙江分社（人民网黑龙江频道），http：//hlj. people. com. cn/n/2014/0924/c220024 - 22413949. html，2014 年 9 月 23 日 ~9 月 30 日系列专题报道。

④《黑龙江构建“东部陆海丝绸之路经济带”》，《中华工商时报》2014 年 11 月 4 日。

表3 黑龙江省构建“东部陆海丝绸之路经济带”工作方向及重点

战略名称	主要路线	经由地区	战略性质
三条径路	哈尔滨—满洲里—俄罗斯—欧洲	主攻俄腹地及欧洲各国	进出口货物运输
	哈尔滨—绥芬河—俄罗斯远东地区	俄远东地区	进出口货物运输
	绥芬河—哈尔滨—满洲里—俄罗斯—欧洲	俄远东、日、韩	过境货物运输
一个中心	哈尔滨集装箱中心站	黑龙江省腹地“东北地区国际集装箱物流集散中心”	集运输、仓储、集散、通关功能为一身，使之成为散货拼箱、零散箱中转、班列集结的关键节点
三个支点	哈尔滨支点	黑龙江省中心地带	提高综合物流能力，保证东部通道主要节点畅通
	满洲里支点	口岸周边地区	
	绥芬河支点	绥芬河、牡丹江一线	

资料来源：根据2014年11月18日黑龙江省社会科学院主办“构建东部陆海丝绸之路经济带，推进黑龙江省经济发展”（2014年国际问题学术年会）上，封安全研究员《以通道建设助力东部陆海丝绸之路经济带》，邹秀婷研究员《加强重点口岸建设，推进地区互联互通》，张秀杰研究员《扩大沿边开放与我省对蒙经贸合作新思路》等报告中相关内容汇总制作。另外，其他具体相关战略分析参见刘波《构建东部陆海丝绸之路经济带 推进黑龙江省经济发展》，《西伯利亚研究》2014年第6期，第91页、92页内容。

省自身也将不断调整经济结构，加速企业转型升级，保证北方海陆经济持续发展。

总之，在2013年习近平总书记提出“21世纪海上丝绸之路”倡议、党的十八届三中全会将建设海上丝绸之路纳入国家发展战略之后，东北三省以东北亚共同历史文化为基础，根据各省情积极寻求新的发展思路，以海陆联运为媒介，为振兴东北老工业基地和促进东北亚域内繁荣积极努力。

三 东北三省参与“21世纪海上丝绸之路”战略实践

习近平总书记提出的“21世纪海上丝绸之路”战略为活化整个东北对外经济提供了新思路和新契机。与此同时，东北三省凭借其独特的地缘优势、历史文化优势、后发政策优势，积极为重振东北经济寻求新途径。东北三省积极建设东北地区与周边国家联系的海上通道，对外贸易取得了一定成绩。

（一）辽宁省扩大海上贸易发展及成果

辽宁省的海上贸易在我国东北三个省份当中是最为发达的，日本和韩国也是辽宁前三位的重要贸易伙伴。依靠自然地理环境和文化因素，辽东半岛与日韩之间海上贸易的历史最早可以追溯到史前。2014 年以后，辽宁省响应习近平总书记“21 世纪海上丝绸之路”发展倡议，以海上航线建设为依托，建立了以农副产品及钢材、机电、石化等工业材料为出口支柱的海上“东北新丝路”。近年来，辽宁当地的进出口份额保持了稳定的态势，特别是在 2017 年，在海洋贸易的带动下，辽宁省 1 ~ 10 月实现进出口总额 5521.7 亿元，比上年同期增长 20.0%。其中，出口总额 2494.4 亿元，增长 8.1%；进口总额 3027.3 亿元，增长 32.0%。在出口贸易方面，加工贸易出口 978.7 亿元，比上年同期增长 5.7%；一般贸易出口 1317.8 亿元，比上年同期增长 10.2%。而在出口方面，高新技术产品出口最为突出，达到 298.3 亿元，比上年同期增长 26.6%，成果显著①。

（二）吉林省对日韩贸易的现状

到目前为止，吉林省全方位对外开放新格局初步形成。2014 年，吉林省政府确定“东北亚海上丝绸之路经济带”战略以后，吉林省东北亚铁路集团股份有限公司出资 1 亿元成立了吉林省东北亚海丝路国际海运有限公司，通过发挥“口岸”“港口”联动优势，确保区域铁海联运全链条畅通。2016 年 5 月 22 日，珲春—俄罗斯扎鲁比诺—韩国釜山国际铁海联运航线开通，成为吉林省推动“21 世纪海上丝绸之路”建设的重要举措。“航线开通后，向北向西可进入俄罗斯西伯利亚大铁路进入欧洲的铁海联运体系，向东

① 辽宁省统计局：《辽宁省 2017 年国民经济和社会发展统计公报》，中国统计信息网，http：//www.tjcn.org/tjgb/06ln/35332_3.html。

向南进入太平洋陆海联运体系，目标就是打造东北亚的海上丝绸之路。”[①]新航线的开辟为长吉图注入了新的活力，在吸引外资方面成果突出。到目前为止，吉林省韩资企业已经超过200家，韩国境内吉林省的投资企业也接近40家，合作贸易领域从钢铁、机械、药品等逐渐拓展到交通通信和知识产权保护等领域[②]。海关数据显示，吉林省外贸进出口额90%以上集中在长春、吉林和延边三个地区，2017年1～11月吉林省进出口完成1149.9亿元，同比增长3.7%，进出口额在全国排第23位，其中出口268.4亿元，同比增长6.7%；进口881.5亿元，同比增长2.8%[③]。

（三）黑龙江省参与“21世纪海上丝绸之路”建设现状

黑龙江省提出将海陆联运作为“21世纪海上丝绸之路”重点建设目标，积极推进基础设施建设，并取得了一定的成绩。黑龙江省政府积极推进跨国陆海联运，打通了龙江的“出海口”。2016年4月，哈绥俄亚集装箱陆海联运专列实现了常态化首发运营，标志着龙江“出海口”正式打通。在其影响之下，绥芬河同年一季度的进出口贸易额达到32.8亿元，占全省进出口贸易额的15.07%，首季实现对外贸易开门红[④]。与此同时，在政府全面推进“西通欧洲东出海”战略的引导下，中俄韩在韩国釜山成功举办了“哈绥符釜（哈尔滨、绥芬河、符拉迪沃斯托克、釜山）”陆海联运常态化首班集装箱到港揭幕仪式，实现了黑龙江陆海丝绸之路经济带横跨亚欧、连接陆海的国际物流通道全线贯通[⑤]。这条干线获得了国内外专家的认可，在国际上展示了黑龙江省在陆海运输方面的巨大潜力。据哈尔滨海关统计，2017

---

① 张雪楠：《中俄韩（珲春—扎鲁比诺—釜山）跨境铁海联运航线开通》，珲春市人民政府门户网站，http：//www.hunchun.gov.cn/archives/15947/。

② 刘爽、范思琦：《中韩自贸区成立背景下吉林省对外贸易发展前景及对策研究》，《农村经济与科技》2016年第29期，第168页。

③ 吉林省统计局：《吉林省2017年国民经济和社会发展统计公报》，2018年3月28日。

④ 马春光：《跨国陆海联运打通龙江“出海口”》，黑龙江人民政府网，http：//www.hlj.gov.cn/zwfb/system/2016/04/22/010770643.shtml。

⑤ 《西通欧洲东出海》，《黑龙江日报》2016年4月26日。

年以来，“21 世纪海上丝绸之路”倡议不仅帮助黑龙江省保持了同传统贸易伙伴的贸易增长，如欧盟（增长 60.5%）、美国（增长 41.3%）、日本（增长 17%）、韩国（增长 4.7%），还推动了同新兴贸易伙伴如伊拉克、东盟的进出口增长，增幅分别达到 44.5%、23.2%。

总之，东北三省地处东北亚区域中心位置，是我国北方对外开放的桥头堡和心脏。不仅如此，东北地区对日本、韩国、俄罗斯等周边国家来说具有特殊意义。对于日本来说，中国是仅次于美国的日本第二大出口贸易市场和第一大进口来源地；对于韩国来说，中国也是其最大贸易伙伴、最大出口市场、最大进口来源国和最大海外投资对象国①；对于俄罗斯来说，中国是其第二大出口市场和第一大进口来源地②。可见，东北三省不仅是东北亚周边与中国在海陆上的重要连接地区，更是它们参与“一带一路”的北方桥梁。东北三省参与“21 世纪海上丝绸之路”发展，必将为振兴东北经济和推动整个东北亚区域繁荣起到不可忽视的作用。

① 张凤林：《东北三省与日韩经贸合作潜力分析》，《对外经贸》2018 年第 1 期，第 6 页。

② 商务部综合司、商务部国际贸易经济合作研究院：《国别贸易报告》2017 年第 1 期，“2016 年俄罗斯货物贸易及中俄双边贸易概况”相关部分。

共享发展篇

Shared Development Reports

B.29
东北三省农村居民收入研究

李小丽*

摘　要： 近几年来，受东北经济下行压力影响，东北三省农村居民收入状况不容乐观，农村居民收入增长速度呈下降趋势；东北农村居民收入与全国的差距逐步显现；城乡居民收入差距逐步拉大；而且，东北三省之间农村居民收入差距也在拉大。影响东北三省农村居民收入增长的因素主要是工资性收入比重偏低，经营净收入增长缓慢。2018年东北三省农村居民收入仍会保持缓慢增长态势，国家惠农政策改革、农业结构调整、农业产业融合发展、农村社会保障力度加大都会对农民收入增长产生积极影响。受中美贸易战影响及国际农产品价格冲击，东北三省农民收入增长速度会产生波动。

* 李小丽，黑龙江省社会科学院农村发展研究所所长，研究员。

关键词： 东北三省　农村居民　收入

一　东北三省农村居民收入状况

近几年来，受东北经济下行压力影响，东北三省农村居民收入状况不容乐观。

（一）东北三省农村居民收入增长速度下降

在全国农村居民收入增长速度放缓的情况下，东北三省农村居民收入增长速度呈下降趋势。从2012年开始，东北三省农村居民人均可支配收入增长速度连续明显下滑。2012年，东北三省农村居民人均可支配收入增长速度比2011年下降7.5个百分点；到2017年，增长速度下降到6.9%，比2011年下降了14.2个百分点（见图1）。

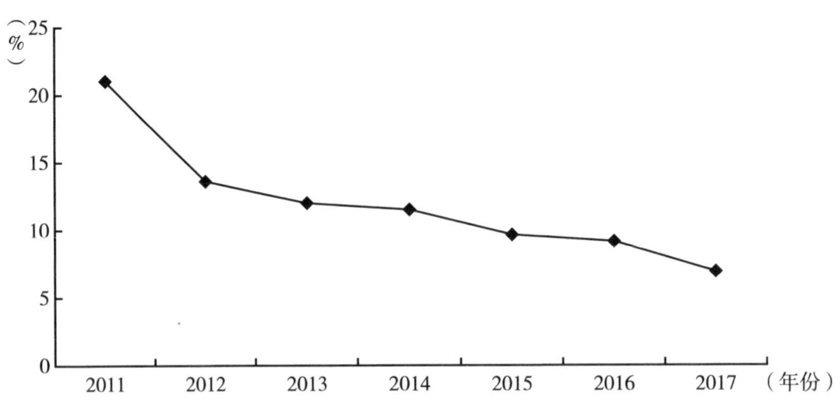

图1　2011～2017年东北地区农村居民收入增长趋势

数据来源：《中国统计年鉴》。

从东北三省分别情况看，农村居民人均可支配收入增长速度呈现走低趋势，且低于全国平均水平。从2013年至2017年，除2014年吉林略高于全国0.8个百分点之外，东北三省普遍慢于全国增长速度。2017年，全国农村居民人均可支配收入增长速度为8.6%，辽宁为6.7%，吉林为6.8%，黑龙江为7%，分别慢于全国1.9、1.8和1.6个百分点（见图2）。

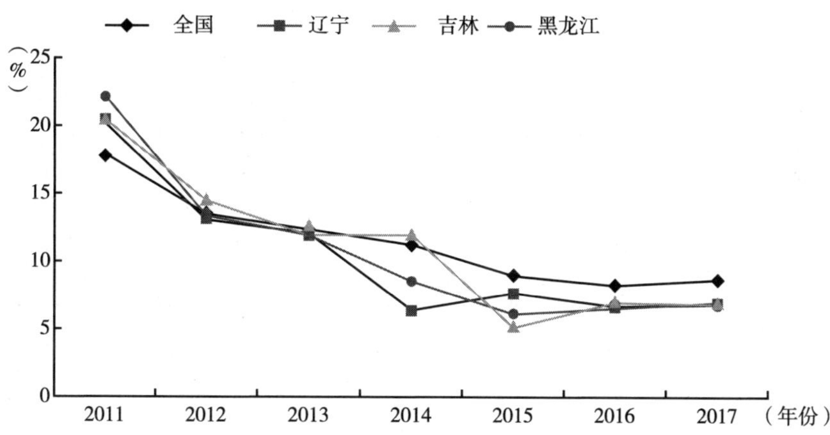

图2　2011～2017年东北三省农村居民人均可支配收入下降趋势

数据来源：《中国统计年鉴》。

（二）东北三省农村居民收入与全国的差距逐步显现

东北三省农村居民收入多年来一直高于全国平均水平，且在全国排名靠前，但近几年来与全国的收入差距逐步凸显。东北地区整体收入差距从2016年开始显现，尽管差距不大，但扩大的趋向明显。2014年黑龙江省农村居民收入与全国的差距为35.9元，2017年增加到767元；2015年吉林省与全国的差距为95.5元，2017年扩大到482元；2017年辽宁省高于全国平均水平315元；2017年东北地区整体与全国的收入差距为311元（见表1）。

表1　东北地区各省与全国农村居民收入差距

单位：元

年份	东北地区	辽宁	吉林	黑龙江
2006	-157.9	-503.4	-54.1	35
2007	-207.9	-633	-49.5	8.4
2008	-340.6	-815.9	-172.1	-95.4

续表

年份	东北地区	辽宁	吉林	黑龙江
2009	-303.4	-804.8	-112.7	-53.6
2010	-515.5	-989	-318.44	-292
2011	-813.3	-1320.2	-532.7	-613.4
2012	-929.9	-1467.1	-681.6	-687.4
2013	-1013.3	-1626.8	-725.3	-738.24
2014	-313.2	-702.6	-291.2	35.9
2015	-68.4	-635.2	95.5	326.7
2016	88.8	-506.6	240.4	531.4
2017	311.3	-315	482	767

数据来源：《中国统计年鉴》。

（三）东北三省城乡居民收入差距不断扩大

东北三省城乡居民收入差距，从“十一五”初期2006年的6085元，扩大到2017年的17132元，城乡居民收入差距出现扩大趋势（见图3）。

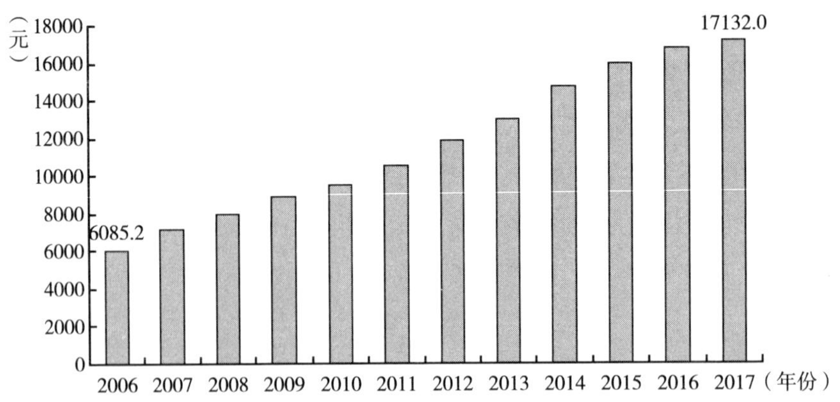

图3　2006～2017年东北三省城乡居民收入差距

数据来源：根据《中国统计年鉴》数据整理。

但与全国其他地区比较，东北地区城乡居民收入差距最小。从全国情况来看，城乡居民收入差距最大的是东部地区，其他依次是西部地区、中部地区、东北地区，而且收入差距在不断扩大。2016 年，全国城乡居民收入差距为 21253 元；东部地区为 24153 元，高出全国平均水平 2900 元；中部地区为 17130 元，收入差距低于全国平均水平 4123 元；西部地区为 18691 元，低于全国平均水平 2562 元；东北地区为 16771 元，低于全国平均水平 4482 元（见图 4）。

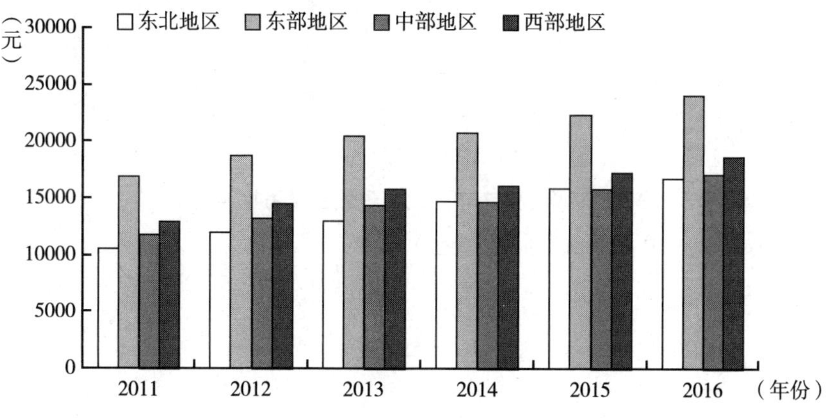

图 4　2011～2016 年全国地区城乡居民收入差距对比

数据来源：根据《中国统计年鉴》数据整理。

从东北地区各省看，城乡居民收入差距不断扩大，趋向比较明显的是辽宁省。2006 年，辽宁、吉林、黑龙江三省的城乡居民收入差距在 6000 元左右；到 2017 年，辽宁省城乡居民收入差距扩大到 21246 元，吉林省扩大到 15369 元，黑龙江省扩大到 14781 元（见图 5）。

（四）东北三省之间农村居民收入差距扩大

近几年来，辽宁省农村居民收入保持稳定增长，高于全国平均水平。黑龙江省农村居民收入增长速度下滑，在全国排名逐步靠后，由 2013 年之前所保持的第 10 位下滑到 2017 年的第 18 位，并与辽宁省之间的差距拉大。从 2011 年至 2017 年，吉林省农村居民收入与辽宁省之间的差距保持在 1000 元以下；黑龙江省与辽宁省的差距从 2011 年的 707 元扩大到 2017 年的 1082 元，扩大趋势显现（见图 6）。

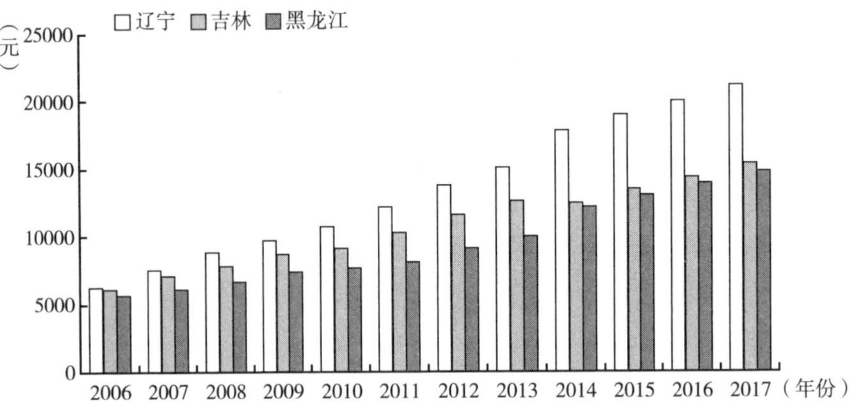

图5　2006～2017年东北三省城乡居民收入差距

数据来源：根据《中国统计年鉴》数据整理。

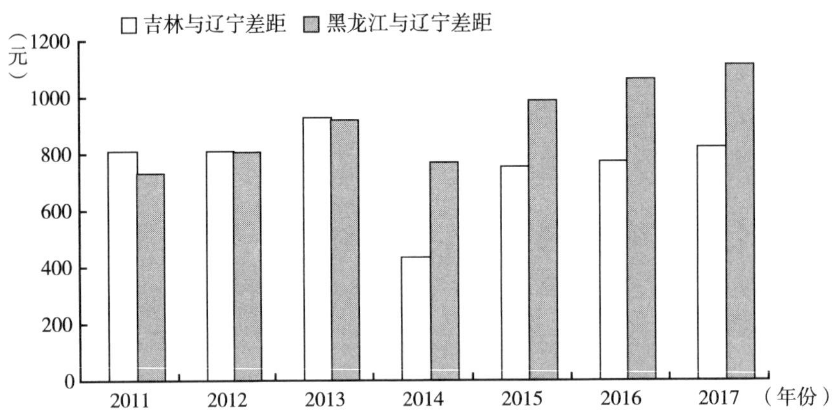

图6　2011～2017年东北三省农村居民收入差距

数据来源：根据《中国统计年鉴》数据整理。

二　东北三省农村居民收入增长缓慢的影响因素分析

从东北三省农村居民收入来源的构成看，影响农村居民收入增长速度的因素主要是工资性收入和经营净收入。

（一）工资性收入比重偏低影响收入增长

随着城乡一体化进程加快，东北三省城乡融合发展使得农村居民的工资性收入越来越成为其重要的收入来源。辽宁省农村居民工资性收入比重高于其他两省，近几年来都保持在39%左右，2017年为38.8%；吉林省为19%左右，2017年为23.3%；黑龙江省为20%左右，2017年为22.4%。与全国平均水平的40%～45%相比，工资性收入的比重过低成为东北三省农民收入增长的制约因素。

一是农民工省内就业比重高，影响工资收入增长。国家统计局发布的《2017年农民工监测调查报告》显示，2017年东北地区省内流动的农民工占76.4%，大部分的农民工选择在工资整体水平偏低的本省就业，影响了农民工工资性收入增加。

二是农民工从事行业的工资水平偏低，影响其工资性收入增长。制造业、建筑业、住宿和餐饮业、居民服务、修理和其他服务业是农民工就业集中度比较高的行业。从行业收入角度来看，农民工所从事的是低工资水平的行业，很难达到高薪收入。

三是农民工自身学历较低，影响工资性收入增长。根据国家统计局的数据，2017年，农民工高中文化程度的占17.1%，大专及以上占10.35%。东北三省的情况大体相当，以吉林省为例，农民工高中文化程度占11.9%，大专及以上文化程度的占10.7%，初中及以下文化水平的占77.4%①。尽管东北三省加强对进城务工农民工的职业技能培训和就业创业指导，但受训比重偏低。吉林省进城务工的农民工只有5.4%接受过职业指导，6.4%接受过就业训练，3.6%接受过社区就业岗位开发服务，2.1%的自主就业农民工接受过政府提供的创业服务②。缺少专业技能和文化技术素养，导致农民工

① 孟歆迪、茅恒昌、郎利锋、范银超：《吉林省农民工现状调查》，《吉林日报》2017年7月13日，第5版。

② 孟歆迪、曲蔎、茅恒昌、范银超：《吉林省农民工，生活怎么样?》，《吉林日报》2017年9月27日，第4版。

只能从事劳动强度高、工资水平较低的职业。

四是农民工就业的稳定性不强，影响工资收入增长。目前，农民工本地就业和外地就业不稳定是普遍现象，《吉林省农民工现状调查》监测数据显示，本、外地农民工从事当下工作的平均年限为3.1年和5.6年，频繁的职业更换，影响了农民工就业的稳定性，进而影响其工资性收入的可持续增长。

（二）经营净收入下滑影响收入增长速度提升

辽宁省农村居民人均可支配收入的近50%是经营净收入，吉林省和黑龙江省在60%以上。近年来，东北三省农村居民经营净收入出现了不稳定情况，增长速度波动较大，吉林和黑龙江两省2016年出现了负增长。2017年，辽宁省农村居民经营净收入增长2%，高于上年1个百分点；吉林省降幅比上年缩减了1.6个百分点，但仍为负增长（-2.1%）；黑龙江省比上年增长了4.2%（见图7）。

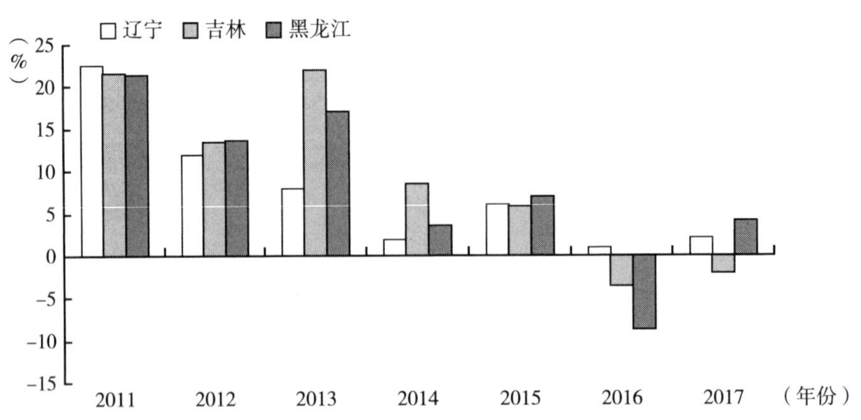

图7　2011～2017年东北三省农村居民经营净收入增长情况

资料来源：根据《辽宁统计年鉴》《吉林统计年鉴》《黑龙江统计年鉴》数据整理。

经营净收入在东北地区农村居民人均可支配收入中所占比重较大，是拉动农村居民收入增长的主要力量，而经营净收入拉动力不强会直接影响农村居民收入增长速度提升。

一是农产品生产价格下滑，影响经营净收入增长。2017 年，在全国各省农产品生产价格全面下滑的情况下，东北三省降幅最大。2017 年，辽宁省农产品生产价格下降了 6.4%，全国排名第 29 位；吉林省下降了 7.4%，全国排名第 30 位；黑龙江省下降了 4.1%，全国排名第 27 位。近年来，国家粮食价格补贴政策的变化，尤其是玉米“价补分离”制度的改革，使粮食价格受市场价格波动的影响越来越大。2017 年，三省的畜产品价格出现下滑态势，除辽宁省小幅上涨 0.1%，吉林和黑龙江两省畜产品价格降幅较大，分别为 4.1% 和 7.4%。黑龙江省物价局发布的报告显示，2017 年全省畜禽产品价格整体走低，生猪出栏价较上年下降 19.2%，低于全国平均价格 1.9%，生鲜乳品收购价比上年同期下降 3.3%[①]。

二是农业生产成本上升，挤压经营收入空间。东北三省农业生产资料价格在 2017 年全国各省全面上扬的情况下有涨有降，辽宁省较上年上涨 0.3%，吉林省下降 2.1%，黑龙江省上涨 0.6%。在几项主要的农业生产资料机械化农具、饲料、化肥和农药当中，机械化农具价格上涨幅度最大，辽宁、吉林、黑龙江分别上涨 0.8%、5.2%、1.1%；而降幅较大的为饲料价格，三省分别下降了 1.5%、7%、2.5%。尽管饲料价格下降，但由于畜产品价格下降的幅度远大于原料价格下降幅度，因此，畜产品收入空间仍很狭小。以黑龙江省为例，2017 年畜产品价格降幅比饲料价格降幅高 4.9 个百分点。

三是粮畜产品产量增速放缓，影响农民经营性收入增长。东北三省农村居民经营性收入的 70% 以上来自第一产业，农林牧渔业产品产量直接影响农民经营性收入规模。近几年来，东北三省粮食连年丰收，但增收的速度放缓，辽宁省在 2014 年粮食产量大幅下降 20%，2015 年强势增长 14.2%，之后的两年增长速度又呈现下降趋势。2016、2017 两年黑龙江省

① 《2017 年黑龙江省主要畜禽产品价格整体走低》，凤凰网黑龙江省频道，https://ihlj.ifeng.com/6335554/news.shtml?srctag=pc2m&back。

进行“一减七增”的种植结构调整，导致粮食产量略减，粮食产量增速下滑（见图8）。

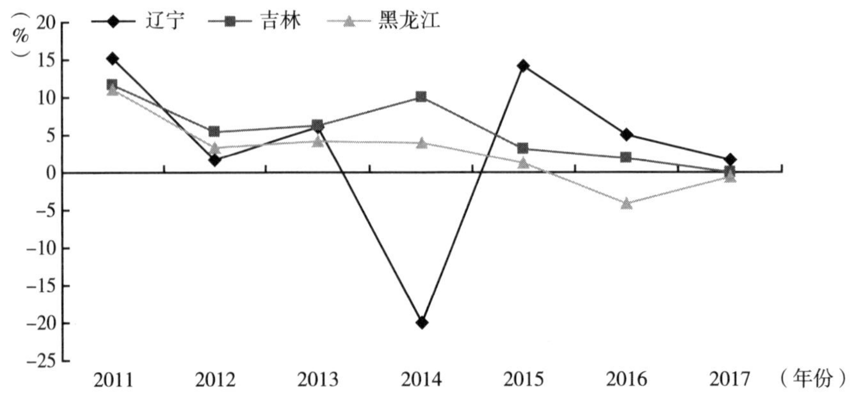

图8　2011～2017年东北三省粮食产量增长情况

资料来源：根据《辽宁统计年鉴》《吉林统计年鉴》《黑龙江统计年鉴》数据整理。

从畜牧业生产情况看，由于受进口猪肉价格的冲击，东北三省畜产品产量呈现不断下降趋势。黑龙江省2016、2017两年畜产品产量缓慢增长，分别为1.1%和4.1%；辽宁和吉林两省为负增长（见图9）。

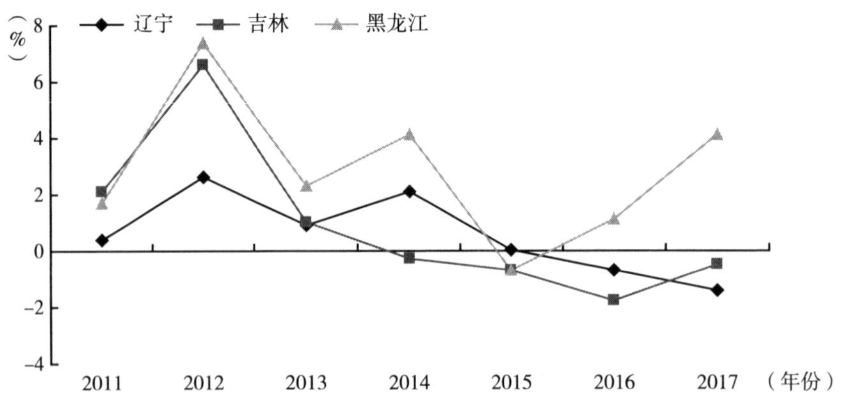

图9　2011～2017年东北三省畜产品产量增长情况

资料来源：根据《辽宁统计年鉴》《吉林统计年鉴》《黑龙江统计年鉴》数据整理。

三　东北三省农村居民收入增长趋势

2018年东北三省农村居民收入仍将延续缓慢增长的走势，经营净收入占比仍会保持在50%以上，工资性收入不会低于上年水平，转移性收入会随着国家社会保障力度加大而小幅上涨。

（一）政策利好，助力农村居民收入增长

2018年中央一号文件与以往相比创新之处在于更加注重“保障”和“提升”，即更加注重保障农民的承包权、使用权、分配权和转让权，权益保障是农民增收的前提；同时更加注重扶持小农户发展设施农业、生态农业，改善农业生产设施和条件，提升小农户生产能力，拓展增收空间。一系列的惠农政策的改革和实施，让农民增收有望。

一是粮食补贴差异化政策，既普惠又补强，为农民收入提供保障。2018年东北三省粮食补贴的优化结构、绿色生态、三产融合政策导向明显，对于秸秆还田、“三减”行动、深松耕地等积极的农户实施优先补贴，并对撂荒地、劣质耕地等严格限制补贴，保障农业可持续发展和农民的长远利益。

二是农民工返乡创业创新政策，培育新型职业农民，增强农民增收能力。为促进农民增收，在国家政策框架下，东北三省相继出台了关于支持农民工返乡创业的政策实施方案，辽宁省在2017年出台了《关于支持返乡下乡人员创业创新　促进农村一二三产业融合发展的实施意见》，支持农民工返乡创业创新，促进农村产业融合发展，从市场准入、金融扶持、财政支持、平台建设、就业培训、信息技术等多方面为创业就业农民工提供全方位的服务；吉林省2018年伊始就开展了农民工创业就业的“春风行动”，对农民工进行创业创新的政策解读、技能培训等，树立创业典型并进行经验交流，让返乡的农民工想创业就能创业，能创业就能创成业；黑龙江省从突出农民工返乡创业的种植业、养殖业、农产品加工业、互联网＋农业（流通

业）、农业社会化服务业、乡村休闲旅游餐饮业、林下经济、劳务产业八个重点领域给予政策支持。三省在农民工本地创业就业方面提供宽松的社会环境、良好的政策扶持、公平的竞争平台和到位的社会服务，为农民增收创造条件。

（二）农业产业融合发展，拓宽农民增收渠道

2018 年，东北三省将继续着力进行农业现代化体系建设，重点将把促进农民增收摆在突出位置，“向结构调整要收入”，“向新产业新业态要收入”，“向提质增效要收入”[①]。2018 年，辽宁省将继续以农业供给侧结构性改革为主线，坚持“质量兴农、绿色兴农、品牌强农”策略，支持现代农业示范带建设，以“实施农产品加工业提升行动”提升农产品加工业主的经营收入[②]；吉林省要继续“推进农业由增产导向转向提质导向，着力构建现代农业‘三大体系’，即调整优化现代农业产业体系，强力提升现代农业生产体系，创新完善现代农业经营体系”[③]；黑龙江省强调，要“加快‘农头工尾’‘粮头食尾’建设，依托绿色生态农业基础大力发展食品和农副产品加工业，努力推动食品和农副产品加工业成为能源工业下降后的第一支柱产业”，“推动农业由增产导向转向提质导向，调出好结构、卖出好价格”[④]。

农业企业政策优惠、产业新业态，加快了新旧动能转换，为企业创造了更大的成长空间。2018 年上半年，黑龙江省设施农业增加值达 80.1 亿元，比上年同期增长 7.2%[⑤]；农业企业增值税改革，惠及了整个农业产业链条，促进农业企业稳中向好发展。

---

① “2018 年吉林省农村工作会议”，2018 年 2 月 22 日。

② 唐一军：《2018 年辽宁省政府工作报告》。

③ “2018 年吉林省农村工作会议”，2018 年 2 月 22 日。

④ 《实施乡村振兴战略建设农业强省　奋力开创新时代三农工作新局面》，《黑龙江日报》2018 年 2 月 12 日。

⑤ 《上半年全省宏观经济运行总体平稳》，黑龙江省统计局网站，http：//www.hlj.stats.gov.cn/tjfx/sjtjfx/201808/t20180801_64192.htm。

（三）农产品价格波动，影响农民收入稳定

农产品市场价格波动连锁反应最大的是农民收入的不稳定。2018 年，国际经济形势发生了新变化，中美贸易战中农产品关税相互掣肘，引发全球农产品市场震荡，引起国内农产品价格波动已成必然。对东北三省影响最大的可能将会是生猪、大豆、玉米和高粱等农产品品种，“未来如果对大豆、玉米及高粱等农作物加征关税，则会影响生猪上游饲料成本的价格”，“大豆和高粱加征关税会导致饲料成本的提升，养殖利润进一步压缩”①。另外，我国大豆进口依赖度高达 86%，如果美国大豆受限，增加巴西、阿根廷大豆进口价格会逼涨，可能会导致国内大豆价格上扬。

（四）加大保障，提高农村贫困群体收入

社会保障是农村居民收入的稳定器，近几年来，随着国家社会保障体系的不断完善，农村社会保障的覆盖面不断扩大，保障标准不断提升。尤其是对农村贫困群体的基本生活保障，要“放在优先位置”考虑。根据《国务院办公厅关于加强困难群众基本生活保障有关工作的通知》（国办发〔2017〕15 号）要求，东北三省分别出台了本省的“关于加强困难群众基本生活保障有关工作”的文件，加大省级财政统筹力度，确保政府的投入只增不减，保障农村贫困群体的转移性收入的增加。同时，在财政支出压力加大情况下，保障农村转移支付力度，不断提高农村居民的医疗、养老和最低生活保障支付标准，保障了农村居民收入的稳定性。2018 年，除了上调农村养老金标准、医疗保险报销比例等，还将采取“贫困劳动力就业帮扶”“农村订单定向医学生免费培养”等行动，保障农村贫困家庭和需要大额支出教育经费的农村家庭的收入稳定。

① 《中美贸易战对农产品市场影响分析》，搜狐网，https://www.sohu.com/a/227760552_361162。

B.30 东北三省就业现状与对策研究

王 磊 姚明明*

摘 要： 增加就业、减少失业是政府宏观调控的四大目标之一。在全面建成小康社会的关键时期，就业问题不仅是重要的经济问题，也是与民生紧密相关的社会问题。近年来，东北三省GDP增速出现下滑、供给侧结构性改革深入推进，稳增长、保就业、促民生成为共性的调控目标。本文从就业的宏观视角，对东北三省社会劳动力在经济活动中的配置数量、结构、质量和状况进行了形势分析与问题剖析，并提出了促进就业和妥善处理结构性问题的对策与建议，以期促进东北三省的就业增长和就业质量提高。

关键词： 东北三省 就业现状 结构性失业

就业是民生之本，也是各地政府关注的重要社会问题。对东北三省就业现状和存在的问题进行分析与研究，有利于把握东北三省就业的总体趋势和形势，有利于妥善应对失业问题、保障民生和促进社会稳定。

一 东北三省就业形势分析

（一）就业总体规模下降

从东北三省就业总人数的变化趋势看①，自2007年至2014年，三省均

* 王磊，辽宁社会科学院社会学所所长，研究员，主要研究方向为社会保障与社会政策；姚明明，辽宁社会科学院社会学研究所助理研究员，主要研究方向为国民经济学。

① 受数据收集限制，本文研究中不包含2011～2013年就业相关数据，下同。

呈现就业稳定增长的走势。到了2015年，辽宁和黑龙江就业总规模出现下降，吉林就业总量虽未下降但增长速度略有放缓。2016年，辽宁就业总人数进一步下降到2301万人，同比减少108.7万人，黑龙江就业总人口略有回升，同比增加63.6万人，吉林略增21.1万人，三省就业总人口为5880.2万人，低于2015年的5904.2万人，总体就业规模下降了24万人。从就业总规模看，虽然辽宁省连续两年呈下降趋势，但就业总量仍高于黑龙江和吉林两省，吉林省就业总量于2015年首次超过1500万（见图1）。

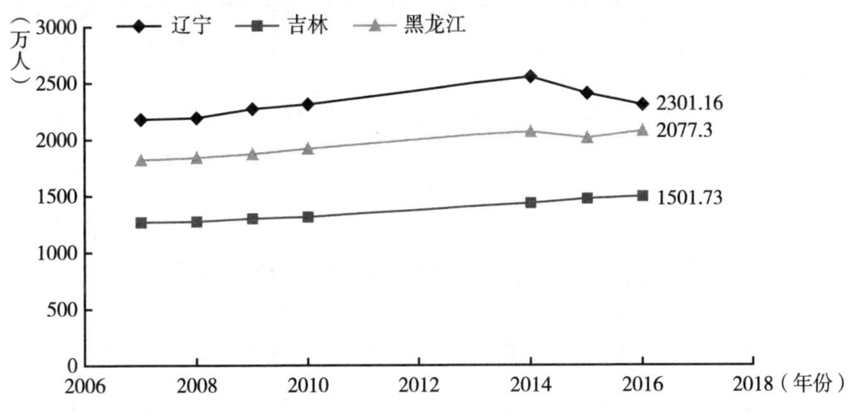

图1　近年来东北三省就业规模变化

数据来源：《辽宁统计年鉴2017》《吉林统计年鉴2017》《黑龙江统计年鉴2017》。

（二）第三产业的用人需求占主体地位

根据就业人口在三次产业的分布，从不同省的就业结构看，在2007～2016年（2014年除外），辽宁省就业人口规模从高到低依次为第三产业、第一产业和第二产业，即“三一二”就业结构；吉林省和黑龙江于2014年实现了就业结构向“三一二”的转变。数据表明第三产业在东北三省的用人需求中占据了主体地位，提供了更多的就业岗位，第三产业成为吸纳就业的主要部门。但也应注意到，对黑龙江省而言，第二产业吸纳人口就业的能力在持续减弱，辽宁省在2015年和2016年也有所下降（见图2）。

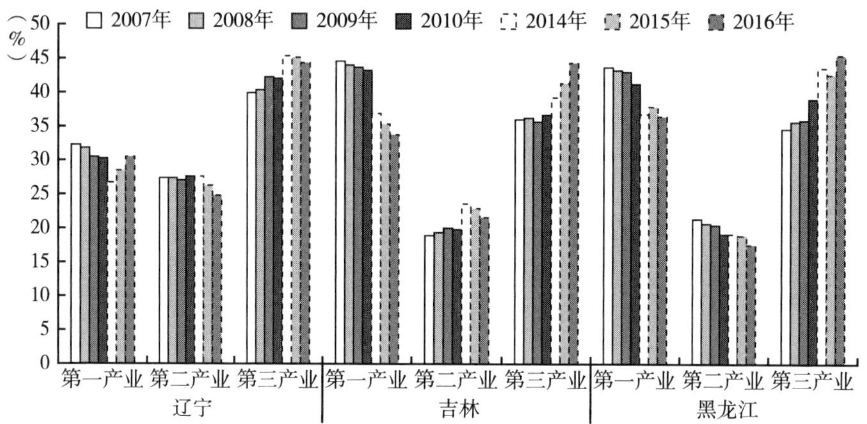

图2　近年来东北三省三次产业就业比例变化趋势

数据来源：《辽宁统计年鉴2017》《吉林统计年鉴2017》《黑龙江统计年鉴2017》。

（三）城镇登记失业率基本稳定，创业带动就业效果显现

以辽宁省为例，2017年，辽宁大众创业、万众创新蓬勃发展，新登记市场主体225.8万户，注册企业54.5万户①。2018年前6个月，全省城镇新增就业47.9万人，完成全年目标71.4%；全省城镇登记失业人数43.7万人，城镇登记失业率3.88%，比4.5%的年度控制目标低0.62个百分点，比2017年全年城镇登记失业率高0.08个百分点（见表1）。按产业分类，第一产业就业0.9万人，第二产业就业10.1万人，第三产业就业25.0万人，分别占新增就业总数的2.4%、28.0%和69.5%，第三产业成为吸纳就业的主要渠道。

吉林省城镇登记失业率稳定在3.5%左右，城镇登记失业人数连续两年（2015~2016年）保持在23.9万人（见表1）。失业人数及失业率基本保持稳定。在创业带动就业方面，一方面注重载体建设，包括举办创业创新大赛、创业成果展、投融资对接活动，同时加强平台监管网络创业培训，搭建

① 唐　军：《政府工作报告》，《辽宁日报》2018年2月2日。

创业就业服务云平台，不断提高“互联网+公共就业服务”的效率，推动双创与就业相互促进；另一方面，注重业务整合和创业促进就业专项资金使用管理，精简经办层级，简化流程，做好就业管理权限分配，加强对创业创新项目执行、资金使用动态管理，强化就业服务意识，让服务对象“只跑一次”。

表1 2007～2018年东北三省城镇新增就业、城镇登记失业人数及登记失业率

单位：万人，%

年份	辽宁			吉林		黑龙江	
	城镇新增就业	城镇登记失业人数	城镇登记失业率	城镇登记失业人数	城镇登记失业率	城镇登记失业人数	城镇登记失业率
2007	122.4	44.5	4.4	23.9	3.9	31.5	4.3
2008	112.6	39.0	3.8	24.3	4.0	32.1	4.2
2009	114.0	41.6	3.9	23.5	4.0	31.4	4.3
2010	115.6	39.5	3.7	22.7	3.8	36.2	4.3
2011	105.4	39.4	3.7	22.2	3.7	35.0	4.1
2012	103.7	38.1	3.6	22.3	3.7	41.3	4.2
2013	102.2	39.6	3.4	22.6	3.7	41.4	4.4
2014	101.7	41.0	3.4	23.2	3.4	39.9	4.5
2015	83.9	46.2	3.4	23.9	3.5	41.0	4.5
2016	81.3	47.3	3.8	23.9	3.5	39.6	4.2
2017	44.8	—	3.8	—	3.5	—	4.2
2018	47.9*	43.7*	3.88*	—	—	—	—

注：*数据为辽宁省公布的2018年上半年初步统计数据。

数据来源：《辽宁统计年鉴2017》《吉林统计年鉴2017》《黑龙江统计年鉴2017》《2017年黑龙江省国民经济和社会发展统计公报》《2018年吉林省人民政府工作报告》《2018年辽宁省政府工作报告》。

黑龙江省大力推动科技人员、农民、大学生、城镇转移就业职工等群体参与全社会创新创业，以创业带动就业。根据黑龙江省政府2018年政府工作报告，2017年全省实有市场主体扩大到210.9万户，新成立的科技型企业超过1万家，其中，有2037家科技型企业实现主营业务收入500万元以上。创业大学生规模不断增长，从2014年的1543人增加到

2017 年的 16111 人，同时，大专以上毕业生留省就业率达到 67.1%。城镇转移职工就业方面，主要是对国企富余职工进行分流，或鼓励自主创业就业。以龙煤集团为例，实现分流富余职工 4.1 万人、创业就业人员 2.6 万人。

（四）重点行业用工需求回暖，有望拉动就业增长

以辽宁省为例，重点行业用工需求普遍上升，成为辽宁省就业增长的重要拉动力。2018 年上半年，人力资源市场供求两旺，用人单位招聘各类人员 130.1 万人，登记求职人员 114.1 万人，求人倍率为 1.14，同比上升 0.17，就业岗位供大于求。12 个重点行业中 10 个行业用工人数同比增长，其中租赁和商务服务业同比上升 52.4%，房地产业同比上升 27.8%，交通运输仓储和邮政业同比上升 27.3%，石化工业同比上升 27.2%，冶金工业同比上升 22.7%，信息传输计算机服务和软件业同比上升 20.2%。

（五）东北三省城乡就业结构分化明显

从城乡就业结构看，黑龙江省于 2012 年实现了城市就业人口（1039.3 万人）超过农村就业人口（988.5 万人），早于辽宁省。辽宁省于 2013 年实现城市就业人口（1301.8 万人）大于农村就业人口（1217.8 万人），但是在 2015 年城镇就业人口（1195.1 万人）开始低于农村就业人口（1214.8 万人），2016 年仍然保持了这一态势。吉林省城镇就业人口从 2013 年开始增幅扩大，并于 2016 年接近农村就业人口（752.3 万人），城市就业人口仅少于农村就业人口 2.8 万人。从东北三省城乡就业人口的数据变化中仍可以看出，在 2016 年，黑龙江省城市就业人口规模首次超过辽宁省城市就业人口规模。东北三省城市就业人口与农村就业人口的结构变化十分明显，而且变化趋势已经发生分化，即东北三省农村就业人口基本保持稳定，辽宁省城市就业人口持续下滑，黑龙江和吉林两省城市就业人口不断增加（见图 3）。

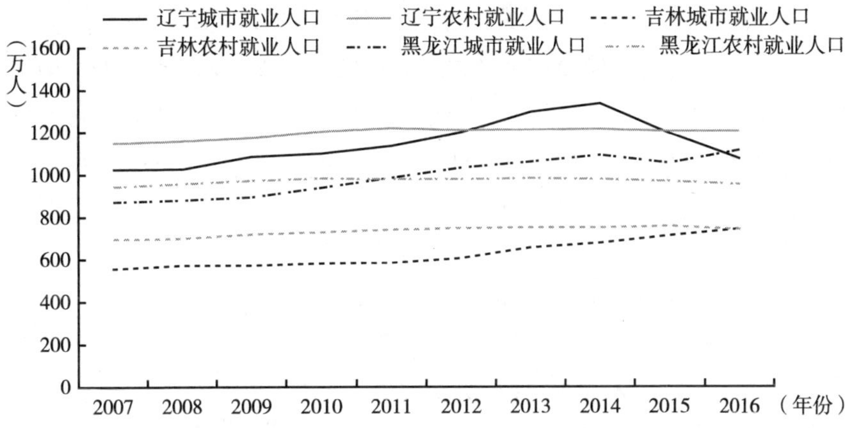

图 3　2007～2016 年东北三省城乡就业人口变化

资料来源：《辽宁统计年鉴 2017》《吉林统计年鉴 2017》《黑龙江统计年鉴 2017》。

二　当前东北三省劳动就业存在的困难及挑战

（一）产业结构与就业结构不平衡

产业结构偏离度，是指三次产业增加值的比重与三次产业就业占比之比减掉 1 之后的差值。具体由下式表示：

$$IS_i = \frac{G_i}{E_i} - 1$$

其中，IS_i 表示 i 产业结构偏离度，用 G_i 表示产业总产值占 GDP 的比重，E_i 表示 i 产业就业人数占总就业的比重。结构偏离度反映了产业结构与就业结构的平衡关系，如果结构偏离度大于零，说明对应产业部门产值占比大于就业占比，表现为“高增长低就业”，就业不充分；如果结构偏离度小于零，说明对应产业部门产值占比小于就业占比，表现为“低增长高就业”，有就业向外转移的压力；如果偏离度等于零或接近零，则表明产业结构与就业结构均衡。并且，结构偏离度的绝对值越大，产业结构和就业结构越不均衡。

辽宁省第一产业保持绝对值在0.7左右的结构偏离度，且具体值为负值，表明第一产业存在明显的劳动力就业过度的问题；第二产业的结构偏离度有下降趋势，表明就业结构与产业结构的平衡性在改善，但第二产业仍有吸纳劳动力就业的潜力；第三产业的结构偏离度维持在 -0.12 ~0.16，基本趋于均衡（见表2）。

表2　2007～2016年辽宁省产业结构偏离度情况

年份	产业结构偏离度			对应年度结论
	第一产业	第二产业	第三产业	
2007	-0.69	0.81	0.001	第一、第二产业不均衡、第三产业产均衡
2008	-0.71	0.91	-0.06	第一、第二产业不均衡、第三产业相对均衡
2009	-0.70	0.92	-0.08	第一、第二产业不均衡、第三产业相对均衡
2010	-0.71	0.96	-0.12	第一、第二产业不均衡、第三产业相对均衡
2014	-0.71	0.82	-0.08	第一、第二产业不均衡、第三产业相对均衡
2015	-0.71	0.73	0.02	第一、第二产业不均衡、第三产业均衡
2016	-0.68	0.56	0.16	第一、第二产业不均衡、第三产业相对均衡

资料来源：根据《辽宁统计年鉴2017》整理所得。

吉林省第一产业的结构偏离度与辽宁省类似，产业结构与就业结构不均衡，存在就业过度的问题；第二产业的结构偏离度连年超高，第二产业产值占比与就业占比严重不匹配，形成了“严重高产值低就业”的不均衡状况；第三产业的结构偏离度维持在 -0.08 ~0.06，比辽宁省更加均衡（见表3）。

表3　2007～2016年吉林省产业结构偏离度情况

年份	产业结构偏离度			对应年度结论
	第一产业	第二产业	第三产业	
2007	-0.67	1.44	0.06	第一产业不均衡、第二产业严重不均衡、第三产业相对均衡
2008	-0.68	1.45	0.03	第一产业不均衡、第二产业严重不均衡、第三产业均衡
2009	-0.69	1.41	0.05	第一产业不均衡、第二产业严重不均衡、第三产业相对均衡
2010	-0.72	1.59	-0.02	第一产业不均衡、第二产业严重不均衡、第三产业均衡

续表

年份	产业结构偏离度			对应年度结论
	第一产业	第二产业	第三产业	
2014	-0.70	1.22	-0.08	第一产业不均衡、第二产业严重不均衡、第三产业相对均衡
2015	-0.68	1.15	-0.06	第一产业不均衡、第二产业严重不均衡、第三产业相对均衡
2016	-0.70	1.19	-0.05	第一产业不均衡、第二产业严重不均衡、第三产业相对均衡

资料来源：根据《吉林统计年鉴2017》整理所得。

黑龙江省第一、二产业的结构偏离度在绝对值上逐步减小，第三产业却有增大的趋势，“两个向好，一个变坏”，即第一、二产业在产值和就业方面的均衡在逐步改善，而第三产业在向非均衡变化（见表4）。

表4　2007～2016年黑龙江省产业结构偏离度情况

年份	产业结构偏离度			对应年度结论
	第一产业	第二产业	第三产业	
2007	-0.71	1.41	0.01	第一产业不均衡、第二产业严重不均衡、第三产业均衡
2008	-0.70	1.50	-0.02	第一产业不均衡、第二产业严重不均衡、第三产业均衡
2009	-0.69	1.30	0.09	第一产业不均衡、第二产业严重不均衡、第三产业相对均衡
2010	-0.70	1.51	-0.01	第一产业不均衡、第二产业严重不均衡、第三产业均衡
2014	-0.53	0.92	0.05	第一、二产业不均衡、第三产业相对均衡
2015	-0.54	0.67	0.18	第一、二产业不均衡、第三产业相对均衡
2016	-0.53	0.61	0.19	第一、二产业不均衡、第三产业相对均衡

资料来源：根据《黑龙江统计年鉴2017》整理所得。

（二）“招工难”和“就业难”十分突出

长期以来，就业难和招工难的矛盾困扰着企业和东北三省的人社部门，特别是在东北三省经济增速下滑的艰难时期，有愈演愈烈的趋势，越来越多的大学生、低技能工种及传统行业再就业人员面临着就业难的问题，而企业对生产工人的需求缺口越来越大。这看似一个剪刀差或者叫作结构性矛盾，而实质是企业没有核心技术、求职者集体期望过高和技能水平较低的矛盾。

无论是国有企业还是民营企业，没有核心技术或核心竞争力，产品附加值低，就难以获得高额利润，自然难以发放高工资。企业只有通过低工资加超长劳动时间来获取利润，而低工资、超时劳动正是新生代劳动力所不能接受的，这就形成了招工难，而绝大多数中小微企业短时间内无力也无资金进行转型升级，无核心技术而处在制造产业链低端的企业最终只会因劳动力的缺乏走向关闭。

与此同时，求职者对工资的集体期望过高，是造成就业难的一个重要原因。辽宁省 2017 年公布的调查结果显示，刚毕业的大学生中 90% 以上的工资待遇集中在 2000 ~4000 元/月，高房价带动的各项生活成本的上涨，使求职者对工薪的预期不断提高。当达不到需要满足每月刚性支出的工资水平时，很多人特别是大学生就在观望、等待、寻觅中形成了就业难。

低技能者在失去传统行业的工作机会后，再就业面临诸多技能门槛，短期内又不能通过有针对性的技能培训实现专业技能提升，造成了就业难的局面。以辽宁省为例，就业市场对具有专业技能技术的劳动者求贤若渴，然而当前全省技能人才断层断档现象长期存在，高技能人才成长速度慢，且外流严重等问题，严重影响该省高技能人才的数量和质量，造成求人倍率与就业难群体规模的持续上升。

（三）就业总量和结构性矛盾并存

东北三省在经济增长乏力和产业结构深度调整的现阶段，用工需求与劳动供给之间既存在总量矛盾，也存在结构性矛盾。从东北三省近年来的就业人口总量看，吉林和黑龙江在增长，辽宁已经连续两年下降，该指标反映的只是已经处于就业状态的劳动人口，而不能反映处于摩擦性失业或结构性失业及新增就业需求的劳动人口规模。总体而言，东北三省的劳动供给仍处于高位。以高校毕业生为例，2017 年黑龙江省全省高校毕业生为 21.5 万人，仅省内求职毕业生就在 10 万人以上，中等职业教育的毕业生约 9 万人，加上退役军人 1.6 万人和近三年往届未就业各类毕业生 5 万人，本省待就业劳动人口达到 25.6 万人。2017 年辽宁省全省高校毕业生为 30.1 万人，高于 2016 年的 28.9 万人，吉林省高校毕业生约为 19 万人。

结构性矛盾主要来自各省产业结构调整导致经济增长的就业弹性下降。东北三省作为老工业基地，在国务院提出东北振兴后，不断调整优化产业结构，围绕“三去一降一补”主要任务推进供给侧结构性改革，围绕《中国制造2025》不断推动装备制造业向智能化、高端化方向发展，传统行业用人需求持续减少，同时也出现了高技术人才需求旺盛与低技能人才过度供给之间的矛盾，产业结构调整的步伐过快与人才培养效率较低之间的矛盾，造成产业增加值不断提高，但是由之带来的就业弹性却在下降，出现“无就业的增长”。

（四）就业服务信息化水平和就业质量不高

从农耕时代、工业时代、信息时代到现在我们所处的移动互联网时代，万变不离其宗的就是人。著名经济学家郎咸平曾讲过：“有人的地方就免不了出现信息不对称，信息不对称就会产生经济行为，而雇佣关系恰恰弥补了这一点。”在招聘中，用工方掌握了自身充分的信息，却无法知道应聘者的工作能力，这样就需要对应聘者进行考核，考核是需要时间的，这样就产生时间成本；而应聘者了解自身工作能力，却不能充分掌握用工者企业的背景、薪酬待遇、运营机制等，因此在选择上会处于观望态度，而观望需要时间，同样产生了时间成本。目前，东北三省均存在就业服务信息化整体水平不高，不能充分解决用工方与求职者的时间成本问题，特别是区县级人力资源市场普遍存在服务范围窄、服务效率低、服务成本高和就业质量差的问题。

因此，就业服务信息化建设，特别是基层就业服务信息化建设是解决求职者和用工单位信息不对称的重要途径，也是进一步提高就业质量，促进人力资源优化配置的重要方面。

三　促进东北三省就业的对策建议

（一）推进就业结构与产业结构均衡发展

在东北三省产业结构深入调整的关键时期，劳动密集型产业将向技术密集型产业调整升级，一方面既加大了对熟练劳动者的用工需求，并不断减少传统就业岗位；另一方面生产过程的机械化、自动化等也缩减了用工的总体规模，将不断出现高技术人才短缺与一般技术人才的过剩，劳动者素质不断提高成为技术升级的客观要求，最终造成现有劳动工人难以满足现有岗位需求，产业结构与就业结构发展不均衡的现象。因此，各地政府在进行产业结构调整、升级的过程中，应把就业优先战略放在突出位置，保持就业稳定仍然是产业结构调整的优先原则。特别是在目前经济内外双重夹击之下，更应强化宏观经济预调微调的就业导向，避免出现摩擦性失业、结构性失业的大规模增长，最终影响产业结构调整的实际成果。

（二）拓展新的经济增长点，并提防“无就业的增长”

战略性新兴产业是引导未来经济社会发展的重要力量，这是由于战略性新兴产业以创新为主要驱动力，辐射带动力强。同时，应密切关注新兴产业或经济新增长点对就业的吸纳、带动作用，理顺经济增长带动就业的内在逻辑，适时精准施策，促进产业发展与就业增长的同步实现。

同时，针对解决招工难和就业难的问题，首要的问题是要破解以房地产为增长点的难题，只有使房价等回归到适度水平，才能降低求职者各项生活成本，降低求职者对工薪的预期，让普通职工的工资能撑起一家人的生活支出。

（三）深入开展人本化、市场化就业培训

劳动者素质是劳动者开展工作、履行岗位职责的必要前提。从劳动者素质获得途径看，既包括长期实践中的经验，也包括特定的具体化培训活动。就业培训是劳动者提高业务技能水平，应对岗位客观需求的重要途径。只有深入开展人本化、针对性、市场化的就业培训，才能增强劳动者岗位适应能力，提升就业技能和应对就业市场变化。就业培训要以受训人的个人和市场技能需求为导向，既要把受训者塑造成意识到自己社会责任与义务的劳动者，也要不断提高劳动者自身就业能力与市场需求变化的适应性，把每一次就业培训作为对高层次就业的准备，或就业能力的储备或再配置。根据不同

就业需求，开展入门培训、就业前职业培训、在职培训、脱产培训、升级培训、失业人员再就业培训等。

（四）继续加大创业带动就业扶持力度

鼓励创新创业是扩大就业、促进劳动者创富增收的积极举措，也是培育发展新动能、助推经济转型升级的重要路径。深入开展新一轮创新创业行动计划，紧紧围绕国家鼓励“双创”的战略部署，结合东北三省创业的任务目标，聚焦新时代创新创业的形势变化、矛盾变化，更加注重改善创业企业的生产发展环境，改善营商环境，加大普惠式创业带动就业政策支持力度。如进一步规范创业带动就业专项资金管理办法、实施方案及效果评价，不断整合完善创业组织生活保险费补贴政策及房租补贴等政策，稳步推进创业激励政策的落实，提高创业成功率及带动就业的能力。

（五）加大招商引资、招才引智力度，解决结构性失业问题

结构性失业问题已经成为东北三省就业问题的突出方面。缓解结构性失业问题，就是要不断完善人才政策，把招商引资、招才引智作为振兴发展的重要举措。民营经济是带动就业增长和吸纳各类劳动群体的重要力量，也是巩固国有企业改革成果，弥补经济领域发展不足的重要市场主体，对促进地方经济增长具有重要作用。以招商引资为举措，不断完善公共服务体系建设，激发和保护企业家精神，改善营商环境和促进政府机关作风建设，着力解决民营企业蓬勃发展面临的突出问题和瓶颈问题，扭转“投资不过山海关”的负面形象。解决结构性失业问题，还要充分发挥招才引智的作用，实施综合的人才政策，在用好本地人才的同时，加快吸引一批技能人才、高端人才、前沿人才，既培育一批批优秀的企业家，也培养一批批“工匠人才”。

（六）就业信息传递现代化、社会化和高效化

各地政府要进一步适应就业信息网络化、社会化和高效化的趋势，加强就业信息系统建设，实现对本地区劳动者规模、具体用工需求、劳动者个人

信息及劳动者技能水平、就业状态等全方位的监测、协调和预测预警。依据劳动者登记信息系统，了解劳动者的就业状态和个人基本业务素质等；依据企业用人数据库，监测企业用工需求和用工质量；依据预警系统，协调监测劳动市场用工需求与劳动供给的匹配状况、劳动供求状况和失业变动状况。针对各个就业信息化系统组成部分，制定促进就业、优化劳动资源配置和应付高失业状况的预案和紧急措施，保持就业稳定和促进就业质量提高。

参考文献

1. 张刚、袁帅、张玉巧：《技术进步、产业升级与结构性失业》，《现代管理科学》2018 年第 5 期。
2. 王磊、姚明明：《经济新常态对灵活就业影响研究——以辽宁省为例》，《党政干部学刊》2017 年第 10 期。
3. 张弥：《创业带动就业的战略、体制和政策选择》，《福建论坛》（人文社会科学版）2017 年第 8 期。
4. 杨金梅：《释放创业带动就业“倍增效应”》，《人民论坛》2017 年第 2 期。
5. 姚明明、陈丹：《产业结构调整优化与就业结构转变分析——基于新结构经济学的视角》，《经济研究参考》2013 年第 65 期。
6. 蔡昉：《我国就业形势的新特点》，《财会研究》2011 年第 9 期。

B.31

东北三省职工基本养老保险现状及发展困境研究*

闫琳琳**

摘　要： 东北老工业基地在面临就业压力、人口老龄化等严峻挑战的过程中，建立完善社会保险事业显得尤为重要。东北三省职工基本养老保险制度经过多年的改革与发展，取得了突出成就，但目前也存在着制度发展问题及困境。本文梳理了东北三省职工基本养老保险发展历程，并根据制度的覆盖范围、制度抚养比、养老保险基金收支等指标对东北三省职工基本养老保险发展现状进行了衡量与分析，并对东北三省职工基本养老保险发展困境进行解读，在此基础上提出了分阶段、渐进式有重点推进全国统筹，将全国统筹纳入社会保障法律轨道，合理解决养老保险制度改革的历史欠账，进一步扩大养老保险制度覆盖面，建立合理的推迟退休年龄方案，建立综合配套的管理和服务体系等政策建议。

关键词： 东北三省　职工基本养老保险　发展困境

东北老工业基地在面临就业压力、人口老龄化等严峻挑战的过程中，建立完善社会保险事业显得尤为重要。从 2001 年开始东北三省开展完善城镇

* 本文是国家社会科学基金项目“基于收入再分配的养老保险全国统筹实现路径研究”（项目编号：15CRK001）部分研究成果。

** 闫琳琳，辽宁社会科学院社会学研究所博士，副研究员，研究方向为人口与社会保障。

社会保障体系试点工作，从 2004 年开始在东北三省全面展开社会保障制度改革，自此东北三省社会保障制度改革进入全面覆盖阶段。同时，根据党的十九大报告要求，加强社会保障体系建设，逐步完善城镇职工基本养老保险和城乡居民基本养老保险制度，扩大覆盖面，实现全面参保，尽快实现基本养老保险全国统筹。

一　东北三省职工基本养老保险发展历程

改革开放以前，我国长期实行的养老保障体系是与计划经济相适应相统一的保障体系。随着社会主义市场经济体制的发展，逐步建立起了与市场经济体制相适应的社会养老保障体系。改革开放四十年来，职工养老保险体系在理论基础、政府方案、政策设计和实施效果上都取得了很大的成绩。

一是确立了城镇企业职工养老保险制度模式，实现了由企业保障转向社会保障的本质变革，从根本上突破了传统的单位保障格局。目前，东北三省城镇企业职工基养老保险制度实行的是社会统筹与个人账户相结合的制度模式，城镇企业职工养老保险社会统筹账户实行现收现付的财务模式，城镇企业职工养老保险个人账户实行完全积累的财务模式。2001 年 7 月 6 日，辽宁省人民政府印发关于《辽宁省完善城镇企业职工基本养老保险制度实施办法（试行)》的通知，规定了城镇企业职工基本养老保险试点地区的城镇职工基本养老保险运行模式和改革方案。2004 年，按照《国务院办公厅关于在吉林和黑龙江进行完善城镇社会保障体系试点工作的通知》（国办函〔2004〕19 号）的规定，吉林省和黑龙江省分别就城镇企业职工养老保险试点相关工作制定了《吉林省完善城镇社会保障体系试点实施方案》和《黑龙江省完善城镇社会保障体系试点实施方案》。2005 年，国务院颁布了《关于完善企业职工基本养老保险制度的决定》（国发〔2005〕38 号）等文件，将试点经验及制度模式扩大到全国。东北三省职工基本养老保险正是通过不断完善养老保险制度，使职工基本养老保险覆盖面逐步扩大，建立了多层次的职工基本养老保障体系。

二是深化机关事业单位改革，在维护公平公正、促进经济社会可持续发展方面发挥了重要作用。2015 年，东北三省社会保障事业重要的改革方案和举措相继出台。辽宁省出台了《辽宁省人民政府关于机关事业单位工作人员养老保险制度改革的实施意见》（辽政发〔2015〕48 号），吉林省出台了《吉林省机关事业单位工作人员养老保险制度改革实施办法》（吉政发〔2015〕39 号），黑龙江省出台了《黑龙江省人民政府关于印发黑龙江省机关事业单位工作人员养老保险制度改革实施办法的通知》（黑政发〔2015〕30 号）。东北三省分别出台的实施意见，是对长期以来存在的养老金“双轨制”的重要改革，充分体现了公民权利与义务对等原则，是切实维护社会公平与效率，正视解决社会矛盾，促进经济社会可持续发展的重要体现。

东北三省职工基本养老保险制度经过多年的改革与发展，整合了城镇职工与机关事业单位工作人员的养老保险制度，与城乡居民养老保险制度一起构成了中国养老保险的制度框架，构成了多层次的职工基本养老保障体系，不仅切实保障了东北三省人民群众的基本物质生活，而且使百姓生活更加便捷舒适，安全感和幸福感得到有效提升，全方位多角度的社会保障综合体系正在不断得到巩固和提高。

二　东北三省职工基本养老保险发展现状

东北三省职工基本养老保险经过多年的改革，要评价与分析其制度发展的优劣，应该围绕制度是否有助于实现熨平生命周期、预防风险、消除老年贫困等目标，考察制度的可负担性和可持续性，即世界银行提出的养老保险制度要实现水平充足、负担合理、财务可持续以及制度稳健运行。本文据此采用职工基本养老保险覆盖范围、职工基本养老保险制度抚养比、职工基本养老保险基金收支等指标进行衡量。

（一）职工基本养老保险覆盖水平区域内差异较大

近年来，东北三省职工基本养老保险覆盖范围不断扩大，待遇水平不断提升，有效保障了人民群众共享经济发展成果。城镇养老保险制度的覆盖范围不断扩大，除了原有制度规定的保障对象之外，城镇化过程中出现的农民工和失地农民等社会群体，也可以自由选择参加城镇基本养老保险。至2016年年末，辽宁省参加城镇基本养老保险人数为1800.3万人，比2008年增加394.06万人，增长28.02%；吉林省参加城镇基本养老保险人数为706.83万人，比2008年增加181.57万人，增长34.57%；黑龙江省参加城镇基本养老保险人数为1144.14万人，比2008年增加286.35万人，增长33.38%（见表1）。

表1　2008～2016年东北三省职工基本养老保险参保人数及制度覆盖面分析

单位：万人，%

年份	参保人数			覆盖面		
	辽宁	吉林	黑龙江	辽宁	吉林	黑龙江
2008	1406.24	525.26	857.79	54.27	36.10	40.48
2009	1457.4	554.26	920.34	55.63	37.94	43.35
2010	1496.9	599.5	952.2	55.09	40.92	44.62
2011	1556.61	617.47	981.02	55.45	42.06	45.29
2012	1609.24	632.18	1012.99	55.86	42.80	46.42
2013	1729.47	655.19	1062.06	59.29	43.94	48.25
2014	1769.18	676.66	1090.1	60.09	44.84	49.02
2015	1780.16	693.63	1118	60.30	45.54	49.89
2016	1800.3	706.83	1144.14	61.05	46.20	50.87

注：城镇基本养老保险覆盖面＝城镇基本养老保险参保人数/城镇人口数。

资料来源：根据《辽宁统计年鉴》（2006～2014年），中国统计出版社；《吉林统计年鉴》（2006～2014年），中国统计出版社；《黑龙江统计年鉴》（2006～2017年），中国统计出版社；国家统计局网站统计数据库中相关数据整理计算。

根据世界银行的观点，职工基本养老保险需要逐步扩大覆盖面，尽可能地为从事各种经济活动（正规就业和非正规就业）的人员提供养老保障。2016年辽宁省职工基本养老保险的覆盖面达到61.05%，吉林省和黑龙江省仅为46.2%和50.87%，职工基本养老保险的覆盖水平还很低。

（二）制度抚养比上升，制度的财务可持续性不容乐观

从制度抚养比来看，2016 年辽宁省城镇职工基本养老保险参加人数为 1800.3 万人，其中在职职工为 1120.55 万人，离退休人员为 679.75 万人；吉林省城镇职工基本养老保险参加人数为 706.83 万人，其中在职职工为 420.14 万人，离退休人员为 286.69 万人；黑龙江省城镇职工基本养老保险参加人数为 1144.14 万人，其中在职职工为 655.6 万人，离退休人员为 488.54 万人（见表 2）。从三个省份近年发展趋势来看，养老保险制度抚养比上升问题较为突出，其中，辽宁省职工基本养老保险离退休人员与在职职工的比值由 2008 年的 44.03∶100 增加到 2016 年的 60.66∶100；吉林省职工基本养老保险离退休人员与在职职工的比值由 2008 年的 42.01∶100 增加到 2016 年的 68.24∶100；黑龙江省基本养老保险离退休人员与在职职工的比值由 2008 年的 47.43∶100 增加到 2016 年的 74.52∶100。制度抚养比的上升加剧，也意味着东北三省职工基本养老保险制度的财务可持续性不容乐观。

表 2　2008～2016 年东北三省职工基本养老保险制度覆盖面分析

单位：万人

年份	辽宁			吉林			黑龙江		
	合计	在职职工	离退休人员	合计	在职职工	离退休人员	合计	在职职工	离退休人员
2008	1406.24	976.37	429.87	525.26	369.88	155.39	857.79	581.84	275.95
2009	1457.4	1008.01	449.38	554.26	383.16	171.1	920.34	586.67	333.66
2010	1496.9	1024.2	472.7	599.5	392.9	206.6	952.2	589.2	363
2011	1556.61	1070.14	486.48	617.47	396.4	221.06	981.02	600.99	380.04
2012	1609.24	1098.85	510.4	632.18	397.59	234.59	1012.99	611.36	401.64
2013	1729.47	1171.7	557.77	655.19	406.83	248.36	1062.06	639.86	422.21
2014	1769.18	1167.28	601.9	676.66	415.55	261.1	1090.1	646.69	443.41
2015	1780.16	1139.71	640.45	693.63	419.95	273.68	1118	646.87	471.13
2016	1800.3	1120.55	679.75	706.83	420.14	286.69	1144.14	655.6	488.54

资料来源：根据《中国统计年鉴》（2002～2017 年），中国统计出版社；国家统计局网站统计数据库中相关数据整理计算。

（三）基本养老保险基金收支累计结余逐步降低

2016 年，辽宁省基本养老保险基金收入为 1676. 1 亿元，基金支出为 1930. 3 亿元，累计结余为 916. 6 亿元，与 2000 年相比分别增长了 1494. 8 亿元、1764. 1 亿元、901. 5 亿元；吉林省基本养老保险基金收入为 636 亿元，基金支出为 676. 3 亿元，累计结余为 342. 8 亿元，与 2000 年相比分别增长了 636 亿元、676. 3 亿元、342. 8 亿元；黑龙江省基本养老保险基金收入为 1005. 7 亿元，基金支出为 1332. 7 亿元，累计结余为 -196. 1 亿元，与 2000 年相比分别增长 901. 27 亿元、1232. 3 亿元和下降 200. 2 亿元（见表 3）。

表 3　近些年东北三省基本养老保险基金收支状况

单位：亿元

年份	辽宁省			吉林省			黑龙江省		
	基金收入	基金支出	累计结余	基金收入	基金支出	累计结余	基金收入	基金支出	累计结余
2000	181. 3	166. 2	15. 1	63. 6	58. 9	4. 7	104. 5	100. 4	4. 1
2005	353. 9	287. 2	234. 9	148. 0	100. 8	101. 5	209. 3	167. 3	114. 9
2010	834. 1	755. 8	739. 3	289. 8	252. 8	351. 8	524. 1	500. 1	479. 0
2011	1039. 0	883. 1	895. 1	350. 4	308. 1	394. 1	591. 9	603. 9	467. 0
2012	1212. 3	1052. 6	1054. 9	390. 6	377. 6	407. 1	720. 2	717. 2	469. 9
2013	1422. 2	1251. 1	1226. 6	462. 8	448. 2	421. 6	845. 6	886. 0	429. 5
2014	1534. 2	1477. 9	1283. 8	519. 2	516. 9	423. 9	922. 2	1028. 3	323. 3
2015	1630. 2	1743. 2	1170. 8	569. 2	609. 9	383. 1	1030. 7	1223. 2	130. 9
2016	1676. 1	1930. 3	916. 6	636. 0	676. 3	342. 8	1005. 7	1332. 7	-196. 1

资料来源：根据《辽宁统计年鉴》（2006 ~ 2017 年），中国统计出版社；《吉林统计年鉴》（2006 ~ 2017 年），中国统计出版社；《黑龙江统计年鉴》（2006 ~ 2017 年），中国统计出版社；国家统计局统计数据库中相关数据整理计算。

三　东北三省职工基本养老保险发展困境

东北三省职工基本养老保险体制改革在职工基本养老保险制度设计、职工基本养老保险管理体制、职工基本养老保险基金运营、职工基本养老保险社会化管理等方面，形成了规范的制度体系和良好的运行模式。东北三省职工基本养老保险制度发展成果良好，但根据目前东北三省职工养老保险发展现状及未来发展形势，三省亟须认识当前职工基本养老保险发展面临的艰巨挑战和发展困境。

（一）与实现养老保险的“广覆盖、保基本、可持续”目标还有很大距离

从东北三省城镇职工基本养老保险的覆盖面来看，与人人享有社会保障的目标还有很大差距。东北老工业基地在未来新型城镇化进程中，一方面要实现农业转移人口市民化和社会保险进一步覆盖，另一方面要实现新增劳动力、下岗失业人员的养老保险逐步覆盖，进一步实现城镇基本养老保险全覆盖，社会保障事业将面临长期性、艰巨性的历史重任。

（二）社会保险制度改革成本巨大

在经济体制改革和社会保险制度改革进程中，东北老工业基地还存在着关闭破产企业职工安置与并轨遗留问题，机关事业单位与企业职工社会保险制度并轨带来的空账问题，不同行业、企业职工之间待遇差别问题等，有待在改革过程中妥善解决，因此理顺社会保险管理体制、社会保险基金征缴体制、社会保险并轨制度建设等任务十分艰巨。

（三）制度赡养率稳步提升

东北三省的离退休职工参保人数和在职职工参保人数之间的差距逐年缩小，制度抚养比稳步上升。由于东北三省的国有重工业企业数量多，传统资源型产业数量多等特点，国企向市场转型过程中，养老保险历史欠账较多，面临的矛盾较为突出，历史包袱较为沉重，给养老保险带来巨大负担。

（四）养老保险基金支付面临压力考验

东北三省经过养老保险试点，尝试逐步做实个人账户，但由于人口老龄化的进一步加剧，社会保险费用支出迅速增长，个人账户完全做实压力增大，使得社会保险基金“增支”压力巨大。东北三省目前养老保险基金当期收不抵支，黑龙江省已用完养老保险累计结余资金。解除养老保险基金支付的巨大压力，是养老保险制度框架可持续发展的关键任务所在。

（五）人口红利消失、结构性失业、生育政策调整等复杂人口问题交织

东北三省曾以庞大的青壮年人口形成人口红利，就业人口的不断增加持续加快产业结构调整、经济发展的进程。但由于东北三省人口负增长效应以及劳动力外流等原因，未来一段时间将会出现劳动力短缺的情况。同时又由于东北三省技术工人缺乏、高素质人才短缺等原因，造成劳动力结构性失业的状况。东北三省长期保持稳定的低生育水平，在放开单独二孩生育政策之后，生育水平将有所提高，为社会保险费用增加新的支出压力。这些突出问题都将影响劳动力资源结构改革发展进程，进而影响东北三省社会保险事业和经济社会发展的进程。

四　实现职工基本养老保险可持续发展的对策实践

（一）分阶段、渐进式、有重点推进全国统筹

从目前东北三省及全国职工基本养老保险发展情况来看，各统筹区域经济发展水平差异较大，地方政府为保持基金平衡，往往存在不同的养老保险规定。由于地区间转移接续存在障碍，缺乏职工基本养老保险的便携性，严重影响了劳动力的政策流动。因此，东北三省由于自身特点，在实施养老保险全国统筹的国家战略时，很难实现全国统筹一步到位。应分阶段、渐进

式、有重点推进职工基本养老保险全国统筹，这样不仅可以解决职工基本养老险转移接续过程中普遍存在的劳务输出省份和劳务输入省份负担不均的问题，还可以节约办理职工基本养老保险转移接续过程中的时间成本，降低因职工基本养老保险地区差异、程序不顺畅造成断保的风险。

（二）合理解决养老保险制度改革的历史欠账

目前，基本养老保险制度改革的转轨成本过高，直接导致了基本养老保险制度个人账户“空账”化和高费率现象。基本养老保险制度改革前的离退休职工没有完全积累的个人账户，仍然需要承担相应的基本养老保险个人账户支出。在机关事业单位养老保险制度并轨之后，职工仍需要承担相应的基本养老保险个人账户支出。近年来，在社会统筹基金收不抵支的情况下，动用了个人账户，也影响了个人养老保险关系的跨地区转移，制约了劳动力的政策流动。这些问题导致养老保险形势非常严峻，因为为了明确各主体责任，就需要明确改制成本及其清偿机制，明确政府和国有企业的历史欠账，解决基本养老保险历史债务问题。要通过变现部分国有资产、基金投资等办法，填补基本养老保险个人账户空账，清偿基本养老保险转制成本，进而消除基本养老保险个人账户空账运行等弊端。

（三）进一步扩大养老保险制度覆盖面

随着东北三省产业结构的转型升级和人口城镇化的加速，劳动力逐步向第二、第三产业转移。而这部分新增加到第二、三产业的劳动力，既具有养老保险费的支付能力，又具有参保的潜在需求，为职工基本养老保险制度扩大覆盖面提供了有利时机。而且从制度覆盖面的分布情况来看，辽宁省略高，吉林省和黑龙江省具有一定的覆盖面吸纳空间。通过将更多的潜在参保人群吸纳到职工基本养老保险制度中，提供更大范围的养老保障覆盖，充分发挥养老保险制度的互助互济、保障民生、公正公平的作用，进而实现更广范围的收入再分配。

（四）建立合理的推迟退休年龄方案

随着人口预期寿命的延长带来的人口老龄化的巨大压力，东北三省实施合理的推迟退休年龄政策非常迫切。对于推迟退休年龄的政策及调整方案，需要建立一定的合理有序的政策机制。比如解决男女退休年龄差异问题，实现女性与男性同样的退休年龄，再考虑不同行业、不同企业类型劳动者职业特点，选择灵活的弹性退休制度，建立一个合理的退休年龄弹性区间（如55～65岁），允许参保人员在这个弹性的退休年龄区间内做出自由选择，以退休年龄与养老金水平之间的挂钩机制，形成有效合理的激励约束实施办法。

（五）建立综合配套的管理和服务体系

综合配套的管理和服务体系主要包括职工基本养老保险信息系统、全国联网的职工基本养老保险计算中心、职工基本养老保险管理体制等内容。这些综合配套的管理和服务体系可以解决养老保险转移接续、异地转移等问题，同时还可以对业务流程和开展情况进行实时监控和测算。

参考文献

1. William G. Shipman：*Retiring with Dignity*：*Social Security vs. Private Markets*，Cato Institute Social Security，1995。
2. World Bank：*Averting the Old Age Crisi*，Washington，D. C.，World Bank，1994。
3. 何立新：《中国城镇养老保险制度改革的收入分配效应》，《经济研究》2007年第3期。
4. 郑功成：《地区分割到全国统筹——中国职工基本养老保险制度深化改革的必由之路》，《中国人民大学学报》2015年第3期。
5. 刘建军：《养老保险制度可持续发展须增强内生动力》，《中国社会保障》2016年第9期。
6. 苏宗敏：《我国基本养老保险分配区域差异的量化分析》，《经济师》2016年第3期。
7. 王祥明：《江苏省城镇职工基本养老保险效率测算分析》，《劳动保障世界》（理论版）2012年第12期。
8. 张涛：《中国基本养老保险的区域差距问题探析》，《经济研究导刊》2013年第9期。

B.32

东北三省公共安全治理问题研究*

宋慧宇**

摘　要：　2017 年至 2018 年上半年东北三省总体公共安全形势平稳，公共安全法规制度不断健全完善，但立法和执法内容略显偏颇，立法内容在环境保护和生产安全方面居多，在社会秩序管理（社会治安综合治理）方面涉及较少；对重点安全领域执法督察持续推进，但对食品药品安全、网络安全、信息安全、校园安全、公共安全知识宣传教育等方面的关注度不够；不断完善“互联网 + 公安”、约谈制度等新型治理措施，通过市场化驱动和各项鼓励措施逐步吸纳社会公众参与治理，但公共安全治理决策参与渠道仍略显单一，具体治理措施公众参与度不高且多为被动参与。根据存在的问题，建议扩大公共安全治理立法和执法范围，拓宽公众参与渠道缓解网络表达不力现象，鼓励社会公众志愿参与公共安全治理，关注和培育非政府社会组织发展。

关键词：　东北三省　公共安全　公众参与　约谈制度

新一轮东北全面振兴战略实施以来，东北三省改革进入新的阶段，同

---

* 本报告为国家社会科学基金项目“协作共治视角下公共安全治理机制创新研究”（项目编号：16BZZ045）阶段性研究成果。

** 宋慧宇，吉林省社会科学院法学研究所副研究员，法学博士，研究方向为行政法学和政治学。

时，公共安全的维护也考验着新形势下政府和社会应对公共安全危机的能力。2017 年至 2018 年上半年，东北三省总体公共安全形势平稳，2017 年 9 月中国社会科学院城市发展与环境研究所等部门共同发布的公共安全蓝皮书《中国城市公共安全发展报告（2016～2017）》，首次公布了全国 35 个城市的公共安全综合指数，哈尔滨排名第一，大连第六，沈阳第七，长春第十三。项目组 2018 年 1 月以长春、沈阳和哈尔滨为中心发放的问卷调查结果显示，90% 以上的受访者对自己目前居住地区的安全状况感到基本满意和非常满意。但东北三省在公共安全治理举措方面仍然有改进和提升的空间。

一　东北三省公共安全治理现状

（一）公共安全法规制度不断健全完善

2017 年至 2018 年上半年，东北三省共颁布地方性法规 86 部，其中涉及环境保护、食品药品安全、安全生产、公共卫生、社会治安、纠纷化解、法治宣传等公共安全内容的共 32 部，约占总数的 37%①。同一时间段东北三省颁布的省级政府规章中也有多部涉及公共安全问题，其中吉林省政府颁布的四部省政府规章，包括环境保护、灾害救助和警务管理等都涉及公共安全问题；辽宁省政府颁布政府规章 12 部，其中涉及交通运输安全、建设项目安全设施和无障碍环境等公共安全问题三部②。

环境保护和治理问题是三省共同关注的重点，2018 年黑龙江省对辖区内若干国家级自然保护区的管理和保护进行了全面规定，按地域共 5 部条例；除了共同的水土和自然资源保护问题，辽宁省还在机动车污染方面、吉林省在自然灾害救助方面制定了专门条例。安全生产是仅次于环境保护的焦点问题，辽宁省和吉林省分别于 2017 年颁布了《辽宁省安全生产条例》、

① 数据系作者根据吉林省人民代表大会常务委员会官网统计。

② 数据系作者根据吉林、黑龙江、辽宁省人民政府官网统计。

《辽宁省煤矿安全生产监督管理条例》和《吉林省安全生产条例》，辽宁省还在交通运输安全、建设项目安全设施方面制定了政府规章。

（二）公共安全治理执法督察持续推进

2018年上半年，东北三省各级政府公共安全执法督察工作常抓不懈，在环境保护、安全生产、食品药品、交通安全、自然灾害、校园安全、社会治安、特种设备安全、事故灾害、公共卫生等传统公共安全领域进行不间断的执法检查，成效显著。此外，东北三省各级政府还针对近几年一些新兴的公共安全领域，如网络餐饮服务、网络违法犯罪、保健品欺诈、电梯安全等进行了重点执法督察。比如，黑龙江省政府办公厅2018年2月印发了《黑龙江省网络安全事件应急预案》，并从2018年3月起启动为期一年的打击整治网络违法犯罪“净网2018”专项行动；辽宁省从2018年2月起全省公安机关开展“净网2018”专项行动。而且，各省根据自身情况在一些具体领域进行了更为细致和精确的治理，如吉林省在春季森林防火、非法医疗美容、露天烧烤，黑龙江省在儿童玩具、冰雪活动场所、连锁超市、校园食品安全、基因种子安全，辽宁省在游泳场馆安全、网络赌球、电动车消防和交通安全、桥梁安全、校园欺凌等方面都有自身独特的关注点，确保了公共安全治理的针对性和准确性。

（三）公共安全治理措施不断创新

1. “互联网+公安”

自2016年以来，东北三省陆续建立了“互联网+公安”综合服务平台，将互联网技术应用于公共安全领域，大大提升了公共安全管理和服务的效率。2017年1月1日，黑龙江省“互联网+公安政务服务”平台上线试运行，并于3月正式启动运行。2017年5月，辽宁省朝阳市公安局“互联网+公安”综合服务平台正式上线运行，成为辽宁地区首个智慧公安项目。吉林省“互联网+公安”综合服务平台于2016年4月6日正式上线运行，并于2018年上半年以动画形式对吉林省“互联网+公安”综合服务平台新功能进行了全新解读，便于群众理解、记忆和使用。

2. 约谈制度

2018 年 2 月，国务院安全生产委员会印发了《安全生产约谈实施办法（试行）》，2018 年 7 月，吉林省安全生产委员会制定了《吉林省安全生产约谈实施办法（试行）》。在公共安全治理实践中，2018 年 5 月，黑龙江省环保厅联合住建厅约谈肇东市、海伦市等 16 个县（市）区政府主要负责人，这 16 个地方的无害化垃圾处理项目未建成或未投运①。

约谈制度在食品安全领域应用与其他领域略有区别。2015 年《中华人民共和国食品安全法》明确规定约谈制度除了上级组织部门对下级组织部门实施之外，还规定了“县级以上人民政府食品药品监督管理部门可以对食品生产经营者的法定代表人或者主要负责人进行责任约谈”②，此规定将约谈对象范围扩大到非政府部门的企业。2018 年 4 月，吉林省食品药品监督管理局约谈 28 家重点食品生产企业及企业所在地市（州）、县（市、区）食品生产监管部门相关负责人，这 28 家食品生产企业在 2017 年国抽或省抽中有 2 个批次以上样品不合格。2018 年 4 月，黑龙江省食品药品监督管理局约谈美团外卖、饿了么、百度外卖等网络餐饮服务第三方平台区域负责人，通报存在的违法违规共性问题，并要求其开展自查自纠，完成整改。2018 年 3 月，齐齐哈尔市食品药品监督管理局集体约谈了 2017 年 10 家国抽、省抽不合格名单上的食品生产企业的主要负责人及企业所在地的 6 个县（市、区）局主管食品生产监管工作的负责人，明确要求这些企业负责人全面落实企业食品安全主体责任。2018 年 4 月，锦州市食品药品监督管理局约谈美团外卖、饿了么、百度外卖 3 家网络订餐第三方平台驻锦州地区机构负责人，提出具体要求，规范网络订餐经营行为。

（四）公共安全治理逐步吸纳社会公众参与

1. 公共安全服务市场化驱动

2017 年底至 2018 年初，辽宁省安全生产委员会和吉林省安全生产委员

---

① 资料来自黑龙江省环保厅约谈纪要。

② 《中华人民共和国食品安全法》第一百一十四条、第一百一十七条。

会先后颁布了《关于推进安全生产社会化服务体系建设的实施意见》（以下简称《实施意见》），核心内容就是引导社会各方力量共同参与安全治理，提高安全生产社会化服务供给能力。根据《实施意见》，政府向社会购买服务是主要社会化服务方式，在安全生产许可审查、安全生产检查、事故调查分析鉴定、重大隐患整治、安全生产宣传、标准化和信息化建设、安全生产技术成果转化应用、公共安全应急防范、应急救援、风险评估等领域，采取购买服务的形式，由安全生产服务机构提供技术支撑和专业咨询。

2. 鼓励社会力量参与公共安全治理

2018 年辽宁省在鼓励社会力量参与公共安全治理方面成效显著，沈阳市设置的“生态环保 110 指挥中心”是全国首个集环境信访、环境管理和环境执法于一体的环保指挥调度平台，并于 2018 年 4 月出台《生态环保 110 诉求管理系统办理工作管理办法（试行）》，在原来基础上，该平台可 24 小时接收群众对本市生态环保问题的咨询、建议和投诉，并可实现诉求的网上转办、办理和反馈。2018 年 1 月，《沈阳市生产安全事故隐患和安全生产违法行为举报奖励办法》修订完成并开始实施，沈阳市公众可以通过各种方式举报生产安全事故隐患和安全生产违法行为，最高奖励金额也由原来的 1 万元上升为 3 万元。2016 年《盘锦市食品药品违法行为举报奖励办法（试行）》发布，截至 2018 年 5 月食药监部门共收到符合奖励条件的投诉举报案件 24 件，发放投诉举报奖励 2. 33 万元。2018 年 1 月，丹东市公安局部署开展全市扫黑除恶专项行动，向全市印发了 10 万余份《关于检举揭发黑恶势力违法犯罪线索的通告》，鼓励全市广大人民群众积极提供线索，并依法保护举报人的各项权益和人身安全①。截至 2018 年 5 月，辽宁省已有 27 家企业签订了《产品质量承诺书》，在开展标准自我声明基础上自愿做出质量承诺，并将承诺企业执法检查结果和承诺产品指标录入全国质量承诺服务平台，实现网上公示和公众查询②。

① 资料来源于辽宁省人民政府网站公共安全专栏。

② 资料来源于辽宁省人民政府网站厅局动态专栏。

二　东北三省公共安全治理存在的问题

（一）公共安全立法和执法内容略显偏颇

东北三省在公共安全方面各项法规制度总体数量仍然相对较少且内容有所偏颇。2017 年至 2018 年上半年制定的省级地方性法规和政府规章涉及公共安全方面的总体比例尚可，但在具体落实的规范性文件方面略为单薄。2018 年上半年辽宁省政府发布的除人事、机构变动外，有实质性内容的规范性文件四十余件，其中仅有四部涉及危险化学品、食品安全、环境保护、饮用水安全等公共安全问题。2018 年上半年吉林省政府发布的除人事、机构变动外，有实质性内容的规范性文件五十余件，其中涉及食品安全、安全生产、环境保护、饮用水安全等公共安全问题的仅有 7 部。而且，公共安全立法内容在环境保护和生产安全方面居多，在社会秩序管理（社会治安综合治理）方面涉及较少。

东北三省对新型公共安全问题和一些特殊领域安全问题的执法督察有待改进。综观 2017 年至 2018 年上半年东北三省政府执法督察行动，做到了对环境保护、生产安全、食品安全等重点安全领域的持续治理，但对网络安全、信息安全、校园安全、公共安全知识宣传教育等方面的关注度不够，特别是食品药品监管虽归属同一部门，但对食品安全的关注度明显要高于药品安全，药品安全监管大多与食品安全进行联合检查。相比较来说，黑龙江省在公共安全方面的督察内容更为全面、涵盖面更广，在食品安全方面政府治理更加细致入微，多次针对校园及周边食品安全问题进行专项督察和整治；在药品安全方面，省级食药监部门和牡丹江、鹤岗、绥化、鸡西、七台河等地都单独针对药品安全问题进行了专项整治。

（二）公共安全治理决策网络参与渠道仍然不畅

2016 年 9 月国务院印发了《国务院关于加快推进“互联网 + 政务服务”

工作的指导意见》，2018 年 6 月国务院办公厅印发了《进一步深化“互联网 + 政务服务” 推进政务服务“一网、一门、一次”改革实施方案的通知》，据此，东北三省政府及各部门初步构建起了互联网政务服务平台并不断深入推进，网站设置了公众互动栏目，在公众留言、投诉举报、网上调查、网上信访、在线征集、政策咨询和建言献策等多方面设置了参与渠道，其中一些还运行良好。以辽宁省食品药品监督管理局为例，网站单独设有征求意见栏目，就食品药品相关规则制订全面及时征求社会公众意见，仅 2018 年上半年已就 20 项规范性文件进行了征集意见。但公众参与公共安全治理的网络渠道仍略显单一，个别政府网站参与渠道留言寥寥几条。省级政府通常仅就政府规章制订进行意见征集，对其他大量政府规范性文件没有设置公开意见征集渠道，而恰恰这些具体的规范性文件才真正更具有可操作性，更便于社会公众提出针对性意见。

（三）公共安全治理措施公众参与度不高且多为被动参与

东北三省公共安全治理措施仍然主要依靠自上而下单向强制治理方式。以黑龙江省为例，综观 2017 年年底和 2018 年年初齐齐哈尔市、七台河市、鸡西市、黑河市、鹤岗市、绥化市等地市节日期间食品安全监管工作，治理措施基本上还是遵循传统专项整治、执法检查、严厉查处的行政执法程序，附加企业自律、风险等级、电子追溯等措施，但在吸纳社会组织和社会公众参与方面少有涉及。而且，在已经采用的吸纳社会公众参与的具体治理措施中，无论是购买服务、设置举报和奖励、签订质量承诺书基本是政府单方面主导实施的行政行为，由企业和社会公众进行配合和参与，而真正主动参与的志愿行动、自主参与行为则相对较少。

三 东北三省公共安全治理的对策建议

（一）扩大公共安全治理立法和执法范围

政府在对公共事务管理中应加大对公共安全治理的侧重。一是加快对公共安全领域立法议程和立法调研的推进工作，比如社会矛盾和纠纷解决机制，社会公众参与治理规范与程序，公共安全风险防范与控制机制，公共安全相关知识宣传与教育等。二是重点领域执法应更加细化，区分主体、时间、地域、群体、程度等不同类别逐级细化，更加深入基层实现公共安全网的全方位、全覆盖。三是关注一些新兴公共安全问题领域，比如由网络餐饮服务引发的食品安全、送餐交通安全问题，由网络交易和支付引发的信息安全和欺诈行为问题，由网约车引发的人身、财产安全和纠纷问题等。

（二）拓宽公共安全治理公众参与渠道

进一步打破政府的信息垄断，扩大决策参与范围，提升决策参与的代表性、透明性及决策议程的公开性。一是扩大公共安全治理决策征集意见的范围，除省级政府规章外，应当挑选涉及重点领域、焦点问题的规范性文件向社会公开征集意见。二是建立和公开整套公共安全决策参与体系和程序，包括公共安全决策的思路，决策必要性和可行性，相关部门对决策的意见尤其是相左意见，公民在参与过程中所获取的意见和建议，采纳或未采纳的理由说明等。三是建立反馈程序，包括决策制订意见的反馈和决策执行意见的反馈。在制订法规规章及其他规范性文件过程中，对社会公众提出的意见和建议应当公开进行回复，说明理由，辽宁省政府网站意见征集栏目下“意见采纳情况”中已经实现部分地方性法规和政府规章反馈说明，但范围和详细程度仍然有所欠缺。

（三）鼓励社会公众志愿参与公共安全治理

社会实践中公众自觉参与行为已经不断增加，从交通红绿灯的设置、道路拥堵的疏通方法、道路阻碍的清除等都有公民提供的积极建议。根据项目组所做的问卷调查，社会公众还是比较认可公民个人或组织参与警务活动的，认为“可以弥补警力不足的问题”的占比48.9%，“是公安机关与社会公众互动的表现”的占比47.65%，“是参与公共权力行使”的占比

45.14%，还有36.68%的人认为这会是一个趋势。此外，62.07%的人愿意志愿参与一些警务活动，这也表明了当前社会公众的参与意愿比较强烈，关键在于政府需要做出一定的信任举动并为社会组织和公众提供更多学习和参与的机会：开展各种不同形式的活动，如社会讲堂、公益宣传、讨论座谈，不断强化社会公众的公共意识和责任意识；通过媒体宣传和表彰积极参与公共安全治理的典型，树立正面形象并起到示范和引领作用；整合基层各种群体力量，发挥各自优势和功能，倡导基层群众自治，构建多元参与、多方受益的生活共同体；建立公益岗位或监督岗位引入体验流程，增强社会公众的参与感，激发其参与意识和热情；建立"互联网+群防群治"模式，发挥社会公众的监督功能，实现自我约束和自我管理。

（四）关注和培育非政府社会组织发展

目前中国的社会组织已呈现出积极繁荣发展的景象，并开始承担起公共事务管理的责任，但是，根据中国社会科学院研究生院与社会科学文献出版社共同发布的《社会组织蓝皮书：中国社会组织报告（2018）》，截至2017年年底，全国社会组织总量苏粤浙三省最多，东北地区社会组织无论是数量还是增速，在全国都处于垫底位置[①]。面对这种情况，政府必须承认活跃的非政府社会组织是合法且必不可少的，而且在必要的情况下政府要承担起积极扶持、引导和鼓励的责任：简化针对社会组织的登记准入制度，废除不合理限制条件，促进社会组织的发育；推进社会组织与政府的脱钩，完善社会组织"独立法人"的运行机制，促进社会组织的独立；要在财政税收、资金信贷、场地使用、职称评定、社会保险等方面形成比较完备、可操作性强的政策扶持体系；通过授权委托、购买服务等形式赋予社会组织更多的参与机会；给予社会组织以资金和技术支持，帮助他们解决资金和人才不足的困境；规范社会组织内部管理机制，增强社会组织自身实力；建立科学评估体

① 李庆：《〈社会组织蓝皮书：中国社会组织报告（2018）〉发布 2017年社会组织增速创近年新高》，《公益时报》2018年5月22日，第2版。

系对社会组织进行约束和监督等，从根本上改变社会组织在参与公共安全治理过程中的从属性和被动性。

（五）长春长生疫苗案件解析

1. 案件经过

2018 年 7 月 15 日，国家药品监督管理局发布通告，国家药监局根据线索组织检查组对长春长生生物科技有限责任公司（以下简称“长春长生公司”）生产现场进行飞行检查。检查组发现，长春长生公司在冻干人用狂犬病疫苗生产过程中存在记录造假等严重违反《药品生产质量管理规范》（药品 GMP）行为。

7 月 19 日，吉林省食品药品监督管理局出具了《行政处罚决定书》，针对 2017 年 11 月 25 万支长春长生公司生产的“吸附无细胞白百破联合疫苗”（批号：201605014 - 01）经中国食品药品检定研究院检验，检验结果“效价测定”项不符合规定，按劣药论处。

7 月 23 日下午，长春新区公安分局发布通告称，对长春长生公司生产冻干人用狂犬病疫苗涉嫌违法犯罪案件迅速立案调查。

7 月 29 日，依据《中华人民共和国刑事诉讼法》第 79 条规定，长春新区公安分局以涉嫌生产、销售劣药罪，对长春长生公司董事长高某芳等 18 名犯罪嫌疑人向检察机关提请批准逮捕。

8 月 16 日，吉林省委常委会议研究决定，对长春长生公司违法违规生产狂犬病疫苗履行监管职责不力、履行属地管理职责不力、负有直接责任和领导责任的相关人员做出组织处理。

值得注意的是，此前 2016 年长春长生公司还有 1 批（210048 人份）百白破疫苗因“无细胞百日咳疫苗效价测定”被拒签。

2. 案件解析及建议

疫苗生产者在市场经济条件下受经济利益驱使做出逐利枉法、违反国家药品标准和药品生产质量管理规范、编造虚假生产检验记录的违法犯罪行为；地方政府和监管部门失职失察、个别工作人员存在渎职行为，暴露出在执法督查过程中的诸多漏洞。

（1）严厉彻查。长春长生公司疫苗案件所涉环节和主体众多，除了企业本身故意造假的恶劣行为，相关部门是否存在隐瞒拖延？监管部门是否存在“以罚代法”？一些地方卫生部门、防疫机构及某些工作人员是否与企业“勾肩搭背”，存在政商关系不清、利益相互勾连、拿好处、吃回扣等问题？针对此案件必须进行公开透明、细致严谨的调查，严厉处罚，决不姑息任何违法违规行为。

（2）整肃监管。长春长生公司疫苗生产出现问题不止一次，但在国家药品监督管理局飞行检查之前，为什么没有及时有效地处理并预防后续问题的出现？地方政府和地方监管部门职责严重缺位，特别是重大风险隐患信息不报告、应急处置不力，属严重失职失察和不作为。必须审视其背后的监管俘获和疏漏，加强对监管部门的监管，特别是要重视和建立外部第三方的常态化监督程序和手段。

（3）奖励举报。针对长春长生公司的飞行检查系国家药品监督管理局根据举报提供的线索而实施的。该线索据称是公司内部生产车间老员工实名举报。虽然举报者的动机众说纷纭，但从结果来看，举报内容真实，阻止了违法行为，维护了社会公共利益，属于社会公众参与公共安全治理的行为，应当对举报者实施保护并给予足够的经济补偿和奖励，这种补偿和奖励要远超过其举报而遭受的损失，表彰和奖励行为能够激发更多的主动参与和监督行为。

参考文献

1. 宋慧宇：《食品安全政府治理能力现代化的制度保障研究》，吉林人民出版社，2017。
2. 段金德：《公民如何参与行政决策：一个研究评述》，《商》2015 年第 24 期。
3. 谢地、郭进伟：《有效监管与政府公共服务和社会管理能力建设》，《光明日报》2004 年 9 月 28 日。

4. 丁元竹:《中国需要怎样的“志愿者文化”》,《解放日报》2008 年 5 月 2 日。
5. 李政葳:《中国互联网普及率达 55.8%　超全球平均水平 4.1 个百分点》,《光明日报》2018 年 2 月 1 日。
6. 范维澄:《健全公共安全体系　构建安全保障型社会》,《人民日报》2016 年 4 月 18 日。
7. 张开云、张兴杰:《提高社会治理的公众参与度》,《人民日报》2017 年 8 月 13 日。
8. 黄品嘉、赵继伦、赵奚:《提升公众参与社会治理创新的积极性》,《光明日报》2016 年 9 月 25 日。

B.33

东北三省城乡居民收入差距问题研究

刘佳杰*

摘　要： 2017年以来，东北三省经济虽然面临较大的下行压力，但是城乡居民收入水平显著提高，居民人均可支配收入的实际增长速度高于各省的经济增长速度，城乡居民收入差距继续缩小，收入分配格局持续改善。然而，受经济基础等多种因素影响，东北三省居民收入水平在全国排名偏后，收入差距依然较大，劳动报酬率偏低。缩小居民收入差距既是经济体制改革的需要，又是社会稳定的基础。目前，东北三省经济基础不稳固，发展后劲不足。对此，本文就进一步深化收入分配制度改革提出保持经济稳定增长、缩小收入差距、提高中低收入群体收入、扩大基本公共服务均等化等对策建议。

关键词： 东北三省　城乡居民　收入差距

一直以来，党中央始终把改善民生、实现社会公平正义摆在突出位置。党的十八大以后，为进一步健全、细化收入分配制度改革，整顿、规范秩序，构建公平合理的收入分配格局，党中央通过一系列决策部署，在城乡居民收入增速超过经济增速、中等收入群体持续扩大的同时，继续推进收入分配制度改革。这既是全面建成小康社会总体目标的需要，又是破解收入差距扩大问题的现实需要。从东北三省看，2017年以来，东北三省

---

* 刘佳杰，辽宁社会科学院经济研究所副研究员，研究方向为公共经济。

努力缩小发展差距，继续破除前进障碍，居民收入增长速度高于各省经济增长速度。科学分析把握东北三省居民收入分配现状及其特点，对促进东北老工业基地体制机制改革、研判东北三省经济运行质量和进程具有重大现实意义。

一　东北三省城乡居民收入水平现状

（一）居民收入稳步增长

2017 年，东北三省经济呈现稳中向好的特点，居民人均收入普遍增长。辽宁居民人均可支配收入 27835. 44 元，超过全国平均水平 1861. 44 元，较上一年增长了 6. 89%，高于同期 GDP 增速 2. 6 个百分点；吉林居民人均可支配收入 21368. 32 元，比上年增长 7. 02%，高于同期 GDP 增速 1. 72 个百分点；黑龙江居民人均可支配收入为 21205. 79 元，比上年增长 6. 89%，高于同期 GDP 增速 0. 49 个百分点（见图 1、图 2）。不难发现，东北三省的经济稳中向好直接使群众分享到了经济发展的成果，居民收入稳步增长，人民生活持续改善。

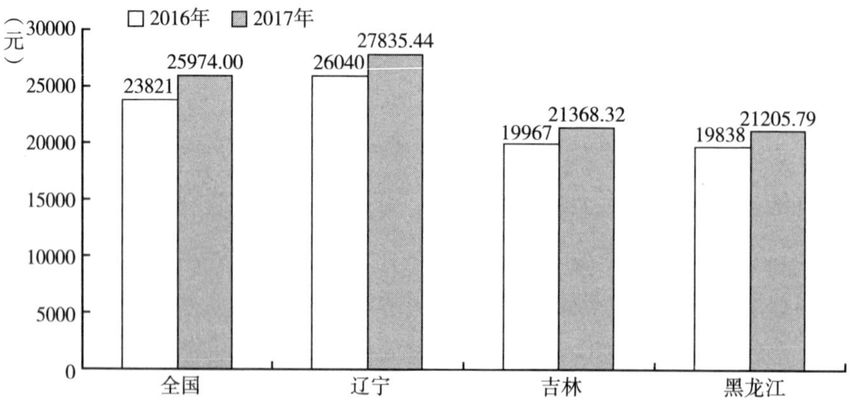

图 1　2016、2017 年全国及东北三省居民人均可支配收入对比

数据来源：国家统计局网站。

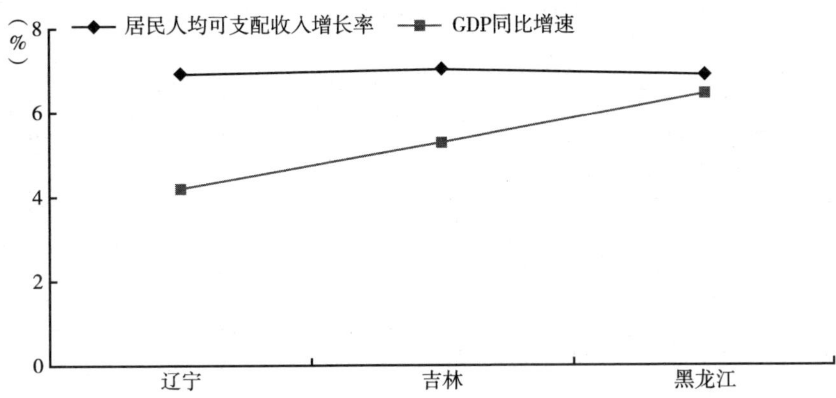

图 2　2017 年东北三省 GDP、居民人均可支配收入增长率对比情况

数据来源：国家统计局网站。

（二）城乡居民收入相对差距与上年持平

2017 年，辽宁省城镇居民人均可支配收入最高地区是沈阳，达到 41359 元，同比增长 6.1%；最低的是朝阳，人均可支配收入为 23926 元；城镇居民最高收入地区是最低收入地区的 1.73 倍，相对收入差距基本与上年持平（见表 1）。大连市农村常住居民人均可支配收入最高，人均可支配收入达到 16865 元，同比增长 7.7%；最低的是葫芦岛，人均可支配收入为 11727 元，同比增长 6.7%（见表 2）。

表 1　2016～2017 年辽宁省城镇常住居民人均可支配收入

单位：元

年份	全省	沈阳	大连	鞍山	抚顺	本溪	丹东	锦州
2016	32876	38995	38050	31443	28467	29137	26111	28484
2017	34993	41359	40587	33320	30346	31001	27944	30412
年份	营口	阜新	辽阳	盘锦	铁岭	朝阳	葫芦岛	
2016	32318	23980	28133	34322	21788	22381	26338	
2017	34419	25707	30198	36484	—	23926	27969	

数据来源：辽宁省及各市 2017 年国民经济和社会发展统计公报。

表2　2016～2017年辽宁省农村常住居民人均可支配收入

单位：元

年份	全省	沈阳	大连	鞍山	抚顺	本溪	丹东	锦州
2016	12881	14385	15664	14161	12545	13574	13450	13539
2017	13747	15461	16865	15075	13379	14540	14469	14493
年份	营口	阜新	辽阳	盘锦	铁岭	朝阳	葫芦岛	
2016	14587	11812	12969	14845	12531	11193	10986	
2017	15594	12548	13921	15938	—	11893	11727	

数据来源：辽宁省及各市2017年国民经济和社会发展统计公报。

从吉林省看，2017年，城镇常住居民人均可支配收入长春市最高，达到33167.7元，同比增长22.0%；增长率不仅列吉林省首位，也是东北三省各市最高。其余各市城镇常住居民人均可支配收入呈稳步增长态势，2016～2017年均保持了不低于6.3%的增长势头（见图3）。长春市农村常住居民人均可支配收入为13431元，同比增长6.8%，居吉林省首位；最低地区为白城，农村常住居民人均可支配收入是9024元，比全省平均水平低3926.44元（见图4）。

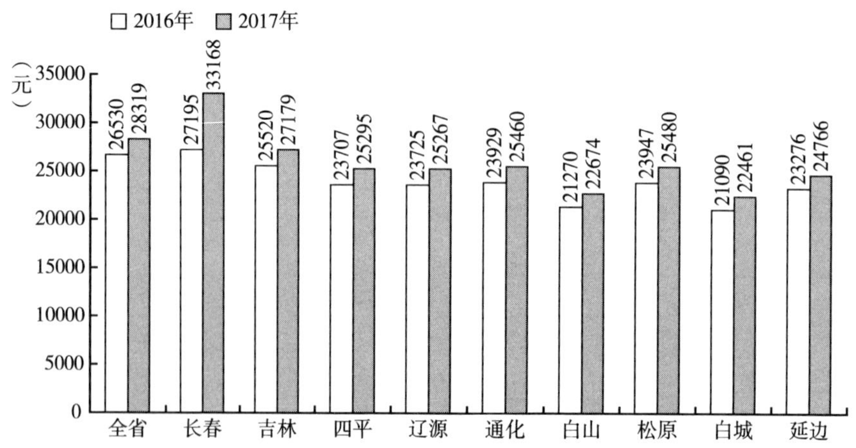

图3　2016～2017年吉林省城镇常住居民人均可支配收入

数据来源：吉林省及各市2017年国民经济和社会发展统计公报。

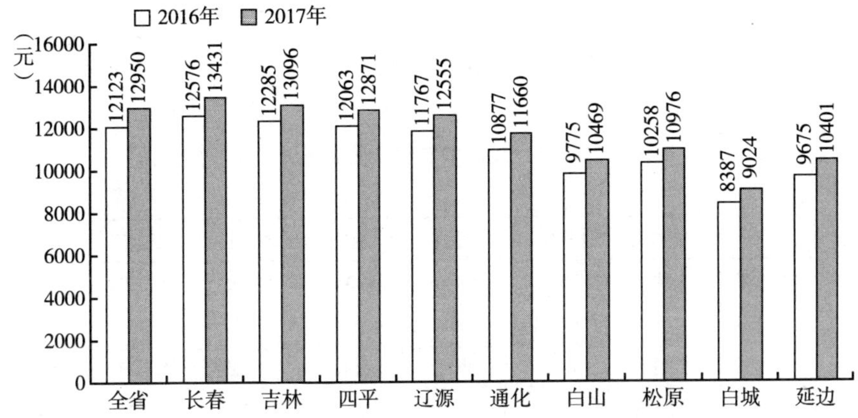

图 4　2016～2017 年吉林省农村常住居民人均可支配收入

数据来源：吉林省及各市 2017 年国民经济和社会发展统计公报。

2017 年，黑龙江城镇常住居民人均可支配收入 27446 元，增长 6.6%。城镇居民人均可支配收入最高地区为大庆 38736 元，比全省平均水平高 11290.01 元；但从增长率上看，鸡西（9.8%）、牡丹江（7.3%）不仅高于绝对值最高的大庆（6.1%），也高于哈尔滨（7.1%）。城镇居民人均可支配收入最高地区（大庆）是最低收入地区（鹤岗）的 1.81 倍（见表 3）。全省农村常住居民人均可支配收入 12665 元，增长 7.0%，高于同期 GDP 和城镇居民收入增速。同时，各地区农村常住居民人均可支配收入相差较为明显：最高绥芬河市达到 19393 元，抚远（17065 元）、

表 3　2016～2017 年黑龙江省城镇常住居民人均可支配收入

单位：元

年份	全省	哈尔滨	齐齐哈尔	鸡西	鹤岗	双鸭山	大庆	伊春
2016	25736	33190	24629	21227	20085	22416	36509	22189
2017	27445.99	35546	26304	23309	21370	23760	38736	22502
年份	佳木斯	七台河	牡丹江	黑河	绥化	大兴安岭	绥芬河	抚远
2016	24632	22071	28489	24474	22060	21803	32685	22330
2017	—	23506	30569	24765	—	23220	34973	22812

数据来源：黑龙江省及各市 2017 年国民经济和社会发展统计公报。

牡丹江（16896元）紧随其后；七台河（12112元）、大兴安岭（12098元）最低，农村常住居民人均可支配收入最高地区是最低地区的1.60倍（见表4）。

表4 2016～2017年黑龙江省农村常住居民人均可支配收入

单位：元

年份	全省	哈尔滨	齐齐哈尔	鸡西	鹤岗	双鸭山	大庆	伊春
2016	11832	14391	12943	15592	13041	13035	13909	12827
2017	12664.82	15614	13965	16482	13967	13817	14757	23676
年份	佳木斯	七台河	牡丹江	黑河	绥化	大兴安岭	绥芬河	抚远
2016	13912	11405	15688	12969	12014	11349	17990	14403
2017	—	12112	16896	12968	12735	12098	19393	17065

数据来源：黑龙江省及各市2017年国民经济和社会发展统计公报。

（三）城乡收入差距进一步缩小

2017年，辽宁农村居民人均可支配收入13746.8元，增长6.7%，高于同期城镇居民人均可支配收入0.3个百分点；吉林省农村居民人均可支配收入增速高于城镇居民0.1个百分点；黑龙江省农村居民人均可支配收入12664.82元，增速最高，达7.0%，高于城镇居民0.4个百分点（见图5）。

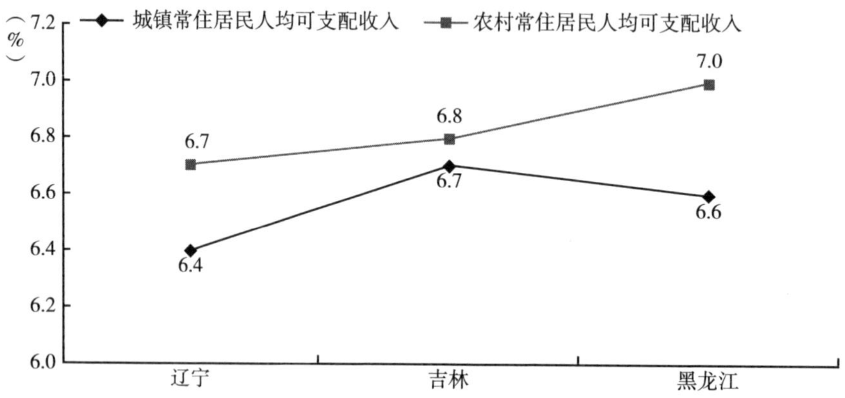

图5 2017年东北三省农村居民、城镇居民人均可支配收入增长对比情况

数据来源：根据国家统计局网站相关数据整理及计算。

由于农产品价格上升及粮食连年丰收，东北三省农村居民收入增长较快，得到的实惠较多。

城乡居民收入比是反映地区经济均衡发展、城乡一体化水平的重要指标，收入比越高，说明城乡差距越大。同其他地区相比，2016～2017年东北三省城乡居民收入比低于全国平均水平，吉林、黑龙江城乡居民间收入差距不大，城乡一体化水平相对较高（见表5）。

表5　2017年全国部分地区城乡收入比

地区	城镇(元)	农村(元)	城乡比
上　海	62595.74	27825.04	2.25
北　京	62406.34	24240.49	2.57
浙　江	51260.73	24955.77	2.05
天　津	40277.54	21753.68	1.85
江　苏	43621.75	19158.03	2.28
广　东	40975.14	15779.74	2.6
福　建	39001.36	16334.79	2.39
山　东	36789.35	15117.54	2.43
辽　宁	34993.39	13746.8	2.55
吉　林	28318.75	12950.44	2.19
黑龙江	27445.99	12664.82	2.17
全　国	36396	13432	2.71

资料来源：国家统计局网站。

（四）工资、财产、转移三项收入稳步增长

在构成城镇常住居民人均可支配收入的指标中，工资性收入、财产净收入及转移性收入增加明显，经营性收入占比相应减少。目前，财产性收入已成为东北三省城镇常住居民人均可支配收入的重要来源。以长春市为例，2017年，长春市城镇常住居民人均可支配收入是33167.7元，同比增长6.8%；从构成上看，工资性收入、财产净收入及转移性收入分别为18287.5元、2640.4元、11091.6元，分别增长6.7%、4.3%、9.2%，经营净收入下降了8%；其中，财产净收入比全国平均水平高1071.4元。

二　当前东北三省居民收入存在的问题

（一）居民收入水平整体不高

从居民人均可支配收入看，2017 年，辽宁省居民人均可支配收入位列全国第十，居于东北三省首位并超过全国平均水平；但明显低于上海、北京等一线城市，与浙江、江苏、广东、福建、山东等东部发达省份还有明显差距。上海市居民人均可支配收入居全国首位，达到 58987.96 元，是辽宁省的 2.1 倍，吉林、黑龙江的 2.8 倍（见图 6）。吉林、黑龙江的居民收入水平还低于全国平均水平，经济发展的速度及质量均有待提高。同时，受传统产业结构调整等各种复杂因素影响，近年来，东北三省居民人均可支配收入与发达地区相比差距依然很大。

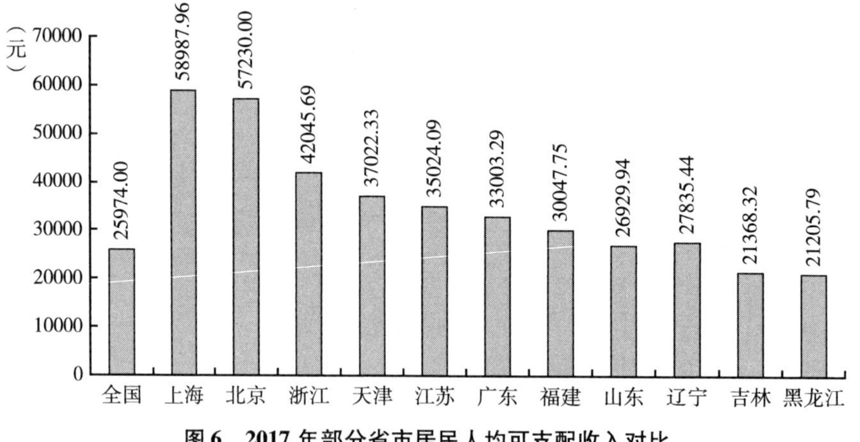

图 6　2017 年部分省市居民人均可支配收入对比

数据来源：国家统计局网站。

2017 年，东北三省城镇居民人均可支配收入与全国平均水平的相对差距不断拉大，地区差异愈发明显。从分地区看，2016 年，辽宁、吉林、黑龙江城镇居民人均可支配收入水平与全国平均水平分别相差 740、7086、7880 元；2017 年，分别相差 1402.61、8077.25、8950.01 元（见图 7）。

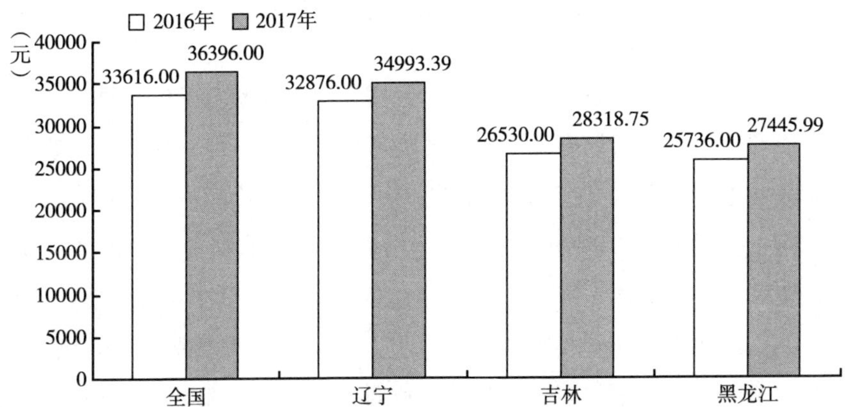

图 7　2016、2017 年东北三省城镇居民人均可支配收入与全国对比情况

数据来源：国家统计局网站。

2017 年，辽宁省农村居民人均可支配收入为 13746.8 元，虽然超过全国平均水平 314.8 元，但仍低于上海、北京、浙江、天津、江苏等省市；吉林、黑龙江省距全国平均水平还差 481.6、767.2 元，从全国范围上看排名偏后，农村居民收入水平与东部发达地区相比差距依然很大（见图 8）。

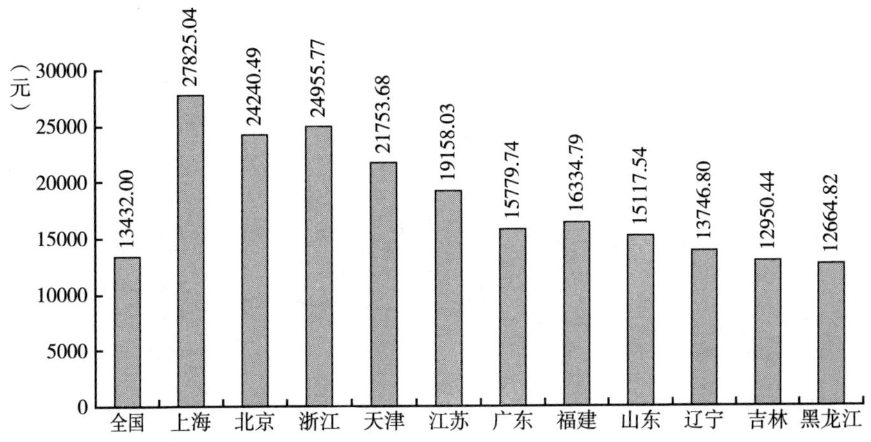

图 8　2017 年部分省市农村居民人均可支配收入对比

数据来源：国家统计局网站。

（二）行业及地区工资水平差距显著

工资在居民收入中居于主导地位，是国民财富初次分配的主体，合理的工资构成及差距是衡量效率公平的重要参考指标。从行业对比看，尽管各行业从业人员工资水平均有很大程度的提升，但由于提高程度不尽相同，行业收入差距十分明显。2017 年，黑龙江省分行业城镇非私营单位就业人员的平均工资高于全省平均工资水平的行业包括科学研究和技术服务业，教育，采矿业，交通运输、仓储和邮政业，电力、热力、燃气及水生产和供应业，金融业，卫生和社会工作，信息传输、软件和信息技术服务业，公共管理、社会保障和社会组织，居民服务、修理和其他服务业，文化、体育和娱乐业及租赁和商务服务业 12 个行业。其中，平均工资最高的行业是科学研究和技术服务业、教育、采矿业，其平均工资分别为 73978 元、72656 元和 68926 元。2017 年行业工资最高的科学研究和技术服务业（73978 元）是平均工资最低的农、林、牧、渔业（30638 元）的 2.41 倍，行业工资水平差距较大（见表 6）。

表 6　2017 年黑龙江省分行业城镇非私营单位就业人员平均工资

单位：元

行业门类	平均工资
农、林、牧、渔业	30638
采矿业	68926
制造业	55497
电力、热力、燃气及水生产和供应业	68215
建筑业	42200
批发和零售业	50907
交通运输、仓储和邮政业	68747
住宿和餐饮业	48778
信息传输、软件和信息技术服务业	65370
金融业	66790
房地产业	46693
租赁和商务服务业	56493

续表

行业门类	平均工资
科学研究和技术服务业	73978
水利、环境和公共设施管理业	36282
居民服务、修理和其他服务业	58569
教育	72656
卫生和社会工作	66627
文化、体育和娱乐业	58391
公共管理、社会保障和社会组织	63684
总　计	56067

数据来源：黑龙江省统计局。

不难发现，技术或具备资源垄断型行业在业务量突飞猛进的同时也获取了丰厚的利润，部分利润通过不同形式分配给职工，行业工资水平增长较快。一方面是社会财富向少数人集中，边际消费倾向递减；另一方面则是传统产业技术含量所占比重较低，直接影响居民收入水平，行业工资水平则相对较低。

经济发展水平直接决定地区城乡居民收入水平，经济发展水平不同，居民收入水平必然存在差异。以黑龙江省分市地城镇非私营单位就业人员平均工资为例，2017 年，各市居民收入存在较大差异，大庆、绥芬河、抚远、哈尔滨四市城镇非私营单位就业人员平均工资高于全省平均水平。城镇非私营单位就业人员平均工资最高的大庆和最低的伊春差距达到 36792 元，资源禀赋等多种因素导致区域内不同城市工资差距十分明显（见表 7）。

（三）劳动报酬比重偏低

人力资本是促进地区经济发展的重要因素。数据显示，经济发展水平越高，人力资本对经济增长的贡献率越高，物质资本贡献率就越低。目前，发达国家人力资本对经济增长的贡献率已超过 75%。

以收入法核算地区国民生产总值，用其中的劳动报酬作为居民收入的替代性指标来计算东北三省劳动报酬占 GDP 的比重。计算结果表明，2011 年

表7　2017年黑龙江省分市地城镇非私营单位就业人员平均工资

单位：元

地　区	平均工资	地　区	平均工资
全　省	56067	七台河	52619
哈尔滨	65207	牡丹江	52369
齐齐哈尔	53124	黑　河	52329
鸡　西	51320	绥　化	45862
鹤　岗	51787	大兴安岭	47414
双鸭山	50648	农垦总局	34317
大　庆	74583	铁路局	84407
伊　春	37791	绥芬河	61835
佳木斯	52248	抚　远	58029

注：本表中牡丹江市不含绥芬河数据，佳木斯市不含抚远数据。
数据来源：黑龙江省统计局。

以来，除辽宁外，吉林、黑龙江省的劳动报酬占GDP的比重均有所增长。截至2016年，辽宁省劳动报酬占GDP比重已从2011年的46.2%跌至44.4%，折射出劳动者创造的经济成果不断下降的问题（见表8）。近年来，辽宁经济增速大幅下滑，GDP增速进一步放缓，直接影响城乡居民可支配收入的增长，劳动者报酬亟待提高。

表8　2011~2016年东北三省劳动报酬占GDP的比重对比情况

单位：%

	2011	2012	2013	2014	2015	2016
辽宁	46.2	46.5	—	46.3	44.7	44.4
吉林	38.7	38.4	—	41.2	43.6	43.5
黑龙江	36.7	39.6	—	43.6	47.0	48.1
北京	49.2	50.9	—	52.1	55.2	52.6

数据来源：根据历年《中国统计年鉴》计算并整理。

（四）社会保障对低收入群体保障水平不高

推进城乡最低生活保障制度统筹发展、建立覆盖城乡的社会保障体系是打破城乡二元壁垒、保障民生底线公平的现实需要。尽管东北三省社保体系早已覆盖城乡，低收入群体在医疗、教育、养老、公共服务等方面仍存有顾虑，消费能力及水平不高。从2017年以来全国部分地区最低工资标准对比情况看，东北三省明显低于东部发达地区（见表9），低收入群体压力依然很大。收入不增加，按照基本社保支出比例就无法保障正常支出，低收入群体就无法享受各类社会保障。

表9　2017年以来全国部分地区最低工资标准对比情况

单位：元

地　区	实行日期	月最低工资标准	一档	二档	三档
北　京	2018.9.1	2120	—	—	—
上　海	2018.4.1	2420	—	—	—
广　东	2018.7.1	2100	1720	1550	1410
深　圳	2018.8.1	2200	—	—	—
江　苏	2017.7.1	1890	1720	1520	—
浙　江	2017.12.1	2010	1800	1660	1500
辽　宁	2018.1.1	1620	1420	1300	1120
吉　林	2017.10.1	1780	1680	1580	1480
黑龙江	2017.10.1	1680	1450	1270	—

数据来源：国家统计局网站。

三　对东北三省城乡居民收入水平发展趋势的分析判断

（一）“培育和扩大中等收入群体”已成为国家重大战略决策

从国家层面看，关于收入分配制度改革的方针政策愈加细化和明确。继《关于深化收入分配制度改革的意见》之后，结合创新发展理念，党的十九大提出不仅要扩大中等收入群体，更要将“中等收入群体比例明显提高”纳入“两步走”的目标之中。收入分配、社会保障以及就业、精准扶贫脱贫工作的实质就是要化解社会矛盾，让广大人民群众共享发展成果。通过出台包括初次、二次分配及其相关配套的政策文件，出台关于国有企业负责人薪酬制度、要素分配领域改革等针对性、可操作性较强的政策体系，提高了居民收入水平、优化了收入分配结构，为深化收入分配制度改革提供了全面系统的政策支撑。

（二）东北三省经济形势稳中向好

2017 年，东北三省顶住经济下行压力，经济总量不断扩大，企业经济效益明显好于往年，这就为居民收入增长提供了基本前提；各地保障居民收入增长同地区经济增长同步的配套政策也起到积极作用。同时，东北三省竭尽所能，重点解决重大民生实事，用于民生的财政支出连年增长。据统计，2017 年，辽宁、吉林、黑龙江三省财政支出用于民生的比重分别达到 77%、80.2%、86.1%。同时，2018 年 5 月，辽宁省上调了最低工资标准；8 月 1 日，《吉林省人社厅关于发布吉林省 2018 年企业工资指导线的通知》把企业职工货币平均工资增长上线、基准线、下线分别确定为 10%、6%、3%，政府指导的职工工资增长呈上涨趋势；黑龙江优先保证普通职工工资上涨，最低工资规制更稳健；这就显示东北三省合理调整以及完善最低工资增长机制为主的政策取向。

（三）居民收入水平现状短期内难以改变

新的一年，东北三省内生动力不足的问题存在于以下几个方面。

1. 公共福利政策实施偏差

尽管东北三省财政资金用于民生支出的比重不断提升，但不同的群体享有的各类福利待遇和公共服务尚不均等。东北三省老龄化、城镇化程度较高，在经济增速连年滞缓的前提下，接受城镇社会保险的居民基数大且不创造社会价值。从支出的角度看，收入分配的调节功能无法最大化，社会保障制度依然不健全，非城镇居民依然被边缘化。同时，城镇就业人员尚未完全覆盖，城镇低收入群体难免被排除在外，基本社会保障既没有起到正向调节作用，公共财政支出又没在调整低收入群体收入上起到“填谷”作用。

2. 经济发展水平决定工资水平

目前，东北三省经济还基本处于恢复性阶段，运行基础还不稳固，经济社会发展中不平衡不充分的问题还比较突出：投资拉动型增长使收入具有滞后性，对职工工资的拉动作用不明显；从产业结构上看，能源、原材料为主的产业受制于价格市场变化，产品附加值低，新兴企业价格放开导致生产与价格差异不断拉大，价格竞争直接加大收入差距；从所有制结构上看，国有企业比重相对较高，其在获得财政补贴的同时还获得垄断利润，与民争利，扩大收入差距等。

四 东北三省深化收入分配制度改革的对策建议

尽管东北三省居民收入稳步增长，城乡差距进一步缩小，但已取得的成绩与人民群众的期盼尚有差距，距实现 2020 年比 2010 年的收入倍增目标还需付出努力。

（一）保持经济稳定增长

提高东北三省居民收入水平，基本前提是加快促进东北老工业基地进一步振兴，激发内生动力，实现国民经济持续、稳定增长，夯实地方税源基础，从而实现经济增长和居民收入增长双提高的目的。要从地方实际出发，以新发展理念引领新时代发展，进一步推进体制机制改革，构筑增长新动能；推动经济结构优化、转型升级，加快经济发展方式转变。推进强化创新驱动发展战略，为工业经济发展提供有力支撑。聚焦产业创新，建成以创新引领、结构优化为特征的装备制造、新材料、汽车、石化、医药、通用航空、食品和农副产品加工业等产业基地，不断增强创新力和竞争力。正确处理好政府和市场的关系，深化“放管服”改革。深化国资国企改革，增强国有企业市场竞争力和发展引领力，改革国有企业监管模式，探索历史遗留问题解决的新路径，支持有条件的国有企业改组为国有资本投资公司，完善产权制度和要素市场化配置。积极参与“一带一路”建设，以中国—中东欧“16+1”经贸合作示范区、“滨海2号”国际运输走廊、“中蒙俄经济走廊”等建设为路径，积极促进对外开放。

（二）强化政府再分配职能

建立市场经济与社会发展相适应的社会分配机制，调整分配政策，强化政府再分配职能，建立完善财税体系及社保体系。根据“限高、扩中、提低”的原则，缩小不同行业、地区及城乡收入差距，让所有公民享受经济发展成果。在初次分配上，政府要保障收入分配的起点公平。提高劳动生产率，实现国民经济与劳动者报酬同步增长。提高传统产业相关行业职工的工资福利水平，根据地区资源禀赋及经济发展水平、消费水平制定落后地区工资标准，加强监管的同时保证工资合理分配，缩小居民收入差距。再分配领域建立有效的调节机制。加强对税收的监督，细化税收征收细节，避免税收的逆向调节，平衡收入分配。做好企业及个人收入如实申报工作，做到应缴尽缴，发挥所得税对收入分配的调节作用。通过转移支付举办社保事业，完善税收调节和预算管理，实现高低收入群体间的财富转移及调整，实现公共财政均等化目标，使社会财富分配最终相对合理，收入水平相对平衡。

（三）保障低收入群体增收

确保低收入群体增收是收入分配制度改革不断深化的本质要求之一。要加大资金支持力度提高兜底保障水平，使扶贫资金在提高低收入群体收入中发挥最大作用，提高资金使用效率和脱贫成效。严查财政专项扶贫资金中虚报冒领、挤占挪用、违规招投标等各种违规问题，加大对扶贫项目资金绩效管理，确保财政扶贫专项资金高效发挥作用，避免资金闲置。完善低收入群体精准识别，做到“扶真贫，真扶贫”，各级政府要加大力度严格按照相应标准做好识别，做好最低生活保障制度与扶贫开发政策的有效衔接。结合地区实际，东北三省要编密织牢低收入困难群体家庭基本生活安全网，通过产业项目发展特色产业，增强挖掘低收入群体的自我发展能力。创新各级一对一组团帮扶，构建政府机关、企事业单位等多方群体共同参与的帮扶机制，统筹结对，实现帮扶全覆盖。通过各级干部结对帮扶，实际解决困难群众生产生活问题，解决低收入群众家庭的实际困难。广泛发动社会参与，号召社会各界积极伸出援助之手，助力低收入群体增收。打破区域限制，加强部门间沟通配合，搭建部门间数据信息共享平台，实现各部门间数据共享、有效对接，为保障低收入群体增收并早日退出低保、科学决策提供信息数据共享和工作协调，以形成政策合力。

参考文献

1. 苏海南：《收入分配改革取得新进展》，《人民日报》2018 年 3 月 22 日。
2. 班娟娟：《“提低、扩中”收入分配改革再提速》，《经济参考报》2017 年 11 月 1 日。
3. 国家发改委社会发展研究所课题组：《我国国民收入分配格局研究》，《经济研究参考》2012 年第 21 期。
4. 陈晓东：《深化东北老工业基地体制机制改革的六大着力点》，《经济纵横》2018 年第 5 期。
5. 陈斌开、曹文举：《从机会均等到结果平等：中国收入分配现状与出路》，《经济社会体制比较》2013 年第 11 期。
6. 易定红、张维闵、葛二标：《中国收入分配秩序：问题、原因与对策》，《中国人民大学学报》2014 年第 3 期。

B.34
东北三省医疗保障问题研究

韩佳均*

摘　要： 经过多年的不断建设和完善，东北三省已经基本建立起覆盖全民的基本医疗保障制度，保障水平稳中有升，城乡居民基本医疗保险制度整合成效明显，进一步探索复合型医保支付方式改革，全面推进公立医院改革，发挥医疗保险和医疗救助推动“精准扶贫”的作用。但是目前医疗保障的管理方式仍旧较为粗放；全民医保体系需进一步增加公平性；医保控制费用改革需进一步深化；公立医院改革任重道远，分级诊疗推进缓慢。未来发展中，医疗保障制度应当进一步完善大病保险，助推医保精准扶贫；发展社会办医，做实家庭医生签约制度；推广“引入社会力量参与医保控制费用”模式；推动法治建设，有效运用与管理医保大数据。

关键词： 东北三省　医疗保障　大病保险　社会办医

一　东北三省医疗保障现状

随着党和政府深入推进医疗保障改革工作，医疗保障制度的发展进入一个更新、更高质量、更深刻改革的发展时期。东北三省紧跟国家步伐，着力满足居民对于更高水平、更高质量的医疗保障的期待。

* 韩佳均，吉林省社会科学院助理研究员，研究方向社会政策和社会保障。

（一）基本医疗保险保障水平稳中有升

东北三省的全民基本医疗保障制度已经基本建立起来，城镇基本医疗保险的参保率辽宁省稳定在 80% 左右，吉林省稳定在 90% 以上，黑龙江省稳定在 70% 以上。城镇基本医疗保险参保人数稳定增长，对比 2012 年，2016 年年底辽宁省城镇基本医疗保险参保人数增加 124.1 万人，达到 2376 万人，占年末总人口的 54.27%；吉林省参保人数增加 10.9 万人，达到 1380.9 万人，占年末总人口的 50.53%；黑龙江省参保人数增加 19.6 万人，达到 1599.9 万人，占年末总人口的 42.11%。东北三省城镇基本医疗保险参保人数 5356.80 万人，占人口总数的 49.10%（见表 1）。

表 1　2012～2016 年东北三省城镇基本医疗保险参保人数及参保率

单位：万人，%

地区	年份	年末参保人数合计	城镇职工参保人数	城镇居民参保人数	参保率
辽宁	2012	2251.9	1587.0	664.9	78.15
	2013	2333.3	1624.8	708.5	79.99
	2014	2387.2	1649.2	738.0	81.08
	2015	2396.2	1651.4	744.8	81.19
	2016	2376.0	1635.6	740.4	80.56
吉林	2012	1370.0	569.5	800.5	92.77
	2013	1378.6	574.9	803.7	92.12
	2014	1380.0	575.6	804.4	91.49
	2015	1380.6	575.9	804.7	90.67
	2016	1380.9	576.0	804.9	90.27
黑龙江	2012	1580.3	867.8	712.5	72.44
	2013	1580.4	868.1	712.3	71.79
	2014	1586.4	873.9	712.5	71.35
	2015	1594.8	873.7	721.1	71.15
	2016	1599.9	879.5	720.3	71.14

资料来源：根据国家统计年鉴相关数据整理计算。

城镇居民基本医疗保险保障水平稳步提升。在国家补助的同时，东北三省也在逐年增加对城镇居民基本医疗保险的投入。2014 年城乡居民基本医疗保险的财政补助标准为人均不低于 320 元，2015 年调整为 380 元，2016 年达到人均 420 元，2017 年在 2016 年基础上新增 30 元，2018 年再次新增 40 元，标准达到 490 元。

近年来，东北三省城镇基本医疗保险基金累计结余不断增加，2016 年，辽宁省累计结余基金 425.6 亿元，吉林省累计结余基金 261.7 亿元，黑龙江省累计结余基金 354.6 亿元。东北三省的基本医保期末基金的支付能力均达到 1 年以上，高于原则上应控制的 6 ~9 个月平均支付水平，医保基金大量结余。其中，居民医保累计结余可支付能力东北三省基本稳定在 18 个月左右，职工医保吉林省支付能力较高，2016 年达到 21.4 个月（见表 2）。

表 2　2014 ~2016 年东北三省城镇基本医疗保险基金收支情况

单位：亿元，个

地区	年份	基金收入			基金支出			累计结余			可支付月数		
		合计	职工	居民	合计	职工	居民	合计	职工	居民	合计	职工	居民
辽宁	2014	377.7	351.3	26.4	348.7	329.9	18.8	375.3	344.2	31.1	12.9	12.5	19.9
	2015	414.9	383.6	31.2	394.2	369.6	24.6	395.9	358.2	37.7	12.1	11.6	18.4
	2016	440.5	405	35.5	410.8	383.4	27.4	425.6	379.8	45.8	12.4	11.9	20.1
吉林	2014	141.5	118.3	23.2	114.9	95.8	19.1	202.5	164.4	38.2	21.1	20.6	24.0
	2015	162	135.5	26.5	141.8	117.1	24.7	218.4	179.2	39.2	18.5	18.4	19.0
	2016	194.1	163.7	30.4	150.8	123.1	27.7	261.7	219.7	41.9	20.8	21.4	18.2
黑龙江	2014	241.3	210.4	30.9	217.1	192.8	24.3	298	256.9	41.1	16.5	16.0	20.3
	2015	266.6	229.8	36.8	243.6	213	30.6	320.9	273.5	47.4	15.8	15.4	18.6
	2016	312.9	258.2	54.6	287.1	237.7	49.4	354.6	294.8	59.8	14.8	14.9	14.5

资料来源：根据国家统计年鉴相关数据整理计算。

（二）城乡居民基本医疗保险制度整合成效明显

2016 年，国务院出台意见在全国范围内建立统一的城乡居民基本医疗保险制度。东北三省积极跟进国家改革步伐，先后出台关于整合城乡居民基本医疗保险制度的实施意见和整合方案、制度政策和实施细则，统筹城乡居民医保成效明显，主要表现在以下几个方面。

一是理顺了城乡居民医疗保险的管理体制，整合城乡居民医保的经办机构，由卫计委和人社部分管，转变为统一由人社部门管理。减少了重复参保，使参保公平性得到保障。黑龙江省率先实现了全民基本医保 3 项制度（城镇居民医保、城镇职工医保和新农合）的统一管理。

二是基本实现了“六个统一”（覆盖范围、筹资政策、保障待遇、两定机构、医保目录、基金管理的统一），非就业人员首次被纳入保障范围，实现了高参保率，尽可能地实现了应保尽保。

三是医保目录有所扩展，在现有的城镇居民医保和新农合医保目录的基础上，普遍有所扩容。在执行 2017 年最新版国家基本医疗保险、工伤保险和生育保险药品目录的基础上，与地方 2009 版医保目录相比，辽宁省增补西药 113 种，减少中药 3 种；吉林省增补西药 25 种、中药 22 种；黑龙江省减少西药 37 种，增补中药 22 种①。

四是用药报销比例增加，门诊保障水平得到提高，缩小政策范围内支付比例与实际支付比例间的差距。

（三）进一步探索复合型医保支付方式改革

2017 年，随着医保支付方式改革的全面推进，东北三省先后出台实施意见，进一步探索复合型医保支付方式，基本目标是到 2020 年，将多元复合式医保支付方式覆盖东北三省全部医疗机构和医疗服务。现阶段的医保支付方式改革，主要推进按疾病诊断相关分组付费和按病种付费，同时强化医疗保险对医疗服务行为的监管。2017 年年底，辽宁省出台具体改革实施方案，在沈阳市启动试点，省内其他城市按病种付费的病种数量不得少于 100 种。吉林省提出城市公立医院按病种付费病种数量不少于 100 种、县级公立医院不少于 50 种。黑龙江省进一步加强医保基金预算管理，各市要选择不低于 100 种的病种实施按病种付费，监控重点从单一的医疗费用控制，转向

① 《医保目录地方增补又添两省，这 46 个品种进入省份达 11 个》，福建省医药行业协会网站，http：//www. fjyyhyxh. com/newslist. asp？ id =9730。

医疗费用和医疗质量同时监控。吉林省进一步提出要健全支付制度管理机制，完善弹性结算办法，加快医疗保险管理的信息系统建设，强化医疗服务的规范化管理。

（四）全面推进公立医院改革

2016年开始，东北三省陆续开始试点公立医院改革，2017年公立医院综合改革进入全面推广阶段，三医联动改革初见成效，政事分开、管办分开的管理体制日渐成型。辽宁省取消药品加成与调整医疗服务价格同步实施，明确政府对公立医院的举办职能和监管职能以及不同级别公立医院功能定位，将公益性作为公立医院的首要考评内容。吉林省建立科学的补偿机制，落实政府投入责任，建立激励约束机制，深化人事薪酬制度改革，调动医务人员积极性，认真抓好分级诊疗制度建设，控制医疗费用不合理增长。黑龙江省为推动分级诊疗，全面推行城市三级医院对口支援县医院制度，使县级医院真正成为区域内医疗服务中心，推行包括三级医院、二级医院和基层医疗卫生机构在内的“3+2+1”模式，确保双向转诊畅通。

总体上看，东北三省的公立医院改革，主要成效体现为：一是重组医疗资源，完善医疗服务体系；二是理顺管理体制和治理机制，实行管办分开、政事分开；三是加强激励机制和薪酬改革，深化人事制度改革，加强医师规范化培训，为进一步深化改革奠定基础。

（五）医疗保险和医疗救助推动“精准扶贫”

随着国家攻坚扶贫、精准扶贫工作的进一步深化，东北三省持续推进居民大病医疗保险和医疗救助对困难群体的救助。2017年，辽宁省投入专项资金8000万元为15个贫困县100个乡镇卫生院配备医疗设备，省级三级医院向贫困县医院派驻医务人员647人次，诊疗患者5万人次，开展手术3053例，全省已实现82%的农村患者在县域内就诊，其中肾病透析患者全部实现就近治疗，避免因病返贫。吉林省对建档立卡贫困人口中因病致贫人群提高新农合门诊报销水平，提高政策范围内报销比例，增长幅度不低于5

个百分点。黑龙江省推行农村贫困住院患者县域内付费结算机制改革，实行先诊疗后付费，出台《城乡居民医疗保障与救助“一站式结算”实施方案》，将贫困人口全部纳入保障范围，简化医保报销流程，实现异地就医的医保直接结算，并通过预拨一定额度周转金的方式，缓解定点医疗机构的资金垫付压力。

从医疗救助实施情况来看，2016 年东北三省资助参加医疗保险人数均有减少，较上一年度，辽宁省减少 13.8 万人，吉林省减少 89.1 万人，黑龙江省减少 4 万人。2016 年，辽宁省直接医疗救助支出 40744.0 万元，吉林省支出 51296.4 万元，黑龙江省支出 102207.5 万元。在东北三省中，黑龙江省直接医疗救助资助人数和直接医疗救助支出金额最大，人数上减幅最大的是吉林省，辽宁省直接医疗救助支出一直相对较少（见表 3）。

表 3　2013～2016 年东北三省医疗救助情况

地区	年份	资助参加医疗保险人数(万人)	直接医疗救助人数(万人次)	资助参加医疗保险支出(万元)	直接医疗救助支出(万元)
辽宁	2013	82.6	36.3	15787.8	28103.8
	2014	174.5	74.3	21493.6	35202.5
	2015	108.6	70.0	16847.1	39154.6
	2016	94.8	63.7	16886.3	40744.0
吉林	2013	160.5	75.7	12834.4	47027.8
	2014	185.5	78.6	5909.8	20493.9
	2015	152.2	80.8	11968.4	60547.7
	2016	63.1	48.6	10179.4	51296.4
黑龙江	2013	282.8	68.9	21795.1	107460.4
	2014	262.6	62.9	20002.3	94793.4
	2015	243.4	69.0	24924.3	110099.1
	2016	239.4	65.1	31380	102207.5

资料来源：根据国家统计年鉴相关数据整理计算。

二　东北三省医疗保障存在的问题

新时代要求医疗保障体系要满足人民日益增长的健康保障需求，为健康保障提供制度性保障和基础性作用。东北三省在医疗保障的改革与发展中，仍旧面临诸多问题。

（一）管理方式仍旧较为粗放，有待进一步规范

国家医保局的成立，清除了城乡居民医保整合过程中的管理体制障碍，医疗救助职能的并入，也实现了政府统一管理各项医疗保障。医疗保险局和国家卫生健康委员会分别执行医疗保障的管理职责和医疗服务的管理职责，将医疗保障和医疗服务区分开来。东北三省在医疗保障改革进程中，积极落实国家相关政策法规，但是从总体上来看，在医疗保险的管理上，还是一种粗放式的行政管理模式，规范性和科学性有待进一步加强。传统的行政管理手段难以适应契约式管理的购买服务形式，医疗服务的供给方也不适应行政命令式的管理方式，这就导致了医疗机构与医保经办机构之间的矛盾。同时，医保经办机构在参保人群不断增长、业务内容不断增加的同时，由于采用事业单位管理体制，受制于事业单位用人、激励和经费保障，面临人员配备不足、专业化管理能力缺乏、管理动力不足等一系列问题，制约了医保经办机构履行支付医疗服务的功能以及发挥推动医疗改革的作用。

同时，医疗保险行政管理体制在定点医院、定点药店、基本医疗保险药品目录、诊疗目录、医疗服务设施范围和支付标准目录、医疗药品定价以及招标过程中干预过多，导致基层医疗服务功能弱化。全面破除以药养医后，费用控制从药品费用转向增加诊疗费用、化验费、检查费用等其他方式，从而降低药品支出占整个医药费用支出的比例。另外，从上文的统计数据可以看出，东北三省城镇基本医疗保险基金结余较高，对于基金的收支平衡管控严格，医保基金长期大量结余，会造成政策方向上的管理风险，基金的保值增值困难，也会在某种程度上误导政府对医保建设的投入预期。

（二）全民医保体系需进一步增加公平性

全民医保的进一步推进，需要有稳定、可持续的筹资和保障水平，城乡居民基本医疗保险制度已经开始整合，医疗保险制度迈向一体化发展，同

时，城乡居民大病医疗保险和医疗救助需要同步完善和整合。但是城镇职工基本医疗保险与城乡居民基本医疗保险的差距仍旧存在，缴费水平不同但是享受待遇水平在不断缩小差距，制度的公平性矛盾仍然存在。因此，考虑到人们对公平的诉求，在实现城乡居民医保制度整合的基础上，省域范围内的地区间制度需要进一步整合，逐步向地区间医保制度整合推进，提高统筹层次，实现基本医保政策的统一。而地区间医保基金的不平衡问题尚无有效机制解决，由于人口结构的差异性、人口大规模流动性，本地区无法通过完善医保管理解决。为了提升医保质量，实现更好、更公平的医疗保障制度，更高层级的政府基金调剂机制有待建立。同时，城乡居民大病医疗保险制度与城乡居民医疗救助制度在衔接上仍存在制度真空，医疗保险的普惠性和特惠性之间缺少合理的平衡。

（三）医保控制费用改革需进一步深化

医疗保障管理体制与医疗服务管理体制的分开，明晰了双方之间的契约购买关系。医疗保障的目的是为医疗服务提供经济保障，医疗保障通过医疗服务实现保障功能，但医疗服务并不等同于医疗保障。医疗保障不应成为医疗机构的经济保障，因此医疗保障的购买力，决定了医疗机构能够提供的医疗服务，医疗保障的支付决定了医疗资源的配置，医疗服务需要围绕医疗保障供给。医疗保障的定位不是为医疗机构提供资金补偿，不能围绕医疗服务运行，否则就违背了医疗保障制度建立的初衷。

现行医疗保险制度的行政管理措施主要是将“两定三目录”作为主要抓手，以此来控制医疗费用的合理支出和医保基金的收支平衡。同时政府也在管控医疗保险药物的定价、招标、基本药物和低价药清单等。在控制医疗费用不合理增长的过程中，面临以下问题：一是定点医院、定点药店准入以行政审批为主，缺乏医疗费用结算协议和服务项目细化管理；二是医疗保险药品目录管理方式落后，医药企业公关消耗严重；三是医疗保险的药品定价和招标的科学方法有待改进。医疗保险管理机构、医疗机构、医药企业之间缺乏明确的市场谈判机制，政府的监管和责任定位仍需进一步明晰。

（四）公立医院改革任重道远，分级诊疗推进缓慢

自2009年新医改开始，公立医院改革已经推行将近9年，从试点到全面推进过程中，公立医院的服务能力、效率和质量大大提高。但在深入推进过程中，公立医院的逐利机制尚未破除，营利性经营与公益性地位矛盾依然存在，门诊收入仍旧是公立医院的重要收入来源。公立医院在规模、数量上占据主导地位，社会办医市场空间狭小，基层医疗机构及民营医疗机构发展缓慢。

分级诊疗的实施，其目的是优化医疗资源配置，促进基本医疗服务的公平性和可及性。但是在实施过程中，推行的政策主要是针对医疗保障的参保人进行激励和约束，但实际上对参保的高收入群体并没有实质性影响，加上基层医疗服务能力薄弱，患者普遍对基层医疗机构信任不足。分级诊疗对医院等医疗机构缺乏长期的分级诊疗动力及相应的医保支付政策。基层医院向上转诊相对有明确的实施要求，而对于大医院向下转诊，约束机制和激励机制并不具备显著效果。医联体内的双向转诊缺乏明确的医保支付规范和诊疗规范。

三　东北三省医疗保障发展建议

东北三省需要在不断深入增强医疗保障的公平性的基础上，始终坚持共建共享的原则，进一步提升医疗保障的公平性和全面性，通过健全体制机制和管理创新，以基本医疗保障为主体、多层次保障方式协调发展，促进医疗、医药、医保的联动改革，将经济型医疗保障与服务型医疗保障有机结合。

（一）完善大病保险，助推医保精准扶贫

大病保险制度的完善，可以化解灾难性的卫生支出风险，是适应城乡居民需求、回应社会呼声、落实中央助推精准扶贫政策的重要措施。协调

发展基本医保、大病保险和医疗救助，精准施策，提高保障的针对性和保障水平，避免因病致贫、因病返贫，削弱高额医疗费用或重大疾病对家庭的冲击，同时避免医疗救助资源的分散，演变成面面俱到的普惠制度。健康东北的建设，要从制度衔接上下工夫，实现医疗保险和救助制度的无缝隙衔接，采取综合、精准、合理的措施，针对具体困难群体实现“补短板”。在政府责任主导下，通过合理配置医疗资源，尽可能减少因就医产生的间接费用，例如食宿费用、交通费用、收入减少等，保障困难群体获得必要的医疗服务。

首先，地方政府要加大对医疗救助的财政支持，适度扩大医疗救助资金规模，补助参加基本医保困难群体的个人缴费，在省域范围内做好支付比例财政分级负担，确保应保尽保、应补尽补。

其次，做好制度衔接和整合，理顺并合理区分大病二次报销、大病保险、医疗救助制度的边界和保障范围，将医后救助逐步向医前救助或医中救助转变，减轻贫困群体就医负担，提高救助实施效果。

再次，逐步扩大重大疾病医保用药保障范围，重点完善医疗保险门诊保障政策，着力提高门诊高额费用和项目补偿比例。建立可持续的大病保险筹资机制，提高大病保险风险防控能力。

最后，建立高效的大病保险经办机制，针对残疾人、老年人、婴幼儿等特殊群体给予特殊政策保障，转变救助方针，从“收入贫困”向“支出贫困”确定医疗救助对象，既要救贫也要救急，减少灾害性风险，化解医疗经济风险。

（二）发展社会办医，做实家庭医生签约制度

发展社会办医，是提高基层医疗服务能力和服务质量，倒逼公立医院改革的途径之一。在民营医院存在一定数量的基础上，着重提高民营医院的医疗质量和服务质量，通过引导知名企业、机构设立高端、品牌化的医疗机构，发展私人诊所和社区诊所。在政策上消除针对民营医院的政策壁垒，对公立医院和民营医院做到一视同仁，在人才招聘、职称晋级、科室建设、社

保缴纳等方面给予一定时期的补助，打通社会办医渠道。同时打击虚假宣传和不实宣传，建立定期的所有类型医院的评价体系，公开和透明医院评价过程、结果和理由，明确社会办医的合理、合法性，明晰社会办医资产归属，政策支持其获得合理回报，建立健全相关法律法规，完善税收政策，为社会办医创造良好的发展空间。

做实家庭医生签约制度，提高基层首诊率。家庭医生的签约服务，以常见病、慢性病、多发病为突破口，对家庭成员健康进行全程维护。在区域内建立社区治疗工作模式，促进医疗资源下沉，解决大部分基础性医疗问题，提高医疗服务的便捷性，减轻患者医疗费用支出负担，提供基层医疗的可及性和公平性。一方面，重点促进常见病专家进社区，为社区提供优质服务；另一方面，开通社区转诊绿色通道。通过新媒体手段，宣传儿童保健、老年人护理、防病治病常识等，定期开展社区健康讲座。利用社区信息平台，将社区卫生服务与其他公共服务、志愿服务有效衔接和融合。构建和谐医患关系，消除就医偏见，推动基层首诊和家庭医生签约服务的开展。

（三）推广“引入社会力量参与医保控制费用”模式

政府虽然在制度设计、监督管理上发挥主要作用，但市场和社会的共同参与，能够起到更好的医保费用控制作用。政府通过购买服务的方式，通过大数据及智能系统的使用，引入社会力量参与医保控费，促进医保控费的科学性和透明性。在引入社会力量参与科学控制费用的过程中，要破除体制、政策障碍，社会力量参与医保管理，能够减轻政府的成本，减少医保费用的不合理增长。政府在以购买服务的方式引入社会力量参与医保科学控制费用的过程中，需要在医改顶层设计中积极推进医保领域政府购买服务，通过政策手段，发挥大数据的作用，理顺政府、市场和社会的关系，并以竞争机制把控社会力量的准入和资质，以技术手段促进公平竞争。

地方政府可以探索政府购买公共服务的形式，通过第三方平台，在医疗费用监测、管理上，利用智能化、信息化、数据化平台分析医疗费用变化趋势，从而进行精准监控。及时发现、及时处理医疗费用的异常变化，实现医疗需求和医疗行为的高水平控制。引入市场机制参与医保控费，政府需要在立法、规划、投入和监管四个方面同时发力，既保障医疗保险的公平性，又提高医疗服务的效率。

（四）推动法治建设，有效运用与管理医保大数据

医疗保险涉及医院、医生、患者、药企、政府等多个主体。出于各自成本收益的考虑，加上数据、技术等信息不对称，各方始终存在着道德风险与利益博弈，关系复杂，需要通过专门立法对各个主体的权责加以明晰，保障制度的公平性和可持续发展。医疗保险法制建设总体进程需要加快，至今仍缺少管理医保大数据方面的法律法规。目前的政策意见，仅系统性地对医保大数据的开发与管理做了原则性说明，对于健康医疗数据安全开发与运用、数据的保护等没有相应的违规惩处措施，未来大数据的开发与运用需要更加规范化与法制化。

医疗保险的大数据技术和信息平台的建立，能够提高医疗保险的效率。智能化的医疗系统，可以大大减少医院人力成本，便捷患者就诊，在挂号、择医、缴费、排队、开药等方面减少等待时间，在疾病监测、病例病史、在线医疗等方面，便捷医患沟通。基于“互联网 +”的医疗服务平台，能够促进医疗资源的分配，提高医疗资源的可及性，减少由于就医而产生的附加费用。同时也能够实现医院和医生评价的透明度和公平性，建立长期医患关系，提高个性化和多样化就医选择，减少由于信息不对称产生的道德风险，提高医疗保险的公平性。

参考文献

1. 王宗凡：《医疗保障的功能定位与治理机制——关于成立国家医疗保障局的思考》，《中国医疗保险》2018 年第 4 期。

2. 申曙光：《新时期我国社会医疗保险体系的改革与发展》，《社会保障评论》2017年第2期。
3. 王东进：《深刻认识深入研究深度解决主要矛盾　全面建成新时代中国特色医疗保障体系》，《中国医疗保险》2018年第2期。
4. 陈仰东：《新时代医保的体制保障》，《中国医疗保险》2018年第4期。
5. 郑功成主编《中国社会保障发展报告》，中国劳动社会保障出版社，2017。

B.35
东北三省文化旅游融合发展面临的问题及对策建议*

赵　蕾**

摘　要： 文旅融合是将文化事业、文化产业、旅游产业之间融会贯通于一个整体，并在嫁接、繁殖中相互结合形成合力的一系列过程。文旅融合发展是我国未来发展的重大举措，是东北老工业基地经济振兴发展的有效动力。东北三省应深刻剖析文化与旅游融合发展现状、存在的主要问题及成因，明确文旅融合发展的重要作用。建议各省在发展中要厘清概念，明确相互关系；提高认识，制定发展战略；统筹协调，建立保障体系；敢于创新，激活内生动力；深耕细作，建立长效机制，尽快实现文化与旅游的深度融合和发展，闯出全面振兴东北老工业基地的特色发展之路。

关键词： 东北三省　文旅融合　文化　旅游

2018 年是中国改革开放 40 周年，是决胜全面建成小康社会的关键一年。恰在这一年，《深化党和国家机构改革方案》实施，原文化部和国家旅游局进行职责整合，文化和旅游部正式挂牌。文化和旅游部升格为国务

---

* 本文是黑龙江省科技厅软科学规划项目“科技促进黑龙江旅游产业竞争力提升研究”（项目编号：GC16D18）的阶段性研究成果。

** 赵蕾，黑龙江省社会科学院副研究员，主要研究方向为产业经济。

院组成部门，这一举动标志着文化与旅游正式联姻。文化和旅游融合发展是市场供需平衡的新要求，是文化产业和旅游产业发展的新趋势，是新时代我国经济社会发展的新课题，更是我国增强和彰显文化自信、推动文化事业、文化产业和旅游产业高质量发展的重大举措。值此新一轮东北老工业基地振兴之际，东北三省以习近平新时代中国特色社会主义思想为指导，深入贯彻党的十九大精神和习近平总书记系列讲话精神，全面落实党中央、国务院对东北振兴的重大决策部署，积极推进东北三省文旅融合发展。

一　东北三省文化旅游融合发展回顾

自2003年东北老工业基地振兴以来，东北三省文化产业、旅游产业基本保持着持续、平稳的增长态势。2017年以来，新一轮东北老工业基地振兴战略实施，文化产业与旅游产业间的融合开始紧密，并不断深化。2018年，东北三省在文旅融合方面呈现出多个特点，成为东北经济增长的一大亮点。回顾梳理“十三五”以来东北三省文化与旅游融合发展的轨迹，不难发现，东北三省正在从封闭的文化自循环、旅游自循环向开放的“文化 +”“旅游 +”“文化 + 旅游”的融合发展方式转变，文化与旅游间的融合不仅衍生出文旅新产品，而且形成了一种新兴业态，成为东北三省振兴发展的一大亮点。

（一）文化与旅游形成合力

文旅融合就是要将文化事业、文化产业、旅游产业之间融会贯通于一个整体，并在嫁接、繁殖中相互结合形成合力的一系列过程。回顾梳理改革开放40年来，东北三省文化产业与旅游产业融合发展的历程，大体经历了“文化搭台，经济唱戏”“文旅联动，文化产业化”“文旅一体，产业文化化”三个发展阶段。梳理文化与旅游融合发展的模式，基本有“文化产业与旅游产业的嫁接”“文化事业与旅游产业间的结合”“文化事业、文化产业、旅游产业之间的融会贯通”三个层面。总结文化与旅游融合发展的形式，基本表现为符号渗入、产品嵌入、产业交叉三种类型。总之，文化与旅游正在成为合力，并不断嫁接、渗入、融合发展。

（二）主管部门积极引导

辽宁省旅游发展委员会组织全省300多人参加“文旅融合背景下的辽宁旅游突破”专题培训讲座，以改革创新的精神，以时不我待的紧迫感，以夙夜在公的精神状态，不断破解发展中的难题，为将旅游业打造成国民经济的战略性支柱产业，初步建成世界知名生态休闲旅游目的地，培育辽宁振兴发展新动能，加快辽宁经济再次腾飞而努力奋斗。挖掘文旅融合发展的巨大潜力，为文旅融合搭建更加宽广的平台。

（三）融合领域更加宽泛

伴随着我国居民消费意愿的改变，消费领域发生着巨大的变化，居民消费结构也在不断升级。东北三省抓住居民消费领域的新变化，不断拓展文化与旅游融合的领域与深度。第一，文化事业与旅游产业相互融合，如吉林省文化馆文化志愿服务演出走进珲春旅游。第二，文化产业与旅游产业相互融合，杂技成为黑龙江冰雪旅游的一大看点，黑龙江省杂技团的演出驻场旅游景区。第三，文旅融合与电子商务合作，如部分优质文旅产品实现网上预订销售和体验；与交通部门合作，如启动夕阳红专列、知青专列等；与体育合作，如以健身文化掀起全民马拉松热潮；与康养产业联姻，如五大连池的中医养生；与演艺合作，再现当地文化和旅游的特色；等等。

（四）全域旅游引领发展

新时代为文旅融合发展提出了新的要求，即满足人民日益增长的美好生活需要，解决发展中不平衡不充分的矛盾。为此，东北三省借用全域旅游的概念，高瞻远瞩地谋划着新时代文旅融合发展的全新模式。各省以特色民族县村为抓手，从全区域、全时段、全民参与的角度引领文旅融合的全面发展。如黑龙江省的雪乡、北极村，辽宁省丹东青山沟歌舞剧《八旗山水谣》，都再现着当地人民对民族文化的追忆、珍藏和传承。

二　东北三省文化旅游融合发展中存在的主要问题

东北三省文化旅游融合发展尚处于初级阶段后期或中级阶段初期，其主要特点表现为：旅游经济增势迅猛，但文化附加价值不高；旅游发展活力增强，但文旅产业份额不足；市场影响初步形成，但“地域”文化彰显不足。

（一）意识形态不强，文化自信不足

东北三省在融合发展中对社会主义核心价值观的弘扬不够，以人民为中心的定位不够明确，缺少从思维、环境、信息、价值取向等方面对人民进行有效引导，因此，东北人民缺少文化自信。由于没有意识到文化的重要性、可追溯性、可创造性，百姓缺少东北振兴发展匹夫有责的社会责任感。总之，上至政府主管部门，下至各级党政院校，缺少对文旅融合发展观念、观点、概念、方向、意义等方面的全面剖析，发展中对文化渗入和挖掘的力度不够，所以东北在振兴发展中暴露出文化自信不足、规划高度不够、工作推进不力、成效不够显著的问题。

（二）区域发展不均、产业结构欠佳

从东北三省文化产业发展的收入情况来看，经济发达地区优于经济落后地区；城市中心区优于乡村近郊区。从东北三省旅游总收入的构成来看，哈尔滨、大连、沈阳、长春、延吉等主要旅游目的地的旅游总收入占比过高，哈尔滨冰雪大世界、雪乡、吉林净月潭、长影世纪城、长白山旅游景区、老虎滩海洋公园、沈阳故宫等景区的文旅收入占主要份额。从东北三省文旅融合的紧密度来看，城镇发展相对紧密，乡村文旅的融合多表现为农家乐形式。总之，东北三省的乡村文化基础设施不足，市场发展水平较低，旅游产

业多停留在发展的初级阶段，文化和旅游在融合中存在规模范围不大、结构不够均匀、融合链条过短等问题。

（三）谋划高度不够，产业规划欠缺

中国文化和旅游部发布的《2017 年中国文化产业重点项目手册》中，入选的 500 个重点文化项目，既属于文化产业，又属于旅游产业。这表明文旅融合发展的紧密度和契合度，但同时也暴露出行政管理中存在多头管理、职责交叉的体制机制问题。通过比较分析后发现，东北三省入选的项目，投资总额偏低，每一项目的平均资金较少，建设时间过长，缺少重量级的文旅融合大项目，与其他地区相比，重点项目缺少吸引力和竞争优势，同时也表明东北三省在产业谋划和发展中的不足之处。

（四）人才流失严重，数据信息封闭

近几年，伴随着旅游产业的快速发展，东北三省旅游院系的招生情况越来越好，旅游在校专业学生数不断增多，可毕业后从事本专业工作的比例却并不高，十年后仍从事旅游工作的专业毕业生更是数量有限，特别是高出全国 10% 的导游资格通过率与高达 70% 的导游流失率形成强烈反差，从业人才严重不足及高流失率问题已引起社会及行业的高度重视。此外，东北三省经济文化发展的公开数据有限，文化产业和旅游产业发展的权威公开数据极少，个别关键数据在年度报告中无法找到或滞后于其他公开发表的官方数据现象屡见不鲜。

（五）经营主体不清，条块分割严重

由于历史原因，东北三省的许多优势旅游资源的归属繁杂，众多星级景区始终处于各级政府、军区、垦区、林区、场区的共同管辖之下，隶属关系繁杂，条块分割严重。特别是经济欠发达地区，国有企业较多、经营主体不清、各自为政导致无法形成合力，景区发展受限，品牌竞争力不强。这一体制问题既是制约旅游发展的现实瓶颈，也是森工、农垦、石油等系统改制转

型必须破解的顽疾。这不仅是文旅融合发展中存在的问题，也是东北三省国有企业改革中面临的实际困难，是制约东北三省经济社会发展的瓶颈所在。

三 推进东北三省文化旅游融合发展的对策建议

值此新一轮东北老工业基地振兴之际，东北三省应明确新时代的新特征，抓住新机遇、聚焦新目标、谋划新高地，在全面振兴东北老工业基地的进程中，凸显东北文化的特色优势和旅游的资源优势，明确文旅融合的发展方向，构建文旅融合发展的全新蓝图，以文旅融合发展闯出全面振兴东北老工业基地的特色发展之路。

（一）厘清概念，明确相互关系

文旅融合是时代发展的新课题，文旅经济将成为东北三省新的增长动能。虽然目前学术界对文旅融合、文旅经济、体制、机制等概念的界定没有清晰的阐述，但是，各省在谋划中有必要厘清这几个重要概念，明确文旅融合的内涵，区别体制、机制、制度之间的差异。只有概念清晰，才能厘清关系，准确定位产业发展地位，科学谋划发展规划。从政府主导型向市场主导型转变，从产品碎片化向产业系统化转变，从空间分散化向路线精品化转变。总之，文旅融合是时代发展的新课题，人民的新需求。对文旅融合的认知决定着融合发展的进程，对体制机制的界定决定着对文旅融合推进的方向性及科学性。东北三省要敢于构筑学术高地，敢于创新前行，在理论与实践中发出东北振兴发展之声。

（二）提高认识，制定发展战略

观念决定视角，认识决定高度。文旅游融合发展需要统一三个认识。一是文化和旅游既是一个整体的产业，又是一项不可分割的事业。文旅融合发展是时代发展的需要，是产业融合发展的必然。二是实施文旅融合发展战略是东北三省奋力走出全面振兴发展新路子的有效路径。文旅融合不仅能让旅游产业的发展具有文化之魂，而且可以让文化产业的发展具备旅游之形；不仅是产业加快发展的内在驱动，而且能够彰显文化自信。三是需以体制机制改革推进文旅融合发展。破解产业发展瓶颈，必须从体制机制入手。业界上下应达成共识，增强改革创新的责任感、使命感和紧迫感。唯有齐心合力、勇往直前的坚定信心，才能制定出全局性的文旅融合发展战略；唯有资源融合、技术融合、功能融合和界域融合的四位一体，才能真正实现文旅的深度融合发展。

（三）统筹协调，建立保障体系

当前，我国社会的主要矛盾已经转化为人民日益增长的美好生活需要和不平衡不充分的发展之间的矛盾。以体制机制改革推进文旅融合发展就是要从这一源头破解发展症结，将文旅发展与龙江振兴、人民需求、产业发展、时代主题等现实问题紧密结合，与“五位一体”的东北三省总体布局相结合。将持续发展与人才培养、全民文化自信相协调，将“以人为本”渗透于文旅融合发展的各个阶段，要用事业和产业共同发展的思维去定位文旅融合，从结构、组织、动员、服务、制度和评价六方面入手建立体制机制评价体系，发挥文旅融合对产业结构调整、区域协调发展、政府企业间的权责利关系的统筹协调作用。

（四）敢于创新，激活内生动力

创新是体制机制改革的内在动力，是社会实践发展的必然要求。文旅融合是产业发展的必然，是时代发展的要求，更是人民生活的新需求。实现文化与旅游的深度融合必须从创新入手，必须从产业发展高度谋划文旅融合发展战略。东北三省应将文旅融合发展与“五位一体”的全省总体布局相结合，探讨构建文旅强省的可能性和可行性，将文旅融合发展纳入全省经济社会工作的主要内容。突破部门体制壁垒，协调完善配套设施，确保公路、公交、网络、电信、银行、餐饮、电力等基础设施的配套。“大鹏之动，非一羽之轻也；骐骥之速，非一足之力也。”文旅融合发展并不是一蹴而就的，需要漫长的实践和成长过程。只要坚持创新，敢于实践，才能激活发展之路，开启东北三省文旅融合的全新征程。

（五）深耕细作，建立长效机制

东北三省文化和旅游发展中存在不平衡不充分的问题，既有速度不快、总量不大等问题，更有结构性、体制性等深层矛盾，主要表现在创新能力不足、竞争实力不强、人才流失严重、数据信息封闭、监督管理错位等方面。发展文旅融合，需要以事业和产业共同发展的思维去定位。一是从结构、组织、动员、服务、制度和评价六方面入手建立体制机制评价体系，用 PDCA 循环机制检视长效机制。二是将文旅融合发展与“五位一体”的东北三省总体布局相结合。探讨构建文旅强省的可能性和可行性，将文旅融合发展纳入全区经济社会工作的主要内容。三是改变重大节庆政府统包的做法。通过活动招标、节目竞选、委托承办、演出公司市场化运作等方式推进体制改革。四是建立协调发展的长效机制。突出优势和特色，营造良好的营商环境，建立市场导向机制，强化金融支撑保障，搭建人才培养平台，构建科学研究基地，激励成果转化落地，用保障机制促进文旅融合发展。

参考文献

1. 熊正贤：《文旅融合的特征分析与实践路径研究——以重庆涪陵为例》，《长江师范学院学报》2017 年第 6 期。
2. 习近平：《决胜全面建成小康社会　夺取新时代中国特色社会主义伟大胜利》，人民出版社，2017。

B.36

内蒙古东部盟市深度贫困问题研究

双 宝　党敏恺　武振国*

摘　要： 本文以内蒙古东部盟市深度贫困地区为研究对象，在对其贫困特点与扶贫成效进行深入分析的基础上，围绕脱贫难点展开论述，最后提出打赢脱贫攻坚战的方向性建议，即聚力"两个关键攻克"，重点解决好产业发展和务工就业问题；聚焦因病致贫返贫，坚决打好健康扶贫关键战役；直面发展不平衡不充分，全面建设好农牧民生活家园；凝聚全社会各方力量，努力形成脱贫攻坚强大合力。

关键词： 内蒙古东部盟市　深度贫困　产业扶持

内蒙古呼伦贝尔市、兴安盟、通辽市、赤峰市、锡林郭勒盟5个东部盟市现有7个深度贫困旗县，贫困人口共8.06万人，分别占全区深度贫困旗县和深度贫困人口的46.67%和51.99%。东部盟市贫困地区在全区来说，贫困程度之深，贫困涉及面之广，脱贫成本之高，脱贫难度之大，这些问题都是内蒙古脱贫攻坚最难啃的"硬骨头"。

---

* 双宝，内蒙古社会科学院社会学研究所副研究员，研究方向为社会结构与变迁、社会问题；党敏恺，内蒙古社会科学院社会学研究所助理研究员，研究方向为社会发展、社会调查与方法研究；武振国，内蒙古社会科学院科研组织处副研究员，研究方向为城乡发展和城镇化问题。

一　基本情况

（一）全区脱贫攻坚基本情况

内蒙古贫困发生率从2012年的10.6%下降到2017年的2.62%[①]，与同期全国平均水平相比由高于0.4个百分点转为低于0.48个百分点。截至2017年年末，全区未出列贫困村共2013个，建档立卡贫困人口17.03万户37.78万人，比2012年年末减少约160万人，年均减少约32万人（见图1）。2018年7月，乌兰浩特市、阿巴嘎旗等13个旗县市达到脱贫摘帽标准，退出贫困旗县[②]，全区重点贫困旗县由57个减至44个，其中国家级重点旗县31个，自治区重点旗县13个。

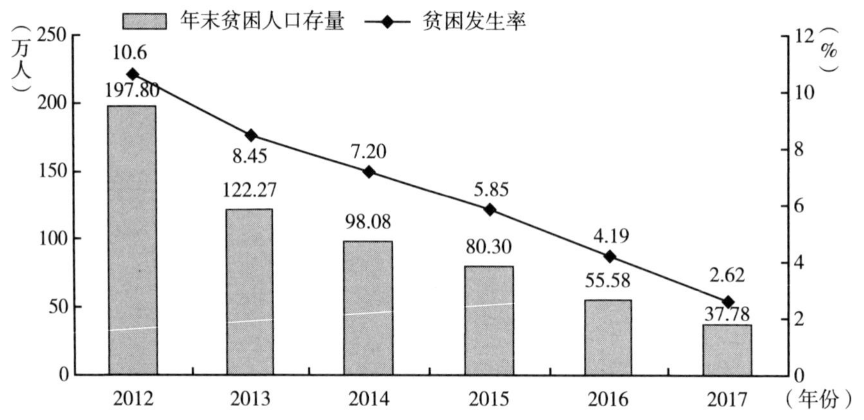

图1　2012～2017年全区年末贫困人口存量及贫困发生率

从贫困人口区域分布来看，截至2017年年末，5个东部盟市贫困人口共273313人，占全区贫困人口的72.34%，赤峰市是全区贫困人口最多的

---

① 本文数据如未作特殊说明，均来自内蒙古自治区扶贫开发办公室。

② 《内蒙古自治区人民政府关于乌兰浩特市等13个旗县市退出自治区贫困旗县的公告》，内蒙古自治区人民政府网，http：//www.nmg.gov.cn/art/2018/7/27/art_360_209972.html。

盟市，占比高达35.67%。从区域贫困发生率来看，2017年东部盟市贫困发生率为3.4%，高于全区2.62%的平均水平，兴安盟贫困发生率在全区盟市中最高，为4.48%。但从时间序列来看，2013～2017年，东部盟市年末贫困人口从70.44万人减至27.33万人，贫困发生率从8.27%降至3.4%，脱贫攻坚工作取得实质性成效。

在全区贫困户主要致贫原因中，因病致贫比重最高，共91352户，占全区贫困户总数的53.68%（见图2），东部盟市因病致贫65976户，占全区因病致贫户总数的72.22%，其中赤峰市因病致贫户多达34186户，占比37.42%，兴安盟、通辽市占比也分别达到13.71%、13.47%。从贫困人口健康状况来看，全区身体健康的贫困人口仅占贫困人口总数的53.89%，患有长期慢性病贫困人口占比26.68%，患有大病的占比8.29%，身体残疾者占比10.21%，东部盟市患有长期慢性病、大病以及身体残疾贫困人口分别

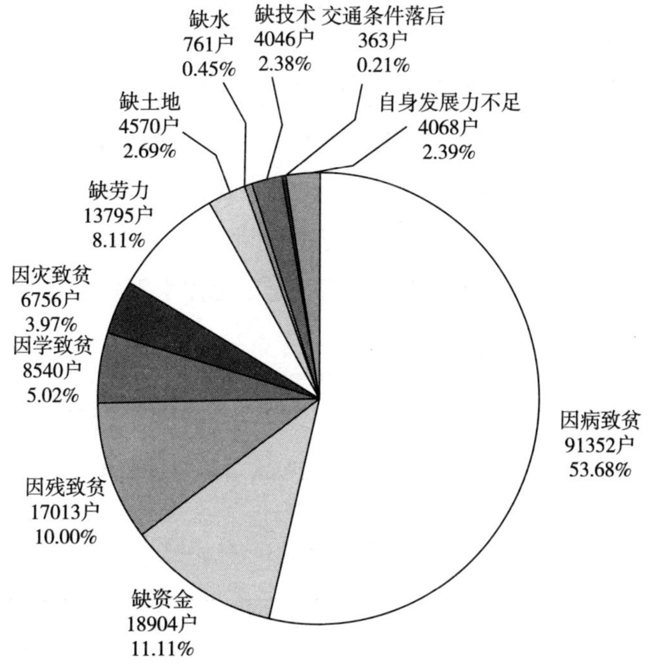

图2　2017年全区贫困户主要致贫原因构成

占全区该类人群贫困人口的74.94%、67.45%和80.69%，赤峰市这三类人群是全区人数最多的盟市，分别占全区该类人群贫困人口总数的38.97%、28.61%和39.37%。

从分类扶持措施获得情况看，2017年全区贫困人口得到产业扶持人数最多，共189007人，占全区贫困人口总数的50.03%，其次是社会兜底，扶持人数111563人，占比29.53%。东部盟市贫困人口2017年得到产业扶持人数共146708人，占东部盟市贫困人口总数的53.68%，得到社会兜底扶持人数76238人，占比27.89%。

（二）东部盟市深度贫困地区脱贫攻坚基本情况

2017年，内蒙古把15个国家级贫困旗县确定为全区深度贫困旗县，其中东部盟市深度贫困地区包括：呼伦贝尔市的鄂伦春自治旗，兴安盟的扎赉特旗、科尔沁右翼前旗、科尔沁右翼中旗、突泉县，赤峰市的巴林左旗，锡林郭勒盟的正镶白旗（见表1）。截至2017年年末，内蒙古东部盟市深度贫困地区共530个贫困村（嘎查），建档立卡贫困人口3.8万户8.06万人，占全区深度贫困人口的51.99%，贫困发生率约为5.6%，高于全区深度贫困地区贫困发生率0.39个百分点，约为全区贫困发生率的2.14倍。总体来说，东部盟市深度贫困地区致贫原因多样，帮扶措施因旗（县）制宜，减贫进度明显加快，但贫困发生率依然高于全区总体水平。

表1 内蒙古东部盟市深度贫困旗县分布

国家特困片区	东部盟市	深度贫困旗县
大兴安岭南麓山区	兴安盟	扎赉特旗、科尔沁右翼前旗、科尔沁右翼中旗、突泉县
—	呼伦贝尔市	鄂伦春自治旗
—	赤峰市	巴林左旗
—	锡林郭勒盟	正镶白旗

1. 致贫原因多样

从贫困户致贫原因来看，东部盟市深度贫困地区家庭致贫的主要因素是因病致贫。此外，致贫比例较高的主要因素还有缺劳力、因残致贫和缺资金，分别为 11.71%、10.93%和 10.67%（见图 3）。这些因素不仅会导致贫困的发生，也会诱发其他因素加重贫困，但如果一种因素得到改善，同样也会对其他因素起到抵消作用从而减缓贫困。

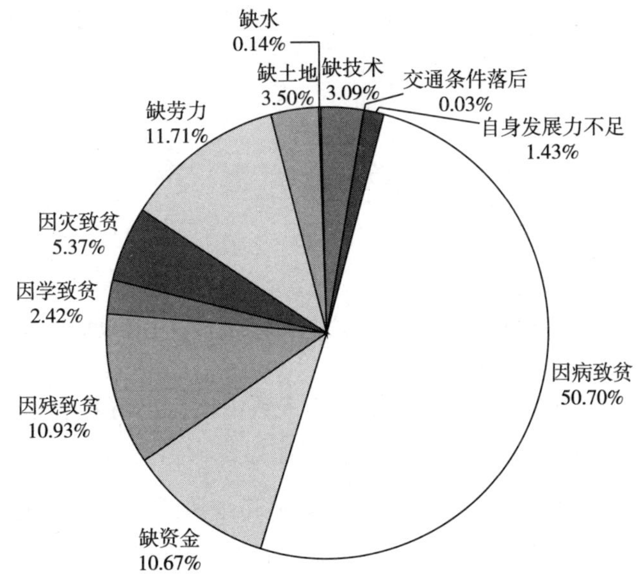

图 3　2017 年东部盟市深度贫困地区贫困户主要致贫原因构成

2017 年较 2016 年，东部盟市深度贫困地区因病致贫户、缺劳力致贫户和因残致贫户占比分别增长了 7.67 个、3.77 个和 3.41 个百分点，因学致贫和自身发展力不足致贫比例也有小幅增长，其余致贫因素占比有所下降，缺资金致贫和因灾致贫户占比下降幅度较大，2017 年较 2016 年分别下降了 5.56 和 5.14 个百分点（见图 4）。

2. 帮扶措施差异性明显

产业帮扶政策通过小额信贷、技能培训、改善生产条件与发展特色产业等方式可以为贫困人口营造相对公平的就业创业空间，有效提升他们脱贫致富的内在动力和可持续发展能力，2017 年东部盟市深度贫困地区得到产业扶持共 40429 人，占东部盟市深度贫困地区贫困人口总量的 50.15%，与

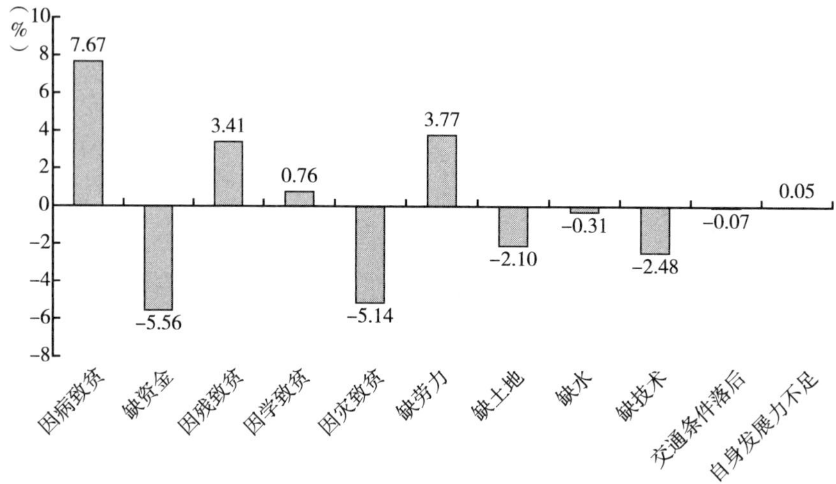

图 4　2017 年较 2016 年东部盟市深度贫困地区贫困户主要致贫原因构成变化

2016 年相比，比例基本接近；易地搬迁人数占比变化幅度较大，从 2016 年的 19.71% 降至 2017 年的 6.71%，这说明东部盟市深度贫困地区易地扶贫搬迁已经取得了阶段性进展（见图 5）。但易地搬迁是一个系统工程，搬迁贫困户需要较长时间融入新环境、适应新生活、寻找新工作才能重建生计资本，下一阶段深度贫困地区应重点聚焦搬迁贫困人口就业创业和产业增收的问题，尤其要加大针对性的技能培训，提升其发展能力，真正做到搬得出，留得住，能致富。

进一步从东部盟市深度贫困旗县贫困人口获得分类扶持措施比例情况来分析，县域差异性凸显：科右前旗获产业扶持贫困人口比重最高，达 82.62%，但其社会兜底人数占比不足 2%；而突泉县社会兜底人数占比高达 52%，产业扶持人数占比仅为 26%；鄂伦春自治旗和扎赉特旗易地搬迁人数占比较高，分别为 19.82% 和 16.36%（见图 6）。

3. 减贫速度明显加快

2017 年年末，内蒙古东部盟市深度贫困地区贫困人口规模 80610 人，自 2013 年累计减贫 197493 人，减幅达 71.01%，年均减少 49373 人。分年度来看，2014 年减贫率为 32.79%，在经历 2015、2016 年减贫率在 19% 左

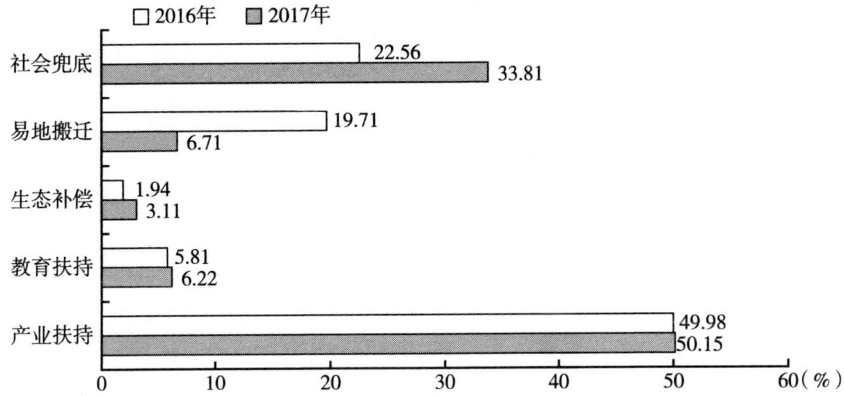

图5　2017年较2016年东部盟市深度贫困地区贫困人口分类扶持措施比例变化

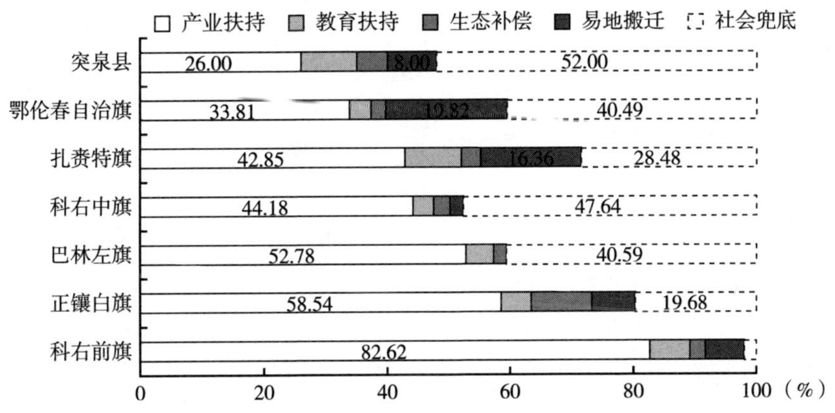

图6　2017年东部盟市深度贫困旗县贫困人口分类扶持措施占比情况

右徘徊后，2017年减贫步伐明显提速，达到34.25%（见图7），高于全区深度贫困地区总体水平4.93个百分点。

从东部盟市各深度贫困旗县减贫幅度来看，2013～2017年，巴林左旗、扎赉特旗贫困人口减幅较大，分别为43933人和43822人；扎赉特旗、鄂伦春自治旗和科右中旗减贫率较高，分别达79.58%、78.78%和77.21%，均超过东部盟市深度贫困地区71.01%的减贫率，减贫率较低的突泉县与巴林左旗也分别达到64.31%和64.13%（见图8）。

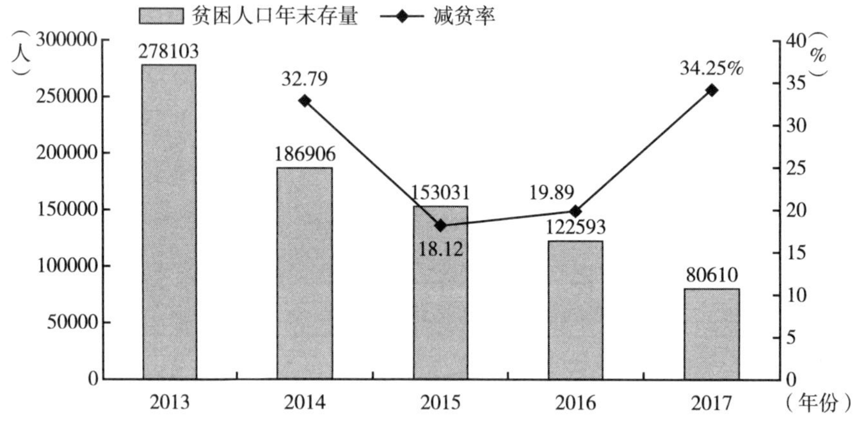

图7　2013～2017年东部盟市深度贫困地区贫困人口年末存量与减贫率

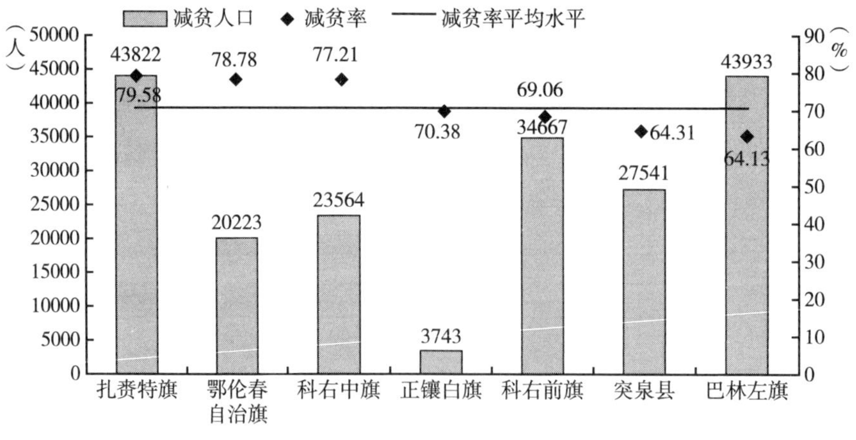

图8　2013～2017年东部盟市深度贫困旗县贫困人口减少数量与比例

4. 贫困发生率依然高于全区总体水平

2017年年末，赤峰市巴林左旗是东部盟市也是全区贫困人口最多的深度贫困旗县，贫困人口规模24573人，分别占全区和东部盟市深度贫困人口总量的15.85%和30.48%。兴安盟的科右前旗和扎赉特旗贫困人口也较多，分别占东部盟市深度贫困人口总量的19.27%和13.95%。以盟市为单位，

2017 年年末，兴安盟 4 个深度贫困旗县贫困人口共 49014 人，在东部盟市中深度贫困人口最多，占比达 60. 8%（见图 9）。

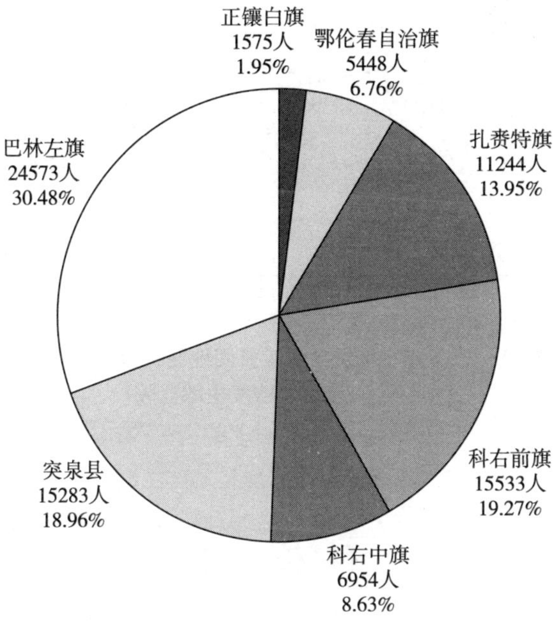

图 9　2017 年东部盟市深度贫困旗县贫困人口年末存量

2013 ~ 2017 年，东部盟市深度贫困地区贫困发生率由 18. 73% 降至 5. 6%，年均降幅 3. 28 个百分点，高于全区贫困发生率年均降幅 1. 82 个百分点，与全区深度贫困地区贫困发生率垂直距离逐渐缩小。同时，东部盟市深度贫困地区农牧民人均可支配收入平均水平也由 2013 年的 6330. 71 元增至 2017 年的 8361. 71 元[①]，增幅 32. 08%，年均增速 7. 2%，与同期全区农牧民人均可支配收入年均增速仅相差 2. 79 个百分点。东部盟市深度贫困地区贫困状况虽有所改善，但贫困发生率仍显著高于全区总体水平，贫困问题依然十分突出和顽固（见图 10）。

① 2013 年东部盟市深度贫困地区农牧民人均可支配收入平均水平由《内蒙古统计年鉴 2014》中相应旗县农牧民人均收入数据整理计算而得。2017 年东部盟市深度贫困地区农牧民人均可支配收入平均水平数据来源于内蒙古自治区扶贫开发办公室。

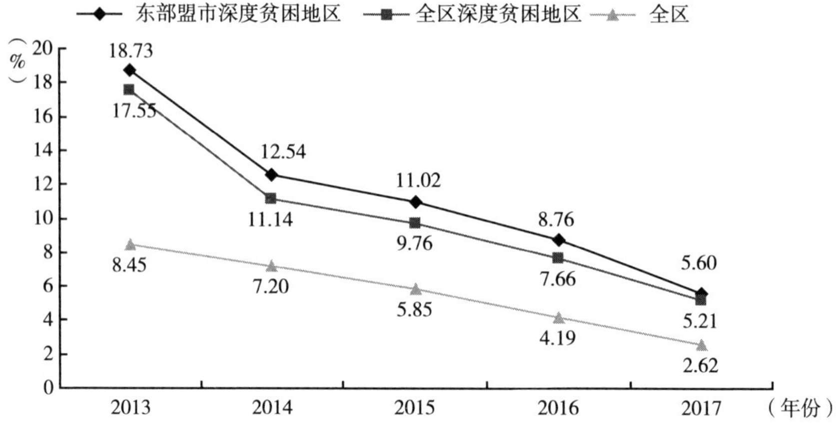

图10　2013～2017年东部盟市深度贫困地区、全区深度贫困地区与全区贫困发生率比较

二　存在的主要问题

（一）错综交织的经济、生态、乡风等问题增大脱贫难度

内蒙古东部盟市深度贫困地区集“山老边牧穷”于一体，产业发展基础薄弱，产业项目结构单一、抗风险能力不足，产业帮扶方式传统，普遍体现在政府为贫困户修建棚圈等相关工程配套或牲畜采购上，缺乏对龙头企业、专业合作社以及村（嘎查）集体经济组织的培育，产业扶持效率不高，脱贫稳定性较差，发展后劲不足，对贫困户带动作用较弱，进而实现脱贫摘帽、生活富裕、乡村振兴难度较大。生态环境脆弱、自然灾害频发亦是东部深度贫困地区的显著特点，旱灾、雪灾等自然灾害对农牧业生产影响突出，经济发展与生态保护之间矛盾突出。有的地区为了保障农牧民基本收入，大量抽取地下水用于农业灌溉，进一步加剧了当地缺水现象，加快了水资源耗竭和农牧民贫困化趋势。还有一些深度贫困村落乡风文明建设滞后，人情消费在消费支出中所占比重与教育消费基本相当，婚丧嫁娶讲排场搞攀比，部

分贫困家庭甚至不得不贷款举债办宴席送人情，已然异化为“人情债务”，成为贫困户生产生活的沉重负担。因此，东部盟市深度贫困旗县经济基础薄弱、生态环境脆弱、乡风文明滞后等问题交织叠加，加大了脱贫攻坚的复杂性和难度，是当前脱贫攻坚战中必须直面加以解决的突出短板问题。

（二）滞后的基础设施仍然是实现稳定脱贫的短板

内蒙古深度贫困地区地理位置普遍偏远、自然生存条件恶劣、水资源匮乏、基本公共服务半径较长，乡村公路里程不足、科教文卫设施落后，主要领域指标如饮水困难户、无安全饮水户、未通生活用电户和危房户均占全区该项生产生活条件困难贫困户总数的50%以上。东部盟市7个深度贫困旗县中6个是牧区半牧区旗县，其中又有4个属于山老区旗县，科右前旗更是集山老区、民族牧区、边境地区不同属性于一体，生产生活条件的困难更为凸显。比如未通生活用电贫困户占全区和深度贫困地区该项生产生活条件困难贫困户总数的45.93%和79.74%，无卫生厕所贫困户和无安全饮水贫困户占到全区深度贫困地区该项生产生活条件困难贫困户总数的62.31%和50.98%（见表2）。还有一些指标，如东部深度贫困旗县公路里程共计15114

表2　2017年全区、深度贫困地区及东部盟市深度贫困地区生产生活条件困难户比重

项目	饮水困难户				无安全饮水户			
	全区	深度贫困地区	东部盟市深度贫困地区	突泉县	全区	深度贫困地区	东部盟市深度贫困地区	巴林左旗
户数	1388	840	194	60	4667	2352	1199	452
占比(%)	0.81	60.52	23.1	30.93	2.74	50.4	50.98	37.7
项目	未通生活用电户				无卫生厕所户			
	全区	深度贫困地区	东部盟市深度贫困地区	巴林左旗	全区	深度贫困地区	东部盟市深度贫困地区	巴林左旗
户数	1894	1091	870	401	54312	23887	14885	7344
占比(%)	1.11	57.6	79.74	46.09	31.89	43.98	62.31	49.34

注：表中每项生产生活条件困难户比例依次根据全区贫困户总数、全区深度贫困旗县、东部盟市深度贫困旗县该项生产生活条件困难户总数计算得出，旗县实例为东部盟市深度贫困地区该项生产生活条件困难户数最多的旗县。

千米，平均公路网密度 12.35 千米/百平方千米，低于全区旗县区公路网密度 12%；深度贫困旗县每万人乡村人口享有 1.12 个卫生所，远低于全区旗县每万人乡村人口享有 3.25 个卫生所的水平。综上所述，东部盟市深度贫困地区基础设施短板问题明显。

（三）因病致贫返贫人口的脱贫任务依然突出

深度贫困旗县因病致贫的问题需要特别关注。内蒙古卫生资源具有总量相对不足且分布不均衡的特征，而深度贫困地区的卫生资源特别是优质资源更为匮乏，困难群众的健康意识和预防意识缺失，“小病拖、大病扛、病危才往医院抬”的现象较普遍，再加上农村牧区医疗保障救助工作机制尚不健全、运行效率偏低，医疗救助对象认定程序复杂、医疗支出占收入比重较高等，严重影响着贫困人口的抗病能力，因病致贫返贫人口有增无减。数据显示因病致贫是东部盟市各深度贫困旗县（除正镶白旗外）贫困户致贫的首要原因，2017 年东部深度贫困地区因病致贫共 19263 户，占全区深度贫困地区贫困户总数的 50.7%，科右前旗和科右中旗因病致贫户比重分别高达 66.42% 和 66.26%（见表 3）。

表 3　东部盟市深度贫困旗县贫困户主要致贫原因（比重）排序

东部盟市深度贫困旗县	主要致贫原因排序				
	1	2	3	4	5
鄂伦春自治旗	因病致贫	缺土地	缺资金	缺劳力	因残致贫
	46.89%	25.17%	8.49%	6.62%	6.21%
扎赉特旗	因病致贫	因灾致贫	因残致贫	缺劳力	缺土地
	48.13%	17.32%	12.98%	6.72%	5.29%
科右前旗	因病致贫	因残致贫	缺劳力	缺资金	因灾致贫
	66.42%	16.41%	3.39%	3.19%	2.99%
科右中旗	因病致贫	因残致贫	缺资金	因灾致贫	缺劳力
	66.26%	11.38%	8.14%	4.69%	4.59%
突泉县	因病致贫	缺劳力	因残致贫	缺资金	因灾致贫
	50.94%	19.95%	14.44%	7.67%	2.23%

续表

东部盟市深度贫困旗县	主要致贫原因排序				
	1	2	3	4	5
巴林左旗	因病致贫	缺资金	缺劳力	缺技术	因残致贫
	41.72%	20.44%	16.19%	6.93%	6.33%
正镶白旗	因灾致贫	因病致贫	因残致贫	缺劳力	缺资金
	41.51%	32.40%	8.84%	3.79%	3.65%

也有数据显示贫困与疾病的正相关性，2017 年较 2016 年，东部盟市深度贫困地区因病致贫户比重由 40.03% 增加至 50.7%，增幅高达 10.67 个百分点（见图 4），说明因病致贫的比重会随着脱贫攻坚进程的推进越来越大，因病致贫、因病返贫问题仍然十分严峻。

（四）深度贫困户的自我发展能力和基础薄弱

深度贫困地区贫困人口多数为无业可扶、无力脱贫的技能缺失、孤寡残病者。2017 年，东部盟市深度贫困地区社会兜底 27252 人，占东部盟市深度贫困人口的 33.81%，比 2016 年增加 11.24 个百分点，这在一定程度上说明深度贫困人口的自我发展能力仍然较弱。单从收入维度考虑，2017 年，东部盟市贫困发生率高的深度贫困旗县，贫困人口人均可支配收入远低于当地平均水平，而即便是贫困发生率相对较低的深度贫困旗县，当地农牧民人均可支配收入也远远低于全区水平，比如科右中旗贫困发生率已降至 2.24%，但其当地农牧民人均可支配收入仅为 7904 元，与 2017 年全区农牧民人均可支配收入 12584 元仍相差 4680 元（见图 11）。可见，深度贫困地区贫困户的自我发展基础薄弱，脱贫攻坚任务依然艰巨。

在调查中同时发现，深度贫困人口或多或少存在着“等靠要”的懒惰思想，安于现状、自身发展意愿不足的问题较为严重，再加上深度贫困地区教育发展落后、文化水平较低，贫困代际传递现象突出，极易给脱贫攻坚、乡村振兴埋下隐患。

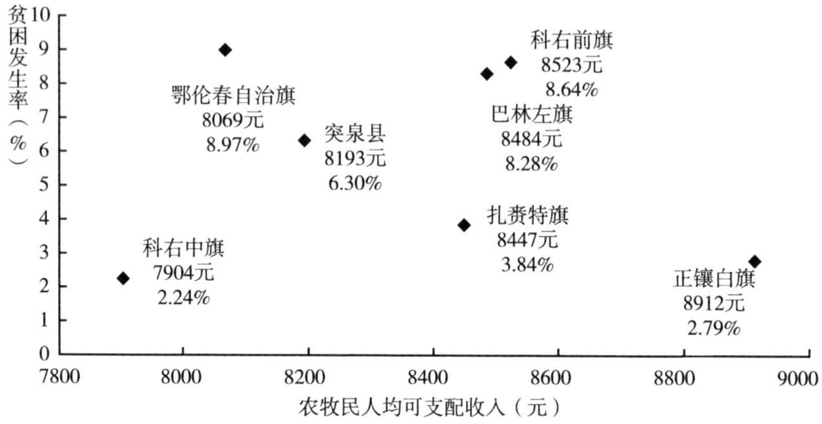

图 11　2017 年东部盟市深度贫困旗县贫困发生率分布

三　对策建议

（一）聚力“两个关键攻克”，重点解决好产业发展和务工就业问题

习近平总书记指出，对内蒙古来讲，打好脱贫攻坚战，关键是攻克深度贫困地区脱贫攻坚战；打好深度贫困地区脱贫攻坚战，关键是攻克贫困人口集中的乡（苏木）村（嘎查）。因此，首先，要促进“两个关键攻克”与产业扶贫有效衔接，形成优势特色种养业、加工、旅游、电商、光伏等多业态并举的产业发展格局，健全利益联结机制，发挥各类经营主体的带动辐射作用，增强产业扶贫的减贫效应。其次，要促进“两个关键攻克”与就业扶贫有效衔接，重点扩大就业培训和对接服务，对不便离开乡村的劳动力，通过培育一批家庭工场、手工作坊、乡村车间以及参与基础设施和基本公共服务建设和管护来实现务工就业；对具有进城务工意愿的劳动力，采取劳资对接的方式提供更多就业岗位，实现劳动力跨地区转移就业。对于丧失劳动能力的贫困人口，通过社会保障实现兜底的同时，推行土地托管、牲畜托养、耕地草场牧场经营权入股等方式，激活土地草场资源，增加收入。最

后，强化支撑保障体系，加大资金投入、金融扶贫、项目布局倾斜和基层组织建设力度，扎实推进“两个关键攻克”。

（二）聚焦因病致贫返贫，坚决打好健康扶贫关键战役

深度贫困地区脱贫攻坚的难点在于基本医疗。具体措施包括：全面落实基本医保“两升两降”政策，推进先诊疗后付费、一站式平台结算。实施“三个一批”健康扶贫行动计划，完善大病兜底保障机制，以盟市或旗县为单位建立大病保障基金，加强大病兜底保障与其他医疗救助政策衔接，提升健康扶贫成效和质量。强化贫困地区癌症、心脑血管疾病、风湿病、高血压、糖尿病、结核病、布病、严重精神障碍等重大慢性病防治与健康管理，实现贫困人口家庭医生签约服务履约率达到100%。推进贫困人口参加政策性农业保险、民生保险、健康保险三大类保险保费特惠政策，减少贫困户因故、因灾和因病致贫返贫的风险。改善深度贫困地区医疗卫生基础设施条件，每个乡（苏木）卫生院设立1~2个全科医生特岗，搞好京蒙医疗机构对口支援和城乡对口支援，加强健康体检、疾病筛查，确保贫困人口少得病、得病早发现早治疗。

（三）直面发展不平衡不充分，全面建设好农牧民生活家园

到2020年，贫困地区乡村振兴的主要任务是脱贫攻坚。首先，要做好脱贫攻坚与乡村振兴的规划衔接、政策配套、机制整合和工作统筹，乡村振兴规划与配套政策优先向深度贫困地区倾斜，重点解决深度贫困地区“两不愁三保障”及补齐基础设施和基本公共服务短板，夯实特色现代农牧业发展基础，以乡村振兴巩固脱贫攻坚成果。其次，要尊重自然、顺应自然、保护自然，推进贫困地区人居环境整治行动，守住“绿水青山”，实现生态环境保护和扶贫脱贫一个战场、两个战役的双赢。再次，以乡风文明治理来推动脱贫攻坚，坚持扶贫与扶志扶智相结合，加强教育引导，改进帮扶方式，发挥村规民约作用，提高贫困群众脱贫致富意识和能力，形成“幸福都是奋斗出来的”导向，使脱贫攻坚具有可持续的内生动力。最后，研究

制定2020年后减贫战略，构建以产业扶贫为主导，住房、教育、医疗等措施为一体的综合性开发保障体系，探索建立权责清晰、共同参与、协同治理、持续发展的长效机制，推动扶贫向治贫有序延伸，促进城乡平衡发展。

（四）凝聚全社会各方力量，努力形成脱贫攻坚强大合力

习近平总书记强调，扶贫开发是全党全社会的共同责任，要动员和凝聚社会力量广泛参与。坚持自我发力与向外借力并举，凝聚社会各方力量，形成专项扶贫、行业扶贫、社会扶贫有机结合、互为支撑的“三位一体”大扶贫格局。进一步加强自治区级领导“一对一”联系贫困旗县，盟市级领导和县处级领导联系贫困乡（苏木）和贫困村（嘎查）。发挥好关键少数的示范引领作用。做好京蒙结对帮扶工作，在经济协作、园区共建、职业教育、人才交流、引企入蒙、文化旅游等领域拓展合作与帮扶。充分发挥派驻贫困旗县脱贫攻坚工作总队和驻村工作队的作用，做好中央机关企事业单位和自治区厅局单位定点帮扶工作，确保帮扶政策、资金、项目等精准输向深度贫困地区和贫困人口。盟市旗县要畅通行业和社会力量参与扶贫的渠道，积极引导更多企业、社会组织和个人参与脱贫攻坚工作。围绕抓党建促脱贫攻坚这条主线，积极推行深度贫困地区旗县、乡（苏木）、村（嘎查）三级联动机制，实施扶贫干部专项培训和农村牧区党员大培训，发挥基层党组织战斗堡垒作用和党员先锋模范作用。强化脱贫攻坚监督力度，严格执行脱贫攻坚任务一票否决和帮扶责任单位、责任人帮扶效果捆绑考核制度。

附　　录

Appendix

B.37
2017年东北三省发展基本数据表

国民经济主要指标	单位	全国	辽宁	吉林	黑龙江
国内(地区)生产总值	亿元	827122	23942.0	15288.94	16199.9
国内(地区)生产总值增长率	%	6.9	4.2	5.3	6.4
第一产业增加值	亿元	65468	2182.1	1429.21	2968.8
第二产业增加值	亿元	334623	9397.8	7012.85	4289.7
第三产业增加值	亿元	427032	12362.1	6846.88	8941.4
人均国内(地区)生产总值	元	59660	54745	56102	42699
人均国内(地区)生产总值增长率	%	6.3	4.3	6	6.7
一般公共预算收入	亿元	172567	2390.2	1210.82	1243.2
粮食产量	万吨	61791	2136.7	3720	6018.8
规模以上工业企业利润	亿元	75187	1001.4	1129.16	474.7
规模以上工业增加值增长速度	%	6.6	4.4	5.5	2.7
固定资产投资(不含农户)	亿元	631684	6444.7	13130.9	11079.7
房地产开发投资	亿元	109799	2289.7	910.14	815.6
社会消费品零售总额	亿元	366262	13807.2	7855.75	9099.2

续表

国民经济主要指标	单位	全国	辽宁	吉林	黑龙江
商品零售额	亿元	326618	12139.8	6857.31	6637.3
餐饮收入额	亿元	39644	1667.4	998.44	984.2
货物进出口总额	亿元	277923	6737.4	1254.15	1278.79
出口总额	亿元	153321	3041.7	299.9	355.14
进口总额	亿元	124602	3695.7	954.2	923.65
国内旅游收入	亿元	45661	4620.7	3456.5	1876.6
居民人均可支配收入	元	25974	27835	—	—
城镇居民人均可支配收入	元	36396	34993	28319	27446
农村居民人均可支配收入	元	13432	13747	12950	12665

资料来源：中华人民共和国2017年国民经济和社会发展统计公报、2017年辽宁省国民经济和社会发展统计公报、2017年吉林省国民经济和社会发展统计公报、2017年黑龙江省国民经济和社会发展统计公报。

✤ 皮书起源 ✤

“皮书”起源于十七、十八世纪的英国，主要指官方或社会组织正式发表的重要文件或报告，多以“白皮书”命名。在中国，“皮书”这一概念被社会广泛接受，并被成功运作、发展成为一种全新的出版形态，则源于中国社会科学院社会科学文献出版社。

✤ 皮书定义 ✤

皮书是对中国与世界发展状况和热点问题进行年度监测，以专业的角度、专家的视野和实证研究方法，针对某一领域或区域现状与发展态势展开分析和预测，具备原创性、实证性、专业性、连续性、前沿性、时效性等特点的公开出版物，由一系列权威研究报告组成。

✤ 皮书作者 ✤

皮书系列的作者以中国社会科学院、著名高校、地方社会科学院的研究人员为主，多为国内一流研究机构的权威专家学者，他们的看法和观点代表了学界对中国与世界的现实和未来最高水平的解读与分析。

✤ 皮书荣誉 ✤

皮书系列已成为社会科学文献出版社的著名图书品牌和中国社会科学院的知名学术品牌。2016 年，皮书系列正式列入“十三五”国家重点出版规划项目；2013~2018 年，重点皮书列入中国社会科学院承担的国家哲学社会科学创新工程项目；2018 年，59 种院外皮书使用“中国社会科学院创新工程学术出版项目”标识。

中国皮书网

（网址：www.pishu.cn）

发布皮书研创资讯，传播皮书精彩内容

引领皮书出版潮流，打造皮书服务平台

栏目设置

关于皮书：何谓皮书、皮书分类、皮书大事记、皮书荣誉、

皮书出版第一人、皮书编辑部

最新资讯：通知公告、新闻动态、媒体聚焦、网站专题、视频直播、下载专区

皮书研创：皮书规范、皮书选题、皮书出版、皮书研究、研创团队

皮书评奖评价：指标体系、皮书评价、皮书评奖

互动专区：皮书说、社科数托邦、皮书微博、留言板

所获荣誉

2008 年、2011 年，中国皮书网均在全国新闻出版业网站荣誉评选中获得“最具商业价值网站”称号；

2012 年，获得“出版业网站百强”称号。

网库合一

2014 年，中国皮书网与皮书数据库端口合一，实现资源共享。

S 基本子库
SUB DATABASE

中国社会发展数据库（下设 12 个子库）

全面整合国内外中国社会发展研究成果，汇聚独家统计数据、深度分析报告，涉及社会、人口、政治、教育、法律等 12 个领域，为了解中国社会发展动态、跟踪社会核心热点、分析社会发展趋势提供一站式资源搜索和数据分析与挖掘服务。

中国经济发展数据库（下设 12 个子库）

基于"皮书系列"中涉及中国经济发展的研究资料构建，内容涵盖宏观经济、农业经济、工业经济、产业经济等 12 个重点经济领域，为实时掌控经济运行态势、把握经济发展规律、洞察经济形势、进行经济决策提供参考和依据。

中国行业发展数据库（下设 17 个子库）

以中国国民经济行业分类为依据，覆盖金融业、旅游、医疗卫生、交通运输、能源矿产等 100 多个行业，跟踪分析国民经济相关行业市场运行状况和政策导向，汇集行业发展前沿资讯，为投资、从业及各种经济决策提供理论基础和实践指导。

中国区域发展数据库（下设 6 个子库）

对中国特定区域内的经济、社会、文化等领域现状与发展情况进行深度分析和预测，研究层级至县及县以下行政区，涉及地区、区域经济体、城市、农村等不同维度。为地方经济社会宏观态势研究、发展经验研究、案例分析提供数据服务。

中国文化传媒数据库（下设 18 个子库）

汇聚文化传媒领域专家观点、热点资讯，梳理国内外中国文化发展相关学术研究成果、一手统计数据，涵盖文化产业、新闻传播、电影娱乐、文学艺术、群众文化等 18 个重点研究领域。为文化传媒研究提供相关数据、研究报告和综合分析服务。

世界经济与国际关系数据库（下设 6 个子库）

立足"皮书系列"世界经济、国际关系相关学术资源，整合世界经济、国际政治、世界文化与科技、全球性问题、国际组织与国际法、区域研究 6 大领域研究成果，为世界经济与国际关系研究提供全方位数据分析，为决策和形势研判提供参考。

法律声明

“皮书系列”（含蓝皮书、绿皮书、黄皮书）之品牌由社会科学文献出版社最早使用并持续至今，现已被中国图书市场所熟知。“皮书系列”的相关商标已在中华人民共和国国家工商行政管理总局商标局注册，如LOGO（ ）、皮书、Pishu、经济蓝皮书、社会蓝皮书等。“皮书系列”图书的注册商标专用权及封面设计、版式设计的著作权均为社会科学文献出版社所有。未经社会科学文献出版社书面授权许可，任何使用与“皮书系列”图书注册商标、封面设计、版式设计相同或者近似的文字、图形或其组合的行为均系侵权行为。

经作者授权，本书的专有出版权及信息网络传播权等为社会科学文献出版社享有。未经社会科学文献出版社书面授权许可，任何就本书内容的复制、发行或以数字形式进行网络传播的行为均系侵权行为。

社会科学文献出版社将通过法律途径追究上述侵权行为的法律责任，维护自身合法权益。

欢迎社会各界人士对侵犯社会科学文献出版社上述权利的侵权行为进行举报。电话：010-59367121，电子邮箱：fawubu@ssap.cn。

社会科学文献出版社